문화자원학

순천향인문진흥총서 6

문화자원학

사토 켄지(佐藤健二) 저
박동성 역

보고사
BOGOSA

순천향대학교 박동성 교수로부터 나의 저서『문화자원학강의(文化資源學講義)』를 한국어로 번역하고 싶다는 연락을 받은 것이 지난해 중반쯤이었다. 박 교수는 도쿄대학 대학원에서 문화인류학을 공부하고 시모다시의 현지조사에 기초한 논문으로 박사학위를 받았다고 소개했다. 옛날에 다니던 코마바 캠퍼스가 생각났다. 거기에 있는 도쿄대학 교양학부와 대학원은 내가 사회과학교실의 조수로서 최초로 근무한 직장이어서 그리운 인연을 느꼈다.

*

박 교수는 대학에서 문화산업과 문화콘텐츠를 가르치면서 한국의 학생들에게도 연구자들에게도 도움이 되는 내용인 것 같아 번역해 보고 싶다고 말했다. 저작에 대한 학술적 평가도 고맙지만 저자로서는 '아름다운 일본어'라는 문체에 대한 감상이 기뻤다.

말은 가상현실을 만드는 궁극의 미디어이다. 그것은 사람의 사고를 뒤흔들고 감정을 움직이는 힘을 가진다. 나는 아직 미숙해서 감동을 줄 만큼의 기량을 갖지 못했지만 그 연구의 소중함은 잘 이해하고 있다.

우리 자신에게 스며든 말로 만들어진 사고의 문체에 초점을 맞춰 그 굴레를 어떻게 풀고, 어떻게 새로운 운동을 만들어 낼 수 있을까 하는 것이 이 책이 추구하는 바이다.

2019년에 문화자원학 전공으로 학위를 받은 정인선 박사가『풍경의 생산, 풍경의 해방』이라는 내 저작에 흥미를 가지고 한국어로 번역 출간했다. 오래전의 저작이지만 사회조사 방법의 역사에서 '고현학'을 재평가하고 미디어론적 시각에서 '그림엽서' 문화에 대해 논했다. 거기서 고찰하기 시작한 그림엽서론은 이 책의 니시키에나 신문광고 등의 시각자료론으로 연결되고 있다.

*

박 교수의 제안을 받고 나서 내가 한국에 처음 간 것이 조교 시절인 1985년 여름이었다는 것이 생각났다. 그것은 일본생활학회 최초의 해외 여름 세미나였다. 그때 학회를 실천적, 이론적으로 견인하고 있던 카와조에 노보루(川添登) 교수와는, 후에 콘 와지로(今和次郎)의 '고현학' 대표작 『모데르놀로지오(モデルノロヂオ, modernologio)』, 『고현학채집(古現學探集)』 두 권을 공동으로 복각했다.

처음 한국에 갔을 때 한국민속촌, 여의도 인근의 수산시장, 강남의 고층아파트 등을 둘러봤다. 체류 중에 '민방공'이라는 방공 연습의 밤이 있었고, 호텔에서의 등화관제 같은 소동은 전후에 태어난 나로서는 처음으로 하는 경험이었다. 나이가 든 교수들은 전시 중의 일이 생각난다고 중얼거렸다. 거리에는 아직 한자 간판이 많았고, 배포된 문서도 한자만 연결해 읽으면 단편적으로나마 논하고 있는 주제를 추리할 수 있었다. 여유 시간에 서점에 가서 영어로 된 사회학 서적이 꽤 가격이 싸서 사 보았는데, 본문 군데군데 밑줄이 쳐져 있다. 자세히 보니 그것은 메모를 해 놓은 게 아니라 인쇄였다. 그렇구나, 연구자가 쓰던 책의 해적판이었구나 하고 이해했다. 잘 지워서 더 신중하게 복제한 것도 많았을지 모르지만, 독자의 흔적이 있는 신간 도서는 나에게는 신선한 경험이었다.

세미나 보고서에 남긴 당시의 내 인상기를 읽으면 짧은 여행이지만 처음으로 가 본 지역에서 느낀 놀라움이 여러 가지로 적혀 있다.

거의 잊고 있었지만, 읽으니 확실히 그랬다고 생각난다. 택시가 날 듯이 달리는 것과 시끄러운 경적에 무서움을 느낀 것 같다. 얼마나 속도를 내고 있는지 미터를 보았더니 속도계가 망가져 있어 바늘이 꼼짝도 않고 있었다. 요금이 시간거리병산제가 아니고 거리만이 가치를 낳기 때문에 속도로 돈을 벌고 있는 것이라고, 그때 들었다고 추정되는 해설이 기록되어 있다. 세미나가 끝난 후 대학원 선배에 해당하는 대학 교원의 교외에 있는 집을 방문했는데 기차 안에서 아이들이 물건을 팔고 있는 것을 보고 나는 놀라고 있다.

6 문화자원학

어깨에 맨 가방에 껌을 채워서 하나씩 앉아 있는 손님의 무릎 위에 놓고 갔다가 잠시 후 수거해 간다. 두목 같은 존재가 있는 것일까, 라고 질문을 한다.

전철에서 내려 교외의 역을 나오자 역전 광장에서 담소를 나누던 노인들은 챙이 넓고 검은색의 높은 전통 모자를 맵시 있게 썼다. 신흥 주택지에서 새 아파트가 눈에 띄었는데, 한 층이 반지하처럼 되어 있는 건물은 일본에서는 별로 본 적이 없어 신기하게 생각했다. 주택이라는 큰 쇼핑에서 은행 금융이 아니라 '사채'가 하는 역할의 크기를 선배는 설명해 주었는데, 걸으면서 복잡한 설명을 하는데 이해할 수 없었다. 저녁은 산에서 먹자고 하여 장을 보러 갔는데 동네의 작은 정육점에서는 이미 손님이 온다는 것을 알고 있었다. 산에서 고기를 구워 먹는 소풍은 휴일에 보통으로 즐기는 듯 꽤 많은 가족이 있었다. 돌아오는 길은 어두웠지만 불편함이 없을 정도의 달밤이었다. 붉은 십자가의 네온이 빛나고 일요일이라 그런지 마이크 목소리의 설교가 새어 나왔다. 한국 기독교의 침투에서 목사 샤머니즘이라고도 할 수 있는 특징을 논한 것은 누구였던가⋯⋯ 라고 하는 감상과 착상의 단편을 나열해 놓은 것이 그럽게 다가온다.

그러나 나는 동시에 야나기타 쿠니오의 충고를 떠올린다. 눈은 민감하게 낯선 것을 알아채고 이상하게 여기지만, 또 되돌아보고 종종 스스로 규정해 버린다. 그 지역의 말을 하나도 못 알아듣는 여행자가 갑자기 너무나 대담한 해설자가 되는 것은 귀를 기울여 의심할 만한 힘이 아직 없기 때문이라고 경계한다.

*

그 후 20년 정도 한국에 갈 기회가 없었는데 2003년에 서울대학교 사회학과와 교류가 시작되어 교대로 열리는 심포지엄으로 한국을 방문할 기회가 많아졌다. 처음 시작할 무렵 한국의 역사사회학과 문화사회학의 보고에는 상당히 정치적 사회운동론의 틀이 강해서 좀 답답한 느낌이 들었다. 하지만 10년도 안 되어 포스트 구조주의나 현상학의 영향을 받은 인식론의 수용이 급속히 진행되어 퍼포먼스와 재귀성에 주목하는 논의가 늘어났다. 한국 또한 일본과 마찬가지로 새로운 이론적 조류의 수용에 탐욕스러울 것이다. 그런 가운데 내 책이 어떻게 읽힐지가 기다려지기도 하고 두렵기도 하다.

 이 책의 제3부는, 한일 사이에서 생각하는 것조차 괴로운 일 중 하나이기도 한 관동대지진의 유언비어를 다루고 있다. 제국의 권력이나 편견의 폭력이 뿌리 깊다는 것에 대한 종래의 연구 축적에서 우리가 많이 배운 것은 사실이다. 그러나 자료에서 읽어내야 할 것은 그것만으로 끝나지 않는다고 느끼고 『유언비어』라는 저작을 확장할 의도로 작성했다. 도시라는 미지의 타자들이 모이는 공간에서는 언제나 불완전하고 유동적일 수밖에 없는 정보가 넘쳐난다. 거대 지진이라는 재해는 갑자기 나타난 보이지 않는 적과의 전쟁터이기도 했다고 생각한다. 그런 가운데 얼마나 가짜 뉴스에 놀아나지 않고, 불안에 먹히지 않고, 이성의 등불을 지켜갈 수 있을까. 그리고 다양한 약자와 이질적인 타자를 버리지 않고 서로 의지할 수 있을까. 그것은 과거 1920년대의 이야기가 아니라 한 세기가 지난 지금을 살아가는 현대 우리들의 과제가 아닐까 생각한다.

 박 교수 덕분에 새로운 말의 힘을 얻은 이 책이 새로운 땅에서 새로운 독자를 만나게 된 것을 진심으로 축복한다.

2021년 벽두에 사토 켄지

　이 책은 『문화자원학』이라는 제목으로 간행된 최초의 책일 것이다. 잘난 척하는 인상이 드는 제목일지도 모른다.

　이 제목을 사용한 목적이 학문의 오의를 전수하려는 데 있는 것은 아니다. 문화자원학은 오랜 연구 축적이 있는 것도 아니고 깊은 의미를 궁구할 만큼 전문분야로 확립되어 있지도 않다.

　솔직하게 말하면, 소재가 될 만한 논고를 모아 보니 하나의 가능성을 가리키는 것에 생각이 미쳤다. 여기서 논하는 대상의 확산을 주제로 묶어서, 혹은 시도해 온 방법의 확산을 기반으로 고찰하기 위하여 이렇게 좀 과장된 제목을 붙이는 것도 나쁘지 않다고 생각했다.

　이 책을 펼치면서 전문영역이 사회학자인 내가 어떤 위치에 서 있는지 의문을 가지는 전문가도 있을 것이다.

　이 책은 분명 처음부터 끝까지 문화자원학이라는 명칭을 의식하면서 그 고유의 영역을 설명하는 것은 아니다. 오히려 사회학, 역사학, 민속학 등 다른 학문의 명칭이 겹쳐 보이는 곳도 적지 않다.

　예를 들어 제1장의 기본이 된 논고는 『문화의 사회학』이라는, 교과서에 가까운 논집에서 발표되었다. 제2장은 '자원인류학' 공동연구 보고서에 실은 원고가 소재가 되었다. 제3장은 일본문학 연구자 학회의 기획심포지엄에서 발표한 것이며, 제8장도 마찬가지로 문학연구 학술지에서 의뢰를 받아 문학연구에 정보개념을 어떻게 위치시킬 것인가를 의식하고 있다.

　제4장과 제5장은 판화라는 소재를 다루고 있는데 미술사와 미학, 예술학 학회지에서 취급할지 어떨지는 편집위원과 심사자에 따라서 미묘하게 다를

지도 모른다. 한편 신문연구의 축적을 계승한 일본매스커뮤니케이션학회 (Japan Society for Studies in Journalism and Mass Communication)의 기관지에 투고한다면 무시하지는 않을 정도의 미디어론이다. 새로운 영역의 명칭과 함께 정리한 예도 있는데, 제6장은 '관광인류학' 개설서에, 제7장은 '관광문화학' 교과서에 게재되었다. 제9장에서 사용된 도록은 사쿠라(佐倉) 역사민속박물관에서 기획에서 사용된 것이며 이를 통하여 민속학적 의의를 부여하고자 했다. 제11장은 자전의 담론을 소재로 하고 있지만 실업(實業) 개념을 다룬 사회사상사이기도 하다.

제12장의 계기가 된, 재해의 역사로부터 교훈을 끌어내는 내각부 연구회의 경우, 총무는 본격적인 역사학자였다. 나 자신은 학생 시절부터 그 방법론적인 재구축에 관여해 온 '역사사회학'이라는 이름에 위화감이 별로 없지만 자료를 다루는 방식은 일본근대사 습작으로 읽을 수도 있을 것이다. 더욱 까다로운 것은 당초 논고를 더 가필 보정해서 게재한 도쿄대학의 『생사학연구(死生學硏究)』는 문화자원학 이후에 문학부가 기획한 학제적 전문분야 개발인 '생사학(死生學)' 연구 학술지이다.

문화자원학과의 연결이 해석 없이 알 수 있는 것은 제10장 기타무라 오사와(北村大澤) 악대의 레포트뿐이다. 나머지는 인류학, 문학, 시각문화론, 미디어론, 민속학, 사회사상사, 역사학, 사회학 등등의 분야로 보이는 연구로도 생각할 수 있기 때문에 어디가 '문화자원학'이냐고 비판을 할 수도 있다.

그러나 학문이라는 이름에는 항상 상호 배타적인 전문영역으로서 하나만을 선택해야 하는 것일까. 국경과 같은 명확한 구분선을 학지(學地) 위에 긋고자 하는 논의에 나는 의문을 가진다. 그러한 '전문'이라면 집착하지 않아도 된다고까지 생각한다.

분명히 학문으로 부르는 연구 실천은 단순한 호기심을 해소하는 발로와는 달리 이론적으로도 방법론적으로도 고유의 대상이 있다. 그렇다고 해서 그 대상의 존재 형태를 주권과 영토를 보유하는 공간처럼 생각할 필요는 없을 것이다. 역으로 자유롭게 떠돌 수 있는 '보헤미안'과 '디아스포라'와 '유랑민(deracine)'

과 '망명자'가 아니면 새로운 분야를 구축할 수 없다고 주장한다면 이는 구차하며, 오히려 그 허세 자체가 영토의 이해에 속박된 강박관념처럼 보인다.

내가 '문화자원학'의 이름에서 느끼는 작은 가능성은 어떤 의미에서도 다른 전문성을 배제하지 않는다는 것이다. 제각각으로 보이는 전문지(專門知)도 깊이 파고들면 표층의 분단이 의미가 없어지는 공유지(共有知. 커먼즈)에 뿌리를 내리고 있는 것을 알 수 있다. 이런 경험은 드문 것이 아니다.

어떤 장이나 공간을 가리키는 단어로 '문화자원학'을 제목으로 택했다.

그렇기 때문에 구축해야 할 장의 명명 자체는 나의 분야인 '사회학'을 비롯한 여러 학문의 훈련과 대립하더라도 모순되지는 않는다. "명칭이 아직 없다"라고 비켜 가도 되지만 원래 명명 자체를 새삼스레 중시하고, 대상의 상태를 규정하고 통치할 만큼 특권적인 실천으로 해서는 안 된다. 아직 현실화하지 않은 가능성으로 향하는 사고의 움직임이 중요하다는 것을 제대로 인식하면서 공유할 수 있다면 『문화자원학』은 없어도 좋은 제목이다.

오히려 그 사고의 움직임을 되살리기 위해서 개념 자체의 의미 교류에 숨은 다양한 속박에 대한 질문이 필요하며, 또 확신의 구속을 자각해야 하는 것이다.

제1부의 '기초이론' 편은 바로 그 의식되지 않는, 말에 내재하는 주박에 빛을 비추어 거기에서의 해방을 검토하기 위한 시도이다. 19세기부터의 전통을 하나의 구속이 되고 있는 '문화'만이 아니다. 새롭게 추가된 '자원'과 '정보'도 포함하여 풀어나가야 하는 고집스러운 확신이 있다. 이런 기초 개념은 모두 추상화되고 일반화됨으로써 애매해지고 윤곽이 흐릿해져서 힘을 잃어버렸다. 어떻게 논하고 재설정을 해야 다시 활동적인 사고의 움직임을 생성할 수 있을까. 개념으로서의 말이 담당하는 공공성과 역사성에 새롭게 재검토의 빛을 비춘다. 그럼으로써 기초가 되는 개념의 부활을 시도하고자 한다.

제2부에서는 구체적인 소재를 다루면서 사물로부터 어떤 문화분석의 주제를 끌어낼지 질문을 제기하고자 한다. 그 다양한 방식과 실제 연구 방법에 대해서 다루는 '연습·실습'편이다.

구체적인 소재로서 '신문삽화' '전쟁삽화' '그림엽서' '신문문학' '만년필' '필드워크' '실업'이라는 사물과 말과 실천을 논했다. 여기서 포인트가 되는 것은 현대의 상식에서 볼 때 동떨어져 있거나 잊혀진 사물의 존재 형태 자체의 의미이며, 그 부분을 주제화하기 위한 방법적 틀을 구성하는 것이다. 시사를 반영하는 삽화와 그림엽서, 휴대용 자동 필기 도구의 효시인 만년필, 근대 직업에 대한 인식 변화 등을 논하면서 그러한 유형 무형의 자원을 취급하는 시점을 제시하고 있다.

제3부의 '특별강의'에서는 약간 깊이 파고들어서 '졸업논문' 수준의 사례연구 주제로서 관동대지진에서 유언비어 현상의 분석을 택했다.

이 주제는 이전에 마무리한 『유언비어』에서 검토 방향성을 제시했다. 유언비어는 자각이 어렵고 은폐가 쉬우며 통제가 어렵다. 추적하기 어려운 유언비어를 역사적인 실례의 현실 공간에서 어떻게 분석할 것인가. 경시청 자료와 당시의 잡지·신문 등을 종합하고 유언비어라는 사회현상의 총체를 규명하고자 한다. 특히 각 지역 경시청의 조서를 기초로 만든 자료의 재편성으로부터 유언비어의 증식과 전파의 메커니즘을 해명하는 방법은 전 지구화되고 있는 현대사회의 정보공간 분석에도 시사점을 제공할 수 있을 것이다.

아쉽게도 문화자원학에는 아직 교과서로 사용될만한 표준적인 책이 없다. 현재 상황으로는 교과서가 금방 편찬되는 것도 기대하기 어렵다. 그러나 기본적인 방법에 대해서는 2000년 문화자원학 전공이 발족한 이후 서서히 공유되고 있다. 그것이 교과서로 정리할만한 수준에 도달했는지는 판단하기 어렵다.

그러므로 이 책의 위상은 어디까지나 특수 강의의 집중강의이다. 키가 되는 세 가지 기본 개념에 대하여 원론적으로 논의하고, 소재를 다루는 방식을 구체적인 예를 들어 분석한다. 이런 식으로 이 학문을 모색하면서 공유되어 온 기본적인 발상을 내가 이해한 방식으로 보여준다.

정리되지 않은 거친 스케치이지만 이 책의 개강 인사를 대신한다.

일러두기

1. 번역서, 1890=1980: 앞의 숫자는 원저 출판 연도, 뒤의 숫자는 일본어 번역판의 출판 연도

2. 번역서의 경우 한국어 번역판이 있는 경우에는 한국어로 표기하고 일본어 번역판 제목을 별도로 표기하지 않았다. 참고문헌에는 일본어 번역판의 제목을 그대로 표기했다.

3. 인명, 지명, 개념, 책 제목 등은 원어의 발음을 표기하고 괄호 속에 원어를 표기했다. 한자어이면서 한국어로 그냥 표기하는 것이 이해에 좋다고 여겨지는 것은 그대로 표기했다.

' ': 강조 개념

" ": 서술문 및 인용 부분

「 」: 논문제목, 기사제목, 서적의 장 제목

『 』: 책 제목

【제3부】 특별 강의

제1부

기초이론편

제1장

문화란 무엇인가

문화란 무엇인가

이 질문은 직선적이지만 이것만을 그대로 반복하는 것은 위험하다.

질문은 항상 기지(旣知)와 미지의 화합물이다.[1] 이미 알고 있는 것의 공유가 소재가 되어 모르는 것의 윤곽이 정해지고 풀어야 할 수수께끼를 탐구하는 질문이 떠오른다.

그러므로 "OO란 무엇인가"라는 응답에 모든 것을 돌리는 질문 형식은 사고의 문체로서 부박하다. 일견 철학적으로 깊은 추궁이 있어 보이지만 이 문장만으로는 소재의 깊이가 보이지 않고 참조할만한 지식의 범위가 공유되지 않는다. 이렇게 깊이가 없고 날카롭게 들릴 뿐인 질문을 순진하게 반복하면 논의는 금방 추상적이고 형식적인 순환론이 되고 본질론의 미궁을 준비 없이 끌어들인다.

무엇을 규명하면 질문에 답한 것이 되는가.

무엇을 찾아내면 답을 규명한 것이 되는가.

그것을 구별하고 확인하기 위해서 전제가 되는 지식의 축적이 필요하다. 기지의 공유는 '설명' 방법을 성립시키는 기초이며 문답과 논의를 성립시키는 토대이기 때문이다. 고정된 질문에 대한 답을 서두르기보다 질문과 답이

---

1   『論文の書きかた(논문 쓰는 법)』[佐藤健二, 2014: 58]에서는 「혼합물」이라고 논하고 있지만 같은 말이다.

움직이는 방향을 묘사, 확인, 통제할만한 준비가 중요하다.

확실히 '문화'라는 말은 애매하고 포착점이 없다. 그것이 질문 제기 방식을 복잡하게 한다.

문화란 무엇인가.

이 의문문이 대상의 **특질**을 탐구할 **뿐만** 아니다는 것을 자각해야 할 것이다. 어떤 사건을 문화라고 생각하는 **주체**의 위상과 인식틀도 묻고 있다. 그렇기 때문에 연구 주체의 인식을 속박하고 있는 것을 포함하여 문화라는 말의 내실을 논의해야 한다.

복잡한 출발점이지만 여기서 시작하자.

1. '말' 속을 엿보다: 직관으로서의 문화

현대 일본사회에는 문화를 포함하는 새로운 복합어가 넘치고 있다.

기본적인 사전 종류와 서점과 도서관에 꽂힌 책에서 눈에 띄는 단어를 모아 보면 확산 정도를 알 수 있다. 실험적으로 사전 두 권에서 항목으로 되어 있는 단어를 일람표로 만들어 본 것이 [표 1-1]이다. 새로운 것과 익숙해 보이는 것이 섞여 있다. 금방 설명할 수 있는 것도 있지만 구체적으로 무엇을 의미하는지 해설하기 어려운 복합어도 있다. 후방일치 단어로는 다양한 지역·시대의 개별적이고 구체적인 현상을, 연구자가 특정의 양식으로 명명한 것이 나열되어 있다. 전방일치 리스트에는 '문화'를 덧씌운 여러 가지 학문 명칭이 보인다.

특정 현상과 그 명명으로서만이 아니다. 사고방식과 감각 방식도 또한 문화이다.

예를 들어 뇌사와 생식 기술이라고 하는 생명윤리를 둘러싼 주제 중에서 사람들의 선택과 사고방식을 지탱하는 것으로서의 문화가 논의된다. 혹은 소수자의 정체성 정치를 추구하는 사회운동의 이해에서 사람들의 태도와

[표 1-1] 문화를 포함하는 복합어

사전	전방일치	후방일치
廣辭苑	문화유산, 문화영화, 문화영웅, 문화어소(文化御召), 문화과학, 문화학원, 문화혁명, 문화가치, 문화훈장, 문화공로자, 문화국가, 문화제, 문화재, 문화재보호위원회, 문화재보호법, 문화잠종, 문화사, 문화사회학, 문화주택, 문화주의, 문화인, 문화인류학, 문화생활, 문화상대주의, 문화대혁명, 문화단체, 문화청, 문화적, 문화철학, 문화투쟁, 문화의 날, 문화변용, 문화영역	비조문화(飛鳥文化), 이문화, 오호츠크문화, 기업문화, 북산(北山)문화, 앙소문화, 국풍문화, 찰문(擦文)문화, 자산(磁山)문화, 아동문화, 조엽수림문화, 정치문화, 정신문화, 속승문(續繩文)문화, 대항문화, 대문구(大汶口)문화, 티오티와칸문화, 남만문화, 비이강(裵李崗)문화, 물질문화, 용산문화
日本 國語 大辭典	문화아파트, 문화유산, 문화영화, 문화영웅, 문화과학, 문화혁명, 문화요, 문화교육학, 문화권, 문화공로자, 문화국가, 문화제, 문화재, 문화재보호, 문화재보호위원회, 문화재보호법, 문화사, 문화사절, 문화사회학, 문화주의, 문화주택, 문화인, 문화인류학, 문화수준, 문화생활, 문화대혁명, 문화단체, 문화지제, 문화청, 문화지리학, 문화철학, 문화투쟁, 문화도시, 문화의 날, 문화비, 문화병, 문화부, 문화문정시대, 문화변용, 문화부억칼, 문화촌, 문화영역	비조문화(飛鳥文化), 이슬람문화, 오호츠크문화, 오르도스문화, 오리냑문화, 화정문화, 활자문화, 기층문화, 북산(北山)문화, 거석문화, 언어문화, 측도문화, 국풍문화, 사라센문화, 조엽수림문화, 아동문화, 상민문화, 승문문화, 스키타이문화, 정신문화, 속승문(續繩文)문화, 정인문화, 천평문화, 나토프문화, 남만문화, 농경목축문화, 비이강(裵李崗)문화, 할슈타트문화, 박손문화, 동산문화, 비잔틴문화, 마그레모제문화, 무스티에문화, 무토기문화, 야요이문화, 낙랑문화, 라틴문화, 육조문화, 용산문화

감정을 속박하는 문화를 이야기하고, 때로 넘어야 할 장벽으로서 문화가 등장하기도 한다. 산업계와 지방자치단체에서도 어떤 의미인지는 젖혀 두고 문화 진흥의 필요를 부르짖고 글로벌화 속에서 에스닉 문화의 가치와 보존의 필요가 때로 강조되고 현시된다. 더욱이 현대 상품 광고에 가해지는 레토릭에 이르기까지 실로 다양한 곳에서 사고방식 자체에 내면화된 문화를 발견할 것이다.

사회의 여러 장면들에서 '문화'가 뭔가 가치 있는 것으로 이야기된다.

그러나 가만히 생각해 보자.

이 말은 가치 있는 것을 직접 가리키는 것일까. 조사를 시작하면 혼란스럽다. 어떤 실체를 갖추고, 어떤 가치를 가지고, 윤곽을 가진 대상으로 존재하고 있는지 어떤지 수상하다. 문화와 그 이외를 나누는 선은 이미 흔들리거나 희미해졌기 때문이다. 즉, 윤곽이 확실하지 않다. 20세기가 되면 이미 '문화'

의 의미에 규정하기 어렵다는 말이 붙어 다녔다.

문화인류학자 크로버·클럭혼(Kroeber & Kluckhohn 1952)의 문화에 대한 방대한 정의 정리를 위한 고투[2], 문예비평을 사회사로까지 확대하여 재검토한 레이먼드 윌리엄즈의 역작[3]을 끌어들일 것도 없이 '문화'를 정의하고 의미의 윤곽을 묘사하는 작업은 간단하지 않다. 아이러니하게도 이렇게 정의하기가 어렵기 때문에 문화가 이 정도로 무한히 융통성 있게 사용되는 사태를 만들고 있다.

의미의 공통성을 탐구하고, 혹은 지시하는 것의 어긋남과 모순을 응시한다. 그것은 연구의 기본이다. 그러나 그 기본이 어려워지고 있는 것이 현실이다.

다시 말하면 의미의 탐구가 시작되기도 전에 어구의 유포와 유용 과정에서 지시 내용이 희석되고 '문화'를 둘러싼 애매함이 일반화되었다. 의미가 액체화된 것처럼 무질서 상태가 확대된 것이야말로 이 개념의 토론 방식을 어렵게 하고 있다. 정의, 즉, 명확히 규정하는 것이 쓸데없고, 무리이며, 바보 같다는 생각이 든다. 이렇게 되면 관찰이라는 행위 자체를 시작하기가 어렵다. 탐구를 둘러싼 상황 자체가 너무 빨리 단념하게 하고 단순한 단정을 어렵게 하는 것을 알 수 있다.

---

2   크로버와 클럭혼은 그때가지 축적된 연구에서 대표적인 용례를 검토하여 공통적인 합의를 정리했는데, "문화란 상징에 의해 획득되어 전해지는 행동 패턴이다. 문화는 인공물의 형태로 구체화된 것을 포함하여, 인간집단이 고유하게 달성한 것이다. 문화의 본질은 전통적(즉, 역사에서 유래하고 역사적으로 선택된) 이념과 그것과 연결된 가치이다"[Krober & Kluckhohn, 1952: 66]라고 정의하고 있다.

3   윌리엄즈는 "18세기 수십 년간과 19세기 전반기에, 현재 극히 중요해진 많은 단어가 영어에서 처음 보통으로 사용되기 시작했고, 또 이미 영어에서 일반적으로 사용되고 있는 단어가 새롭게 중요한 의미를 가지게 되었다"[Williams, 1966: 1]라고 기술하고, "오늘날 컬처라는 단어의 여러 의미에 응집되어 있는 문제는 인더스트리, 데모크라시, 클래스라는 단어의 변화가 각각 반영하고 있는 거대한 역사적 변화에 의해 직접 생겨난 문제이며, 또 아트라는 단어의 변화도 그러한 역사적 변화와 밀접하게 관련된 반응을 나타내고 있다"[앞 책: 4. 강조는 원문]고 논했다. 이 5개 단어의 의미가 가진, 소위 '변용의 구조'(의 구조)로서 근대화·산업화가 초래한 것을 지적하고자 한 것은 독창적이다.

"모든 것이 문화다"와 "문화는 ○○가 아니다"라는 설명

결국 우리는 어떤 곤란에 직면해 있을까.

첫째, 모든 것이 삼켜진다. 실증적·경험적 스타일로 논하려고 하면 모든 것이 문화인 것처럼 보인다.

문화라는 단어의 사용 범위가 인간이 관련된 활동 거의 모두를 포함한다. 그래서 그 말의 의미를 새롭게 생각해 보려고도 하지 않는 태도가 발생하는 아이러니를 논해 왔다. 설령 이미지로밖에 존재하지 않는 것이라도 문화라는 울림이 가지고 있는 막연한 긍정적 가치가 있다. 그것이 '포장지'가 되어 문화가 가리키는 것이 새롭게 검토되지도 않는다.

거기에는 슈츠가 비판한 것처럼 '자연적 태도(natural attitude)' 또는 '자명성'이라는 장애물이 숨어 있다.[4] 그때의 문화는 '개념'으로 가공되기 전의 '직관'에 지나지 않는다. 그러나 직관과 타성이기 때문에 표상으로서의 강점을 가진다. 그리고 "여기서 말하는 문화의 의미는 무엇인가?"를 추구하는 '촌스러운' 질문에 대해서는 "모든 것이 문화다"라고 실로 공허하고 무력한 결론만 반복된다. 논의도 탐구도 거기서 잘려버린다. 이러한 순환론에 의한 액체화가 자주 사고에 섞인다.

둘째, 부정과 직면하는 곤란함이다. 액체화되고 블랙홀화되는 순환에도 기죽지 않고 문화란 무엇인가를 탐구한다면 이번에는 부정형의 상호 중첩에 걸린다.

"문화는 ○○가 아니다". '○○'로 환원할 수 없는 무언가가 거기 있으며 그것이야말로 문화이다, 라고. 부정신학과 같은 논증 스타일에 포박당한다.

법이 아니다, 정치가 아니다, 경제가 아니다, 과학이 아니다, 기술이 아니다, 자연이 아니다, 기계가 아니다, 기호로 환원할 수 없다, 화폐가치로는 측정할 수 없다……. 대상이 되어야 할 개념의 틀을 그런 부정의 연쇄로 둘러싸려고 한다. 그 결과 아이러니하게도 문화를 추구하는 노력은 뭔가 중심에서

---

4   '자연적 태도'란 눈앞에 주어진 대로 현실이 실재한다고 소박하게 확신하고 암묵적으로 전제하는 태도로, 어떤 의미로 일상생활세계를 지탱하고 있다. 자연적 태도가 유지되는 한 그 존재 자체를 인식하지 않는다.

벗어난 나머지로 위치 지워진다.

물론 부정에 의한 선긋기가 소극적인 뒤로 미루기는 아니다. 이 부동의는 적극적이다. 기성의 경계와 다르다고 주장하기 때문에 저항이며 유동화 전략이다.[5] 그러나 강한 달관으로 태도를 바꾸었다고 해도 부정의 소극성에 머무는 한 주변으로 쫓겨나게 된다. 남은 것을 다루는 실천인 것처럼 시야의 중심에서 소외되고 경시된다.

나머지로서의 '문화'라는 위치는 분야나 패러다임에서 유래하는 것이 아니다. 대학교육이라는 국가 장치가 생산하는 지식[6]과 주체의 현실적인 파워 밸런스에 종속되어 있다. 즉, 근대사회의 산업적 편제 속에서 지의 '지정학' 문제이기도 하다. 외재하는 세력의 역학 속에서 문화라는 영역은 쓸모없는 열성의 낙인이 찍혀 있다. 불확실하다든지 과학이 다룰 영역이 아니라는 레토릭이 동원되며 그러한 위치에 대한 대항을 강요한다.

이 규정도 '자연적 태도'이며 '자명성'으로서의 장애물이다.

과학이라는 개념의 지평 자체가 역사적·사회적으로 구축된 것이다. 고전적인 마르크시즘에 기초를 둔 어떤 시기의 사회과학도 또한, 하부구조는 '경제'이며 상부구조로서의 '문화'는 하부구조의 반영에 지나지 않는 환영이라고 보았다. 19세기적인 결정론의 낡은 틀은 문화를 종속적이고 부수적인 의미로밖에 보지 않았다. 20세기에도 그러한 생산력 이론의 이해 구조를 부수고 뛰어넘지는 못했다. 과학사 연구자들은 20세기 전반의 과학기술의 발달이, 어딘가에서 철학과 과학이 과거 공통적으로 가지고 있던 실천으로서의 동일성을 놓치게 하고, 문과와 이과의 지를 대립시켜서 '문화'와 '과학'을

5 　마찬가지 단어 사용은 '포스트'에서도 볼 수 있다. 새로운 패러다임의 핵을 직접적이고 구체적으로 주장하는 것이 아니라 포스트라는 '후'나 '탈'이라는 재귀적인 형용사로 기존의 틀을 벗어나고자 한다. 문학과 예술과 건축에서 '포스트모더니즘', 인류학에서 '포스트 구조주의', 사회학에서 '포스트 산업(공업)사회' 등의 개념이 그 응용의 예이다.

6 　위계성을 내포하고 있던 이러한 학문의 영역 구분은 근대국가 형성을 서두르고 식산흥업(殖産興業)에 매진했던 일본의 후발성에서 유래한다고 관련시키는 경우가 많다. 그러나 그러한 후진성으로만 환원하는 인식은 충분하지 않다. 근대라는 사회 구조 자체를 지탱하는 이데올로기의 역사적인 구조로서 존재하고 있는 것을 간과해서는 안 된다.

가르는 분할선 위에 불신과 혐오로 얼룩진 격벽을 만들었다고 논한다. [7]

'컬추럴 턴'의 의미

문화연구(Cultural Studies)가 제기한 '컬추럴 턴(cultural turn)' 즉 '문화론적 전회(轉回)' 또는 '문화적 실천에서의 전회' 주장이 제기한 문제는 실로 그러한 의미부여의 작용 자체였다.

즉, 인간활동의 '전부'인 것처럼 애매하게 느껴진다든지 정치와 경제의 '나머지'를 담당하는 것처럼 보이곤 한다. 이렇게 보이는 방식과 느껴지는 방식 자체를 문제시해 보자. 그 근저에 있으면서 그 현상을 규정하고 있는 질서에 빛을 비추어 보자. 왜냐하면 그러한 질서를 구축하는 힘 자체가 문화라고 해야 할 어떤 것이기 때문이다, 라고 문제 제기가 이루어졌다. 그리고 패러다임의 '전회' 혹은 '탈구축', 즉, 경계 넘기와 내적 파괴를 통하여 인식의 양식 자체를 변혁시키는 중요하다는 것을 전략으로 삼았다.

전회는 변하는 상황을 가리키는 동시에 바꾸는 실천을 함의한다.

다시 말하면 세계를 보는 방식을 구성하고 있는 요소가 근저부터 바뀌고, 그 결과로서 관점의 반전이 발생한다. [8] 그 반전 메커니즘의 최초 선언이 말의 미디어론적 특질에 초점을 맞춘 '언어론적 전회(linguistic turn)'였던 것은 단순한 우연 이상의 것이다.

말이야말로 질서화의 힘의 핵, 혹은 인식의 원형질이었기 때문이다.

---

7   예를 들어 스노의 '두 가지의 문화'라는 주장은 물리학으로 상징되는 이과의 학지와 문학으로 상징되는 문과의 학지와의 격리에 대한 위기감으로 뒷받침되는 것이었다(Snow, 1959= 1965). 20세기 중반의 이 주장이 쿤의 패러다임론과 동시대였다는 것은 흥미롭다.

8   그 의미에서 '전회'는 현상학적 마르크스주의가 1970년대에 끊임없이 주장한 '에포케(현상학적 환원)'와, 1980년대의 '인식론적 단절(rupture épistémologique)' 혹은 '탈구축' 등등의 주장과 거의 마찬가지로 병행해서 이해해도 좋은 전략이다.

언어로부터 문화로의 확장

말 즉, 언어의 역할은 실로 복합적이다.[9]

말은 주체가 본 세계를 서술하고 타자에게 전하는 것만이 아니다. 세계를 보는 방식 자체를 생산한다. 실로 인간 고유의 발달을 나타내는 매체였다. 그때 언어는 세계의 반영으로서 존재하는 것이 아니라 실로 세계를 인식으로서 구축하고 있다. 그러나 언어는 실체가 아니라 매체이기 때문에 오히려 주체로서의 인간의 신체와 깊이 연결되어, 신체를 지탱하는 환경으로서 작동한다. 컬추럴 턴을 주장하는 것은 이 '언어'가 매개하는 힘의 근원성을 문제로 하여, 바로 같은 힘이 작용하는 위치에 '문화'라는 카테고리를 두었다. 그 문화에 언어라는 매체가 포함되어 있는 것은 말할 것도 없다. 그런 의미에서 턴(전회)은 방법적으로 인식론적인 변혁이었다.

그러나 몸에 익은 '문화'라는 말이 가진 가치의 관습적 용법의 힘은 뿌리 깊다.

제대로 위치를 부여할 수 없는 것이 등장하면, 잘 모르지만 감사하게 쓰는 '문화'[10]라는 표제의 분류 상자에 넣어서 학문적 위계의 주변 부분에 의미를 붙여서 위치시키는 관습은 매우 끈질기다. 특히 탐구하는 것과 배우는 것을 특권화해서 살아가는 것이나 일하는 것과 나누고, 학문 활동과 다른 노동 등의 인간활동을 분리하는 태도도 거기에 작용하고 있다. 즉 문화를 '다양한'

9　『ケータイ化する日本語』[佐藤健二, 2002]에서 논한 것도, 인간이라는 고도의 사회성을 구축할 수 있었던 동물에게 있어 말이 가진 본질적으로 복합적인 기능이다.

10　'문학'도 또한 마찬가지 논리에서 주변부로 쫓겨났다. 클리포드는 이글턴을 인용하면서 "서양과학은 19세기 이래 정통으로 간주되는 표현 양식의 래퍼토리로부터 어떤 양식을 배제해 왔다"고 한다. 배제된 양식이란 '평명(平明)', 즉 명료한 의미라는 이름에서 배제된 '픽션', 객관성이라는 이름에서 배제된 '주관성'이다. "이렇게 해서 과학에서 배제된 특수한 영역은 '문학'이라는 개념 속에 머물게 했다. 그래서 문학 텍스트는 비유적이고 우화적이며 관찰된 사실이라기보다 창조된 것이라고 간주되었다"[Clifford & Marcus, 1986=1998: 8]. 여기서 우리는 문화의 연구가 문학과 마찬가지로 과학의 범주에 포함되기 어렵다는 큰 문제를 안고 있다는 것을 알게 된다.

의미나 '여러 가지' 가치의 세계로서 일괄해서, 정치·경제 시스템의 실용성과 실재성에 종속되는 영역으로밖에 인식하지 않으려고 한다.

그러한 문화를 보는 방식에는 이미 암시한 것처럼 근대사회의 산업적 편제가 크게 작용하고 있다. 그런 태도를 유지하는 장소에서는 '문화' 같은 건 극단적으로 말하면 무시해도 상관하지 않는다. 종교에 가까운 신앙과 신념의 영역으로 가두어져서 여가 시간에나 해야 할 활동으로 정리되어 버린다. 언어적·신체적인 해석의 실천이기 때문에 '문화의 전회'라는 주장 같은 건 쓸모없는 지식인들의 지적 유희에 지나지 않는다고 위치 지워지기 쉽다.[11] 돌아보면 경제교환을 지탱하고 있는 화폐라는 존재가 사실은 종교의 신앙과 마찬가지로 신빙(信憑)의 집합성과 공포의 공동성 위에 성립되어 있다. 그러한 근원에 대한 질문을 하지 않는다면 문화를 논하는 것 자체가 표층에 머물 수밖에 없다.

우리는 먼저 이 상황을 둘러싼 비겁하고 거만한 '상식'을 단절하자.

'문화'를 쓸모없지만 뭔지 모르게 고마운 가치를 가진 잉여인 것처럼 느끼는 '자연적 태도'가 기본적인 어려움을 존립시키고 있기 때문이다. 그러한 상식이 사실은 현대사회의 기묘하고 이상한 인습이라고 재응시하는 것에서부터 출발하자.

"문화란 무엇인가"에 대해 어떻게 질문할 것인가

"모든 것이 문화다"라는 정의는 무의미한 반복의 종착점이다.

"문화는 정치와 경제의 나머지이다"는 연구를 주변화하고 고립시킬 뿐이다.

무규정의 블랙홀로 끌려가지 않고, 부정의 압력에 휩쓸려 변경에 웅크리지 않고, 제3의 길은 어떻게 개척해야 할까.

---

11 여기서의 '유희'라는 지적과 호응하는 배타적이고 종교적인 인식을 인류학자 마커스와 피셔는 다음과 같이 묘사하고 있다. "현존하는 문화의 다양성을 인간이 믿지 않는다는 것은 아니다. 오히려 서양사회라는 특권적으로 유리한 지점에서 볼 경우 문화적 차이나 또 하나의 세계에 대한 견해가 세계 규모로 공유되고 있는 정치경제 시스템의 활동에 뭔가 영향을 끼친다고 사람들은 믿지 않게 되었다는 것이다"[Marcus & Fischer, 1986=1998: 84].

우리가 문화라고 부르는 것의 힘을 응시하고, 혹은 새롭게 문화라고 명명해야 할 것이 가지는 광채를 어떻게 하면 인식할 수 있을까.

문화를 정의하는 연구가 최초로 마주하는 것은 단지 사전적으로 공유할 수 있는 설명의 제시가 아니다. 그 이상으로 문화를 고찰한다는 움직임의 창출이며 대상을 보기 위한 시점의 구축이다. 보는 방식 혹은 사고방식의 변혁이며 인식방식의 발명이다.

거기에 전회(턴)의 진정한 의미가 있다.

다시 한번 이 장의 모두에서 이야기하고자 했던 것으로 돌아가서 논의를 전개할 방향을 확인하자.

"문화란 무엇인가"라는 의문문은 대상으로 해야 할 것의 특질이 무엇인지 묻는 것처럼 보일지도 모르지만 거기서 끝나는 것이 아니다.[12] 그 대상을 문화로 보는 인간들의 인식틀에 대해서 묻고 있다. 그렇기 때문에 어떤 현상을 문화로서 논하려고 하면 논하는 주체의 인식의 틀을 명확히 할 것이 요구되는 것이다. 그리고 그 명확화는 언제나 사고의 움직임을 포함하고 있으며, 보는 방식과 사고방식의 전회를 포함하고 있다.

그렇기 때문에 그 움직임을 따라서 논하겠다.

2. 질문을 위한 발판

문화를 대상으로 하는 사회학이 '실패'하는 케이스에는 전형적인 두 가지 유형이 있다.

---

12 다른 말로 하면 "문화란 무엇인가"라는 질문에 순진하게 답해서는 안 된다. 그것은 문화를 연구하는 실천 자체의 특질에 대한 질문이다. 연구한다는 실천 속에서 짜인 대상의 생성과 주체의 변용을 지속적으로 마주해야 하는 복잡성과, 문제를 다루는 어려움이 있기 때문이다. 그렇기 때문에 남의 일이 아니다. 방관해도 되는 '강 건너 불'도 아니고 부러워만 하는 '옆집 잔디'도 아니다.

개념의 축소재생산

첫째 실패는, 나쁜 의미에서의 지식사회학의 축소재생산이다.

추상적인 개념 정의의 주변을 당당하게 순회하고 구체적인 현상의 구조 분석으로 연결시키지 않는다. 1930년대에 독일에서 일본으로 열심히 수입된 '문화사회학'의 학설 연구가 종종 빠지는 미로이다. 동시대의 '역사사회학'과 '지식사회학' 논의도 마찬가지로 그릇인 개념의 검토에 열중해서 사회인식 자체를 풍부하게 산출하지 못했다.[13]

물론 개념을 명확히 정의하고 범주로서의 일반성을 장착하는 것 자체는 연구의 중요한 프로세스이다. 불필요하다고는 전혀 생각하지 않는다. 그러나 도구는 어디까지나 도구이며 도구를 어떻게 사용할지는 결정하는 국면에서의 자각이 중요하다. 때로 그 개념논의의 추상성 때문에 사고와 관찰의 실천을, 출발점 이전의 선입관에 미리 구속당하고 사고의 정체와 동의반복밖에 생산하지 않게 될 수도 있다. 그러한 위험성을 연구는 어떻게 피하고 어떻게 넘어갈 수 있을까. 거기에 자각해야 할 과제가 있다.

그때 우리의 탐구는 구체적인 실태와 형상의 현장으로 바뀌고 관찰과 기술로부터 시작하지 않을 수 없을 것이다.

개별적인 기술로의 매몰

둘째 실패는, 실로 그 구체적인 관찰과 기술에 몰입하기 때문에 야기되는 정체이다. 문화현상의 개별적인 기술로의 매몰이라고 할 수 있다.

거기서는 '문화'라는 개념을 꺼낼 필요성과 의미가 분명하지 않은 채 남겨진다. 개별 현상에 집착하면서도 문화로서

---

13 약간 입장이나 뉘앙스를 달리하지만 문화산업 비판의 계몽주의자들의 주장에도 마찬가지 애로를 느낀다. 현대의 문화현상을 대량생산의 괴물이라고 원리적으로 비판만 함으로써 마찬가지의 함정에 빠지고 있다.

가지는 힘의 기저에 닿으려고 하지 않는다. 어떤 의미에서 문화의 분석인지 그에 대한 질문을 하지 않고 거기에 답하려고 하지 않는다.

어쩌면 대답하지 않으려는 것이 아니라 질문을 받지 않을 수 없다는 필연성을 느끼지 않는지도 모른다. 그렇다면 베스트셀러 문학과 패션, 비디오 게임, 팝음악, 유원지(테마파크)와 같은 현상을 다루는 것은 대상의 구체적인 한정처럼 보인다. 때로 고급인지 저급인지, 재배적인지 대항적(하위문화적)인지 구별이 가능하다고 해도 이것을 '문화'라고 하는 관습적인 통념과 상식의 공통성은 의문시되는 경우가 적기 때문이다. 그러나 그렇기 때문에 이런 연구는 자칫하면 실감적으로 실태를 흉내 내는 데 그치는 '에스노그래피'나 '질적연구'로 끝나기 쉽다.[14] 문화 카테고리의 내실과 교차하지 않는 고찰에 그치고 만다. 개념으로서 그 특질이 새롭게 재고되고, 현상에 포함되어 있는 문제가 재검토되지 않고 실태의 보고로 끝나버린다.

그때 우리는 구체적인 사실과 현상을 논하고 있다고 해서 문화라는 문제의 구조와 기제(메커니즘)의 발견에까지 도달한다는 보증은 어디에도 없다는 것을 알게 된다.[15]

문화라는 경기장

구체성을 깊이 파고든다. 그것을 통하여 개념으로서의 문화를 부상시킬 수 있다. 나 자신은 연구 스타일로 이런 방식을 선호한다.

---

14 오해를 피하기 위하여 보충하는데 '에스노그래피'나 '질적연구'가 실감적으로 실태를 흉내 내는 데 그치는 방법밖에 없다고 말하는 것은 아니다. 현상을 구조적으로 분석하고 완벽하게 기술하는 에스노그래피도 있을 수 있다.

15 예를 들어 서책을 읽는 것을 넓고 막연하게 '활자문화'라고 부르고 그 '위기'를 베스트셀러의 동향에 두고 찾아서 라이트 노블의 내용분석으로 시험한다고 하자. 그러나 독자로서의 감상을 아무리 연결시켜도, 작품의 취향을 아무리 비판해도 그대로는 문화분석이 안 된다. 작자와 편집자와 독자라는 다양한 주체가, 혹은 출판사와 도매상과 서점 등의 유통과 관련된 복수의 장치가, 어떻게 문화라고 지명한 것을 존립시키고 그 변용과 해체의 위기를 생산하는가. 그에 대한 문제 제기가 없는 채로는 논고로서는 부족할 것이다.

그러나 '문화'라고 불리는 현상이 누가 담당하며, 무엇에 맡겨지며, 어디서 성립하는가. 구체적으로 기술하는 것뿐 아니라 분석적으로 설명하지 않으면 분명한 규명이 아니다. 더욱이 그것을 '문화'로서 말하는 주체는 사회 어디에 위치하는가. 그러한 구조가 자각적이고 구체적으로 탐구되지 않으면 문화를 연구한다는 문제의식 자체가 녹아 없어진다.[16]

바꾸어 말하면 문화라고 할 수 있는 현상을 무엇이 지탱하고 있을까. 그 구조로서 '장'의 인식과 분석이 소위 입체적인 것으로서 또 실천적인 것으로서 질문이 제기되는 것이다. 그러한 '장'을 인식하지 않은 채의 개개 사물과 사건의 직관적 표상은 결국 개별적인 현상의 평범한 기술에 그친다. 겨우 사후적으로 주관적이고 자의적인 인상비평이 더해질 뿐이다. 그것은 많은 경우 분석이라고 할 수 없는 정도에 머문다. '대상'이 보유한 독자적인 움직임을 재묘사할 수 없기 때문이다.

움직임을 재묘사하기 위해서 '장'이라는 공간적인 이해 혹은 형상의 깊이를 파악할 필요가 있다. 이 부분은 알튀세르가 말하는 '이론적 대상'의 구성과 겹친다.[17]

이런 의미에서 반성적 인식의 필요성은 '발화의 위치' '입장성'에 대해 질문하는 문화연구와 탈식민주의의 전매특허는 아니다. 현상학과 유물론의 탄

---

16 어떤 현상이 실제로 문화로서 나타나는 그 고유한 시간의 상태와 공간의 틀에 대해 문제를 제기하고, 그 현상을 담당하고 있는 다양한 행위자를 대상화하고, 거기에 작용하는 제도의 구조를 관찰하고 나아가 그 문화를 평가하거나 문제로서 이야기하는 주체의 위상도 자각적으로 위치시켜 묘사한다. 수많은 구성요소의 배치와 함께 전체를 구조로서 파악하는 것이 필요할 것이다.

17 같은 것을 피에르 부르디외는 "대상의 구성을 가장 중요시한다"는 표현으로 다음과 같이 말한다. "모든 전제를 버린다고 생각할 때 자기도 모르는 사이에 대상을 만들고 있는 것이며, 더욱이 그 경우 대개는 잘못된 방법으로 대상을 만들어 버린다. 사회학의 경우 대상 구성에 주의를 기울이는 것만큼 절박한 과제는 없다. 사회적 세계는 어떠한 방식으로 저절로 구성되어 있으며 그러한 전과학적 구성 작용에 우리는 익숙해져 있기 때문이다. 평소의 생활에서도 많은 사회과학 연구에서와 마찬가지로 무의식적 인지 도구가 암묵적으로 투입되어 있는데, 그들 도구가 대상을 구성하는 역할을 하고 있다. 따라서 이런 도구야말로 대상으로서 취급되어야 한다. 민속방법론(ethnomethodology) 연구자들이 같은 시기에 발견한 것은 바로 이것이었다" [Boudieu 1973=1994: 466-467].

생에서도, 사회학의 기원에서도 공유되고 있다.

사회학적 문화연구의 4가지 논점

그렇기 때문에 우리는 문화를 재웅시하는 반성성의 경험을 기르고, 빈번한 실패를 극복하는 틀을 만드는 콘테스트에 연구한다는 실험을 재위치시키고자 한다. 공통적인 지침으로 다음 4가지 포인트를 드는 것도 그 때문이다. 즉,

① 우리 자신이 사용하는 개념의 역사적·사회적 구속성의 검토
② 문화가 생산되고 유통하고 소비되는 프로세스의 해명
③ 문화를 '장'으로 인식하고 거기에 내포된 균열과 움직임을 그려낼 것
④ 생활하는 신체 측에서의 인식의 총체화

이하, 그 각각의 목적을 설명해 가겠다.

의미부여 자체를 문제로 삼을 것

첫째, 어떤 사건과 사물을 '문화'라고 인식하고 있는 근거를 찾아서 재검토하는 것의 중요성이다. 즉 그것을 문화라고 의미부여하는 우리의 실천 자체를 문제시한다. 다시 말하면 어떤 사물과 현상을 문화라고 바라보는 눈길 자체의 역사성과 사회성을 자각적으로 파고드는 것이다.

알튀세르가 명석하게 논한 것처럼 이데올로기는 항상 우리의 인식에 개입하고 있다. '영화' '만화' '문학' 등의 개별 분야를 논하는 실천 속에 이미 일반성을 담보하는 특정의 '문화' 개념이 이데올로기로서 그때마다 개입하고 있다. 오히려 개입하기 때문에 영화는 미디어 문화의 한 형태라고 보게 되고, 만화는 대중문화와 청년문화와 오타쿠 문화의 표상이라고 의미부여를 하며, 다양한 작품은 문학으로 혹은 예술로 받아들여져 비평을 하게 된다. 즉, 우리는 어떤 '문화'의 인식틀 하에서 구체적인 연구 대상을 부각시키고 있는가. 다른 말로 하면 연구하는 주체 혹은 생활하는 주체에게 '문화'를 보는 방식의 어떤 버전이 어떤 형태로 개입하고 있는가.

그에 대한 문제 제기인 것이다.

거기서 관찰의 과제가 생긴다. 이러한 전제가 되는 문화의 개념을 서술 속에서 문제화하고 명확히 해 갈 필요가 있기 때문이다.

메이지문화연구회의 '문화'

예를 들어 보겠다. 나 자신은 1920년대의 메이지문화연구회(明治文化研究會, 요시노 사쿠조(吉野作造)를 중심으로 결성된 역사연구단체)가 한 문화 연구는 시사점이 크다고 주목하고 있다. 그러나 단지 선구적인 시도인 것만이 아니다. 연구 주체의 시점이 특징적이며 흥미롭기 때문이다. 다시 말하면 어떠한 메이지 '문화'의 인식 방법이 이 시도를 가능하게 했을까. 그런 질문을 던져 보는 것이 지금 필요해 보인다.

그때 '메이지문화연구회'의 실천 자체가 연구의 소재가 된다. 아쉽지만 메이지문화연구회를 전면적으로 검토한 인문사회학적 연구는 아직 없다. 관련된 사람들의 개성도 강하고[18] 목적도 방법도 하나가 아니었다. 그랬기 때문에 여기서 '문화'가 연구회라는 장에서 얼마나 작용하고 있었던가는 다시 관찰하고 고찰해야 하는 과제이다.

예시의 의미로 이 사례를 좀 살펴보자.[19]

---

[18] 1925년 2월에 『신구시대(新舊時代)』라는 잡지를 창간한 메이지문화연구회에는 이미 각각의 방법으로 문화를 연구하고 있던 사람들이 모였다. 세상풍속의 백과사전으로 평가가 높은 『메이지사물기원(明治事物起原)』 제1판[1908]을 이미 완료한 이시이 켄도(石井研堂), 도쿄제국대학 법학부 임시 촉탁으로 신문잡지사료의 정리를 하고 있던 미야타케 가이코츠(宮武外骨), 『메이지헌정경제사론(明治憲政經濟史論)』[1919]이라는 구술기록의 편집 경험으로부터 메이지문화 연구의 필요를 의식한 요시노 사쿠조, 판사로서 헌정사 연구에 몰두하여 우화생(雨花生)이라는 필명으로 잡지에 메이지 초기의 고증 등을 발표하고 있던 오사타케 타케키(尾佐竹猛), 신문기자를 거쳐 『일본신문발달사』[1922]를 정리한 신문연구의 개척자 오노 히데오(小野秀雄) 등이 창립 멤버가 되고, 후에 사이토 쇼조(齋藤昌三), 야나기타 이즈미(柳田泉), 키무라키(木村毅) 등 개성적인 연구자가 편집 동인으로 참가했다.

[19] 이하에서 말하는 것은 연구 도중의 직관이며 연구를 진행하는 프로세스에서 '단절'되며 수정되리라는 것은 물론이다.

하나의 논점으로 떠오르는 것은 '문화' 연구가 자료라는 소재의 존재를 중시하면서 스스로의 내부에서 작용하는 '문화'라는 카테고리의 구속성을 과제로 인식하는 것 같은 문제 설정이었다는 것이다.

기관지 창간호는 메이지문화연구회의 목적을 "메이지 초기 이래 사회 전반의 사건을 연구하고 이것을 우리 국민사의 자료로 발표하는 것"[20]이라고만 짧게 들고 있다. 그러나 『메이지문화전집』의 「내용견본(內容見本)」[21]은 좀 더 깊이 들어간다. 왜 메이지문화의 연구가 필요한지에 대하여 단지 그것이 가치가 있다고 생각해서가 아니라 그 총체를 재검토할 필요가 있기 때문이라고 설명한다.

간행 취지에 따르면, 한편으로는 새로운 이상에 불타오르면서 다른 한편으로는 낡은 전통의 질곡을 부술 수 없는 고뇌와 번민의 시대가 메이지였다. 즉, 봉건시대의 낡은 옷을 벗어 버리고 60년이 지났지만 우리는 아직 새롭게 변신하지 못했다. "이 새로운 이상은 어떻게 국민의 뇌리에 생겨났는가. 또 저 전통의 질곡은 왜 이제껏 우리를 강하게 속박하는가".[22] 즉, 사람들이 품은 이상뿐 아니라 질곡도 또한 명백히 밝혀야 할 메이지문화였다. 그러나 극히 최근까지 '진지한 연구'는 등한시되고 있었다. 왜일까. 문제 제기를 하지 않았기 때문이다.[23]

실제의 연구회의 실천이 구상한 '문화'의 카테고리도 매우 재미있다. 같은 「내용견본」에 실린 우치다 로안(內田魯庵)의 에세이는 이 사료편찬 시도가 가진 '문화' 연구의 특질을 정확히 예감하고

20 「「明治文化研究會」に就いて」『新舊時代』第一年第一冊[井上和雄 編, 1925: 목차 뒤].

21 第一回予約募集『明治文化全集・內容見本』日本評論社.

22 「『明治文化全集』刊行の趣旨」『明治文化全集・內容見本』[日本評論社, 1927: 2].

23 등한시된 이유에 대해서 같은 「『明治文化全集』刊行の趣旨」는 다음과 같이 설명한다. "메이지 시대는 (1)시작할 때 외국 문화의 수입에 바빠서 스스로를 돌아볼 여유가 없고, (2)또 시대가 가깝기 때문에 여러 가지 일이 사람들의 기억에 남아 있기 때문에 정치한 고찰을 부가할 기분이 안 나고, (3)게다가 때로 옛 이야기를 하는 사람이 있어도 많은 경우 과거를 꾸미는 변명에 지나지 않기 때문이다"[日本評論社, 1927: 2]. 역사의 해석 방식에 대한 반성으로 매우 흥미롭다.

있었다.

우치다 로안은 단언하고 있다. 극작가들의 수많은 작품이 없더라도 메이지 문화사에는 아무 지장도 없다. 그러나 태정관일지와 공의소의 기록, 혹은 서양의 법리론이나 정치제도와 마주한 사상가의 저술이 없다면 메이지문화 연구는 빛을 잃는다. 메이지문화로서 신기한 개화풍속이나 과도적인 통속문예에만 초점을 맞춘 종래의 문화 이해 쪽이 착각의 오류이며 "법정철학을 중심으로 하는" "초기의 문명 선구자 여러분의 저술 문장"이나 "사상상 또는 과학상의 산물" 등을 그 본류로 삼아야 한다고.[24]

확실히 『메이지문화전집』이 풍속편과 문화학술편뿐만 아니라 헌정편과 자유민권편으로부터 교육편, 군사편, 교통편, 과학편에 이르고 있는 것은 '문화'의 인식방법 자체의 기저를 확대하고 있는 느낌을 들게 하는 것이다.

자료로서의 공유의 중시와 고증

이 메이지문화연구회가 대상과 마주하는 방법에는 하나의 특징이 있다. 그것은 인식을 생산하는 매체로서 '자료'를 중시하는 것이다.

때로 관동대지진에서 제국대학도서관의 소실 등 많은 문화자료의 소실이 향수를 부르듯이 메이지문화에 대한 관심을 높였다고 한다. 그러나 이 연구회의 기본을 향수에 두는 이해는 편협하다. 또 문화재로서의 보호 보존 사업을 목적으로 하는 것과도 다르다. 오히려 지금 집성하지 않으면 묻히고 상기할 실마리를 없어질 수 있다는 위기감 쪽이 크다. 더욱이 그 시대를 산 사람들에게도 언젠가 잊어버릴지도 모르는 소소한 것이, 문화라고 인지되고 있다고 할 수 없는, 현실에 대한 비판이 거기에 있다.[25]

24 「明治群書類從の大成」『明治文化全集・內容見本』[內田魯庵, 1927: 19-20].

25 시부사와 에이이치(澁澤榮一)는 초판 『明治文化全集』을 위해 작성한 48쪽의 『明治文化全集・書目解題』[1927년 6월경 발행]에서 「明治文化全集은 우리의 이력서」라고 제목을 붙이고 "요 60년은 돌아보면 실

전집의 편찬과 동인의 잡지 간행에 가치를 두는 것은 그 때문이다. 지식을 공유하는 장에 올리기 위하여 집성하여 복제하고 혹은 잡지를 통해서 공유하는 것이 추구된다. 지진 재해가 하나의 계기가 되었던 것은 메이지 경험의 공유가 사회적인 위기에 빠졌기 때문이다. 그러한 문맥에 연구회의 목적이 설명하는 '자료'라는 단어도 위치시켜야 할 것이다. 열정적인 조사 수집과 실증적이고 경험적인 서지 해제의 실천을 관통하는 능력을 지닌 사람들이 연구를 담당함으로써 평론과는 다른 고증의 작법이 탄생했다.

성과로서의 출판물은 몇 번이나 개정판을 거쳐[26] 일본근대문화사 연구에 뜻을 둔 사람이 공통으로 참조하는 중요한 자료 데이터베이스의 하나가 되었다. 더욱이 이 모임의 기관지와 전집 편찬을 활주로로 해서 일본의 신문연구가 이륙하고[27] 일본의 근대문화를 구성하고 있는 사물과 제도에 관한 고증이

로 변화가 많고 그래서 매우 재미있는 기간이었다. 이처럼 변화가 많았기 때문에 실제로 경험을 한 우리에게도 이해할 수 없게 된 일이 적지 않다"[앞 책: 45-46]라고 했다. 이 전집의 계획을 보면 의문이 깔끔하게 풀리는 것도 많을 것이라는 기대로 간행을 기다린다는 감상을 밝히고 있다.
  제3판의 전집이 되어 별권에 들어간 『明治事物起原』의 저자이며 연구회의 동인이기도 한 이시이 켄도(石井研堂)가 메이지 사물(事物) 기원을 고증하기 시작하는 것은 메이지 20년대 (1887~1896)인데 그때 이미 메이지의 신문화로서 신문지와 인력거의 기원과 보급의 프로세스가 잊혀지고 알 수 없게 되었다. 그 의미에서 켄도의 사물 기원의 시선은 바로 잊혀져 버리는 세세한 것이 가지는 역사라고 하는, 문화에 대한 애착이었다.

26 「황실편」을 제1권으로 하는 1927년에 간행된 제1판 전집(전 24권 구성)과 「헌정편」을 제1권으로 해서 1955년에 간행된 제2판 전집(전 16권 구성)의 차이에 주의할 것. 제2판 전집에서는 「황실편」 「교육편」 「종교편」 「문학예술편」 「시사소설편」 「번역문예편」 「사상편」 「문명개화편」 「잡사편」 「군사편·교통편」 「과학편」이 제외되고, 「자유민권편(속)」 「사회편(속)」 「부인문제편」이 추가되었다. 제2판 전집을 기본으로 해서 제1판에서 제외된 권을 추가하고 더욱이 「국헌 범론(國憲凡論)」을 1권 추가해서 전 28권으로 하고 별권으로 『明治事物起原』과 그 외 보권 3책을 합한 제3판 전집(전 32권 구성)은 1967년, 즉 메이지유신 100주년에 간행되었다. 더욱이 1992년에 간행된 제4판 전집(전 29권 구성)은 「농공편」이 보권에서 본권으로 이동하는 등 제3판 전집까지와는 구성이 다르다.

27 신문발달사를 보충하는 『幕末明治新聞全集』(전 5권)의 간행 외에 미야타케 가이코츠가 촉탁으로 관련된 메이지신문잡지문고(明治新聞雜誌文庫)의 역할도 크다. 물론 일본근대의 신문연구에 대해서는 오노 히데오 등의 메이지문화연구회의 계보뿐 아니라 하세가와 뇨제칸(長谷川如是閑) 등의 시점도 중요하다. 하세가와가 『岩波講座 日本文學』에 실은 문화로서의 '신문문학'의 고찰[長谷川如是閑, 1933]은 동시대의 오쿠마 노부유키(大熊信行)의 상품으로서의 문학의 분석[大熊信行, 1933·1937]과 함께 유니크한 문화연구로서 시야에 넣어 두겠다.

증보 개정[28]되어 갔다. 리더였던 요시노 사쿠조는 메이지문화연구를 하게 된 동기로 『메이지헌정경제사론(明治憲政經濟史論)』 편찬 때, 헌법 기초의 중심에 있었던 이토 미요지(伊東巳代治)가 만나주지 않았던 것을 든다. 국가 기밀을 방패로 거절하고 철저하게 은닉하려는 태도가 자료 수집과 연구의 필요를 강하게 의식하게 했다고 말한다.[29] 그 정보의 공공성에 관한 동기도 다양한 개성의 네트워크와 함께 이 활동이 민간 재야의 입장에 서는 문화연구였다는 것을 시사하고 있다.

제1의 논점으로 강조하고 싶은 것은 문화를 대자화하는 과제이며 재귀적으로 파악할 필요성이다. 대상 속에서 어떻게 '문화'가 작용하고 혹은 갱신되고 있는가. 거기에 초점을 맞춘 세밀한 관찰과 고찰의 필요성이다.

생산되고 소비되는 구축물로서

둘째, '문화'를 생산되고 소비되는 구축물로서 재인식하는 것이다. 변하지 않는 가치로 고정화하는 것이 아니라 그 변용을 포함시킨 유통의 사회적인 프로세스와 생태를 묘사한다. 그것을 통해서 우리는 새로이 '문화의 생산'이라는 논의가 필요하다고 생각한다.

예를 들어 보자. 1950년대 사상의과학연구회의 문화연구로서 평가되는 초기 공동연구의 하나로 『꿈과 그림자(夢とおもかげ)』라는 제목의 대중오락 연구가 있다. 여기에 관여한 미나미 히로시(南博)는 작품의 내용분석 외에 관객과 독자들의 반응분석과, 사상과 감정에 대한 영향으로서의 효과분석의 세 가지가 필요하다고 말한 후에 생산하는 주체에 주목한다.

---

28 이시이 켄도의 『明治事物起原』의 제2판, 게다가 제3판으로 증보개정된 것이 이 잡지에 연재하는 것을 통해서 이루어진 것을 가리킨다. 이시이 켄도에 대해서는 [山下恒夫, 1986]·[佐藤健二, 2002]를 참조.

29 「明治文化の研究に志せし動機」[吉野作造, 1926→1933: 1-9].

내용, 반응 및 효과의 분석은 대중오락과 그 수용자 사이의 관계와 관련된 것이지만 대중오락을 전면적으로 연구하기 위해서는 더 나아가서 그 공급자에 관한 조사를 해야 한다. 그것은 대중오락을 공급하는 기업체 혹은 공사(公私) 단체의 분석이다.[30]

즉, 생산 및 소비 프로세스의 중요성을 지적하고 있다.

이 공동연구회에서는 대중소설과 유행가, 영화, 연극, 요세(寄席) 오락 등이 '사람들의 철학'의 소재로서 다루어진다. 미우라 츠토무(三浦つとむ)의 분석[31] 등 나니와부시(浪花節)의 작품 내용으로부터 그것이 생산되고 연행된 사회라는 장으로 거슬러 올라가면서 메이지의 나니와부시와 쇼와의 그것의 차이를 파내려간다. 또 츠루미 슌스케(鶴見俊輔)의 대중소설 분석[32]도 제공자와 수용자에 이르는 프로세스에 관한 복수의 문제를 지적한 선구적인 문화연구였다.

부르디외가 '장(champ)'이나 '문화자본(le capital culturel)' 등의 개념을 준비해서 드러내려고 한 것도[33] 문화가 생산되고 유통하는 프로세스에서의 역동성이 아니었던가. 그런 과정에서는 '생산'과 '소비' 혹은 '수용'이라는 카테고리 자체가 다시 묘사될 것이다. 더욱 깊이 들어가면 생산과 소비의 재묘사를 통해서 '문화'라는 카테고리 그 자체의 윤

30 南博「大衆娛樂調査の意義」[思想の科學研究改編, 1950: 7]. 미나미의 이 논고는 목차 앞에 있는데, 이 책 전체의 서문에 해당한다.

31 三浦つとむ「浪花節の歷史的性格」[思想の科學硏究會編, 1950: 279-309].

32 鶴見俊輔「日本の大衆小說」[思想の科學硏究會編, 1950: 11-81]

33 좀 거친 해설이지만 나에게 부르디외의 '장(champ)'의 매력은, '문학'과 '종교'와 '학문'을 추상적인 주제영역으로 인식하는 것이 아니라 이론적 대상을 생산하는 작용들이 교차하고, 혹은 스치는 열린 공간으로 설정하고 거기에 경험적인 관찰을 불러들일 수 있는 제작에 있다. 알튀세르의 '장치'와도 루만의 '커뮤니케이션'과도 중첩시키면서 고찰해도 될 가능성을 가진다고 생각하지만, 깊이 들어가는 것은 피하자. '문화자본(le capital culturel)'은 교육을 통한 계급의 재생산을 논하는 중에 교양과 취미와 미의식 등 신체화된 아비투스의 격차에 빛을 비추기 위하여 궁리되었다. 주어진 유산의 계승이라는 맥락이 지나치게 강조되는 점에는 약간의 주의가 필요하지만 '자본'을 생산의 실천 시스템 속에서 재인식하려고 하고 경제의 틀에서 해방시키려고 하는 점은 평가할 수 있다.

곽이 다시 기술되게 될 것이다. 문화산업론이라는 문화의 생산양식과 구조에 대한 문제 제기를 하고자 하는 프로젝트가, 한편에서는 아도르노와 호르크하이머의 고전적인 대중문화비판[34]으로 이끌고, 다른 한편에서는 그 계몽주의적 재판과 대항하면서 개척한 지평은 실로 그러한 이치이다.

청중(audience)론[35]과 리터러시 논의[36]도 문화의 생산이라는 실천을 부상시키는 중요한 관점의 하나이다. 독자와 작자, 혹은 다양한 레벨의 텍스트 생산이 어떠한 형식으로 존재하고 있는가. 독자의 클로즈업은 분명 작자를 특권화해 온 패러다임을 흔들었다는 점에서 의의가 깊었다. 그러나 독자가 어떻게 읽었는가의 부분만을 '독자론' 혹은 '리터러시'로서 전경화(前景化)하고 문화 생산 논의와 동일시하면 놓치는 부분이 많아진다. 생산과 소비가 이루어지는 장을 산업주의적으로 편제하고, 구조화되어 있는 '사회'가 블랙박스화하고, 논의를 좁은 시야 속으로 끌어들여 헤매게 하기 때문이다.

한편으로는 구체적인 청중의 의견은 젖혀두고 거대한 흥업자본에 의해 일정한 영화의 유행이 만들어지는 일도 있다. 그러한 사실도 독자의 비평만으

---

34 「文化産業: 大衆欺瞞」『啓蒙の弁證法』[Horkheimer & Adorno 1947=1990]

35 매스미디어의 효과에 대해서 그 복제기술로서의 전달력과 영향력의 강함을 개개인에 대해서 발사시킨 '마법의 탄환'이나 직접 그 효과를 주입하는 '피하주사'처럼 인식해서는 안 된다는 사고가 1930년대에 나타난다. 라자스펠드의 『국민의 선택(People's Choice)』[Lazarsfeld, 1933=1987]은 수용자로서의 투표자의 선택능력에 초점을 맞추고, 『퍼스널 인플루언스 Personal Influence』[Katz, 1955=1965]는 오피니언 리더를 매개로 한 영향력을 이론화한 「2단계 흐름」론 등을 생산해 간다. 미드의 자아론에 하나의 연원을 가지는 '준거집단'과, 매스미디어의 한정적 효과를 논한 '아젠다(의제) 설정 기능', '침묵의 나선' 가설 등도 수용자(audience)의 주체성에 주목한 이론들이다. 이러한 수용자의 상상력에 대한 주목은 미디어와 송신자·수신자 사이의 변환과 해석에 대한 문제 제기를 하는 '인코딩/디코딩' 이론으로 연결되어 간다.

36 'literacy'의 역어로 '식자(識字)'를 언제부터 썼는지는 불명확하지만 과거에는 유네스코에서도 성인의 비식자자의 비율을 '문맹율'로서 측정했다. 여담인데, 많은 국어사전에 '식자'는 단독 항목의 단어로 게재되어 있지 않지만 '문맹'은 중세 12세기부터 개념화되어 있다. 일본에서의 본격적인 식자 능력 조사는 GHQ의 요청으로 이루어진 『日本人の讀み書き能力』[讀み書き能力調査委員會 編, 1951]에서 시작되는데 이 단계에서는 한자 제한이라는 문제의식도 있어서 일본문의 읽기 쓰기라는 한정된 리터러시 능력의 조사에 그치고 있다. 미디어론적인 리터러시 분석의 확장에 대해서는 해럴드 이니스[Innis, 1951=1987]와 마셜 맥루한[McLuhan, 1962=1986], 월터 옹[Ong, 1982=1991] 등의 커뮤니케이션론, 아이젠슈타인[Eisenstein, 1983=1987]의 인도혁명론, 구디[Goody, 1977=1986]의 문명화 연구 등을 참조할 필요가 있다.

로 압축해서 좁은 의미에서의 리터러시 연구로부터 위치시키는 것은 어렵다. 그 독자가 어떻게 읽었는지 텍스트로 남는 경우가 거의 없다는, 자료적인 제약을 어떻게 극복할 것인가. 그것도 큰 문제이다. 경험 자체에 직접 다가가는 것은 설령 참여관찰이라는 철저히 밀착하는 방법을 사용해도 확실성과 성공이 보증되는 것은 아니다. 하물며 단순히 소박하게 자유 회답을 요구하는 정도의 질문지 조사로는 감상 수집으로서도 불충분한 결과밖에 생산하는 경우도 드물지 않다. 연구자의 방법적인 통찰이 필요한 것은 이 때문이다.

이미 사회에 새겨져 있는 다양한 자료의 발굴과, 서로 얽어서 읽어들이는 작업을 통하여 참여관찰이나 질문지 조사의 한계를 극복하는 단서를 탐구한다. 그 때문에라도 '생산'과 '수용'의 카테고리를 넓힐 필요가 있다.

구체적인 존재라도 되는 것처럼 생각되는 독자를 너무 강조하여 생산의 장에 대한 시각의 다양성을 잃어버리는 것은 역시 큰 손실이다. 언설 분석의 이름 하에 자리매김도 불확실한 단편적 감상의 수집과 읽어 들이는 것만으로 우리의 조사 실천이 둘러싸이는 것은 오히려 방법적 패배이다. 전전·전중·전후 동안 계속해서 많이 읽힌 대중소설, 요시카와 에이지(吉川英治)의 『미야모토 무사시(宮本武藏)』를 소재로 한 쿠와바라 타케오(桑原武夫) 그룹의 연구[37]는 그 시대의 실험으로는 과감했다. 인터뷰, 내용분석, 조사표 조사, 작자 연구 등을 서로 얽어서 그 수용의 구조에 접근하고자 했기 때문이다. 인문사회과학의 방법적 모색기여서 실험적인 색채가 강하기는 했지만 지금도 배울만한 발상이 많다.

다수의 가치가 항쟁하는 장으로서

셋째, 문화를 '장'으로서 취급하는 것이다.

이미 논한 두 가지의 논점에서도 알 수 있는 것처럼 우리가 부상시키고자 하는 '문화'는 논하는 주체에 관계없이 동

---

37 『「宮本武藏」と日本人』[桑原武夫, 1964].

일한 의미를 가지고 나타나는 것은 아

니다. 하물며 공통의 규범을 가지고 단일한 집합적 가치의 실천에 동기부여된 패턴화된 '행위 시스템'[38]은 아니었다. 오히려 문화를 둘러싼 다른 정의와 이미지 조작이 서로 대항하고 다양한 입장에서의 발화 행위와 신체적 실천이 서로 부딪힌다.

문화의 분석을 과거에 빈번하게 문화인류학자가 빠지던 '문화'의 정의와 같이, 사회의 심층을 가로지르고 있다고 상정되는 고유의 가치와 규범의 양식·패턴을 추출하는 것으로 한정하면 소위 문화사회학이 빠지던 추상성의 공허함을 피하기 어려워진다.

실제로 하나의 사회를 결합시키고 있는 것의 전체를 문화라고 지명하는 것은 이미 논해 온 것처럼 좀 지나치게 조잡한 틀의 설정일지도 모른다.

문화를 고유의 가치나 규범으로 인식하고 그 유지를 요건으로 하는 제어기구를 갖춘 동일성 시스템이라고 간주하는 것은, 문화를 생산하는 것과 불가분의 관계에 있는 역사적, 정치적 차원을 시야 밖으로 밀어내 버리기 쉽다. 오히려 우리는 문화가 결코 단일한 시스템이 아니라는 것을 확인하자. 일본문화, 서양문화 등의 문화권 단위이든, 여성문화, 청년문화, 오키나와문화, 서민문화, 이주민문화 같은 차원이든 그것은 자신들만으로 살아갈 수 있다거나, 고립된 존재가 아니다.

게다가 '장'으로 파악하자는 제안은 하나의 시스템 혹은 패턴인 것처럼 보이는 '문화' 속에 사실은 많은 문화의 항쟁, 비틀림과 배제, 수용의 프로세스가 존재하고 있다는 것을 중시할 것이다. 왜냐하면 그 복합성은 여기에서 논의되는 '전체'가 하나의 실체가 아니라는 것을 명확히 가시화하는 계기이기 때문이다. 즉, **접합할 수 있는 몇 개의 '전체'**가 있고, 혹은 중층적 '구조=시스템'이 그 장에서 묘사될 수 있다는 것을 시사하기 때문이다.

---

38 여기서 말하는 '행위 시스템'의 이해는 파슨즈의 사회 시스템론의 일반성에 있어서의 것이다. 일반적·추상적일 뿐만 아니라 통합된 단일 시스템을 전제로 교육과 문화의 기능을 위치시키고 있다.

또 하나 문화의 모습, 즉, 선택 가능한 문화의 양상을 구상한다는 유토피아가 현재 상황의 이데올로기로서 문화 관찰의 내부로부터 등장할 수 있는 것은 이러한 균열의 인식을 통해서이다.

'장'으로서의 술문화

예를 들어보자. 야나기타 쿠니오(柳田國男)가 '술'을 둘러싼 문화에 대해서 논한 몇 가지 논고의 재미[39]는, 술이라는 사물 자체를 '장'으로 파악하는 태도가 만들어낸 것이다. 마츠리의 공동체 의례뿐만 아니라 사람들 사이에 사교, 영애와 결혼, 생산체제의 변화, 세금을 둘러싼 공방, 중독의존과 금주, 젠더 등등의 테마를 가지고 나와서 각각의 '판돈'을 둘러싼 전략을 이야기하고, 혹은 의도하지 않은 결과로서의 변용이 떠오른다.

술이라는 문화현상은 다양한 의미의 변화를 결합시키는 장으로 기능했다. 술은 원래 혼자서 마시는 게 아니라 집단이 모여서 공통의 작법 하에서 마시는 것에 의미가 있었다. 이것은 술잔을 나눈다는 말에 잘 나타나 있다. 큰 잔에 술을 가득 따라서 순서에 따라 돌려 마시는 작법은 술잔을 나누는 의미이다. 이 공동성을 만족시키는 감각이 그 실천의 기저에서 변해 간다. 아마 그것은 도시공간에서였을 것이다. 주연의 작법이 변해 간다. '토쿠리(德利)'라고 하는 술병에서 초쿠(음으로 チョク라고 하고, 한자로 초쿠(猪口)라고 쓰기도 한다: 역주)라고 하는 작은 술잔[40]에 술

---

39 예를 들어 『明治大正史 世相編』 제7장 「酒」[柳田國男, 1931]와, 『木綿以前の事』[柳田國男, 1939]에 수록된 「酒の飲みやうの變遷」, 혹은 주연과 노래와의 관계를 논한 절을 여러 개 포함한 『民謠覺書』[柳田國男, 1940] 등을 들 수 있다.

40 개인용이 된 술잔이 왜 '초쿠'라고 불렸는지에 대해서 정설은 없는 것 같지만, 나는 시사적이라고 생각한다. 술잔을 의미하는 말로 쓰이기도 하는 '종(鐘)'의 복건음·조선음에서 유래한다는 어원설도 있지만 납득하기 어렵다. 역시 경직된 의례 분위기에서 벗어나 편안한 상태인 안초쿠(安直)라는 의미에서 '초쿠(直)'의 어감에 기반한 신체적·행위적 표현이라고 보는 것이 좋지 않을까. '초쿠(猪口)'는 음을 딴 한자일 뿐이다. 이 개인화한 술잔의 이름 자체에 공동체적인 의례를 동반한 술로부터 개인성을 띤 사교의 매체로서의 술로 변용되는 것이 이미 각인되어 있다.

을 따라 마시게 되면서, 잔을 돌리는 공동성이 독작을 기초로 하는 개인적인 행위의 집합으로 해체되어 간다.

한정된 술을 서로 나눈다. 그 속에서 융합하고 교류의 인연을 연결하고 있던 구래의 작법이 도시라는 모르는 사람끼리의 모임에서, 혹은 회사 동료라는 새로운 조직 활동에서 흐트러진다. 그것을 매개하면서 만취나 중독 등의 사회문제가 생기고 한편으로 금주절제 주장과 주호영웅 주장이 패권을 다툰다. 그러한 모순과 상극은 새롭게 생겨난 사태이며 술의 일상적이고 항상적인 소비가 이런 사태를 만들고 확대한 것이었다. 그러한 소비를 가능하게 한 것은 지방명망가의 양조업에 의한 생산의 산업화였으며 큰 술통에 술을 담아서 원거리 수송을 하는 네트워크였다.

마시는 모습의 변화는 술이라는 물질의 소비만으로 이야기를 끝낼 수는 없다. 주연에는 노래가 붙어 다닌다. 그러나 공동체 속에서 노래는 좋아하는 이성에게 자신을 표현하는 수단이었던 효용이 있었지만, 도시의 직업인 가무음곡(歌舞音曲)의 전문가가 악기를 들고 술자리에 등장하면 이런 효용은 완전히 사라진다. 그것은 술을 중요한 도구로 만드는 사교의 공간이 공사로 분할되며 공적 영역으로부터 집안의 여성들이 배제되는 과정과 겹친다.

더욱이 산업으로서 주조의 큰 발달과 소비의 확대는 근대국가의 세원으로서도 매력적이었다. 따라서 술이라는 장에는 세금을 둘러싼 국가와 생활공동체와의 가치 분쟁이 생겨났다. 어떤 시기까지 전국 각지에 남아 있던 탁주 적발을 둘러싸고 지혜를 겨루는 민화[41]는 국가에 대항하는 사회의 표상으로 읽을 수 있다.

---

41 메이지시대의 주조세 정책 중에서 '밀조주'가 되어버린 민간의 탁주에 대해서 미야모토 츠네이치는, 민속조사를 위해 마을을 방문했을 때 낙태와 탁주에 관한 이야기를 들을 수 있다면 그 마을에서 받아들여졌다고 느껴진다고 말했다. 둘 다 근대국가의 법에서 보면 위법으로 단속되는 행위지만 생활의 필요에 뿌리를 내린 선택이었다. 미야모토의 이런 조사 추억을 자전적인 『民俗學の旅』[宮本常一, 1978]에서 읽었다고 생각하고 있었는데, 다시 체크를 해 보니 어디인지 찾지를 못했다. 미야모토가 민속조사의 경험에서 얻은 방법론에 대해서는 저작집 제31권 『旅にまなぶ』[宮本常一, 1986] 등에 정리되어 있다.

야나기타가 지적한 논점을 따라가 확장해 보는 것만으로도 '술'문화가 다수의 논점을 포함하는 중층적 '구조=시스템'이라는 것을 알 수 있다. 거기에는 많은 주체가 관련되고 또 다양한 모순과 대립이 포함되어 있다. 그런 공존에 초점을 맞춰서 거기에 잉태된 움직임을 고찰하려고 한다면, 바로 '장'으로서의 이해가 유효하다.

세계라는 한 권의 책

그렇다. 인간의 생활실천과 관련된 거의 모든 영역이 '문화'라고 파악해도 좋은 '만들어지는' '구조화되는' '살아지는' 측면을 가진다. 그런 의미에서 문화의 사회학은 언설·역사의 사회학이며, 제도·구조의 사회학이며, 주체·신체의 사회학이다.

그리고 처음에 소박하게 다루었던 "모든 것은 문화이다"라는 직관도 버려도 좋은 인식은 아니다. 오히려 모든 것을 문화로 인식하도록 만들어진 그 과정 자체를 인간과 그 사회가 구축해 온 힘의 확대로 읽어내는, 그 단서로서 이용해야 할 것이다. 그렇게 해서 우리의 안다는 실천도 '문화'를 논한다는 실천도 또한 다양한 의미에서 그 힘 속에 편입되어 있다.

이렇게 철저한 시점을 가지는 것은, 그대로 '학문'이라는 문화에 대한 자각적 대상화도 함의하는 것이 될 것이다. 그러므로 '문화의 사회학'은 한편으로는 '문화비판의 사회학'이며, 사실은 '사회학이라는 문화'에 대한 사회학적 반성도 끌어안고 있는 것이다.

물론 쓸 수 있는 페이지 수가 아무리 많아도 이렇게 넓은 대상 영역 전체를 망라하는 것은 불가능하다. 19세기의 백과전서적 사회학이 꿈꾼 것처럼 세계가 한 권의 큰 책이라고 한다면 우리가 대상으로 해야 할 문화는 그 책의 어디에 기술되는 것일까.

나의 회답은 어떤 의미로는 질문을 한 사람들의 의도를 배신하는 것일지도 모른다. 당연히 정치체제와 경제구조의 설명 뒤에 놓여야 하는 것은 아니다.

그러나 하나의 장의 주제로서 기술되는 것조차 아니다. 사실 어느 페이지에나 있는 문자기호 자체이다. 혹은 그 기호에 의해 사회에 전해지는 의미, 즉 메시지 자체이며 사람이 생각할 수 있도록 하는 '말'이라는 현상 자체이다. 그리고 이 세계라는 책에 문자를 새기는 자에게도 그 문자를 읽는 자에게도 일정한 능력으로 공유되고, 혹은 계급적으로 분할되어 있는 리터러시는, 사회라는 한 권의 큰 책의 안쪽으로부터 그 표상의 재생산과 변혁을 지탱하고 있다. 문화는 그렇게 기술되어 있는 것이다.

생활하는 신체 쪽에서 읽는다

그렇다면 넷째, 다시 한번 리터러시, 즉 읽기쓰기의 실천과 그 힘을 문제로 삼자. 즉, 생활하는 신체라는 이론적인 빈 초점을 가상의 중심에 놓고 문화가 가진 여러 측면을 묘사하는 것은 가능할까.

만하임이라면 현상태를 재생산하는 방법인 이데올로기에 대해서 변혁을 잉태하는 유토피아라는 단어로 가리켜 보일 것이다.[42] 개개의 사회적 장에서 다양한 모순과 차별, 항쟁 속에서 살아갈 수밖에 없는 사람들의 신체적인 실천에 매개됨으로써 문화가 구축되고 그 생산이 이루어지고 있다. 그러한 수행적인 과정에서 갖가지 문화적 가치와 규범도 이야기되고, 승인되거나 혹은 오인되고 있다. 그 의미에서 문화가 일어나는 기초에는 사람들의 신체 실천이 있다. 실로 그 실천성이야말로 예를 들어 미셸 드 세르토[1980=1987]가 '방식의 기법'으로서, 혹은 '전술'로서 강조한 곳이며,[43] 츠루미 슌스케 [1967]가 '한계예술'이라는 용어 하에 빛을 비추고자 한 실천[44]이다. 혹은 문

---

42 만하임은 이데올로기도 유토피아도 존재로부터의 이념적인 어긋남, 어떤 의미에서의 초월을 포함하는 것을 지적한 후 "유토피아적이라는 단어의 의미를 현실을 초월한 방향성 중에서도 특히 현존질서를 파괴하는 작용을 하는 것만으로 한정함으로써 유토피아적인 의식과 이데올로기적인 의식과의 구별이 분명해진다"[Manheim, 1929=1979: 309]고 논하고 있다. 즉, 이데올로기적인 의식에 기반하여 구체적인 생활질서가 실현되는 데 대에서, 유토피아적인 의식은 현존의 '존재기구'를 파괴하고 변혁하는 방향성을 잉태한다.

43 『日常的實踐のポイエティーク』[Certeau, 1980=1987].

화연구가 경험주의적으로 '독자'를 실체화할 것 같은 성향을 비판받으면서도 텍스트 중심주의적인 분석에 저항해서 청중의 '읽기'의 실천을 강조했던 부분의 의도이다.

그 의미에서 연구의 역사에서 배우는 것은 현재의 연구와 불가분의 것이다. 그리고 일견 이미 의미가 확정된 것처럼 보이는 텍스트에서도 사실은 무수한 언어 행위, 의미 생산의 실천이 교차하는 중에 여전히 움직임과 흔들림을 잉태하고 있는 것이며, 그 의미를 둘러싼 분쟁도 그 조정도, 혹은 잊혀진 논점의 발굴도 지금 여기서 이루어지고 있다. 그것을 잊어서는 안 된다는 원점으로부터 문화의 고찰은 시작된다.

3. 의미의 매듭을 푼다

문화를 파악하려면 자기언급적으로 다양한 각도에서 검토하는 시좌가 필요하다고 논해 왔다. 그 시좌는 연구 주체에 의한 선택임과 동시에 '문화(culture)' 개념의 역사적 전개 자체가 요청하는 시점이기도 한다.

그런데 여기서 든 '문화(文化, culture)'라는 한자와 영어의 표기는 사실 고찰의 단서이다. 대체적인 예상과는 반대로 함의가 동등하다는 것을 나타내지 않는다.

말 사이에 있는 것은 보이지 않는 등호가 아니다. 비틀림을 포함하는 단층이다.

교통이 발달하고 문화가 교류하는 근대에는 특히 단어 하나 속에도 국경을 초월하는 복수의 문맥이 얽히지 않을 수 없다. 전 지구화 시대이기에 번역이 산출하는 의식되지 않는 그대로의 단층에 주의하자. 'culture'라는 알파벳 표시의 단어와 '문화'라는 한자 표기의 단어 사이에는 미묘한 거리와 단차가 있다.[45] 그러

---

44 『限界藝術論』[鶴見俊輔, 1967].

45 그것은 뒤르켐[Durkeim, 1895=1978]이 말하는 '사회적 사실(fait

므로 어렵지만 개념 자체가 포함하고 있는 균열의 세계사적인 중층성·복합성을 가능한 한 자각하면서 논의를 진행할 필요가 있다.

culture의 어원을 찾아간다

먼저 영어의 culture라는 말의 지층을 발굴해 보자. 그리고 이 단어에 포함되어 있는 복수의 감각을 명확히 해 보자.

파들어 가면 colere라는 라틴어 동사가 나온다. colere의 의미는 '정신을 차리다' '마음을 번잡하게 하다' '돌보다' '지키다' '양육하다' '경작하다' '살다' 등이다. 여기서 파생한 cultus는 cultus deorum이라는 숙어로는 '신을 위해 주의할 것' 즉, '신의 예배' '제사'를 의미하며, cultus agri로 연결하면 '토지를 위해 주의할 것' '토지를 제사하다' '경작하다'의 의미로 쓰인다. 이 토지를 돌보는 실천은 동식물을 돌보고 육성한다는 의미를 거쳐, 이윽고 인간의 마음을 양성하는 것, 즉 인격의 도야와 수양, 혹은 교양이라는 의미를 가지게 되었다고 본다.[46] cultuvated(경작된)가 educated(교육된), enlightened(계몽된), polished(예의바른), refined(세련된)와 동의로 사용되게 된 것이다.

culture의 어원에 대한 서구고전학적 고찰은 거의 예외 없이 문명(civilization)[47]이라는 또 하나의 단어를 언급한다. 이 계열의 단어도 라틴어 속에서 다양하게 활용되고 이윽고 프랑스어와 영어와 독일어에 이식되어 간

---

sociale)'이며 굳이 말하자면 문화적 사실이다.

46 「現代文化の心理」[米田莊太郎, 1921: 13-19], 「「文化」概念の哲學史」[生松敬三, 1971:84], 『文化』[柳父章, 1995], 『增補 國境の越え方』[西川長夫, 2001] 등의 설명으로부터 요약했다.

47 civilisation, civilzation이라는 단어가 사용되기 시작한 것은 프랑스어, 영어 모두 오래지 않아서 18세기 초기였다고 한다. 영어에서 civil의 명사형은 14세기에 나타나는 civility이며, civilization은 18세기 법률 용어로 민사화한다는 의미로 사용된 것에서 시작한다[柳父章, 1995: 23-24]. 이에 대해 프랑스어의 civilisation은 본문에서도 언급했듯이 선교사적인 보편주의를 내포하고 있는 것처럼 보인다. culture의 어원에 대해서 이야기할 때 항상 civilization이 언급되는 것은 이른 시기에 어원을 검토하고 어원을 탐색한 사람들과의 논의 방식의 영향, 혹은 잔존 효과일지도 모른다. 그러나 물론 실태로서 18세기까지의 서구사회에서는 culture의 주된 의미가 civilization과 거의 중복된다는 사정도 크게 작용했을 것이다.

다. 라틴어로 시민을 의미하는 civis로부터 시민이 되는 것이나 시민다움을 나타내는 형용사 civlis가 생겨나고 로마제국이 확장하여 지방식민도시의 인민에게 로마의 시민권을 주는 관례가 열린 이후, 시민의 지위와 권리를 가진다는 의미 civitabilis와, 시민으로서의 품격과 예의바름과 교양을 갖추고 있다는 의미의 civilitas가 발달했다고 한다.[48]

돌이켜보면 인간이 구비한 교양의 상태를 가리킨다는 점에서 civilization은 culture와 겹친다. 그러나 civilization에는 '도시(city)'라는 지배의 공간이기도 하고 생활의 공간이기도 한 '장'이 깊숙이 각인되어 있다. 시민에 법적으로 세속적인 신분 규정의 문맥이 강한 것도 그와 관계가 있을 것이다. 그리고 civil이 가지고 있는 '민간'의 의미는 civilian control을 문민통제라고 번역할 때 자연스럽게 따라온 '문(文)'이라는 말이 덮고 있는 의미의 윤곽선과의 호응도 부상시킨다.

한편 한자의 '文'은 말과 글을 직접 가리킨다. 이 점에서 적나라한 폭력을 수단으로 하는 '무(武)'와는 대립하지만, 반드시 '관'에 대한 '민'의 힘을 함의하는 것은 아니었다. 덧붙여서 '문화'를 사전에서 찾아보면 "권력이나 형벌보다는 문덕으로 백성을 가르쳐 인도하는 일"이라고 하고 있어서 무력을 사용하지 않는 지배와 교육에 의한 감화가 제일의 의미가 되어 있다.(원서에서는 일본의 한화사전(漢和事典)『字源』에서 뜻풀이를 가져오는데 한국의 용례와 차이가 없다: 역주)

우리가 사용하고 있는 문화라는 단어에는 culture와 civilization에서는 별로 강조하지 않는 '문' 즉 '말'이라는 미디어의 힘이 앞으로 나와 있다. 그것을 기억해 두자.

의미를 엮어서 만든 말

물론 이러한 어원 찾기의 진정한 목적은 '진짜' 의미의 발굴 같은 건 아니

---

48 『現代文化人の心理』[米田莊太郎, 1921: 20-21].

다. 유동화·상대화 수법의 하나일 뿐이다. 오늘날의 용법 속에서 잘 보이지 않게 된 요소라는 것을 알아챈다. 그것 때문에라도 어원이라는 역사적인 지식이 소환된다.

막연하게 바라보면 단일한 색으로 보이는 말의 의미도 그 속을 찬찬히 들여다보면 다양한 말을 연결시키는 의미의 실을 짜서 만든 옷감이라는 것을 알게 된다. 옛날부터 쓰이던 말에 의외로 새로운 실이 섞여 짜여 있는 것도 있고, 실 자체가 시대에 따라 다시 물을 들여 의미가 바뀌는 것도 있기 때문에 주의 깊게 풀어 가자.

하나의 단어가 '개념'으로 성립할 때는 구체적인 사물 사태로부터 추상화된 '일반성'[49]이 인식되어야 한다. 그 최초의 일반성은 말을 공유하는 사람들에게 경험적이고 자연생성적인 것이다. 그러므로 몇몇 계기를 포함하여 복수의 의미가 생성된 자연 그대로 그물망처럼 연결되어 존재하는 것이 많다. 어떤 시대에는 어떤 특정한 의미의 결합이 신기함 때문에 경쟁적으로 사용되고 이윽고 유행이라는 것 때문에 식상해져서 힘을 잃고 사라져 간다. 그러한 변용도 단어의 활용 형태와 소리의 연결 속에, 또 그 단어를 사용해 온 사회의 기억과 기록에 새겨져 있다. 그렇기 때문에 우리는 결코 단선적이지 않은 의미의 역사를 찾아갈 수가 있는 것이다.

그러한 시좌로부터 '문화'라는 개념에 대해서 생각해 보자. culture를 거슬러 올라가서 colere의 활용으로 시야를 넓히고 civilization이라는 거의 중복해서 사용하던 어휘와, '문'이라는 한자가 가진 의미를 보조적인 것으로 사용한다. 그것을 통해서 이 단어에 역사적으로 축적한 복합을 어느 정도까지

---

49 여기서 말하는 일반성이란 알튀세의 인식의 생산과정에 대한 이론틀을 토대로 한다. 알튀세는 개념을 만드는 과정을 물건을 생산하는 것과 마찬가지로 주체가 도구를 사용하여 원재료를 변형시켜 가는 실천으로 파악한다. 그리고 이론적 사고의 실천에서 일반성의 형태를 세 가지 수준으로 나눈다. 생산물로서의 새로운 개념을 '제3의 일반성'이라고 하고, 원료·재료가 되는 자생적 직관과 표상을 '제1의 일반성'이라고 한다. '제2의 일반성'은 생산 담당자가 생산하는 이론적 문제 설정인데 재료로서의 자연적 태도를 가공하여 그것을 새로운 개념으로 변형해 가는 도구성·수단성을 보유한다. 이 과정을 알기 쉽게 해설한 것으로 [今村仁司, 1980]가 있다.

풀어낼 수가 있다.

이 과정에서 우리는 오늘날의 문화 개념을 만들고 있는 다음과 같은 5개의 의미의 '실'[50]이 존재하고 있으며 이들이 복잡하게 얽혀 있다는 것을 알게 된다.

인간성과 주체성

첫 번째 의미의 실은 인간의 주체성이다.

culture라는 단어는 '주의하다' '경작하다'라는 식으로 인간의 반성적이고 적극적인 행위 자체를 가치화하고 있다. 즉 인간 고유의 행위라는 사고를 기초로 정신 활동의 자유를 이끄는 이념으로 하면서 천성과 본능, 자연의 구속력과 대립하는 좌표축 위에 형성되어 온 개념이라는 것을 알 수 있다. 그 의미에서는 실로 인간중심주의적이고 계몽주의적인 성격을 가진다.

이 점은 '문화'라는 개념의 구성요소인 한자의 '文'이 인위적인 가공이며, '질(質)' 즉, 태어난 그대로의 소박한 성질을 나타내는 단어와는 반대되는 상과 연결된다. 그것은 인간이 만들어낸 고유의 '무늬'[51]이며, '문자/어구/문장' 나아가 '학문' '예의' '법률' 등을 가리킨다.

이 인간 고유의 주체성을 가리키는 단어의 계열은 철학사의 왕도를 구성하고 있다. 18세기 관념론 철학에서는 '이성(Vernunft)'이, 19세기에는 '정신(Geist)' '생(Leben)' '민족(Volt)'이라는 단어가 서로 겹치는 것처럼 전개되었다. 일본에서는 메이지시대(1868~1912) 물질문명의 도입에 대해서 정신문화

---

50 '실'이라는 표현은 본문 중에 설명을 했지만, 의미를 말의 중심에 있는 '핵'처럼 느끼는 입장에서는 익숙하지 않은 위화감을 느낄지도 모른다. 복수의 관계있는 단어의 의미를 연결하면서 성립하는 이미지, 즉 요소이기도 하고 문맥이기도 한 것과 같은 것을 함의하고 있다. 더욱이 텍스트를 만드는 소재라는 위치도 있으며, 그런 점에서 '실'은 의미의 장을 완성시키고 있다.

51 일본어 아야(あや. 文·綾)는 '말의 아야'로 상징되는 수사, 즉 표현상의 기교로서 '돌려 말하기'를 가리키는 이외에 원래 '사물 표면의 선과 형의 모양'을 의미했다. 특히 선이 비스듬히 얽히고 교차하는 모양을 가리킨다. 거기서 '사건의 아야' 등 '뒤얽힌 구조'나 '일의 순서와 구별'의 의미로 사용된다. 씨줄에 날줄을 비스듬히 걸어서 모양을 짜나가는 비단을 가리킬 때에도 사용되는데, 말을 직물에 비유해서 생각한다는 면에서 보면 흥미롭다.

를 중시하는 타이쇼시대(大正. 1912~1926)의 '문화주의'[52]와 문명개화의 정치적 계몽에 대한 반동기운을 풍기면서 '교양주의'[53]가 유행어가 되었다. 이렇든 인간의 의식과 삶의 방식을 둘러싼 철학적 고찰에 그쳤기 때문에 문화와 인간성의 논의는 목표 없이 추상화되었다.

그러나 인간으로서의 주체성 발견을 사상·철학 개념으로서의 표상에 그치지 않고 실천의 형태, 즉 신체성으로 심화시켜 가는 작용이 문화라는 단어에는 내포되어 있다. "사회의 구성원으로서의 인간에 의해 획득된 모든 능력과 습관의 복합총체"라거나 "생활 총체의 양식"이라고 하여 모든 것을 포함하려는 것 같은 규정이 이끌리는 것도 그 때문이다.

또 나중에 문화사회학과 지식사회학이라고 명명된 입장의 알프레드 베버와 시에라, 만하임[54] 등의 사상이 사변적 철학에서 의식의 존재론으로부터 관찰에 열린 사회학이라는 존재의 인식론으로 위치 이동을 한 것도 그 때문이라고 생각할 수 있다. 그리고 이 인간성의 논점은 이윽고 사르트르에서 보이는 것처럼[55] 유럽중심주의적인 휴머니즘에 대한 제3세계를 매개로 하는 비판이

---

52 타이쇼시대의 특징적인 사조로서 논의된 '문화주의'를 주장한 것은 소우다 키이치로(左右田喜一郎), 츠치다 쿄손(土田杏村), 타나베 하지메(田邊元) 등의 철학자였다. 문화를 주체로서의 인격의 완성 즉, "인격 있는 사람으로서 모든 능력을 자유롭게 발달시키는 것"과 강하게 연결시키고 있다.

53 "그것은 정치라는 것을 경멸하고 문화를 중시하는 것을 말하며, 반정치적 내지 비정치적 경향을 가지고 있는 그것은 문화주의적인 사고방식이었다. '교양'이라는 사상은 문학적·철학적이었다. 그것은 문학과 철학을 특별히 중시하고 과학이나 기술 같은 것은 '문화'에 속하지 않고 '문명'에 속하는 것이라고 보아서 경시되었다. 다시 말하면 타이쇼시대의 교양사상은 메이지시대의 계몽사상 — 후쿠자와 유키치(福澤諭吉) 등에 의해 대표되고 있다 — 에 대한 반동으로 생겨난 것이다. 그것이 우리나라에 '교양'이라는 단어가 가지고 있는 역사적 함축이며, 단어라고 하는 것이 역사를 벗어날 수 없는 한 오늘날에도 주의해야 할 사실이다"[三木清, 1966: 389-390].

54 이 사람들에 대해서는 [社會學研究會, 1932] [三木清, 1967]에서 개관을 알 수 있다. 만하임에 관해서는 전후 사회학에서도 연구가 진행된 『マンハイム研究』[秋元律朗·澤井敦, 1992] 등의 성과가 있다.

55 사르트르는 『존재와 무』에서 의식의 존재론으로부터 정치적 '앙가주망'의 실천으로 진행한다. 그 사상은 파농의 『대지의 저주받은 사람들』에 실은 서문 외에, 계속된 전집 『상황』으로 이어진다. 식민지주의에 대해서 논고는 재편집한 『植民地の問題』[サルトル·鈴木道彦ほか編, 2003]

라는 월경의 시도나, 푸코에서 보이듯이 복종과 주권의 이중구속성에서 성립하는 은폐된 구조로서의 권력[56]에 대한 비판 혹은 투쟁이라는 내적 파괴의 시도에 접속해 간다.

종교성과 자기확증

두 번째 의미의 실은 문화가 보유하는 종교성이다.

cultus deorum 즉 '신의 예배'라는 용례는 시사적이다.[57] 문화의 어원 탐방이 신이라는 형이상학적이고 규범적인 관념 형태가 관련된 장소에서 구체적인 초점을 모은 것은 매우 시사적이다.

아마 종교적인 의례에 빛이 비친 것은 그것이 인간사회만이 만들어낸 고유의 생활양식이었기 때문이다. 그리고 우리는 배타적이고 광신적인 태도를 나타내는 종교집단을 의미하는 '컬트(cult)'라는 말이 cultus에서 파생한 사실을 상기하게 된다. 그러나 이 연결은 '문화'라는 한자어로는 의식되지 않고 단절되고 은폐되어버린다. 'culture'에서는 'cult'와의 연결이 아직 남아 있다. 이 차이는 각각의 언어 공간으로 번역됨으로써 흐릿해지는 부분이 있다는 사실을 새롭게 구체적으로 가르쳐 준다.

게다가 그것은 오랜 옛날 라틴어의 문제가 아니다. 문화 속에 숨은 자기확신의 종교성은 오늘날 더욱 심각한 논점이다.

종교는 즉 하나의 구제로서 떠오르는 힘에 대한 기대이며, 신앙은 내면적인 자기확증으로 지탱된다. 다양성을 인정하고 허용하는 상대주의적 태도가 때로 자타의 경계를 사이에 두고 상호불간섭을 주장하는 배타주의로 흘러서 현존하는 억압과 차별의 방치로 전회해 버린다. 소위 문화상대주의의 종착점

에 정리되어 있다.

56   『말과 사물』[Foucault, 1966=1974]

57   이 용례의 표현이 어느 정도 일반적인지 그 점은 시사와는 별도로 확인해야 한다. 과연 어떤 시대 누가 먼저 예시로서 지적하고, 어느 정도 인용되었는지 등등 실제에 대해서 주의 깊게 확인을 하는 것이 좋다.

은 이러한 종교적 자기확증이 '신들의 투쟁'의 상극으로 떨어지는 상태에 다름 아니다.

중교성이라는 논점을 구성하는 의미의 실의 관여는 '원리주의'와 '문명의 충돌'에서 전쟁과 내전과 테러리즘이 이야기되는 오늘날이기 때문에 심각한 문제가 된다. 문화를 논하면서 잊어서는 안 되는 논점이다.

경작과 산업과 미디어

세 번째 의미의 실은 **실천으로서의 경작**이다. 경작은 자연에 대한 적극적인 작용이라는 점에서 인간에게 고유한 주체성의 구체적인 표현이다. 강조할 것은 토지라는 기초적이고 원초적인 형태이면서 도구성·매개성을 가지는 생산수단이 깊이 관련되어 있다는 점이다.

근대가 되어 산업화라고 부르는 것에 익숙해진 사회편제의 원리가 이 생산의 수단적인 실천에 뿌리를 내린다. 고대 이전부터 계속된 경작과 재배의 실천은 또 새로운 시대에 개척과 개발로 불리는 실천과 이웃하고 있다. 모촌(母村)과 깊은 관계를 유지하면서 미개의 토지로 식민하는 주체와 정착지를 나타내는 '콜로니(colony)'라는 말이 같은 colele에서 파생된 사실은 20세기 말에는 culture의 정치성에 대한 후기 식민주의의 질문을 낳을 것이다.

개척의 대외적인 확대만이 아니라 실천의 내적 구조에 관한 의미의 변용도 또 경작하는 것의 주변에 부상한다.

예를 들어 '인더스트리(industry)'라는 단어의 변용을 생각할 수 있다. 과거 시대에는 숙련과 '근면한(industrious)' 인간이라는 개인에게 속하는 태도와 기술만을 가리켰으나, 개인 속성과 분리된 제도적인 생산의 특질, 즉 '산업적인(industrial)' 구조를 의미하게 되었기 때문이다. 이러한 인간의 기능으로부터 사회적인 제도의 힘으로 의미의 모습이 다면적으로 중요한 변화를 일으키는 것이 18세기 중반부터였다. 공장이라는 공간에서 생겨난 새로운 생산 활동의 양식 및 제도가 가지는 중요성이 급속이 증가한 사회에서 1830년대에

는 '산업주의(industrialism)'라는 신조어가 생겨나게 된다.[58]

문화(culture)라는 말을 만족시키는 감각의 검토는 colele가 가리키는 "경작하는 것"이라는 원 뜻 이상의 새로운 함의가 생겨나고 있는 것을 가르쳐 준다. 즉 산업화·공업화가 깊이 작용하기 시작한다. 자연에 대한 작용의 양식의 새로운 단계, 즉 근대가 지금 우리가 문제로 하려는 대상에 내재하는 주요한 의미의 매듭을 만들어내고 있는 것이다.

또 하나, 경작의 원래 이미지가 파종을 실천할 필요성을 포함하고 있다는 것에도 유의해 두자. 좀 더 정확히 말하면 경작도 재배도 일정한 공간에 종자를 흩뿌리지 않고는 새로운 생산물을 생산하지 않는다.

이 파종의 논점은 문화를 생각할 때 의외로 보조선이 된다.[59] 즉, 종이 되는 것을 흩뿌리는 법 자체가 생산 활동으로서의 문화의 본질에 관한 문제를 구성하고 있기 때문이다. 신문과 잡지라는 흩뿌리는 법이 혹은 라디오라는 흩뿌리는 법이 문화를 성립시킨다. 기술(media technology)의 특질은 고유의 문제를 성과로서의 문화로 생산한다. 즉 미디어론의 영역이다.

도시공간과 개인

네 번째 실은 도시라는 공간이다. 도시는 직접적으로는 civilization이라는 단어에도 포함되는 인간 생활의 특정한 장이지만 이 공간은 컬처와 문화를 이해하는 데 불가결한 보조선이다.

이 말의 뿌리에 있는 '도시(city)'는 세계사에서 성벽과 같은 물리적인 벽을 가지고 외부와 확실히 구별된 공간이었다. 게다가 이 말은 게르만어의 '부르크' 즉 '성곽'과 호응하고 그 주민이라는 의미에서 부르주아라는 단어와 인접해 있다. 이것도 또한 의미가 없는 우연

---

58   『文化と社會』[Williams 1966=1968: 1-2].
59   이 논점은 츠루미 슌스케(鶴見俊輔)의 『限界藝術論』[鶴見俊輔, 1967: 252-268]에게 가르침을 받았다.

은 아니다. 신흥 부르주아 계급이야말로 근대에 있어서 컬처의 새로운 수용자였기 때문이다.

"도시는 자유에 있다"라는 자주 인용되는 표현의 리얼리티가 언제까지 시대를 거슬러 올라가는지 나 자신은 자세히 조사하지는 않았다. 그러나 우리는 이 도시라는 공간에서 '개인(person)'의, 즉 그 이상 작게는 나눌 수 없는 단위(individual)의 표상이 '인간(human)'과 '인권(human rights)'이라는 전체성의 상상과 얽히면서 리얼리티를 가진 주체로서 추출되어 가는 것을 알고 있다.

한편, 문명은 단지 도시 안쪽의 문화로서 외부 자연과 대립한 것만이 아니었다. 외부에까지 내부의 질서를 파급시키려는 움직임이 이 동사를 경유해서 만든 신조어[60]의 감각을 만족시키는 것도 놓칠 수 없다. 그 동사가 가리키는 행위는 기독교의 보편주의적이고 제국주의적인 선교 포교의 운동을 지탱하는 것이라고 거의 동질이었다고 할 수 있다.

경작이 어원인 culture의 이념에서 실제로 경작하는 주체인 농민이 배제되어 있다는 테리 이글턴의 아이러니[61]는 도시라는 장을 시야에 넣고 말이 탄생한 경위를 보면 일단 설명이 된다. 인간 내면의 경작과 재배로 추상화되고 일반화된 'culture'에 익숙해져 있다고 자부하던 것은 논의한 쪽의 도시민이었다. 그리고 신체적으로 당연히 경작에 종사하고 있던 현실의 농민들은 많은 경우 "경작되지 않은" 사람들이라고 여겨졌기 때문이다.

그러나 또 civilization의 운동도 모순이 없는 굳건한 것은 아니었다. 한편 노스탤지어의 보수성을 가지고 대립하는 변혁 사상도 도시 공간의 내부에 생겨난다. 18세기부터 오늘날에 이르기까지의 낭만주의 계보는 이러한 세계 인식의 구도 속에 나타나는 하나의 문화이다. 그리고 도시와 농촌, 시민과 농민, 문명과 미개와의 불평등하고 차별적인 관계를 역전시켜 보이는 사상 실천이었다.

---

60 원래 civil의 명사형으로서는 civility가 사용되고 있었다. 여기에 civilization이라는 동사를 개재시킨 명사형이 생겨난 것 자체로 의미 세계의 변용이라고 파악해야 할 것이다.

61 "The Idea of Culture"[Eagleton, 2000: 2].

교양에 있어서의 인격적 완성과 리터러시

다섯 번째 실은 교양이다. culture는 인간의 내면에서 꽃이 피는 '교양'이라는 과실 자체를 가리킨다고 할 수 있다. 이것은 어떤 의미로는 첫 번째 논점으로 든 인간의 주체성이 가진 이념의 내실과 대응하고 있다.

그러나 여기서도 또 우리가 해독해야 할 것은 교양이라고 명명된 가치가 있다고 하는 정태적이고 상태적인 기술이 아니다. '교양'이라는 가치를 가지는 과실을 싹틔워서 키우고 인격적이고 미적이고 윤리적인 완성으로 이끌어가는 시간적이고 사회적인 프로세스가 존재한다. 그러한 완성으로 향하는 성장의 도정과, 달성도의 위계가 이 단어의 주변에 생겨나고 있는 점이 중요하다. 즉 교양·수양·도야라는 카테고리가 사람들에게 초래한 진보 진화로의 욕망이다.

계몽주의자들이 강조한 개인의 이성과 정신의 발달은 집합성을 가지는 교양을 매개로 시대정신의 진단에까지 확대되어 간다. 그리고 사회의 상태까지가 문화의 이름으로 측정되기에 이른다. 여기서 넷째의 논점인 도시 공간에서 본 것처럼 다시 '문명'의 척도로 '미개'를 판단하는 것이 된다.

한편, 리처드 호가트 『리터러시의 효용』[62]을 비롯한 리터러시에 주목하는 문화분석이 단지 교양에 관한 능력으로서가 아니라 경작이라는 노동 실천과 서로 중복시키는 적극적인 생산 행위에 초점을 맞추었던 것도 간과할 수 없다. 그리고 이러한 리터러시[63]에 대한 주목이 결코 개인의 능력을 제각각 측정하는 것이 아니라 읽고 쓰기 문화라고 할 수 있는 집합성의 속박을 찾아내는 것이었던 것도 동시에 확인해 두자.

이미 지적한 것이기는 하지만 culture와 civilization의 음표기에서는 문자

62　『讀み書き能力の效用』[Hoggart, 1957=1974].

63　리터러시에 대해서 나 자신도 또 『讀書空間の近代』에 있어서 야나기타민속학의 해석에서부터 『歷史社會學の作法』에 있어서 자료공간론까지를 관통하는 중요한 논점을 바라보고 있으며, 츠루미 슌스케도 『都市のドラマトゥルギー』의 상연론 패러다임의 활용으로부터 『カルチュラル・ターン』 등에서의 미디어 리터러시론의 고찰까지 변함없이 깊은 관심을 가지고 있다. 그것이 인식의 생산이라는 실천을 지탱하는 커뮤니케이션 능력이었기 때문이다.

를 둘러싼 미디어론적인 논점은 직접적으로 떠오르지 않는다. 그러나 이 논점이 '문화'와 '문명'이라는 용어에는 포함되어 있다는 것을 다시 상기시켜 둔다.

'문'이다. 언어라는 매체를 직접 가리키고 '문자' '장' '문예'라는 단어와 인접한다. 영어와 약간 대응하는 단어를 든다면 텍스트 정도일 것이다. '문맥(context)'이라는 번역의 대응은 '문'이 앞에서 말한 '천(textile)'과 같이 많은 실이 연결되어 짜인 구조라는 것을 암시한다.

'문'은 구어가 아니라 기본적으로는 씌어진 것을 가리키는데 문자에 의해 종이에 기록되었다는 이해를 확장하여 맥루한처럼 다양한 표상과 실천을 통해서 사회에 새겨진 기호라고 생각하면 '문화'는 바로 텍스트로 나타난다.[64] 그리고 그 텍스트를 이해하고, 해독하고, 비판하는 능력이야말로 리터러시이다. 우리는 교양이라는 논점을, 거기서 내세우는 인격적 완성이라는 목적에서 비평하는 것이 아니라 오히려 리터러시(읽고 쓰는 능력)의 실천이라는 방법의 국면에서 질문을 하고 싶은 것이다.

4. 문화가 문제가 되는 세 가지 문제계

그러면 어원의 고찰이 거꾸로 잘못된 전체의 이미지를 초래할 수 있다는 점에 주의가 필요할 것이다. 매우 의도적으로 풀어야 할 의미의 실을 복수로 하고, 그 얽힘을 확장으로 하여 묘사해 온 것은 어원을 찾아가는 것이 불러들일 전체의 획일화를 경계했기 때문이다.

기원은 하나가 아니다. 어원의 논의는 때때로 우리가 사용하고 있는 말이 라틴어나 한자에서 거슬러 올라갈 수 있는 한계의 먼 옛날부터 변함없는 의

---

64 맥루한[McLuhan, 1964=1978]도 미디어와 메시지의 개념을 크게 확장했지만 롤랑 바르트의 영향 하에서 1980년대의 일본에서 주목받은 문화기호론도 이러한 텍스트 해독의 시도였다. 이 확장을 조망하는 선집으로 『文化記號論A-Z』[山口昌男・前田愛, 1984]를 추천한다.

미의 우주를 가지고 있는 것처럼 착각하게 한다. 역사 인식을 평면화시키는 것이다. 그러나 우리가 사는 일상적이고 자연적인 의미 공간에서 말 자체는 항상 변하는 것이며 전혀 모르는 새에 모습을 바꾸어 버리는 경우도 많다.

그러므로 여기서 다시 한번 생각해 볼 것은 위에서 말한 5개 의미의 실이 현대에 어떻게 서로 짜여 있는가이다. 이들 실이 짜여서 만들어진 우리의 이론적 대상의 역사적 위상이다.

그때 우리가 그 윤곽의 정의를 쉽게 하지 못하고, 의의를 문제시해 온 '문화'가 근대의 새로운 현상이라는 것이 새롭게 떠오른다. 언어의 획득과 농경의 발달이라는 인류사의 긴 잣대로 보면 겨우 100년에서 200년 사이에 생겨난 의미의 새로운 매듭이다. 그리고 이 매듭의 역사성이야말로 문화의 사회학이 필요해지는 '문제의 구조와 제도'라는 것을 다시 논의의 정면에 배치하고 논하자.

신조어로서의 문화

즉, 다른 많은 신개념과 마찬가지로 근대의 한자어(일본어)로 어떻게 표기할지를 궁리한 '문화'도, 영어로 정착한 'culture'도, 독일어에서 고유의 의미가 포함된 'Kultur'도, 프랑스어의 자의식 속에서 성장한 'civilization'도 사람들이 보통 눈으로 보고 혹은 입으로 말하는 유행어라고 보면 사실은 새로운 것이며 근대사회의 전개와 함께 주목을 받는다.

니시카와 나가오(西川長夫)에 따르면 프랑스어의 시빌리자시옹은 18세기 후반 인구론 서적에 처음 나오는 신조어로 국가와 국민의 목표를 문명에서 구한 계몽주의자와 경제전문가들이 퍼뜨린 것이며 culture가 오늘날의 의미에 가깝게 된 것도 같은 시기였다[65]고 한다. 번역어 연구자인 야나부 아키라(柳父章)도 독일어에서 쿨투르가 철학자와 문인의 용어를 벗어나 널리 알려지

65　『國民國家論の射程』[西川長夫, 1998:74-77].

게 된 것은 브룩스발트가 『이탈리아 르네상스의 문화』에서 하나의 시대정신을 표현한 단어로 사용한 1860년대 이후라고 지적한다.[66] 그리고 사회학자 요네다 쇼타로(米田莊太郎)는 1921년 강연에서 문화는 최근에 많이 사용되게 된 유행어라고 몇 번이나 형용하고 있다.[67]

즉 우리가 사용하고 있는 문화라는 단어는 세계를 돌아보아도 18세기부터 19세기에 형태가 만들어지기 시작한 신조어이며 가장 예리하게 문제화하는 것은 20세기 초기이다. 두 세계대전을 포함하여 산업혁명의 성과가 대중화해 가는 시대에 이런 단어의 광범한 수용은 획기적인 것이라고 인식해도 좋을 것이다.

여기에는 '근대'가 가지는 어떤 종류의 동시대성이라고 할 만한 것이 있다.

여기서 이용한 어원의 지식도 사실은 그러한 시대의 관심에 기초해서 새롭게 발굴되고 사전에 기재되고 공유되게 된 것이 아닐까.

앞 절에서 한 논의를 생각하면서 오늘날 '문화의 사회학'이 새로운 의미의 매듭에서 마주하게 될 문제를 세 가지 정도로 정리해서 논하겠다.

국민국가와 총력전

첫째로 나타나는 것은 제국주의비판의 문제계이다. 거기에 총력전 비판과 국민국가와 내셔널리즘의 위치 등의 문제가 포함되어 간다.

문화에 대한 시선은 때로 소위 '전통'과 '민족'과 '민속'의 발견으로 향했다. 그것은 자생적이고 가치가 있는 어떤 것으로, 사람들의 생을 지탱하고 있다. 게다가 때로 그 가치가 인식되지 않고 자각되지 않는다고 말한다. 그 하나의 예를 우리는 근대 독일과 일본의 문화연구에서 볼 수 있다. 그러나 그것을 후발 국가의 근대화의 왜곡된 특수성으로 유형화하는 것은 적절하지 않다. 그것보다 제국주의적 세계 시스템의 주변부에 위치하게 된 존재의 자

---

66 『文化』[柳父章, 1995:60].
67 『現代文化人の心理』[米田莊太郎, 1921: 5-6].

기발견과 자기확증 운동의 특질이라고 이해해야 하지 않을까. 그리고 그 위치에서 발견하게 될 고유의 문제 구성을 검토하는 것이 좋다. 다른 식으로 말하면 일본의 왜곡된 근대의 모습을 문제시하는 것이 아니라 오히려 일본을 소재로 근대의 왜곡 자체를 문제시해 보려는 것이다.

인간의 교양을 나타내는 거의 같은 뜻의 단어였던 '문명'과 '문화'를 대립어로 변화시킨 하나의 사상적 입장이 세계사적으로 보면 앞에서 본 독일의 낭만주의였다. 낭만주의는 산업화·근대화에 의한 인간과 세계의 변용을 기술적·기계적·무기적이며 차가운 것에 지배되는 결과라고 비판하고 정신적·인간적·유기적이며 뜨거운 생의 이념의 재흥을 시도하고자 했다. 인류사를 문화 발전의 족적으로 묘사한 헤르다가 비판한 것도 기계시대의 진보주의적 이성이었다. 낭만주의자들은 '문명'과 '교양'의 이름으로 식민지 지배를 정당화해 가는 서구의 보편주의의 배후로 형해화된 이성을 보았다. 여기에는 산업화해 가는 사회의 거대화한 기술의 힘이 그림자를 드리우고 있다. 그 압도적인 힘과 대항하려고 할 때 낭만주의의 지지점이 된 것이 민중생활의 전승 속에 보존된 고유의 역사성이었다. 그것이 'Volk(민족)'라는 단어로 회수되고 이윽고 프랑스와 영국의 시빌리제이션(문명) 제국주의에 대항하는 독일의 쿨투르(문화) 민족주의로 결정화되어 간다.

그러한 도식으로 위치 지워져 있는 것처럼 보이는 민족주의 문화론이 선행하는 제국주의에 대한 대상을 주장하면서 사실은 결국 그 자체가 파시즘을 통한 '제3의 제국'을 만들어가는 것은 아이러니하게도 역사가 증언하는 그대로이다.

물론 우리는 거기에서 다시 멈춰서 질문을 해도 된다.

예를 들어 낭만주의의 재발견, 즉 잊었던 전통이 일상생활 실천으로서 민속의 발견이라는 문화에 대한 시선은 미리 실패가 예정된 불가능한 프로젝트였을까. 즉, 반드시 '내셔널한 공동성' 혹은 '민족(nation)' 구축의 숨막힘을 초래할 수밖에 없지 않을까. 그것은 국민국가로의 포섭을 운명지우는 것이었을까. 만약 그렇지 않다면 어떻게 지속적으로 살아남았을까. 합의의 총동원이라는 억압의 오류가 반복되는 것을 피하는 전략은 있는 것일까.

말할 것도 업이 이 질문은 과거의 해석을 향한 것만은 아니다. 현재와 미래의 실천에 투사된 것이다.

일상생활문화로서의 근대

다시 한번 '내셔널리즘' 자체의 가치부여가 흔들리는 요 1세기를 되돌아보지 않으면 안 된다.

제2차 세계대전 후 수많은 식민지가 독립하는 시대까지는 내셔널리즘은 빛나는 해방의 수단이었다. 파시즘과 스탈리니즘에 의한 전제정치의 악몽에도 불구하고 제국주의로부터의 해방과 민족독립운동에 기초한 국가 형성을 약간 순진하게 대치할 수 있었다. '제국'은 전제적이고 억압적, '국민국가'는 민주적이고 건설적이라고 이념은 명료하게 구별되어 그 행복한 분할이 의심받지 않았기 때문이다.

그러나 근대국가로서의 국민국가가 스스로 기초를 둔 '근대화(modernization)'는 그 자체가 긴장과 새로운 모순으로 넘치는 변혁의 프로세스였다.

예를 들어 민주주의는 절차 속에서 이념과의 모순을 생산한다. 확실히 이 이상은 지금까지 권리가 없었던 사람들에게 참가를 부르는 뜨겁고도 새로운 이념이었다. 그러나 동시에 다수자 지배를 보증하고 소수자의 가치를 시야 밖에 두는 절차로서도 존재한다. 게다가 지금 살고 있는 인간 위에 투표 등의 제도를 만들지 않을 수 없기 때문에, 과거의 사람들이나 미래 자손들의 권리를 형식적으로 포함할 수가 없다. 또한 보호해야 할 권리를 가진 '국민'인지 아닌지, 소위 인간의 '국경'선 긋기에서는 성원 이외의 배제를 전제로 하는 기재등록[68]의 기술이 반문을 불허하는 힘을 발휘한다. 또 민족이라는 주체와 국민이라는 영역지배의 구조를 쉽게 중첩시킬 수 없는 조건을 가진 사회도

---

68 그중 하나가 '호적'이다. 그러나 국민의 기재등록 기술은 호적에 한정되지 않는다. 여권과 주민등록과 등록번호 등등의 수법을 지탱하는 논리와 기술에 대한 문제 제기가 있어야 한다.

많다. 그러한 다문화 상황의 부조화가 더욱 심각해져서 격차와 불평등을 에너지로 하는 내전의 시대가 시작된 것이나, 국내식민지라고 할 만한 이중구조가 제국과 마찬가지라는 것이 이론적으로도 밝혀진 것 등등 여러 가지 균열이 보이기 시작한다.

즉 주체와 자원에 대한 지배와 동원의 양식에서 제국과 국민국가와의 사이에 본질적인 차이가 과연 있었을까. 그것이 포스트 콜로니얼리즘 시대에 심각한 문제 제기가 된 것이다. 그 자각은 '파시즘'과 '제국주의'라는 단어가 곧이어 띠게 된 감정적이고 규범적으로 그것을 배격하고 배제하면 안심이라는 작용을 단절하고, 통치 기술의 하나의 유형으로서, 즉 문화로서 냉정하게 대상화할 것을 요청하는 것이었다. 다시 말하면 '문명'과 '문화'에 대한 기존의 대립적인 분할에 의존하지 않고 '근대' 자체를 총체로 해서, 즉 문화의 양식으로서 다시 질문할 것이 요구된 것이다.

아마 문제를 인식하는 틀의 구축에서도 실용적인 개선을 축적할 필요가 있을 것이다. 문명과 문화의 이항대립을 제국주의(혹은 글로벌리즘)와 국민국가(혹은 내셔널리즘)를 대항시키는 이항도식으로 직접적이고 우직하게 중첩시켜 버리는 것은 너무 자각이 없다. 그 대립은 일변 알기 쉬운 것처럼 보이지만 질문을 단순화하는 위험이 넘친다.

예를 들어 이것을 세 가지 항으로 재조직하는 사고 실험도 필요하지 않을까. 그쪽이 자유도가 높아지고 대립의 도식을 움직이기 쉽다. 즉, 글로벌리즘의 전제(專制)에 대해서도 비판하고 내셔널리즘의 동원에 대해서도 저항할 수 있다. 그러한 위치에 문화를 인식하는 실천을 둘 수 없을까. 세 가지 항을 세움으로써 그러한 사고의 여지가 열리기 때문이다. 대립개념이 가지는 이항목성(二項目性)은 보편적으로 존재하고 뿌리 깊게 사고의 방향에 영향을 준다. 예를 들어 형식과 내용[69], 타자와 자기, 정치와 예술 등, 혹은 '존재'와 '행위'

---

69   학사에 속하는 지식이지만 소위 문화사회학이 스스로의 특질을 설득하기 위하여 비판해야
     할 타자의 이름으로 선택한 것이 '형식사회학'이었다. 형식의 이야기는 '문화' '지식' '역사'라는
     내용과 대립한다. 이 대립의 도식성은 형식에 정확히 '문명'과 같은 위치를 부여하게 된다.

등등 문화를 논하는 데 동원된 단어 중에서도 여러 가지를 들 수 있다. 그러한 이항목성으로 일관된 도식으로 빨리 문제를 종식시키지 않고 비판과 저항의 일상적이고 신체적인 근거지로서 문화의 발견을 다시 위치시켜 갈 수 있다면 비겁한 절충과도, 대립의 제자리걸음과도 다른 시야가 열린다.

생활하는 신체를 이론적인 허초점(虛焦點)으로 한다는 입장은 바로 거기에 모으고자 하는 전략의 하나이다.

대중문화와 산업자본주의

둘째로 찾아가야 할 것은 산업주의·자본주의비판과 글로벌리즘의 문제계이다.

20세기의 문화에 대한 최초의 주목은 산업화의 진전과 불가분이었다. 즉 대량생산 기술에 기초한 사회편제에 대한 저항과 비판을 내재시킨 것이었다. 그 점에서는 생산력주의의 결정론에 경도된 동시대의 마르크스주의 사회과학에 대해서도 명확한 거리감각을 유지하고 있었다. '대중사회(mass society)'와 '대중문화(mass culture/popular culture)' 즉 대중이라는 주체의 산출물에 대한 평가가 문화연구의 중요한 장이 된 것은 필연적인 전개이기도 했다.

대중문화의 인식도 또 문화변용의 자각으로부터 형성되었다.

조직의 대규모화와 공장 시스템의 성립은 임금노동자의 증대뿐 아니라 노동이라는 개념을 보편화하고, 매스미디어의 발달에 의한 통신 기능의 확대와 복제 기술의 보급은 지식의 공유 방식을 바꾸고, 철도와 자동차를 비롯한 이동수단의 기술혁신과 생활로의 침입은 공간의 모습 자체를 변화시켰다. 그때까지 사회생활의 양상을 근저로부터 바꾸고 공동성의 조직행태를 크게 변용시켜 갔다. 공공영역뿐 아니라 사적 영역, 혹은 친밀권도 이러한 기술혁신에 대응하면서 변용되어 간다.

19세기의 소위 '진보'와 상업 저널리즘이 그때까지 유기적이었던 영국의 커뮤니티 생활의 '기술(art)'을 얼마나 파괴했는지를 비판한 리비스[70]도, 광고라는 문명의 달콤한 속삭임이 얼마나 평준화된 대중의 욕망을 자극하는지를 문제화하고 광고의 정치성을 간파하는 리터러시의 중요성을 설파하는 톰슨[71]도 산업혁명 이후의 산업화가 초래한 변화에 대한 대항 담론이라는 점에서 공통적이다. 거기서는 현대의 대중문화는 가짜이며 진짜 인간의 문화는 존속의 위험에 노출되어 있다고 여겨진다. 마찬가지로 오르테가[72]도 자기 자신의 현재를 막연하게 긍정하여 아무런 요구도 가지지 않고 따라서 자기완성을 위해 노력하지 않는 대중의 등장을 정신적인 면에서 귀족성의 상실로 비판한다. 아도르노와 호르크하이머는 영화와 광고와 재즈라는 문화산업의 상품 속에 체제화한 자본주의의 '음모'와 '광고의 승리', 허위의식에 잠드는 주체의 자동운동, 즉 타락하고 기계적인 것으로 전락한 가짜 문화밖에 보지 않았다.[73]

일찍이 대중사회론의 도식적 설명[74]이 그러했던 것처럼 혁신적이고 민주주의적 비판의 '정치주의'야말로 필요하다고 주장하고 싶어서 이것들을 보수적이고 귀족주의적 비판의 '탐미주의'[75]라고 치부해 버리는 것은 대항의 도식화가 너무 심하다. 여기서 문화가 가질 수 있는 의미도 국민국가 하에서의 민속에 대한 주목과 마찬가지로 다시 양의적이기 때문이다.

새로운 의미부여의 힘과 문화산업

대중문화는 산업자본주의가 가지는 경계침범력에 이중의 의미로 의존하고 있었다.

---

70 리비스는 mass civilisation이라는 개념을 사용해서 기계화·대중화·균질화의 힘을 이야기하고 있다[Leavis, 1933: 13-46].

71 "Voice of Civilization"[Thompson, 1943].

72 『大衆の反逆』[Ortega, 1930=1967].

73 『啓蒙の辨證法』[Horkheimer & Adorno, 1947=1990].

74 대표적인 것으로 콘하우저의 『大衆社會の政治』[Kornhauser, 1959=1961]가 있다.

75 '정치주의'와 '탐미주의'의 대비는 콘하우저의 설명에 나타나는 것이 아니라 벤야민의 복제예술론[ベンヤミン, 1970]의 후기에서 썼던 것을 사용한 것이다. 그러나 벤야민 자신이 대중문화의 새로운 기술 하에서 생성한 산만한 수용자들에게 구하던 '정치주의'가 어떤 형태의 것일 수 있었는지는 다시 검토해야 할 과제이다.

하나는 이 침범력은 신분질서 하에서 교류 없이 분리되어 살고 있던 생활의 격벽을 부수고 그 벽을 넘은 모방의 욕망을 광범하게 산출하여 차이를 평준화한다. 그리고 멀리 떨어진 지역을 이어서 고유한 생활양식의 차이를 소멸시켰다.

그러나 이 침범력은 단순한 평준화라는 파괴력만이 아니라 또 하나 새로운 의미의 매듭을 만들어내는 힘이기도 했다. 확산된 가치의 그물망에서 이제까지 새삼스레 의식하지도 않던 관습적 행위와 생활양식의 기능에 대한 질문이다.

어떤 의미에서는 막스 베버가 프로테스탄트의 신앙 행위라고 간파한 것도 새로운 매듭으로서 등장한 자본주의가 아니었던가. 소비사회론으로 기호론적인 입장을 도입한 보들리야르[76]도 또한 산업화를 농하고 새로운 매듭의 해석을 만들어낸다. 물건의 소비도 또 차이에 따라 의미가 부여된다. 그 메커니즘을 전면에 내세워 재인식함으로써 사실은 사회에서 사용되고 있는 언어와 완전히 동질의 분석틀이 소비의 분석에서도 필요하다는 입장을 표했다. 문화기호론이라고 불린 관점이다.

대중문화라는 표현의 유행이 좀 낡아지면 '하위문화'와 '대항문화'가 신조어로 논해졌다. 그러나 현대에 다시 우리는 과거에 '문명'으로 추상화되고 일반화된 것과 마찬가지의 힘과 마주하고 있는 것을 깨닫는다. 그것은 사회의 산업적 편제와 자본주의의 고도화로서의 글로벌리즘이다.

그렇기 때문에 여기서 일어나는 현대문화의 변용을, 예를 들어 전통문화/근대문화/대중문화라고 하듯이 단선적인 발전단계 도식으로 가두는 것도 빈약한 단순화이며, 국가독점자본주의와 문화제국주의와 포스트모던의 일원적인 카테고리로의 설명으로 환원하는 것도 성급한 일반화이다. 다시 한번 산업화와 글로벌리제이션이 어떤 변용을 초래했는지를 일상생활이라는 실천의 공연장에 실어서 심층적인 문제 제기를 해야 한다.

---

76 『消費社會の神話と構造』[Baudrillard, 1970=1979].

문화산업론[77]의 주제도 문화라는 말에 포함된 이념과 윤리를 척도로 해서 산업주의를 비판하는 것으로 시종하고 있었던 것은 아니었다. 현대사회에서 상품으로서 등장하는 지식과 표상과 감각과 행동양식의, 교차하고 복합하는 차이의 메커니즘을 해독한다. 그것을 통해서 너무나 일반적이고 형식적이고 공허해져 버린 문화의 개념에 의존한 인식을 해체하고 재편성해 간다. 그러한 작업을 통해서 근대산업주의 비판의 근거지를 찾아내는 것의 중요성을 제기했던 것이다.

자민족중심주의 비판과 문화인류학

세 번째 지적할 것은 문화상대주의 비판과 자민족중심주의의 문제계이다. 철학적인 인간론으로 시작하고 문명비평으로 전개해 간 문화의 연구는 인류학의 영역에서 새로운 전개를 보였다. 고도의 정신활동의 성과라는 이념의 강조에서 일상적인 생활행동양식 전체로 대상이 확장되었던 것이다. 물론 같은 일상에 대한 주목이라도 프랑스 사회학·인류학은 개인에 대해서 외재적·구속적으로 작용하는 제도와 언어와 교환에 초점을 맞추고 거기에 나타나는 구조와 규칙에 관심을 가졌다. 이에 대해 미국의 문화인류학은 오히려 개인의 학습습득에 초점을 맞추고 그 내면에 작용하는 상징과 가치와 규범의 유형화로 진행했다.

그러나 모두가 방법론의 기초가 문화상대주의라는 점에서 진화론적 대립 도식으로부터 자유로운 리터러시를 작동시킬 수 있는 거리를 손에 넣었다. 여기서 말하는 문화상대주의란 자기 사회가 가진 문화를 기준으로 단일한 척도를 만들고 타문화를 우열로 측정하는[78] 태도, 즉 자문화중심주의의 컬트

---

77 예를 들어 아도르노와 호르크하이머의 비판을 계승하면서 주간지를 분석한 엔첸스베르거의 '의식산업'론으로부터 대중음악의 생산과 소비를 논한 니거스의 문화중개자론[Negus, 1996= 2004] 등까지 문화산업의 분석도 다양한 소재를 다루고 있다.

78 그리고 많은 경우 자문화를 가장 가치 있다고 위치지우고 타문화를 미개와 야만과 무질서라고 재단한다.

성에 대항하는 가치 자유의 냉정함을 가리킨다.

문화상대주의는 방법으로서 보면 확실히 19세기에 인문사회과학의 유행 사상이 된 진화론적 설명에 대한 저항의 하나였다.[79] 법칙의 이론화보다도 개별 민족지를 쓰는 것을 중시한 보아즈는 '미국 문화인류학의 아버지'로 불리는데 그가 19세기 말에 독일에서 미국으로 이주한 인물이라는 것은 문화상대주의가 어떤 의미로는 '문명'과 '문화' 대항의 보다 세련되고 탈색된 버전이라는 것을 보여준다. 그리고 일반화할 수 있는 법칙을 발견하는 사회과학의 이념과는 다른 곳에 자유주의로서의 문화상대주의가 위치하게 되고 인간의 다양성을 직접적으로 경험하는 필드워크가 중시되어 간다.

급격한 산업화·도시화가 진행되는 한편으로 개인과 자아의 문제에 대한 관심이 강한 미국이라는 장에서 그러한 방법 태도가 성립한 것은 그 자체가 문화의 변용 메커니즘의 문제로서 하나의 연구 대상이 될 수 있을지도 모른다. 'acculturation(문화변용)'이라는 개념은 어형에서 알 수 있는 것처럼 초기에는 소위 미개로 분류되던 사회가 선진문화를 수용하는 문명 수용 일변도 현상을 가리켰다. 그러나 1930년대에는 "다른 문화를 가진 개인들의 집단이 직접적이고 지속적으로 접촉함으로써 일방 또는 쌍방의 문화 유형에 변화가 일어나는 현상"[80]이라고 정의했다. 더욱이 미국 인류학의 문화연구에서는 심리학 학습이론의 영향을 받아 개인이 습득하는 행동체계에 대한 관심도 강하며 '문화와 인성' 연구라는 영역을 발전시켰다. 상대주의가 발전한 '문화의 유형' 문제는 인성의 유형으로서도 분석된다.[81]

---

[79] 역사적으로는 경향적인 진화가 아니라 제민족 간의 전파라는 의사소통 과정을 중시하는 전파주의도 요소 상호간의 공시적 작용을 중시하는 기능주의도 그런 의미로는 진화론적 설명을 단절시키는 저항적 독해로 묶을 수 있을 것이다.

[80] "Memorandum for the study of acculturation"[Redfield, et als., 1936: 149].

[81] 예를 들어 리스먼의 『고독한 군중』 연구는 미디어 테크놀로지의 역사적 발전과 인성의 사회적 유형을 대응시킨 자극적인 고전이다.

문화상대주의의 뛰어넘는 방식

그리고 인류학자의 문화연구에서는 개체에 내재한 의미와 가치·규범에 초점을 맞춰서 그것을 유형화한다. 혹은 생활의 텍스트로서 해석한다. 더욱이 현지에서 사는 당사자의 시점에서 그 의미를 가능한 한 풍부하게 묘사한다. 문화상대주의는 당사자의 시점에 서기 위한 마음가짐이기도 했다.

그러나 문화연구의 상대주의에 대한 방법적 우선순위가 세계자본주의의 구조와 글로벌 권력관계와 같은 하드한 정치와 경제 문제를 논하지 않는 태도를 생산했다고 비판받는다. 더욱 날카롭게 그러한 정치적 무관심이 제국주의를 보완해 온 것이라고 고발되었다. 즉 학문의 실천 자체가 사실은 비판해야 할 문화의 문제로서 다시 문제시된 것이다.

그것은 스스로의 문화에 잠재한 '자연적 태도'를 비판하는 매개로서 타자의 문화를 이해하고 해석한다는 실천에서 기술하는 것 자체가 떠안은 곤란한 과제이다. 우리는 어떻게 기술할 수 있을지가 문제시된다.

예를 들어 사이드의 오리엔탈리즘 비판에서 가장 실질적인 국면은 문화를 기술하는 것이 얼마나 '오리엔트/서구'의 이항대립을 거대화하고, 오리엔트가 서구의 진보를 측정하는 기준점이었다고 하는 가르침을 재인식하고, 그와 동시에 개발 혹은 발전이라는 제국주의적 프로젝트의 도입이 필요한 정체상태인가라는 것을 독자에게 느끼게 하는가. 그 이데올로기성의 폭로에 있었다.

그러나 『문화비판으로서의 인류학』의 저자들에 따르면 "지배되는 문화의 일원이면서 지배하는 문화의 특권적인 지성이기도 했다"는 속성을 가진 위치를 전략으로 사용할 수 있었던 사이드는 논전으로밖에 유효하지 않다는 것을 자각하면서도 "불 싸움에는 불로 대응하는 길"을 택했다. 그래서 한편으로는 "문화의 경계를 가로질러 타자의 목소리와 관점을 적절히 표상하는 새로운 형식을 아무것도 제시하지 않고 있으며, 가능하다는 희망마저 보여주지 않는다. 사실은 비난하기 위해서 그가 선택한 적에 대해서 그들과 완전히 동종의 수사학 상의 전체주의를 실천하고 있는 것이다"[82]고 비판받는다. 니시카와 나가오도, 사이드는 논의의 방향성이 명확하며 "항상 하나의 결론으로 이끄는" 명쾌함이 힘을 가지는 반면에 "논의에 출구가 준비되어 있기 않기" 때문에 "마치 다람쥐가 쳇바퀴를 돌리는 것을 보는 것 같은 인상"을 벗어날 수가 없다고 쓴다.[83]

오리엔탈리즘과 국민국가론의 날카로운 비판이 유효한 만큼, 오리엔탈리즘론자와 국민국가론자에 대한 비판도 옳다. 이 창과 방패의 동질성을 이해하고 우리는 무엇을 할 수 있을까. 어떤 정당성에서 우리는 스스로를 포함하여 '문화'를 평가하고 비판할 수 있을까.

그 해답도 문화를 성실하게 면밀히 기술하는 행위 속에서밖에 찾을 수 없다.

사이드의 예로 접근한다면 그 기술이 얼마나 '오리엔트/서구' 이항대립의 재생산을 해독할 수 있을까. 개발이라는 문화침략이 얼마나 부조리하고 불필요한 개입인지에 대한 비판을 실천함으로써 방향을 어느 정도는 선택할 수 있다는 희망을 이끌어낼 수 있을까. 어려운 과제이지만 그것을 더욱 넓은 의미에서 관찰이라는 원초적인 방법으로 만들어내는 이외에 문화상대주의의 내측에 생성되어 온 '자문화중심주의(ethnocentrism)'를 뛰어넘을 길은 없기 때문이다.

---

82 『文化批判としての人類學』[Marcus & Fischer, 1986=1989: 23].
83 증보 『國境の越え方』[西川長夫, 2001: 115-116].

제2장

자원이란 무엇인가

　문화자원학이라는 익숙지 않은 명칭이 있다.

　'문화'와 '자원' 두 개로 나누면 각각은 귀에 익숙한 단어일지도 모른다. 그러나 어느 쪽이든 연구 대상으로서 한 줄로만은 가지 않는 어려움을 안고 있다.

　'문화'에 대해서는 이미 앞 장에서 일정한 정리와 재검토를 시도했기 때문에 여기서는 '자원'에 초점을 맞추어 문화를 자원으로 인식하는 견해[1]와 그것이 직면하는 문제에 대해서 다시 논하겠다.

1. 의미의 역사적 지층으로 들어가서

　'문화자원'이 이해하기 쉬운 개념이라고 말하기 어려운 것은 두 가지 큰 표상을 이웃하게 하고, 그 가리키는 범위를 합치고 있기 때문이다. 이 두 가지 단어의 경우 합쳐도 의미가 좁혀지는 방향으로는 변하지 않는다. 그리고 어의의 부주의한 확대는 때로 개념을 공동화시킨다.

1　제1장 참조. '문화'라는 말에 숨은 의미의 정리를 시도하고, 그 곤란함을 다룬 연구는 이미 많이 있는데(예를 들어 [Kroeber & Kluckohn, 1952] [Williams, 1966=1968] [柳父章, 1995] [佐藤健二·吉見俊哉, 2007] [中村淳, 2007] 등), '자원'이라는 말도 마찬가지로 사용 범위가 무질서하게 확장되면서 혼란을 안고 있다. 여기서는 2000년 4월에 도쿄대학대학원에 설치된 문화자원학연구 전공에 관여해 온 나 자신의 경험을 소재로 하면서 자원에 주목한 인문사회계의 학지가 어떻게 구상될 수 있는지에 대해서 그 과제와 함께 다루어 보겠다.

실제로 인간사회의 모든 것을 '문화'라고 인식하는 것이 가능하면 존재하고 이용할 수 있는 모든 것이 '자원'일 수 있다. 그 포괄적이고 형식적인 규정의 집합이 그대로 이 복합어의 외연이 되기 쉽다. 즉, 모든 것이 문화자원일 수 있다. 물론 이 인식은 조잡하다. 논의의 기초가 되지 않고 주제를 가리키지도 않는다.

사실은 '문화'라는 말도 '자원'이라는 말도 그다지 옛날부터 쓰였던 것도 아니다. 쓰기 시작한 것은 아마 20세기 이후이다. 더욱이 금방 응용과 유용이 확장되어 함의는 부풀어 갔다. 그리고 부풀어 오른 만큼 표상의 가치가 저하하는 '인플레이션' 같은 상태가 초래되었다. 커뮤니케이션이라고 불리는 단어의 유통 과정에도 시장 메커니즘과 같은 교환가치의 변동이 있다.

일본 국어사전을 보면 이렇게 규정한다.

문화는 인간의 "행동양식 내지 생활양식의 총체"이며, "물심양면의 성과"이며, 언어·기술에서 종교·정치까지 이르지만 각각의 문화 사이에는 "고저우열의 차"는 없다고 해설되어 있다.[2] 이 상대주의적인 규정은 문화사회학과 인류학을 배운 사람에게는 이미 1930년대로 거슬러 올라가서 친근한 논점일 것이다. 그러나 어딘가 범위가 너무 넓어서 도움이 안 되는 느낌이 풍긴다. '문화'라는 단어 속에서 정의의 외연이 확대되어 추상화하고 보편화하여 갔다. 그만큼 고유의 존재론적인 특질 혹은 의미의 특이점을 표상하는 힘이 다양한 정신활동 영역의 병렬 속에서 잘 보이기 어렵게 되었다.

자원이라는 말도 같은 상황이며 마찬가지로 포착할 곳이 없게 된다. 몇

---

2   구체적으로는 『廣辭苑』(제5판)이 "ぶんか【文化】(culture) 인간이 자연을 가공하여 형성해 온 물심양면의 성과. 의식주를 비롯하여 기술·학문·예술·도덕·종교·정치 등 생활 형성의 양식과 내용을 포함"이라고 해설하고, 三省堂의 『デジタル大辭林』이 "ぶんか[文化] ①culture 사회를 구성하는 사람들에 의해 습득·공유·전달되는 행동양식 내지 생활양식의 총체. 언어·습속·도덕·종교, 다양한 제도 등은 그 구체적 예. 문화상대주의에서는 각각의 인간집단은 개별 문화를 가지고 개별 문화는 제각각 독자적 가치를 가지고 있으며 그 사이에 고저·우열의 차는 없다. 컬처. ②학문·예술·종교·도덕 등, 주로 정신적 생활로부터 산출된 것. ③세상이 진전되고 생활이 쾌적하고 편리해지는 것. 문명개화. ④다른 말의 위에 붙어서 하이칼라·편리·신식 등의 뜻을 나타낸다. '--주택'"이라고 설명하고 있다.

가지 일본어 사전을 찾아보자.

> しげん【資源】 생산활동의 기초가 되는 물질·수력·노동력 등의 총칭. '--
> 이 부족하다''지하--''인적--'〔廣辭苑 제5판, 岩波書店〕
>
> しげん【資源】 ①자연에서 얻은 원재료로 산업의 기초가 되는 유용물. 토지
> ·물·매장광물·삼림·수산생물 등. 천연자원. '해양--''지
> 하--' ②넓게 산업상 이용할 수 있는 물질과 인재. '인적--'
> '관광--'〔デジタル大辭泉, 小學館〕
>
> しげん【資源】 자연에서 얻을 수 있는 생산에 필요한 요소. 넓게는 산업의
> 기초가 되는 것, 산업을 지탱하고 있는 것도 가리킨다. 지하
> 자원·수자원·해양자원·인적자원·관광자원 등. '--개발'〔デ
> ジタル大辭林, 三省堂〕

'생산활동'과 '산업'이라는 단어의 의미를 비추어내는 특이한 광원이 포착되고 있는 점은 흥미롭다. 이 논점은 뒤에서 좀 더 탐구해 보자. 그러나 지하의 천연자원뿐 아니라 노동력의 인적자원에서 풍경과 사적의 관광자원까지 적용 가능한 범위는 확산되기만 하고 뭔가 경계가 한정되는 기색이 없다. 어떤 국어사전의 규정도 매우 높은 일반성을 가진다.

단어는 대상의 중심뿐 아니라 윤곽을 가리킨다. 대상의 위치와 형태를 확인하고 파고 들어가서 고찰하고 조사한다는 국면에서 이 윤곽이 중요하다. 구체성으로 찾아가는 단서이며 인도가 되는 곳이 흥미롭다. 특이성을 표상하는 의미의 경계선이 느껴지기 어렵게 되면 단어는 애매해지고 공동화된다. 역사적인 의미의 지층과 단층을 탐구하지 않아도 된다면 단어가 단순한 기호로 형해화되어도 신경이 쓰이지 않는다. 정서적이며 자의적으로 애매한 사용법만 눈에 띄는 것은 사실은 그러한 형해화의 결과이기도 하다.

이렇게 추상화하고 일반화한 의미밖에 보이지 않게 된 언어 공간에서 "문화자원학이란 무엇인가"라고 질문을 해도 정의적 기술의 단서가 너무 없어서

심도가 생기지 않고 막힐 뿐이다.

맥락으로서의 가치

한편으로 사전의 기재에서는 잘 보이지 않는 것도 단어 자체의 역사에는
새겨져 있다. 이 점은 사회학의 입장에 서기 때문에 강조해야 할 것이다.

인쇄물이든 사이버 공간상의 것이든 사전의 기술·기록만으로 의미를 확인
하고 표상을 다루는 수법이 위험한 것은 그 때문이다. 은어와 전문용어와
같이 일부 사회집단(직업적, 계급적, 세대적 등등)의 내부에서만 사용되는 단어가
있다. 그것이 신문이나 텔레비전 등 미디어를 통해서 신기한 단어로 확산되
는 케이스도 현대사회에는 많다. 신조어와 유행어로 추가된 의미의 돌출 등
이 현대 단어의 지층을 복잡하게 하고 있다. 국어로서 정착했다거나 정착하
지 않았다고 단순히 단정할 수 없지만 자주 듣게 되는 신조어도 세상에는
많은 수가 유포되고 있다. 그리고 국어사전식으로 기술하는 가치 중립의 보
편지향을 떠나서 현실사회에서 단어의 사용 실태를 보면 역사적·사회적인
가치의 맥락이 뒤섞인 의미가 그 시점에서의 중요한 뉘앙스를 결정하고 있는
것도 또 적지 않은 것이다.[3]

'문화'라는 단어에도 그러한 뉘앙스의 혼입은 분명하다.

거기에는 암암리에 가치가 있는 훌륭한 것의 습득이라는 방향성이 각인되
어 있다. '물심양면의 성과' 즉 이룰 수 있는 결과라든지, 생활의 '양식과 내
용'이라는 사전의 해설은 소위 틀의 제시에 머물면서 거기에 내포되어 있는
가치판단의 표상에까지는 들어가지 않는다. 그것은 인류학이 논해 온 중립적
이라는 기본개념으로서의 문화와, 문화재 혹은 문화유산에서 말하는 가치
있는 문화와 용어사용법이 어긋나는 것이 하나의 논점이 되고 있다.[4]

----

3   예를 들어 사전 이전의 사용실태에 대한 끈질긴 접근으로서 언어학자의 채집에 의한 『ことばの
     くずかご』 등의 업적이 있다([見坊豪紀, 1979] [見坊豪紀·稻垣嘉彦·山崎誠, 1987] 등).
4   강좌 『資源人類學』 제2권 『資源化する文化』를 편집한 야마시타 신지(山下晋司)는 그 문제
     제기에서 문화를 둘러싸고 '인류학적·생활문화적 용어법'과 '문화재·문화유산적 용어법'이

바람직한 가치가 거기에 있으며 이상적이고 지향해야 할 상태가 거기에서 달성되고 있다는 이해도 무시할 수 없다. 그러한 플러스의 적극성을 채색하고 방향부여를 위하여 '문화'라는 단어가 세상에서 사용되고 있다. 그러한 '고저우열의 차'를 표면화한 가치적·규범적 용법의 효과도 관찰과 고찰의 범위로부터 배제할 수는 없다.

그런 한편 1980년대의 'Writing Culture'에 공명한 표상 비판의 러다이트 (파괴주의자)가 새삼 문제시한 것처럼 문화라는 개념에 붙어있는 정치성은 중요한 주제이다. 문화라는 개념은 학사적으로 보면 방법으로서의 상대주의(문화상대주의)를 장착함으로써 진화론적 패러다임과 진보사관의 발전단계론적 가치규범으로부터 일정한 거리를 두었다. 그러나 그 후에도 문화라는 말의 사용법은 이성과 미와 교양과 결부된 계급성을 지닌 가치의 축 위에서 우위성을 철저하게 상대화하지는 않았다.

문화와 자원의 전후적 의미

특히 전쟁의 기억이 선행하는 가치(=의미)의 역사성과 미묘하게 뒤섞이고 '문화'라는 단어에 특유의 '전후'적 의미를 산출했던 것에는 주의가 필요하다. 제2차 세계대전 후인 1945년 9월, 문부성이 발표한 「신일본건설의 교육방침(新日本建設の教育方針)」에서는 지향해야 할 것은 '문화국가'라고 하며 다음과 같이 선언한다.

> 문부성에서는 전쟁 종결에 관한 천황의 취지를 받들어 세계평화와 인류의 복지에 공헌하는 신일본 건설에 이바지하기 위하여 종래의 전쟁 수행 요청에 기초한 교육시책을 일소하고 문화국가, 도의국가 건설의 기초로 배양할 문교시책의 실행에 노력하고 있다.

병렬되어 때로 대립하고 있다고 논한다[山下晋司, 2007: 14].

여기서도 나온 문화국가의 '문화'는 분명히 전후적인 강한 색채가 있다. 과거의 교육시책을 지배하고 국가적 요청이기도 했던 '전쟁'과 대항하는 가치이념이며 '평화' '복지' '도의'의 실현과 등치되고 있다. 무력과 폭력의 대립항목으로서 사용되는 '문화'의 전후적 용법은 '자원'이라는 단어가 지게 된 위치를 생각할 때에도 사실은 무시할 수 없는 보조선이다.

전후 인문사회계의 아카데미즘에서 '자원'이라는 말의 적극적인 활용은 왜인지 경계를 받았다. 국어사전이 해설하는 형식적이고 일반적인 어의에서는 예측하기 어렵지만, 어딘가 마음이 불편한 상황과 접한 사실이 있다. 인류학과 민속학과 사회학 조사를 하는 사람들은 필드에서 인격을 가진 인간들과 만나며, 인문학과 교육학의 이념은 인간의 존엄을 중시했다. 그러한 언설 공간에서는 예를 들어 '인적자원'과 같은 비인간적이고 즉물적인 뉘앙스는 불쾌했을 것이다.

그러나 보다 깊은 이유로 드는 것은 거기에 국가 '총동원'이라는 전쟁수행 체제와 너무 밀접하게 결부된 역사가 있었던 것이다.

총력전과 자원

자원이라는 단어는 어떠한 역사를 거쳤을까.

초출 예를 드는 것을 중시하는 쇼가쿠칸(小學館)의 『일본국어대사전(日本國語大辭典)』은 1899년 상법의 조문(286조)에 있는 '자원의 개발'을 들고 있다. 그 항목을 보면 사람들의 나날의 생활에서의 필요 이상으로, 혹은 법률의 용어로서 번역을 통해서 근대 일본어에 들어온 것인지도 모른다.[5] 어지(語誌)를 꼼꼼하게 조사하지는 않았지만 세상에 유통하게 된 것은 세계대전과 일본

---

5   『日本國語大辭典』에는 "①산업의 재료·원료로서 본 지하의 광물, 산림, 수산물, 수력 등의 종류. *상법[1899] 289조 3 '자원의 개발' ②어떤 목적으로 이용될 수 있는 물자와 인재"라고 되어 있다. 근대 일본에 있어서의 상법의 조문 규정의 도입 경위와, 그때 실제로 이용된 지식과 단어의 대응에 대해서는 검토하지 않았기 때문에 어림짐작일 뿐이지만 원어는 역시 resource 였을까.

이 만나는 1910년대였을 것이다. 뒤에서도 검토하겠지만 코이소 쿠니아키(小磯國昭)가 편술한 『제국국방자원(帝國國防資源)』[6] 등은 책의 제목으로 자원이라는 말이 진출한 비교적 이른 시기의 예로 보인다.

세계대전과 자원이라는 말의 보급 유행은 깊은 호응 관계가 있다.

확실히 제1차 세계대전은 하나의 분기였다. 사회를 둘러싼 사상의 전면에 '총력전'이라는 새로운 이념틀을 가져온 것이다. 병기에 응용되는 과학기술이 비약적으로 발전함과 동시에 전쟁의 형태가 크게 변했다. 기관총과 대포의 발달에 따라 보병의 전술이 변하고 동력혁명의 전개에 따라 비행기와 장갑차와 전차 등의 신병기가 등장한다. 그럼으로써 '전장' 즉 전쟁의 장이 급속히 변용하고 과학전·기술전·산업전 요소가 강해져 갔다. 더욱이 전쟁과 경제와의 융합이 함부로 주장되기 시작하고 평화와 전시와의 접합이 자각되면서 전선의 군대와 후방 사회영역의 밀접한 상호관련이 떠올랐다. 이러한 국가총력전(혹은 전체전쟁 total war) 사상은 후에 소위 국민국가론으로서 문화연구가 격렬하게 비판하는 사회 시스템의 일국주의적인 틀의 강화와 그 본질이 같다. 그리고 총력전이라는 과제에 대응하는 국내체제로서 현실 정책으로서의 국가총동원이 구상되어 갔다.

전쟁이라는 개념의 사회 전역으로의 확대라 할 수 있는 사태는 한편으로 자원이라는 말의 적용 범위도 확대시켜 갔다.

원재료와 에너지 측면에서 산업을 직접 지탱하는 '천연' 혹은 '자연'인 광물자원뿐 아니라 그 자신이 제1차산업의 '생산물'인 목재와 농산물까지도 자원이라는 말의 대상이 되었다. 그 확대는 결국 제2차산업의 제작물 유통에까지 미치게 되었다. 더욱이 '인적자원'도 노동력이라는 개념화된 주장에 그

---

6   『帝國國防資源』[參謀本部 편, 1917].
    '국방자원'이라는 단어는 이내 육군 안에서 주제가 되며 1920년 5월에 인쇄된 임시군사조사위원의 『국가총동원에 관한 의견(國家總動員に關する意見)』에서도 「국방자원의 보호 증강(국가 총동원 영구 준비)」 등이 논해지게 되었다.

치지 않고 문화의 영역으로까지 응용되어 갔다. 즉 다양한 사람들의 체력과 영양상태, 지능, 더욱이 출생률 같은 실태까지가 그 단어의 범위에 포함되어 가게 된 것이다.[7] 문화를 자연과 구별해서 사용하는 틀이 흔들려 간다.

'자원'이라는 단어가 사회적으로 발견되고 빈번하게 사용되어 가는 것은 이러한 국가라는 장치와 같은 주체에 의한 의미부여와 동원의 맥락에서였다.

자원에 주목하는 국가

『제국국방자원』이라는 보고에서도 '자원'이라는 단어가 국가와 동원의 맥락에서 팽창해 갔다는 성격은 명확하다.

제1차 세계대전에 참전했다고는 하지만 "겨우 물방울을 뒤집어쓰는 정도의 피해"에 그쳤다는 자각을 일본의 군관료는 가지고 있었다. 그렇기 때문에 유럽 국가들의 총력전 사상을 적극적으로 배우고[8] 국가와 사회의 현대적 양상을 구상한 것이라고도 평가를 한다. "경제와 관계없는 전쟁은 없다"라고 생각하기 때문에 "전쟁자원을 기초로 해서 장차 닥칠 경제전 대책안"을 넓게 전망하는 것이 필요하다는 사상이 강조되었다. 거기서 '자원'이라는 단어에 빛이 비춰지고 있다. 『제국국방자원』은 군이라는 조직 주체의 입장에서 경제

---

7   예를 들어 테루오카 기토(暉峻義等) 『人的資源研究』[暉峻義等, 1938]와 교육심리학자의 『일본의 인적자원(日本の人的資源)』[田中寬一, 1941] 등.

오코우치 카즈오(大河內一男)는 1940년 단계에서 "'인적자원'이라는 단어는 지금은 좀 일반화되었지만 아직 뿌리 깊은 반대론이 집요하게 따라다니고 있다" 고 말하며, 그것은 인간에 대한 "하나의 객관적인 분석" 방법을 인간을 물질과 마찬가지로 간주하는 '인간관'에 대한 반대에 기초한 것이라고 해석한다. 그런 한편 "이 단어가 일부 편협한 반대가 있는데도 불구하  고 사회적으로 수용되게 된 것은 '생산력 확충'을 수행하기 위해서도, 또 일본경제의 재편성이라는 입장에서 생각해도 당장 '인적자원' 문제를 해결하지 않고는 문제는 일보도 진전되지 않게 되었기 때문이다"라고 분석하고 있다[大河內一男, 1940: 328-329].

8   육군이 제1차 세계대전에서 교전 각국의 실태를 조사하기 위하여 육군성에 임시군사조사위원을 둔 것은 1915년 9월이었다[防衛廳防衛研修所戰史室 편, 1967: 6].

학의 유용성을 의식하여 사회정책을 제안한 책이었다.

사상으로서 발견된 것만이 아니다. 실제 '자원'의 동원이라는 이념 하에서 정책에 관한 법이 제정되고 조직이 정비되어 갔다.

'자원국'은 그 상징이다. 군수공업동원법(1918년 제정) 하에서 담당 군수국은 「내외국자원조사」를 실시하고 1927년에는 내각에 '자원국'이 설치된다. 1932년 10월 발행『대백과사전』(平凡社)에는, 독립된 항목으로 '자원'은 존재하지 않지만 '자원국'과 '자원조사' 두 개가 있다. 이 조직과 실천이 '자원'이라는 단어 단독의 추상화된 의미보다도 중시되며 리얼리티를 가지고 있었기 때문일 것이다.

'자원국' 항목의 기술은 발족하고 거의 5년이라는 시점의 증언이기도 하다. 그 설명 배후에 존재하는 의식의 역사성뿐 아니라 동시대의 실태가 간결하게 정리되어 있다. 각 조직 주체를 끌어들인 부국 변천 경위의 우여곡절은 관의 세계에 기술이 제한되어 있다고는 하지만 이 단어가 사회적으로 수용되는 하나의 프로세스일 것이다.『대백과사전』'자원국' 항목의 '연혁' 부분을 정리하면 다음과 같다.

① 러시아와 독일의 단독강화에 관련해서 육군을 동아시아 대륙 방면으로 파견하는 사태가 상정되는 중, 1918년 제40의회에서 「군수공업동원법」이 제정되고 그 집행기관으로서 내각에 '군수국'이 설치되었다.

② 1920년 5월, 군수국은 내각통계국과 합병하여 국세원(國勢院)이 되었으나, 1922년 재정 정리 시기에 폐지, 군수조사와 군수공업장려 업무는 농상무성에 이관되었다.

③ 1923년 육해군회의에서 국가총동원 준비에서 국세원 폐지의 결함을 보완하기 위하여 임시 육해군군수공업동원협정위원회가 설치되었다.[9]

9　"군수자원의 분배에 관한 협정을 진행한다"는 것을 목적으로 한 임시조치 위원회에 대해서 항목 집필자는 "응급고식의 수단"이라고 쓰고 "실행에서는 아무런 효과도 올리지 못했다"고 해설한다. "왜냐하면 여기에는 육해군성 이외에 각 성의 협력을 기다려야 하는 사항이 있는데도

④ 1925년 농상무성이 농림성·상공성으로 분리될 때 군수조사 업무는 상 공성 주관이 되었다.

⑤ 1926년 제52의회에 「국가총동원준비기관설치」에 필요한 예산이 제출 되고, 이듬해 5월 내각에 외국으로서 '자원국'이 설치되고, 총리대신의 자문기관으로서 자원심의회가 설치되었다.

여기서도 자원 개념의 등장이 동원의 필요라는 의식과 강하게 결부되어 있는 것을 확인할 수 있다.[10]

1920년대 말에는 관료기구, 국기기관의 간판에 처음으로 '자원'이 명칭으로 들어가고 사회적 인지가 진행되었다. 그 전제로 전쟁, 군수·군비, 산업·공업, 동원, 국가라는 '총력전=국민국가론'의 중요 개념의 계열이 얽혀 있다는 것을 이 기술은 가리키고 있다.

자원과 조사

또 하나, 필드과학에서 중요한 방법인 '조사'라는 실천과의 결부도 '자원'이라는 말을 생각할 경우 중시해야 할 포인트이다.

위에서 말한 자원국에 이르는 연혁의 설명에도 보이는 것처럼 자원이라는 이름과 관련된 부국이 군수조사라는 실천과 국세조사를 담당하는 부국과 얽히고, 산업통계를 위해 노력하던 통계국과 농상무성·상공성 등과 교차해 가는 것은 우연이 아니다. 그리고 '자원조사'도 또한 동시대에 등장한 새로운 단어였다.[11]

불구하고 각 성은 이에 관해서 협력해야 할 아무런 책무가 없었기 때문이다"[1932년판 대백과 사전, 平凡社].

10　'자원국' '자원조사' 항목에는 집필자로서 같은 '(松下)' 서명이 있다. 군사사에 관한 저작이 많으며 오스기 사카에(大杉榮)와 사카이 토시히코(堺利彦) 등과의 친교로부터 '사회주의 중위'라고 불리던 마츠시타 마사오(松下芳男)가 아닐까 하고 생각한다. 이 시점에는 이미 군에서 퇴임했다.

11　예를 들어 이른 사례로 『資源調査關係法規』[北海道廳長官官房統計課, 1916], 1930년대부터

자원조사(シゲンチョーサ, 資源調査) 전쟁준비를 위하여 정부가 각종 자원의 상태를 조사하는 것을 말하며, 자원조사법은 인적 물적자원의 통제운용 및 일반 행정상 필요한 각종 자원의 상태를 보고 또는 신고해야 하는 의무를 개인 또는 법인에 대해 부담시키는 것을 규정하는 것으로, 군수공업동원법과 함께 전쟁준비 및 수행상 중요한 법률이다. 〔1932년판 대백과사전, 平凡社〕

사전 항목으로서 어딘지 기묘한 느낌이 남는 것은, 자원조사라는 항목을 표제어로 따면서 조사 내용을 해설하지 않고 외부 틀을 결정하고 있는 법을 설명하고 있을 뿐[12]이기 때문이다. 즉, 조사라는 이름으로 정책으로서의 필요가 전면에 드러난다. 그 기묘함은 우리가 이미 이 단어를 충족시키고 있던 기분의 훨씬 바깥에 있는 것을 암시하고 있을지도 모른다.

'조사'라는 같은 단어를 들면서 그것을 탐구·발견하는 방법으로 해 온 인류학이나 사회학과는 다른 의미로 사용되는 것이다. 즉 실제로는 해당하는

의 식민지 조사에 관련해서 『滿州國資源調査槪要』[朝鮮商工會議所, 1934], 『外蒙·中央亞細亞に於ける資源調査』[東京工業大學工業調査部, 1937], 『蘭領印度の資源調査』[南洋廳內務部企劃課, 1941], 『泰國の資源調査竝に其槪況』[貿易局第一部市場第一課, 1941] 등. 또 이 단어가 전후에도 살아남는 것에 주의할 필요가 있다. "1947년 12월, 미국의 국가자원국을 모델로 자원조사위원회가 경제안정본부에 설치되고, 1949년에 자원조사회로 이름을 바꾸었다. GHQ의 천연자원국(NRS)이 지도를 담당했다. 그 후 1956년 과학기술청의 발족과 함께 동 청의 부속기간이 되고, 1961년

에 『日本の資源問題』(科學技術廳資源調査會報告第十九號)를 공간했다"[木下直之, 2003: 4]. 이 과학기술청의 보고서는 『日本の資源』이라는 제목으로 후에 일반 출판사에서 단행본으로 간행되어 시장에 나왔다[科學技術廳資源調査會, 1962].

12 사전의 해설은 나아가 「범위 및 방법」이라는 절을 두고 있는데, 이것도 구체적인 조사수법을 설명하기보다는 1928년에 제정된 「자원조사법」의 설명이다. 즉, "조사의 내용은 인적 및 물적 자원의 전부로 하고, 널리 나라의 존영에 투자해야 할 자원 일체를 망라하는 것으로, 개인, 토지, 동식물, 그 외 유기물은 물론, 제도조직과 같은 무형의 것이라도 만약 나라에 기초한 것이라고 인정되면 모두 포함한다. 따라서 본조사의 지역적 범위는 제국영토는 물론 외국에 있는 자원에 대해서도 그 소유자, 관리자가 제국 국민인 것에까지 미친다. 다음으로 자원조사 방법은, 정부가 개인 및 법인에 대해서 서류보고 또는 실지신고를 명하며, 서류보고에 관해서는 칙령 또는 성령(省令)으로 조사 사항을 규정하고, 실지 신고는 정부의 대표자(예를 들어 관리 또는 조사원)가 자원의 현존하는 장소에 가서 실지에서 신고 공술을 하도록 하는 것이다"[1932 년판 대백과사전, 平凡社].

개인·법인의 '신고'로 설정되어 있다는 점을 간과해서는 안 된다. 그 점에서는 근대의 국세조사와 마찬가지로 조사 실천을 가능하게 하는 틀 자체가 가지는 권력성이라는 논점을 숨기고 있다. 「군수공업동원법」을 바탕으로 한 정책으로서의 「자원조사법」과 통제 운용을 담당하는 집행조직으로서의 '자원국'의 존재가 총동원과 깊이 결부된 '자원'의 이미지를 좀 강하게 합의시키고 말았다. 무형의 것까지 포함하여 나라 안에 있는 것은 모두가 대상이 된다. 이뿐만 아니라 외국일지라도 국민에게 속하는 것은 모두 '자원'으로서 신고해야 한다는 이념의 강조는 그 특질을 생각하는 단서로서는 시사적이기까지 하다. 자원과 동원과의 뿌리 깊은 관계는 여기서도 재확인된다.

동원과의 결부를 되묻다

야마구치 토시아키는 제1차 세계대전부터 자원국의 성립까지 국가총동원의 역사를 검토한 논문에서 "자원조사(조사과)의 결과에 기초해서 자원을 배양 조장하고(시설과), 그 통제운용계획=국가총동원계획을 책정하는(기획과) 것이 자원국의 주요한 업무"[13]였다고 기술한다. 여기서 말하는 '배양'에 '문화(culture)'의 어간에서 나온 '재배·경작(cultivate)'의 의미를 넣어서 시대정신과 같은 것을 암시해야 하는 것일까. 이렇게 이용하고 활용하고 관리하고 육성하고 지배해야 하는 대상을 자원이라고 의미부여를 하는 시선은 1930년대부터 1940년대에 걸쳐 많이 이루어진 관민 자원조사, 즉 만주와 남방 등 식민지에서 다양한 조사 등을 통해서 정착해 가는 것이다.

이러한 조사의 실천에 경제학자와 사회정책론자뿐 아니라 넓은 의미에서의 인류학과 사회학 연구자가 참여했다.[14] 그것이 또 전후에 '자원'이라는 단어가 경원시되고 아카데미즘에서는 적

---

13 「國家總動員研究序說」[山口利昭, 1979: 282].
14 그 일단은 전후부터 사회조사 전개가 어떻게 이루어졌는지에 대한 회고로서 일본민족학협회의 기관지 좌담회[岡田謙 외, 1953]에서도 알 수 있다.

극적으로 사용되지 않은, 아마도 무의식의 한 원인이 되기도 한다. 이 자원이라는 단어는 산업사회로의 변화가 점차 실감되던 시기에 전쟁을 의식한 국가에 의한 '위로부터'의 총동원 속에서 사용되었다. 그 때문에 문화인류학과 사회학 혹은 민속학에서 지배적인 '아래로부터'의 시좌에서 보면 그 단어를 굳이 끌어내는 의도를 수상하게 여기는 목소리가 섞이기 쉽다.

자원이라는 말을 둘러싸고 사용하기 거북한, 어딘가 답답한 감각이 남는 것도 그렇게 생각하며 이상하지 않다.

그러나 그 역사는 필연적이었는가 우연이었는가. 그 필연성의 판정은 새롭게 생각하고 신중하게 질문을 제기할 필요가 있다. 과연 '자원'에 대한 시선은 국민국가로의 '동원'과 떨어질 수 없는 것인가 어떤가. 그 시선은 모든 주체에게 신고의무를 설정하고 권력적으로 투명화하고자 하는 전체의 조정(措定)을 반드시 필요로 하는 것인가 어떤가. 그리고 그 권력 주체로서의 전체는 국가와 제국에밖에 있을 수 없는 것인가 어떤가.

다시 말하면 '자원'이라는 말을 끌어내면 기존의 지배적인 체제로 '동원'의 강제라는 역사로서 존재했던 맥락을 벗어날 수 없는 것일까. 즉 동원론에 종속시켜버리는 것이 아니라, 예를 들어 억압적인 구조의 '변혁'과 '해방' 혹은 다른 문화를 사는 '타자이해'와 '자기인식'이라는 맥락에서 사용할 수 있는 것인가 어떤가. 그러한 새로운 사용방법을 위해서는 어떠한 의미 네트워크를 고칠 필요가 있는 것일까.

아마 이 물음은 '자원'이라는 단어를 어떠한 의미에서 살릴 수 있을까, 그 방향성을 명확히 하는 것과 불가분이다.

그것은 새로운 연구 전공으로서 탄생한 '문화자원학'의 과제이기도 하다.

2. 문화자원학연구 전공의 출발

문화자원학연구 전공은 도쿄대학 대학원 인문사회계연구과에 '독립전공', 즉 대응하는 전수과정(학과)을 학부에 두지 않는 대학원의 연구 전공으로서

2000년 4월에 스타트했다. 그 개요를 나 자신도 작성에 관여한 팸플릿에서 인용하겠다.

> 문화자원학연구 전공은 인문사회계 학문을 기초로 하는 문화자료에 대해서 종합적으로 연구하고, 새로운 활용을 실천하는 전공과정입니다. 문화자료는 언어, 음성, 화상, 형상, 문자, 문서, 사본, 간본(刊本), 발굴자료, 민속, 습속, 전자기록 등 다양한 형태를 가지고 있습니다. 문화자원학은 유형무형 자료의 특질을 이해하고 조사, 발견, 정리, 고증, 평가, 보존, 공개 방법을 탐구하고 인류를 위한 자원으로 활용하는 새로운 학문 영역입니다. 본 연구 전공은 문화자원화의 기초연구·응용연구 추진과 21세기의 국제적으로 활약하는 전문연구자 및 고도전문직업인의 양성을 목적으로 하고 있습니다. (중략) 정보화사회라 불리는 시대가 되어 문화를 만들고 있던 많은 자료는 소비되거나 흩어지고 자원화되지 않은 채 잊혀지고 있습니다. 미래의 문화를 만들기 위하여 과거를 알고 현재를 생각한다. 문화자원학이 지향하는 것은 그러한 인문사회계의 학문적 기초를 재조직하는 것이며 응용입니다.

'자료'와 '자원'이라는 단어를 미묘하게 따로 사용하면서 지향하는 '학문적 기초의 재조직화'를 설명하고 기초의 확립을 통한 활용 응용이라는 전략을 묘사하고자 한다. 전공의 지향이 무엇인지 알 수 있을 것이다.

문화자원이라는 단어는 이 연구 전공의 발족 전후로부터 대학 아카데미즘 속에서도 점차 사용되게 되었다. 쿠마모토대학 대학원 사회문화과학연구과 문화자원론 강좌가 개설되고, 코베대학 대학원 문화학연구과에 연계강좌인 문화자원론 등이 생기고 있다. 또 인류학과 관계가 깊은 곳으로는 국립민족학박물관도 2004년에 "널리 세계로부터 수집된 인간의 문화에 관련된 자료와 정보, 지식과 경험을 개발 가능한 자원으로 간주하고 그 사회적 활용을 촉진하는 것을 목적으로 하여" 문화자원연구센터를 설치했다. 이하에서는 도쿄대학 문화자원학연구 전공을 하나의 사례로 해서 움직이고 있는 '문화자원학'의 구상을 논하겠다.

학지를 지탱하는 자원으로의 회귀

설치 당초부터 관련해 왔다고는 하지만 이 영역횡단적인 새로운 전공의 성립 사정에 대하여 내가 이야기하는 것이 가장 적절한지는 모르겠다. 설립의 움직임에 휩싸인 것이 착임 전후였기 때문에 이전부터의 경위를 모르는 데다가 해외 연구를 위해 부재였던 시기에 기본적인 방향성이 정해지는 등 견문도 단편적이기 때문이다.[15] 그러나 대학의 대학원 중시에 대한 체제의 이행(대학원 중점화), 대학 자체의 법인화의 흐름(국립대학법인화)이라는 문부행정의 동향 속에서 오래된 조직에도 새로운 대응 노력이 필요했다는 것은 부정할 수 없을 것이다. 그 흐름 속에 있던 한 사람으로서 보이는 그대로를 정리하겠다.

한편으로 이미 1960년대에 연구자료의 보존 시도가 도쿄대학에서 전체에서 시작되고 있었다고 들었다. 출발 당초는 해당 용도가 끝난 연구자료를 보관할 장소의 필요에 이끌린 것이었다고 한다. 그러한 구조를 필요로 하던 것은 주로 표본과 고고학 발굴품, 사진건판 등등의 실물자료였다. 그것들은 도서관과 사료편찬소와 같은 문서관리 시스템으로부터는 조직적 또는 기술

---

15 문화자원학 최초의 창설 선언 팸플릿이라고 할 수 있는 36쪽으로 된 『문화자원학의 구상(文化資源學の構想)』이 발행된 것은 1998년 7월이었다. 이때에는 이미 명칭도 정식으로 굳었고 문서학·문헌학·형태자료학·문화경영학 등 전공 발족 시에 기본조직이 된 4부문의 구성도 명시되어 있다.

적으로 대응하기 어려웠다. 연구자료관을 기초로 한 몇 가지 특별전시와 심포지엄 등을 거듭하고, 나아가 새로운 공간 등등을 획득하고 1996년에 '도쿄대학종합연구박물관'이, 사회에 공개하는 것을 과제로 하고 연구과를 갖춘 시설로서 정비되어 간다. 문화자원학연구 전공의 탄생에는 그들과의 연계도 이념적 혹은 인재확보를 위해 깊이 관련되었다고 생각한다.

학부·대학원 내부의 관심문제는 도쿄대학 창설 때부터 있었던 문학부가 약간 세분화해서 학지로서 융합하고 있었기 때문에 가능성을 잃어버리고 있던 현상을, 새로운 전공을 설립하여 유동화시키려는 노림도 있었다. 그 계기를 다양한 제약조건 속에서 추구했다는 점을 논해야 할 것이다. 키노시타 나오유키(木下直之)는 어디까지나 사견이라고 하면서 거기에서 '문화자원'에 대한 주목을 '원점회귀'라고 논하고 있다.

> 학문의 진화, 고도화에는 어쩔 수 없이 연구영역과 연구방법의 세분화가 따른다. 그것을 막다른 골목이라고 느끼는 인간에게는 세계화 이전으로, 원천으로 돌아가는 것이 유효할 것이다. 진화 과정에서 연구대상 밖으로 쫓겨난 다종다양한 것과 만날 수 있기 때문이다. 무엇을 만날지 모르지만 무엇과 만나도 놀라지 않도록 여기서는 그것들을 '형태'와 '말'로 부르도록 하겠다. 그렇다면 '말'의 '형태'에 대해서 그 물질적 측면까지도 논할 수 있을 것이다.[16]

문학부라는 조직은 120년 사이에 '철학' '심리학' '사회학' 등의 신조어를 생산해 왔다. 당시의 단어로 보면 분명히 수상하고 의미가 명료하다고는 하기 어려운 신조어를 간판으로 하면서 서구의 인문학 사상과 방법을 수용하고 동양의 학문 교양 기초와 융합시키면서 발전시켰다. 제도화된 명칭만 들어도 [그림 2-1]의 연혁도에서 보는 것처럼 다양한 전공을 포함한다. 그 확대는

---

16 「資源が口にされるとき」[木下直之, 2003: 4].

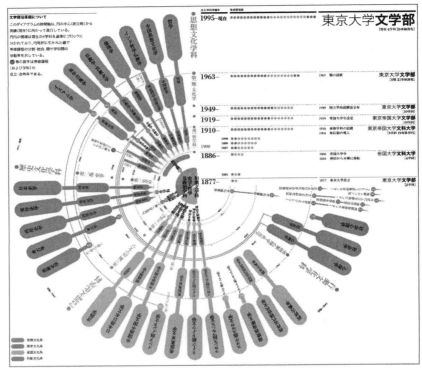

[그림 2-1]

세분화 과정이기도 했다.

　전문화하고 세분화한 확장을 다시 학지가 일어서는 기초로서의 자원이 될 수 있는 '자료체(資料體)'의 공유·공용으로 인식한다. 사회학과 심리학과 같은 텍스트계 학문의 자료체, 즉 문헌·작품·사료·데이터의 교차점에서 그 기초 공유의 장을 구상했던 것이다.

　키노시타 나오유키가 '형태'와 '말'이라는 두 가지만으로 압축해서 요약한 입장은 분명히 전략적 원점으로의 회귀였다고 생각한다. '물질적 측면'조차도 논의된다는 예측은 유물론의 근원적인 시선으로 거슬러 올라가는 동시에 인류학에서도 한 분야를 구성하게 된 물질문화[17] 연구로도 연결되어 있다.

　단어는 단순한 기호도 아니고 기능으로서의 정보도 아니다. 의미를 지탱하는 네트워크로서의 물질성을 가지며, 연구 분야 상에서의 세분화를 관통하여 공유의 기초가 되는 자원의 형태였다. 소위 '문사철', 즉 문학, 사학, 철학은 문학부 전문 영역의 과거의 기본틀[18]이었지만, 그것들은 모두 넓은 의미에서 '기록된 것' 위에 구축되었다. 즉 텍스트로서의 말을 자원으로 해서 학지를 생산해 왔다. 돌아보면 문학부 최초의 명명에서 중심에 놓인 '문'의 의미는, 한 글자이면서 깊은 의미이다. 실로 텍스트 자체이며 '단어'에 의해 짜여진 성과임과 동시에 방법이기도 했다.

'사물'로서 '형태'를 읽는다

문학이라고 하면 소설 등의 창작 작품을 연상하는 상식은 새삼 확인할 것까지도 없을 정도로 특정 시대에 형성된 것이다.

즉 인쇄물 시장이 확대되고 출판 자본주의가 성숙하는 중에 문학과 교양 전집이 상품화되고, 작가가 문호로서 스타가 되는 구조의 사회적 생성과 무관하지 않았다.[19] 그 의미에서 시대구속적인 특질을 가진다. 그런 특이한 문학 개념에 의존한 연구로부터는 자원으로서의 서적, 즉 '말'의 작품을 지탱하는 미디어의 형태·형식의 고찰은 오히려 사회학적인 주변 영역으로서 그다지 심화되지 않았다. 그러나 맥루한이 예언한대로 새로운 미디어가 계속 침

---

17 구체적으로는 사물(things) 자체라기보다 그것이 위치하고 이동하는 사회공간의 메커니즘을 문화라고 문제 제기를 하는 아파듀라이 그룹의 주목[Appadurai, 1986]이나, 소비라는 실천 속으로 뛰어들어 거기에서의 의미 생산을 치밀하게 추적하고자 하는 밀러 그룹[Miller, 1998] 등의 확산을 들 수 있다.

18 그리고 '철학' 속에 학문의 시작부터 당초부터 자리매김되었던 '심리학' '사회학'이 상대적으로 독립하고 1910년대에는 윤리학, 국사학, 영문학과 나란히 학과의 이름을 붙이게 되었다. 자주 '문사철'이라는 분류에서의 요약에 은폐되지만, 실험과 조사라는 독자적 관찰 방법을 축으로 '인문' 텍스트에 편중된 '문'에 '심리'와 '사회'라는 인간 고유의 새로운 연구영역을 명확히 해 간다.

19 우리는 어디서 '전집'이라는 형태를 하나의 상품으로 한 1920년대 후반부터 5년 정도 지속된 '엔본(円本) 붐'이 문학에 미친 효과를 측정해야 하는 것과 동시에 岩波書店 간행의 학술잡지 『文學』이 『岩波講座 日本文學』[전20권, 1931-33]의 부록지로 간행된 것 등을 상기해야 할 것이다.

투하는 시대야말로 과거의 미디어가 가능하게 했던 커뮤니케이션과 정보의 기술 형태를 알 수 있다. 즉 '지(地)'에서 분리된 '도(圖)'로서 알아채지 못했던 구도가 부상한다.

미디어로서의 인쇄본이 새로운 언어공간을 구성하는 원리가 본격적으로 '구텐베르크의 은하계'로서 대상화되고 재묘사되었던 것은 1960년대이다. 20세기 중반이라는 시대가 라디오가 널리 보급되고 텔레비전이 등장하고 있던 시기였던 것은 참으로 암시적이다. 세계와 환경을 확인하는 방법의 전환기였다. 소리로서의 말과 문자로서의 말 사이에는 '사물'로서의 특질 차이가 있다. 소리와 문자가 만드는 정보공간의 차이는 인류학에서도 주목받으며, 더욱이 전자 네트워크 시대가 개막되는 현대에 치밀한 재검토가 필요해지고 있다.[20] 실로 '자원'이라는 수준에서 협의의 '문학'이 논하기 어려운 기원에 대한 질문이 이루어지게 된 것은 인식방법의 전환기였기 때문일 것이다.

'형태'에 대한 주목도 마찬가지로 근원으로 회귀하는 것이다. 기존의 문학부 강의 과목 중에 있는 고고학과 미술사학, 미학, 예술학, 박물관학 등의 응용을 의미하는 것은 아니다. 소위 '사물' 수준에서의 자료체의 분석, 즉 고문서학과 서지학이 발달해 온 장이나 관찰 방법이 중심적인 사료조사, 사회조사, 필드워크 등등이 해 온 기능의 적극적인 의식화를 가리키는 것이었기 때문이다.

그 의미에서 문화자원학으로서의 문화경영학에서 '경영'을 어떻게 설정할지는 중요한 논점이다. 물론 경제학이나 경영학이나 공학에서 유래하는 효율적 운용이나 시스템 합리라는 발상에서 나온 것은 아니었다. 문화정책과 직접 겹쳐진다고 보는 것도 착각이다. 전시하에서 주목을 받고 1980년대부터 문화정책 속에서 다시 각광을 받게 된 문화정책이라는 단어는 행정학과 법학의 제도화가 불러들인 암묵지(暗默知)가 섞여들기 쉽다. 그것은 경영이라는

---

20 옹의 『聲の文化と文字の文化』[1991]와 구디 『未開と文明』[1988] 등이 대표적인데 이들의 관심은 1950년대부터의 축적을 가진다. 옹의 패트뤼 라무스 분석, 해롤드 이니스의 구송문화연구 등을 거쳐서, 맥루한의 미디어론 연구가 진행되었다.

단어가 경제학의 통속적 암묵지의 그림자를 벗어던지기 어려운 것과 마찬가지다.[21]

이미 앞 절에서 검토한 것처럼, 자원이라는 단어에는 완전히 배제되었다고 단언할 수 없는 총동원령의 그림자가 있다. 거기에 자각적일 것이라고 한다면 경제학적이고 정책론적인 '경영'으로부터 적절한 거리를 두는 것은 오히려 문화경영학이 추구해야 할 과제였다. 국가라는 장치와 공공적인 것을 바로 중첩시키는 경직된 입장은 제외하더라도 경영이라는 말을 통합·통제·관리·운영에 의한 활용의 문맥에서만 실천으로 연결시키는 것은 편협하다. 문화자원학으로서의 문화경영학은 프로이트적인 의미도 포함하여 사회적으로 망각되고, 혹은 매몰되어버린 자원이 가지는 기초성의 발견과 생성에서 비로소 떠오른다. 독해력에 기초한 가능성의 '디자인'으로서 경영이라는 말을 재설정하고, 자료라는 존재가 가지는 변혁의 힘과 연결하고자 하기 때문이다.

변혁으로 열린 가능성

이상과 같은 지향성에서 '자원화'의 동적인 과정은 자원이라는 대상의 개념 규정 이상으로 주목해야 할 고찰의 영역이며, 그 의식화와 의미부여의 역동성은 문화자원을 논할 때 잊어서는 안 되는 과정이다. 거기서 사용되는 '자원'이 지금 사람들이 자각하지 않고 아직 손에 잡히지 않은 '가능태(可能態, dynamis)'를 포함하여 성립된다는 것이 이 과정을 특히 중요한 것으로 만들고 있다.

물론 거기에 관련하여 논해야 할 논점은 많다. 논문집『자원화하는 문화(資源化する文化)』에서 야마시타 신지는 일상생활, 국가, 시장이라는 세 가지 국면

---

21 초창기 문화자원학 전공이 설정한 문화경영학, 형태자료학, 문자자료학의 3부 구성에 대해서 홈페이지의 설명은 다음과 같다. "이 구성은 다음과 같이 발상에서 비롯되었습니다. 우리 앞에는, 혹은 과거에는 '형태=모습'과 '문자=말'의 방대한 축적이 있습니다. 그것들이 만드는 문화는 사회와의 관계를 항상 변화시켜 왔습니다. 이 관계를 연구하고, 앞으로 보다 바람직한 모습을 추구하는 것이 '경영학'입니다. '형태'와 '말'의 문화로 통해서 비로소 '문화경영'이 성립한다는 발상입니다. 결코 '문화경영'이 앞서서는 안 됩니다"(http://www.l.u-tokyo.ac.jp/%20CR/overview.html).

으로부터 자원화의 복합성을 들고 있다. 거기서 야마시타의 문제 제기를 받아들이면서 자원과 자본과의 미묘하지만 중요한 방향성 차이[22]에 대하여 다루어 보자. 이 논점은 가장 첨예하고 자원화의 문제점을 부상시키는 주제의 하나일 것이다. 가능태를 포함한 과정의 역동성에서 자원화라는 지향성을 어떻게 위치 부여할 수 있을까. 그에 대한 문제 제기가 필요하다.

첫째, 자본과 자원이라는 두 가지 개념이 지향하는 것을 그 근원에서 나누는 축은 재생산인가 변혁인가에 있다. 즉, 그것이 변혁 또는 변형·변용과 결부되는가, 아니면 재생산 혹은 확대재생산에 귀착하는가이다.

이미 말한 것처럼 자원은 가능태를 포함해서 성립한다. 따라서 기존의 구조에 대해서 그 구조를 재생산하는 원재료와 에너지로서 혹은 생산기술의 혁신으로서 회수될 뿐인가, 아니면 그 소재의 특질이 구조를 변용시키고 변혁시킬 가능성을 지니고 있는 것인지가 거기에서 주제화된다. 자본 개념의 예리한 유효성은 실로 전자와 같이 확대하는 구조의 재생산을 지탱하는 것을 가리키며, 부상시키는 것에서 유래했다. 그 효용을 근거로 한다면 아마 자원이라는 말이 여는 느슨한 가능성은 후자와 같은 구조의 변혁이랄까 유동화를 포함하며, 그 가능성을 부상시키는 작용에 있다.

자본이라는 말의 유효성은 권력이나 부의 격차, 분재의 불공정, 기회나 결과의 불평등의 실현이 구조적으로 재생산되고 있는 그 메커니즘을 도려내는 것에 있었다. 전시하의 군부를 포함하여 사회의 관리를 과제로 했던 권력이, 소위 경제학을 유용하다고 이용해 온 것은 그 구조를 묘사해내는 능력 때문이다. 그러나 현실적인 산업과 유통의 물질적 생활을 지탱하고 있는 구조, 즉 대상의 존재 양식을 추상화하는 것으로 한정되며, 구조적 재생산이 논의되어서는 안 된다. 인식을 지탱하는 구조, 즉 인식의 생산양식에서도 자본과 자원이 지향하는 것의 차이는 질문되어야 할 과제이다.

---

22 이 점은 부르디외의 '문화자본'이라는 시각을 이해하는 데에도 중요하다. 그러나 부르디외에게 '자원'의 개념이 어떤 가치를 가지는지에 대해서 나 자신은 명확히 논할 준비가 안 되어 있다.

부르디외는 문화자본을 교양의 격차 구조를 재생산 또는 확대재생산하는 장치라는 개념으로 보았으며, 이로 인해 문화의 영역에서 교육이 자본으로서 작용하는 모습을 묘사하는 힘을 가진다. 격차의 재생산 실현, 특히 '학교에서의 성공과 실패'[23]를 문제로 해서 제시하고, 그것을 지탱하는 구조를 가리키는, 그 때문에 도입된 유추이다.

만약 문화자본의 개념을 부르디외의 이 전략에 삽입하고 싶다고 생각한다면 국어사전의 형식적인 규정으로는 부족할 것이다. 자본 개념의 추상성과, 같은 지평에서 자본이라는 말을 마찬가지로 추상적으로 꺼내도 그것만으로는 유효하게는 작용하지 않을 것이다. 자본으로서의 '재생산' 작용을, 그것을 구체적으로 지탱하고 있는 교육 시스템이나 학교의 제도 혹은 예술의 관념, 출판이나 미디어의 시장 등등의 개성적이고 역사적인 형태에까지 파고 들어가서 분석하고 해체해 보는 작업이 자원이라는 말을 설립할 때 필요해지기 때문이다.[24]

---

23 「문화자본의 세 가지 모습」[ブルデュー, 1986: 18].

24 예를 들어, 부르디외의 문화자본 개념의 핵심을 이루는 언어자본은 그 응용에 있어서 고유 언어장의 역사적이고 개성적인 형태의 파악을 필요로 한다. 이 매력적인 도구를 일본 사회에서 효율적으로 응용하기 위해서는 적용해야 할 '언어장'의 세심한 관찰과 개념의 성능 조정이 필요하다. 말투의 계급차나 그 재생산을 직접 가정하고, 소박하고 직접적으로 그물을 펼쳐 사실을 수집하려는 조사나, 제멋대로인 가설로 가득한 분석을 시작하기 전에 그것이 어떻게 자본으로 되고 있는가, 혹은 자본으로 되고 있지 않은지에 대한 꼼꼼한 검토로부터 쌓아 가야 한다. 그때, 예를 들어 일찍이 나 자신도 논하기 시작했지만, 인사말이나 연설의 하우투 서적 분석[佐藤健二, 1996] 등 더욱 심층 탐구가 필요해질 될 것이다. 외부를 향해 공개적으로 말할 기회가 촌락공동체의 마을사람들과 도시서민의 언어공간에서 어떻게 탄생하는지, 거기에서 어떤 수사가 자원으로 받아들여질지, 또 하우투 서적 시장이 어떻게 생겨나는지, 틀에 박힌 정형구의 인용과 반발이 어떻게 이야기되는가. 그 '언어장'의 역사적 변용 분석은 공적인 발화 기법을 사람들이 능력으로 획득하여 자본으로 다루는 장의 구조를 부상시키기 위해 도입이 요구되는, 이른바 역사사회학의 실천이다. 그리고 가능태를 포함하는 자원론의 수준에서도 언어능력의 신체화에 있어서, 각각의 성공과 실패의 구조가 문제시될 것이다. 물론 역사를 그렇게 문제시하는 것은 현재를 외면하는 것은 아니다. 오히려 현재의 결여나 불능을, 귀결시킨 구조의 변혁 가능성을 끄집어내는 것이다.

시간의식의 폭이나 두께의 차이

둘째, 자본과 자원 사이에는 시간의식의 폭이나 두께의 차이가 동반되어 있음을 간과하고 싶지 않다.

별로 심도 있게 논할 수는 없지만 '지속가능한(sustainable)'이라는 전망이 소위 '성장(development)' 시점에 대한 얼터너티브로 받아들여졌을 때, 무엇이 새로운 것이었는가. 그것은 1970년대 산업주의 비판 이데올로기 투쟁처럼 근대화론 이후의 개발, 변혁, 기술혁신의 성과를 전적으로 부정하고 반근대, 반문화, 새로운 중세, 공동체 회귀, 봉건주의의 현상유지 이념을 선택한 것은 아니었던 것 같다.

오히려 문제는 시간의식의 두께이다. 현재의 재생산을 지탱하는 구조적 기반으로서의 자본이 가지는, 지나치게 짧은 시간의식 속에서의 변혁인 '확대'(=확대재생산)를 비판하고, 긴 시간의식을 바탕으로 환경에 부하를 걸지 않고, 자원을 고갈시키지 않는 '지속가능성'을 시작했다. 미래를 살아갈 세대의 환경으로부터 자원을 빼앗지 않고 현재의 필요를 채우는 개발을 추구하자고 한다. '지속가능 발전(sustainable development)'[25]이란 바로 그러한 이념의 결합 형태였다.

또한 자본개념의 형식논리성은 화폐가 가지는 것과 마찬가지의 추상성과 기호성을 띠고 나타나는 것에 대해, 자원론의 시선이 구체적인 형태를 고집하는 것은 왜인가. 자본의 개념을 단지 자원이라고 바꿔 말할 뿐만 아니라, 다양한 형태에서의 자연과 인간의 노동 양태까지 포함하여 그 형태를 해독하려고 하기 때문이다. 그런 의미에서 자원화를 단순한 추상화·일반화로 치부해서는 안 될 것이다.

단기적, 즉 짧은 시간의식의 구조설정 하에서는 '외부'로서 처리할 수 있는

---

25   '지속가능한 개발'이나 '영속적 발전', '절도 있는 개발' 등으로 변역되는 이 이념은, 1987년 유엔 '환경과 개발에 관한 세계위원회'의 지도적 이념으로 내걸고, 1992년 리우데자네이루의 지구 서미트 등을 거쳐 전파되었다. 그 이념의 개별 영역에서의 실현으로서 지속가능한 도시, 지속가능한 디자인 등등의 말을 생산하고 있다.

자연도 인간노동도 인간의 생명을 넘어 세대를 넘나드는 장기적인 구조 하에서는 '내부'에서 발생하는 것으로 대상화하지 않을 수 없다. 자원이라는 말이 가진 시간의식이 자본의 그것과 깊이 구별되지 않을 수 없는 특징도 바로 거기에 있다.

가능태로서 내포할 수 있는 공공성

셋째, 이 두 개념의 지향성을 날카롭게 가르는 또 하나의 축으로서, 역시 공과 사라는 논점을 제시하지 않을 수 없을 것이다. 자원이라는 개념은 바로 가능태로서 공공성, 즉 공유와 공정한 분배의 유토피아를 포함할 수 있다. 그에 대해 자본이 가지는 "소유할 수 없는 것"에 대한 배제의 힘, 즉 사유(私有)의 권력성이 여기서 문제화된다.

당연히 자본이라는 개념은 생산수단의 사적 소유라는 사회적 사실을 바탕으로 생산과정과 그 성과에 대하여 현실사회가 발전시켜온 관념을 구성하여 만들어진 사회분석의 모델이다. 우리는 마르크스의 『자본론』의 구축이 경제학으로서가 아니라, 오히려 경제학 비판으로서의 사회과학이었음을 새삼 상기한다. 다소 중후장대하고, 어떤 의미에서 장황한 『자본론』의 밀도에 있어서, 곧바로 '자원론'을 쓸 수 있다고는 생각하지 않는다. 그러나 자원화라고 하는 과정을 생각할 때, 어떻게 공유의 위상을 열 것인가, 공유나 공용의 사실과 가능성을 조명하는 현실 이해의 모델을 만들어 낼 것인지는 '자원론'의 커다란 과제이다.

사유에 대한 포섭과 배제의 힘을 어떻게 해제 혹은 탈구축 할 수 있을까. 그것은 자본론으로 향한 사상가의 근원적인 물음이기도 하였지만, 동시에 자본론을 자원론으로 바꾸어 읽기 위한 의지로서도 유익한 원점일 수 있다. 『경제학·철학초고』에서 마르크스는 자본을 타인의 노동과 그 생산물에 대한 지배권으로 보고 그 권력의 근거를 사유에서 찾는다. 그러나 사유라는 관계성의 성립에 다가가고자 인간의 일상적 감각 양식으로까지 들어가려고 했던 다음과 같은 문장은, 자본과 자원의 미묘하지만 결정적인 차이에 근접할 수 있도록 할 것이다.

> 사유재산은 우리를 매우 어리석고 단순하게 만들었기 때문에 우리가 대상을 소유할 때에 비로소, 따라서 〈대상이〉 자본으로서 우리에게 실존하는가, 혹은 우리가 직접 점유하고, 먹고, 마시고, 입고, 거주하는 등등, 요컨대 사용될 때에 비로소 대상은 우리의 것이 된다.[26]

자원론이 부상시키려고 하는 것은 여기서 말하는 '소유'의 법적 정당성이 아니다. 그것을 먹고, 마시고, 입고, 거주하는 물질문화의 실천에 있어서 다시 파악하려는 것이다. 그러나 거기에만 머무르는 것은 아니다. 거기에 가능태로서의 자원에 대한 시선이 열리는 깊이가 있다. 즉 사유재산이 우리의 감각을 "어리석고 단순하게 만들어버리기" 이전으로 거슬러 올라가 유동화시키고, 그 공공성을 찾는 실천으로서 구상되고 있다.

문화자원에 대한 시선이 이런 공공성과 사유성을 둘러싼 문제의식을 깊이 내포하고 있다는 점을 잊어서는 안 된다.

3. 자원화하는 것에 변혁력은 있는가

다시 처음 출발점으로 돌아가서 '문화자원'이라는 개념이 가지는 가능성을 논하는 것으로 마무리하겠다.

'문화자원'이라는 신조어의 운명을 사려 깊지 못한 사용의 흐름대로 방치하고, 무자각이고 자생적인 어의의 흔들림에 맡겨서는 안 된다. 이 단어의 함의가 유효하도록 움직이고, 기초 시각으로서 흔들리지 않도록 그 지점에 고정해 두고 싶은 것은, 사회학이나 인류학이 많은 것을 여러 측면에서 논해

---

26 『經濟學·哲學草稿』[マルクス, 1964: 137, 방점, 괄호는 원문].

온 문화 쪽은 아니다. 별로 적극적으로는 논하지 않았던 '자원'이라는 말의 역할이다.

앞 절 말미에 언급한 '자원화'라는 움직임 속에서, 제1절에서 언급한 국민 국가(원한다면 '제국'이라는 표현을 택해도 좋지만)에서의 동원론으로 회수되지 않는 자원에 대한 시선의 활용방법은 어떻게 가능한가.

단편적으로나마 그 실마리를 구상해 보고 싶다.

자원화하는 주체의 주체화 양태 분석

자원화에서는 그것을 자원으로 인식하고 의미를 부여하는 주체가 존재한다. 그 주체의 존재 형태는 대상이 되는 것을 자원화라는 프로세스에서 규정하는 것으로, 사실 매우 중요하다.

여기서 말하는 주체를 반드시 인격을 가진 개인으로 한정할 필요는 없다. 예를 들어 현상이나 장래를 부족·고갈의 결여[27]로 규정하는 것과 같은 '구조'(대부분의 경우, 그것은 산업적인 편제를 가지는 생산 구조이다)가 있어야 자원이라는 가능태가 기대를 품고 호출된다. 그런 의미에서는 이러한 결여를 떠올리게 하는 '구조' 그 자체 또한 자원화 과정에서는 '주체'의 위치를 차지한다.

이러한 구조를 통합된 동기와 욕망과 이해 의식을 가지는 인격인 것처럼 보는 것은 지나차게 단순하다. 오히려 문화 분석이 그렇듯 구조를 담당하는 집단은 여러 개이며, 그 관계는 게임처럼 복잡하다. 그러므로 부족이나 결여의 언설은, 곧바로 자원의 개발이나 조달 동원에 대한 합의를 초래하는 것은 아니다.

이런 점에서, 키노시타가 문화자원학을 설명하면서 '자원 쓰레기'의 비유를 들고 나온 것은 흥미롭다.

---

27 이미 말한 것처럼 자원이라는 개념이 역사적으로 부상할 때 넓은 의미에서의 '결여' 의식이 나타나는 것은 불가결한 것이었다. 금방 부족해지고, 마침내 고갈될 것이라는 결핍의 문제의식 하에서 지금까지도 석탄이나 석유 등의 에너지 자원과 원자력이나 풍력이라는 대체자원이 이야기되고 있다.

쓰레기와 쓰레기가 아닌 것의 경계선은 유용성 여부에 따라 결정된다. 그 판단은 개인이나 사회에 따라 다르지만, 바로 전까지는 쓰레기가 아니었던 것이 바로 후에는 쓰레기로 바뀌는 것은, 그것들의 성능이나 형태가 변화한 것 이상으로 소유자, 관리자의 가치판단이 변화했기 때문이다. 그것은 단지 쓰레기장 고유의 문제가 아니다. 사회 곳곳에서 쓸데없다는 낙인이 찍힌 대부분의 사물이 잠든 채 있다. 쓰레기 문제의 요점은 가치판단의 재고를 촉진하고 재이용을 가능하게 하는 방법의 개발이며, 문화와 관련된 다양한 영역에도 마찬가지의 것이 요구되고 있다.[28]

자원쓰레기 문제에서는 '결여'의 규정과 마찬가지로 그것을 '쓰레기'(폐기물)로 규정하는 것 또한 생활이 거기에 배치되어 있는 의미부여의 '구조'이다.

어떤 일정한 생활양식이 거기서 활용·소비할 수 없었던 것을 폐기하고, 사회에는 쓰레기가 생산된다. 그런데 이 생활양식은 그 자체가 '문화'이기 때문에 '문화'가 쓰레기라는 '자원' 형태를 규정한다고 바꿔 말할 수 있다. 그와 동시에, 어떤 종류의 쓰레기는 새로운 '자원'으로서 회수된다. 그리고 쓰레기를 자원화하는 데 설정된 재활용 및 활용 구조 또한 그 자체가 정착되면 문화가 될 수 있다. 그리고 '문화'와 '자원' 사이에는 일방향적인 규정관계가 아닌 회로와 상호성의 형태가 있을 수 있다.

이 짧은 단락 사이에 몇 번인가 사용한 '자원'도 '문화'도, 각각 미묘하게 위상이 어긋나 있다. 유용성을 역사적, 사회적으로 규정하는 구조에 대한 자각적인 틀의 구축이 자원화 프로세스에 필요하다. 이것은 다음에 지적하는 시장의 논점으로도 이어지고 있다.

그러한 구조를 어떤 주체가 설계하고, 어떤 힘을 가지는 주체가 변혁할까. 그 변혁의 힘을 지탱하는 구조적인 배치의 해명 또한 문화자원학의 과제이다.

28　「資源が口にされるとき」[木下直之, 2003: 5].

자원화의 사회적 비용과 공공성

자원화 과정에서 필요한 비용 문제 또한 현실적으로 고려하여 대처해야 하는 과제이다. 즉, 자원화의 사회적 비용이다. 그것을 어떤 형태로, 누가 부담하는가. 시장을 통한 비용 부담을 포함하여, 그 메커니즘은 자원화를 생각할 경우에 무시할 수 없다.

사회적 비용의 문제는 좁은 의미의 경영 문제가 아니다. 오히려 기술의 존재 형태도 깊게 관련되어 있다. 몇몇 백과사전이 존재밀도라는 조건을 정의에 넣어 자원을 그려내려고 하는데, 예를 들어 바닷물 속의 금[29]은 재료로 존재하기는 하지만 회수하는 기술이 어렵고 비용이 너무 많이 든다는 점에서 자원으로 떠오르기 어렵다는 것이다. 즉, 그대로는 산업이라는 구조를 지탱할 수 없으며, 시장적인 가치가 없기 때문에 그것을 자원으로 파악하는 것은 현재로서는 불가능하다는 판단이다.

그러나 지금까지의 논의라면, 좁은 의미에서의 경제학이나 경영학의 범위에서의 효율성론으로 재단할 수 있다. 자원론이 가지는 원점으로 회귀하면서 현 상황을 재고하는 입장에서 말하면, 비용의 문제는 구매자·수익자 부담 모델을 항상 기본으로 하는 것은 아니다. 오히려 공공재 혹은 공유지와 관련된 것으로 이해하고 자리매김하는 것도 가능하다. 그렇다면 거기서 분량 배당의 공정성을 문제시하고 그 공공성의 내실을 생각해야 할 종류의 문제이다. 앞 절의 마지막에 자원화 속에서의 공공성과 사유성이라는 논점을 제출한 것도 바로 이 문제가 문화자원학 구상에 불가피한 것이기 때문이다. 이 논점은 자원화에 있어서 국가나 시장이라는 구조 혹은 장치가 수행하는 역할에 대해 재차 검토할 것을 요청할 것이다.

이 논의를 전면적으로 전개하는 것은 여기에서의 역할은 아니다. 예를 하나 들어서 문제 제기만 하겠다.

예를 들어 문화자원에 대한 주목과 결부되면서 20세기에 급속히 발전하고,

---

29   이 예는 「資源」[1957年版世界大百科事典, 平凡社] 항목 설명에 등장한다.

우리가 사는 세계와 문화를 기록해 온 영상음성 미디어(사진, 레코드, 테이프, 영화필름, 뉴스영상, 텔레비전프로그램, CM필름 등)의 정리나 보존, 나아가 아카이브로 활용하는 것이 지금 과제로 논의되고 있다. 구체적인 자원을 보존하고 참조하기 위한 기술적인 문제도 있지만, 그 제작 비용을 누가 어떤 형태로 부담하는가 하는 문제도 있다. 그 해결의 방법에 대해서 기본적인 방향이 잡혀 있다고 하기는 어렵다.

20세기 초 레코드 시대에 문화산업과 국가 주도로 만들어진 저작권 보호의 틀을 그대로 현재의 자본과 시장에 조정을 맡길 수 있을까. 그것으로 더 나은 공공성을 세우는 시스템이 저절로 자연스럽게 생성될 것 같지는 않다. 수익자 부담이라고 하는 논리 또한 단순하게는 원칙이 되기 어렵다. 가능태를 포함하지 않는 수익자의 개념은 너무 좁고, 부담의 논의는 억제 절약의 설득으로 있을 수 있지만, 섣불리 확대하면 미래를 선점한 강제의 근거로서도 설정할 수 있기 때문이다. 기존의 구조를 어떻게 평가 혹은 비판하면서 더 나은 자원의 공공성을 세울 수 있을지는 간단한 과제가 아니다.

막연히 자원이라는 말을 모든 것으로 확대해 버리는 무방비는 이상의 기초도, 저항의 근거지도 될 수 없을 것이다.

자원 자체의 혹은 자원화되는 쪽의 주체성

마지막으로 문화자원이라는 확대하기 쉬운 개념에서 생각해야 할 것이, 자원으로 지목된 측의 주체성이라는 간과되기 쉬운 문제이다.

인간의 체력과 지식까지 포함하여 자원으로 동원될 가능성을 한편으로 본다면, '자원'의 규정을 단지 그것을 대상으로 활용하고 이용하는 쪽의 해석에만 맡길 수는 없다. 이 문제는 1980년대 이후 다양하게 논의되어 문제 제기를 생산해 온 문화의 표상이나 인지의 주제와도 관련되어 있다. 자원화를 운용하는 위치에서 안고 있는 어려움의 하나로서 이 문제와 맞닥뜨릴 필요가 있을 것이다.

이미 사이드의 "불싸움에는 불로 대응한다"는 전략[30]도, 배외주의·초연주의로 쉽게 전환해 버리는 문화상대주의도 이데올로기 폭로로서는 감흥이 없다. 자원으로 지목되고 자원으로 인식된 쪽에 속하는 주체와 어떤 대화가 가능한가. 그 교류를 실천으로 구상하는 장으로 다시 되돌아가고 있다.

구상을 조립하는 작업에서도, 다른 사람과 교류하는 작업에서도, 공유지를 개척하는 작업에서도 말은 중요하고 불가결한 자원이다.

그리고 말 자체가 역사적 사회적 사실을 기록해 온 매체임을 잊지 말아야 한다. 그 의미 안쪽에는 지금까지 말했던 것처럼 특정 시대에 사용되어 정착된 매듭이 있고 엉킴이 있다. 몇 개나 지층을 이루어 새겨져 있는 단어의 의미와 효과를, 잊혀지고 파묻힌 용례로부터 발굴하고 주의 깊게 찾아서 다시 맛을 본다. 거기에 새겨진 사람들의 경험을 생각해 보는 것은 그 자체가 이미 다른 문화로서의 역사를 만나는 실천이다.

다시금 '문화'라는 말과 '자원'이라는 말을 어떻게 만나게 할 것인가에 대해서 다양한 소재와 마주보고 연구하는 사람들이 다시 논하고, 가능하다면 역사적으로 짊어지게 된 뒤얽힘을 풀고, 다시 묶는 작업이 '문화자원학'의 실천으로서 요청되고 있는 것이다.

---

30 「文化とは何か」[佐藤健二・吉見駿哉, 2007: 49]. 본서의 제1장에 가필하여 수록되어 있다.

제3장

정보란 무엇인가

도쿄대학의 사토 켄지입니다. 이렇게 문학 연구자들이 모여 있는 자리에서 이야기를 하도록 권유받은 건 드문데요, 아마 처음일 겁니다. 기회를 주셔서 감사합니다.

다만 「정보화시대의 교육과 문학」이라는 주제를 잘 수용하고 있는지 솔직히 자신은 없습니다. 만일 기대되는 과제가 문학연구가 오늘날 어떻게 되어야 하는가, 그 배후에 "정보화 시대의 문학이란 무엇인가"라는 매우 매력적이면서도 꽤 어려운 물음이 숨어 있다면 저에게는 짐이 너무 무거운 것 같습니다. 다른 학문 원리 속에서 살아온 이방인일 뿐 아니라 문학작품에 대해서는 서평을 한다고 해도, 아마 올바른 음정이나 리듬을 잡지 못하고 나아가는 방향을 모르는 '음치'이기 때문입니다. 어쨌든 과제에 보조선(補助線)을 추가하는 정도밖에 할 수 없을지도 모릅니다.

미디어론으로부터의 보조선

그러나 "보조선을 추가한다"는 것에도 독자적인 의미가 있을 것이라고 생각합니다. 보조선은 원래 기하학의 기법입니다. 중학교 수학을 생각해 보십시오. 풀이를 잘 몰랐던 도형 문제에 의외의 선을 추가하는 것으로 새로운 외양과 풀이 방식이 따라오는 경우가 있습니다. 풀리지 않는다고 생각하던 질문 전체가, 사실은 기존의 여러 과제의 조합임을 알 수 있습니다. 그 외양이

선 하나의 분해력에 의해 비로소 떠오르는 것이 보조선의 묘미입니다.

외양이 바뀌는 것으로 움직이기 시작하는 것은 수학 문제만이 아닙니다. 사상의 난제(아포리아)나, 역사상의 수수께끼(에니그마)도 마찬가지일 것입니다. 중요한 것은 질문이 분해되고 다시 세워지는 것인 것 같습니다. 그렇게 생각하면 보조선의 기법은 인식론적인 영위로서 중요한 역할을 담당하고 있다고 할 수 있지 않을까요.

때로 정보화라는 이름으로 현대 사회를 이야기합니다. 정보를 둘러싼 기술혁신을 기초로 가능성으로서 말해지는 미래가, 때로 이상과 소망을 혼동하고 있어서 논의의 틀로서 위험하다고 생각하는 일이 있습니다. "정보화시대란 이렇다"라고 하면서 그것만이 '정답'이라고 당연시하는 예측이 대담하게 제시되기도 합니다.[1]

어떤 예측이 정답인지에 의미가 있다고도 생각되지 않습니다. 결과적으로 맞을지 틀릴지도 큰 문제가 아닙니다. 논증의 방법이 불명확하고 답을 유도하는 절차가 공유되어 있지 않기 때문입니다.

그렇다고 문제를 푸는 노력을 포기하고 싶지는 않을 것입니다. 다만 어려운 기술혁신이나 응용에 대해서는 모른다는 이유로 무작정 주저하는 것도 바람직하지 않으며, 말하는 대로 순종하며 따라 하는 것도 무책임할 것입니다. 더 성실하게 해야 할 일이 있다고 생각합니다. 예를 들어 눈앞에 있는 원래의 문제를 공유하고, 서로 이해할 수 있는 형태로 분해해 나갑니다. 즉, 문제를 푸는 과정을 공유하는 것이 훨씬 건전하다고 나는 생각합니다.

그런 생각을 해야만 '정보'라는 말을 다시 한번 유동화하고 싶다. 무분별하게 일반화되고 거대화하고, 애매모호해지기 때문입니다. 역사적인 과정을 보완하면서 분해하는 것부터 시작하고자 합니다.

---

[1] 현대사회의 정보사회로의 변화는 1960년대부터 1980년대에 걸쳐 다양하게 논의되었다. 「情報産業論」[梅棹忠夫, 1963], 『情報社會入門』[增田米二, 1968), 『情報化社會』[林雄二郎, 1969] 등이 있다.

'정보에 대한 소외'라는 논점

그럼 '정보에 대한 소외'[2]라는 논점에 대해서 조금 주석을 더 해 두겠습니다. '~로부터의 소외'가 아니라 '~에 대한 소외'라고 조금 비틀어서 말을 했기 때문에 특별히 더 설명이 필요하겠지요.

소외(Entfremdung)는 이미 고전어가 된 사상사·철학 용어입니다. 사회학에서도 일찍이 많이 사용되었습니다. 극히 단순화해서 말하면, 원래는 인간이 주체적으로 만들어낸 것과 제도나 사상 등의 대상이, 반대로 고정화하고 자동화되어 차갑고 엄격한 것이 되고, 인간을 지배하고 종속시켜 버리게 되는 것을 가리킵니다. 그래서 '서먹서먹하다'라거나 '미움을 받다'라거나 '멀어지다'라는 의미로 평상시 표현에도 가끔 쓰입니다. 이 일상적인 어감과 본래적이고 이상적인 인간의 본연의 자세로부터 동떨어져 있다고 하는 철학·경제학에서의 이해와는 어딘가 통하는 것이 있습니다. 그런 점에서 '○○로부터의 소외'라고 하는 말투가 아마 상상하기 쉽다고 생각합니다.

그럼에도 불구하고 왜 굳이 '정보에 대한 소외'라는 약간 비틀림을 포함한 문구를 논하려고 하는가. '정보로부터의 소외'라고 하는 사태의 새로운 근원을 추구하고 싶기 때문입니다.

예를 들어, 정보로부터의 소외에 대해 어떤 문제 제기가 있을까요. 거기에서 튕겨져 나온 사람들이 있다는, 그러한 배제를 묻는 문제 설정이 될 것이라고 생각하겠지요. 정보화 추세 속에서 생겨나는 격차에 초점을 맞추겠지요. 예를 들어 거기서 누가 권력을 잡고, 누가 정보 약자인지에 대한 질문이 나온다. 이 자체는 흥미롭고 중요한 질문이고, 사회학자도 흥미를 가지고 있습니다. 그러나 결과적으로 생겨난 차이나 격차를 비판하는 것만으로는 소외라는 개념의 인식으로는 불충분하다고 생각합니다. 그들을 떠받드는 인식론적 지평

---

2   '정보에 대한 소외'는 초출의 원제인 동시에 심포지엄 보고 제목이기도 했다. 나로서는 '소외론'적인 문제 설정에서 '물상화론'적인 문제 설정으로 이동시켰다고 생각했지만 일부에게는 잘 전달되지 않은 모양으로(물론 "우리가 처한 상황을 더 이상 정확하게 표현한 말은 없다"는 평도 있었지만) 최초로 질문이 나왔다.

이라고나 할까, 차이를 이루고 있는 동일성이라고 할까, 사태를 존립시키고 있는 토대 자체를 문제 삼는 것이 필요하지 않을까 하고 생각하는 것입니다.

거기에 깊게 관련되는 것이 '정보에 대한 소외'라는 시각입니다.

그러니까 겉보기와는 달리 '~로부터의'와 '~에 대한'은 결코 대립하는 조합의 말이 아닙니다. 방향이 거꾸로일 뿐이라는 의미도 아니고, 반대물을 가리키는 이항 대립도 아닙니다. '~에 대한'이라고 하는 시좌에서 되묻고 있는 것은 '정보'라고 하는 카테고리에 의존한 이해의 지평 그 자체입니다. 즉, 이 단어=개념을 공유해서 사용함으로써, 혹은 그 개념 위에 올라타서 상상함으로써 오히려 안 보이게 되는 것, 뒤틀려 버리는 것이 있지 않을까 하는 문제 제기입니다.

아마 'OO'라는 곳에는 여러 가지 단어를 넣어서 생각할 수 있습니다. 예를 들어 '의미로부터의 소외', '의미에 대한 소외'라는 표현도 성립됩니다.[3]

정보라는 단어의 어지(語誌)

현대어로서의 '정보'는 단어 자체의 추상도가 매우 높다고 하지 않을 수 없습니다. 이런 현대적인 의미는 상당히 보편화되어 있어서 모든 종류의 알림을 포함하고 있습니다. 옆에 있는 국어사전을 찾아도 "어떤 의미를 전하는 것"과 같은 일반성으로 설명되어 있습니다. 그러나 이러한 추상 정도로 사용되게 된 것은 근대 일본어의 역사에서 그리 오래된 것은 아닙니다.

메이지시대부터 얼마간 정보는 군사 용어[4]로서 첩보 활동과 결부되어 사용

---

3 1990년대부터 한동안 사회학과 정치학과 역사학에서는 '국민국가' 개념에 기초한 비평이 유행하였다. 이 '상상의 공동체'로서의 근대국가의 문제 설정에 대해서도 '국민국가로부터의 소외'라는 타자 배제와 차별의 비판과 동시에 '국민국가에 대한 소외'라는 국민 그 자신의 상상력에 설정된 한계를 비판할 수 있다. 이곳은 문학을 논하는 곳이기 때문에 '문학으로부터의 소외' '문학에 대한 소외'도 재미있는 시각이라고 생각한다.

4 모리 오가이(森鷗外) 조어설 등도 주창되었던 것 같다. 하지만 더 이른 시기의 군사 관련 책속에 나와 있는 것 같으니 이는 전설일지도 모른다. 어떻든 군이라는 조직이 관계된 지식으로 궁리해서 생겨난 단어로 생각된다.

되었습니다. 군사활동과 관련되는 공개되지 않은, 지극히 중요하고 그 유무가 승패를 가른다는 식의 의미가 배경으로 물러나서 잊혀집니다. 사용 방법이 크게 바뀌는 것은 이른바 '전자계산기'가 사회에 보급되어 가는 1960년대 후반입니다. "그것을 통해 어떤 지식을 얻을 수 있는 것"이라고 하는 중립적인 어의가 이 말의 중심에 유지되어 갑니다.

동시에 한편에서 '정보화사회' '정보산업' '정보처리' '정보조작' '정보망' 등 정보를 붙인 복합어가 많이 생겨나게 되었습니다. 다양한 의도를 담아 정보화를 논하던 시대였습니다. 그 결과로서 '정보'라는 말이 매우 애매하고 폭이 넓은 말이 되었다고 할 수 있겠지요. 확대된 의미를 포함하고자 하면 어의는 아무래도 형식적으로 확대되어 일반적인 것이 되지 않을 수 없습니다.

그러나 생각해 보면 정보는 그것만 공중에 떠서 존재하는 것이 아닙니다. 다양한 존재 형태를 가지는 미디어(매체)와 구체적으로 결합되어 세상에 나타나고 있습니다. 그것을 잊어서는 안 되겠죠.

그러니까 의미에만 초점을 맞추는 정의는 불충분합니다. 오히려 그 단어의 역사적·사회적 존재형태 전체를 바라봐야 합니다. 달리 말하면, 기능이라고 할까 의미만을 추출해 읽는 그러한 작법 하에서 '정보'라는 단어는 일반적 기호로서 매우 높은 추상성·포괄성을 가지게 되었습니다. 즉 전해진 것 그 자체를 가리키는 듯한 '공(空)의' 형식이어야 마치 '정보'가 보편적이고 기본적인 개념인 것처럼 유통하게 되었다고 하는, 이 단어에 고유의 역사가 있는 것입니다. 거기서 보이기 어렵게 된 것은 단어를 지탱하고 있는 역사적인 구조와 사회적인 관계를 읽는 것의 중요함입니다.

이는 매우 역설적인 상황이기도 합니다.

단어는 본래 어떤 특정한 상황 하의 개별적인 사용에 있어서 새로운 의미를 충전하여 만들어냅니다. 그러나 그때그때 사용의 틀이라고 할까, 의미의 장 그 자체는 그다지 논해지지 않습니다. 맥락이 숨겨지고 잊혀져 버리기 쉽습니다. 그러한 상황이 이 '정보'라는 단어의 주위에 만들어지고 있습니다. '정보화시대'에 대한 논란 또한 그러한 공허함 때문에 강렬하고 기묘한 일반성[5]에 얽매여 있는 것은 아닐까요. '정보에 대한 소외'라는 논의에서 우선 제가 묻고 싶었던 것은 이 사태입니다.

즉, '정보'라는 단어의 '정의' 밖으로 확대되고 있는 역사성·사회성의 망각이라고 생각하시면 감사하겠습니다.

서론이 길어졌는데 현재의 '정보'라는 단어에는 의미의 지층과 같은 것이 있다고 생각합니다. 그것을 세 가지로 분해해 보겠습니다. 첫째는 정보화사회론의 위상이며, 둘째는 시스템론·사이버네틱스론의 위상, 그리고 셋째는 테크놀로지론과 신체론의 위상입니다. 거기에 각각의 정보가 문학연구와 어떻게 관련되는지를 생각해 보겠습니다. 특히, 각각의 의미 속에서 보이기 어렵게 되어있는 것에 가능한 한 빛을 비추어 보겠습니다.

문학의 물질성을 묻는다

첫 번째 위상으로, 정보화사회론의 지층이라고도 할 수 있는 것들을 검토하고자 합니다.

아까 말씀드렸듯이 1960년대 중반부터 '정보화사회론'이 등장합니다. 산업정책에서 사회풍속까지 다양한 레벨에서 화제가 되고, 그 속에서 '정보화'가 이야기되며, 또 실제로 오늘날의 IT혁명으로 이어지는 정책이 등장합니다. 이 전제가 되는 기본적 의미의 문맥은 무엇인가. 물질과 정보의 대비입니다.

정보화사회론에서는 인간을 포함한 존재를 구성하는 요소로 물질과 에너지와 정보 세 가지가 있다는 논의를 했습니다. 물질과 에너지를 중심으로 한 공업화 사회에서 포스트 공업화로서 정보화 사회가 자리매김합니다. 거기서 키포인트가 되는 것은 물질을 대신하는 '정보'라고 하는 메타물질이라고 논하고 있습니다.

다만 이 논의에는 단순명쾌하게는 되지 않는 어려움이 있습니다. 문학연구

---

5 때마침 제도화된 후의 근대 '문학' 개념처럼이라고 한다면 비전문인 연구자의 지나친 억측일까.

라는 국면에서 이 정보화를 소박하게 생각하면 어떻게 될까요. 문학은 원래 말을 중심으로 한 의미의 영역이기 때문에 메타물질로서의 정보라는 개념은 아마도 전혀 신선하지 않을 것입니다. 반대로 오히려 오늘날에는 문학의 물질성을 묻는 것이 우회적이면서 전략적이지는 않을까 하는 생각이 듭니다.

즉, 문학의 공업화·산업화 단계를 어떻게 논의할 것인가 하는 문제를 새롭게 세워 보는 편이 좋습니다.[6] 물론 사회학자도 흥미를 가져야 한다고 생각하지만, 별로 열심히는 하지 않습니다. 그것은 물질로서의 말이라든지 사물로서의 서적을 다시 보게 된다. 혹은 활자가 조직한 상상력 공유의 문제나, 앞서 보고에도 나왔던 출판 시스템의 실제 등 문학 향유의 하부구조로 분석해도 좋습니다. 암호라는 아주 재미있는 지적이 있었지만[7] 고찰해야 할 텍스트의 형태도 확대해야 할 것입니다. 즉 사진이나 삽화를 포함한 물질로서의 문학 작품 분석[8] 쪽이 탈물질로서의 정보화라는 슬로건을 고지식하게 받아들이는 것보다 훨씬 임팩트가 있다고 생각합니다.

게다가 그것은 반 '정보화'가 아닙니다. 오히려 정보화라는 문제 설정을 정당하게 수용한 결과라고 저는 생각합니다.

여기서 정보화라는 개념이 끌어들이는 진화론을 절단할 필요가 있습니다. 이것은 정보화사회론[9] 속에서도 있었던 잘못된 해석이라고 생각하지만, 물질

---

6   이 논점은 일면으로는 일찍이 오쿠마 노부유키(大熊信行)가 논한 '문학의 상품성'의 분석(『文學のための經濟學』[大熊信行, 1933])과도 호응하는 부분이 있지만, 같은 오쿠마의 논의에서도 '문학의 묵독성과 라디오 문학'(『文藝の日本的形態』[大熊信行, 1937])이 가지는 미디어론적인 '존재의 제형식'[같은 책: 101]의 분석에 가깝다. 동시대에 활약하며 '문학의 기술 및 형식의 문제'에 대한 문제 제기를 한 히라바야시 하츠노스케(平林初之輔)의 문학론[平林初之輔, 1929] 등도 아울러 논할 필요가 있을 것이다.

7   같은 심포지엄에서 요시다 모리오(吉田司雄)의 보고를 가리킨다. 「「暗號」文學論」[吉田司雄, 2001]으로서 『日本文學』에 게재된 대회보고 기록에 수록되어 있다.

8   근대문학연구에 있어서의 이러한 미디어론적인 시점은 코노 켄스케(紅野謙介)의 『書物の近代』[紅野謙介, 1992] 무렵부터 명확하게 드러나게 되었다고 생각한다.

9   일본의 정보화사회론은 경제심의회가 새로운 경제사회 발전계획을 만들기 위해서 마련한 정보연구위원회의 보고서 『日本の情報化社會: そのビジョンと課題』[經濟審議會情報研究委員會, 1969] 전후부터 '정보화'라는 유행어와 함께 시작된다. 위원회의 구성이 컴퓨터 관련 기업, 통신·정보 산업, 컴퓨터 시스템 이용자 기업으로부터의 위원을 많이 포함하고 있는 것은 우연

로부터 정보라고 하는 발전단계적인 진화론을 잣대로 삼아 정보화라는 문제설정을 받아들이는 입장이 있습니다. 거기서는, 정보로서 논하는 것이 무엇인가 앞서 있는 것처럼 보입니다. 즉 정보에 기초를 두는 현상은 모두 새롭고 물질에 기초를 두는 이해는 낡았다고 하는, 단순화된 도식조차 비쳐 보입니다. 그렇게 신구 관계로 평가하는 것은 불충분하다는 것 이상으로, 잘못되었습니다.

오히려 공업화가 물질과 에너지로 구성된 비교적 단순한 관계의 시스템이었던 것에 대해, 정보화에서는 그 설명에 정보라는 부정형으로 함축된 요소가 추가될 수밖에 없습니다. 그만큼 상호작용적이고 중층적인 시스템이 되었다고 생각하지 않을 수 없을 것입니다. 즉, 정보화의 이론틀에는 공업화 시스템을 하나의 특수형태로 포함하는 패러다임의 혁신이 필요합니다. 물질과 정보를 대립시킨 데 더한 반 '정보화'는, 발전단계론에 묶인 단순한 발상에 지나지 않습니다.

그렇게 해석해 나가면 물질 형태인 책이나 시각적인 매체인 도판을 바로 정보로서 묻는 것의 새로움이 부상한다. 장정을 포함한 책의 형태를 독자와 함께 응시하고, 사진과 도판, 도표와 삽화의 역할을 논하는 것은 새로운 질문이며 새로운 설명의 모색이라는 것을 알 수 있습니다. 그 작용을 묻는 견해 자체가 사실은 정보 개념의 보편화 속에서 비로소 가능해졌고, 처음으로 리얼리티를 가져왔습니다. 그런 의미에서 문학의 물질성을 묻는 것 자체가 바로 정보화시대의 물음이라고 생각합니다.

이 아니다. 이 배경에 아폴로 계획에 의한 달 착륙 중계와 1970년 오사카 세계박람회 개최 등 미래사회를 가시화한 이벤트가 있었다.

정보화 사회의 이념은 다니엘 벨과 알랭 투렌의 '탈공업(산업) 사회' 이론이나, 맥루한의 미디어사적 이해를 끌어들여 전개하지만, 기본에 있어서 '문명 후'의 단계를 논하는 볼딩이나, '고도 대중 소비 시대'를 구획하는 로스토우, 혹은 '제3의 물결'을 이념화한 토플러 등 경제사적인 발전 단계의 선상에 위치시키는 견해가 강하다.

불확실성을 줄이는 것

두 번째 위상으로서 시스템론의 지층이라고도 할 수 있는 것이 따로 있습니다. 즉 시스템론에서 정보의 개념이 작용하고 있는 것도 염두에 두어야 합니다. 이 또한 매우 중요한 문맥을 구성하고 있습니다.

오히려 세계적으로는 정보화 논의보다 더 일찍, 1940년대 말 정도에 논의되기 시작했다는 위치관계에 있습니다. 일본에서는 쇼와20년대(1945~1954)에 사이버네틱스(생물의 기능까지도 포함한 시스템 자동제어의 일반이론)라는, 정보 입출력의 흐름과 피드백 회로 등으로 구성된 수학적인 이론 등을 통해 유포되어 갑니다.[10] 그 원리론적인 해설인 위너의 '인간 기계론', 즉 동물도 인간도 어떤

---

10 '사이버네틱스'는 일본어뿐만 아니라 영어에서도 신조어였다. 이어서 '사이버 펑크' '사이버 공간' '사이버 비즈니스' '사이버 테러' '사이버 시큐리티' 등이 다양한 숙어·복합어의 구성 요소가 되는 '사이버'라는 말 고유의 왜곡에 대해서도 정리해 보겠다.

　이 말은 '정보' 이상으로 컴퓨터 네트워크 중심으로 치우쳐서 설정되어 버렸다. 일본어뿐 아니라 영어에서도 '사이버(cyber-)'라는 형용사에서는 '미래적인(futuristic)'이라는 미경험의 새로움이 강조되고, '컴퓨터가 관계하는' '인터넷이 관련된' '가상현실'이라는 테크놀로지가 관여하여 구축되는 대상세계에 초점이 주어진다. 그렇지만 그 약어 표현의 기원이 된 1997년의 신조어 'cybernetics'에는 '기계'나 '사회'를 유기체로서의 '생물'과 마찬가지로 신경계에 의해 제어되는 기구, 즉 주체성을 내장한 시스템으로 파악하는 시각이 내장되어 있었다. 그런 의미에서 오늘날 인공지능(AI)의 문제의식에 놀랄 만큼 근접해 있다. 그렇지만 '사이버'를 '전뇌(前腦)'라고 번역한 아이디어는 뭔가 리얼리티가 동반되지 않은 채 일본어로서의 임팩트를 잃어 갔다.

　위너는 이 연구가 "이미 확립된 과학의 여러 분야 사이에 있는, 모두에게서 버림받은 무인지대"[Wiener, 1948=2001:27-28]이며 인식되고 있지 않은 영역이라고 논하고, 그 새로움을 다음과 같이 설명한다. 즉 "통신과 제어와 통계역학을 중심으로 하는 일련의 문제가, 그것이 기계이든, 생체 조직 내의 일이든, 본질적으로 통일될 수 있는 것임을 느끼고 있었다. 한편 우리는 이들 문제에 관한 문헌이 통일적이지 않은 것, 공통된 술어가 없는 점, 또 이 분야 자체의 명칭에 대해 숙고한 결과 기존의 술어는 모두 어딘가 한쪽으로 치우쳐 있어서 이 영역의 장래 발전까지 포함시키기에 부적당하다는 결론에 도달했다. 그래서 우리

는 제어와 통신 이론의 전 영역을 기계이든 동물이든 통틀어서 Cybernetics라는 말로 부르기로 한 것이다."[앞 책: 45]라고.

　간과해서는 안 될 중요한 점은, 위너 자신이 이것은 본질적으로는 "순환하는 과정으로서만 설명할 수 있는"[앞 책: 39] 메커니즘이며, 그것을 떠안고 있는 것에 특질이 있다고 지적하는 점이다. 그 때문에 공학이 곧바로 기술적으로 해결할 수 있는 문제가 아니며, 정보(message)라고 하는 "훨씬 기본적인 개념에 관한 것"[앞 책: 40]임을 확인하고 있다. 그것이 발상 전환의

일정한 정보 처리 시스템으로서 파악하는 사상은 차세대의 기술개발로 연결되는 실로 새로운 시각이었습니다. 생명 현상을 파악할 때 생물과 무생물의 구별을 넘어 '시스템'이나 '구조'라는 단어의 유효성을 설정한 것입니다. 그것은 파악 방식에 따라서는 문학과 과학의 구별을 넘어 작용할 수 있는 일반적인 카테고리의 설정이기도 했습니다. 실제로 이러한 사상은 오늘날의 컴퓨터 기기의 현실적인 발달 등에도 기본적으로 연결되어 갔습니다.

그런데 1940년대 말 정보론자들의 '정보'가 과거의 탄생 시와 마찬가지로 '불확실성을 줄이는 것'이라는 기능적인 정의를 핵심으로 하고 있었던 것은 별로 주목받지 못했을지도 모릅니다. 이것은 메이지 시대의 군대 용어로서의 정보라는 단어의 발생과도 호응하고 있다고 생각합니다. 전략의 다양한 선택지 중에서의 의사결정을 지탱하는 유의미한 데이터로서 정보가 있습니다. 거기에서는 결정의 불확실성을 줄인다는 형태로 정보가 정보인 이유가 정의되는 것입니다.

그러므로 물질/에너지와 대비되는 정보가 아니라 데이터/정보/지식이라는 위상의 차이 속에서 정보가 말해지게 되는 것입니다.

'데이터'는 그것이 가지는 의미가 아직 평가되지 않은 자료이며, 그에 비해 '정보'는 가치가 부여되어 평가되고 있는 것을 가리킵니다. 특정 상황에서 특정의 문제 해결에 대해서 유효한 것, 그렇게 의미부여가 되어서 비로소 정보가 되는 것입니다. 더욱이 '지식'이 되면 그 정보가 좀 더 일반적인 유용성으로까지 보편화되어 있어야 합니다. 뭔가 보편적인 용도를 위해서 개방되고, 기반이라고 할 만한 축적이 되어 있는 것입니다. 즉 조직화되고 체계화된

출발점이다. 즉 "우리의 상황에 대한 두 가지 변량이 있다고 하고, 한쪽은 우리가 제어할 수 없는 것, 다른 한쪽은 우리가 조절할 수 있는 것이라고 하자. 그때 제어할 수 없는 변량의 과거에서 현재에 이르기까지의 값에 근거하여 조절할 수 있는 변량의 값을 적당히 정하고, 우리에게 가장 좋은 상황을 가져다주었으면 하는 소망을 가질 수 있다. 그것을 달성하는 방법이 Cybernetics다"(제1판 서문)[앞 책: 4].

거기서의 제어는, 사실은 지배보다 오히려 탐구와 비슷하다. 그러한 주체적인 탐구를 통한 사회적인 제어를 가리킨다는 어감이 일본어의 '사이버'에서는 느끼기 어려워지고, 어딘가 기계적이고 기술 결정론적인 의미가 강해져 버렸다.

정보로서 '지식'인 것입니다. 첫 번째 의미의 레이어와는 기본적으로 전혀 다른 단어의 배치 속에서 정보라는 개념이 설정되어 있다는 점에 주의해 주셨으면 합니다.

여기서 말하는 '정보와 지식'의 차이도 인식론적으로는 더욱 깊이 논의되어야 하는 점이지만, 지금 문제 삼고 싶은 것은 '데이터'와 '정보는 본질적으로 다르다고 말하는 논점입니다.

게다가 이미 가치평가가 되고 있다는 것만의 차이가 아닙니다. 상태가 아니라 구조가 다른 것입니다. 가치평가를 하는 주체인 컨텍스트(의미부여의 문맥)의 개입에서, 혹은 논자가 설정하는 해석의 구조와 결합되어 비로소 정보라는 개념이 겨우 대두됩니다. 그것이 포인트라고 생각합니다. 그렇게 파악해야 비로소 정보를 평가하는 주체나, 그 문제설정 그 자체를 구조로 혹은 시스템으로서 문제 삼는다고 하는 숨겨진 논점이 떠오르기 때문입니다.

그렇다면 이러한 관점에서 현실의 정보화로 불확실성이 줄어들고 있을까. 그것을 생각하면, 확실성이 높아진다고 할 수 없는 사태가 실제로 많이 일어나고 있는 것을 알게 됩니다. 확실히 네트워크에서의 정보 수집 같은 것은 새로운 편리이기는 합니다. 그러나 한편에서 증가하고 있는 출처 불명의 인용이나, 뒤섞인 지식의 난립은 낙관할 수 없습니다. 대충 적당한 사본의 복제를 교정 작업 없이 수없이 많이 만들어낸 인쇄시대 초기[11]와 똑같이, 정보이론에서 말하는 엔트로피의 확대, 즉 무질서화가 일어나고 있는 것이 아닐까요. 그런 의미에서 정보기기의 보급과 이용의 확대는 정보화를 부르지 않았다는 역설적인 논의도 성립될 수 있습니다.

독자의 비판력과 데이터베이스

조금 옆길로 새는 것 같지만, 그렇다면 쓰레기와 같은 정보는 줄이고 중요

11　이런 면에 대해서는 아이젠슈타인 『인쇄혁명』[Eisenstein, 1983=1987]이 논하고 있다. 맥루한의 지관을 인쇄사의 사실을 분석하여 다시 논하는 점이 흥미롭다.

한 가치가 있는 것만을 선택해 전자화하라고 하면 되는 것일까요.

그러나 저는 현실 사회에서 그렇듯이 정보의 세계에서도 윤리·덕목의 설정이나 규제의 강화만으로 잘 될 것이라고는 생각하지 않습니다. 데이터의 사회적 공개·공유라는 국면에서는 확실성에 있어서의 옥석이 뒤섞인 사태는 피할 수 없다고 생각합니다. 큰 그물을 쳐서 모을 수 있는 데이터 수집의 양과 범위가 늘어난 만큼 쓰레기가 들어가는 양 또한 증가하는 것은 당연합니다. 물론 정보를 지탱하는 윤리로서 '정확함'에 대한 피드백이 성립해야 하지만 이는 자료집성(데이터베이스라고 해도 그다지 다르지 않습니다)을 만드는 쪽뿐만 아니라 그것을 이용해 논하는 쪽의 부단한 관여 없이 제도로서 보증되는 것은 아닙니다.

이 문제도 또한 결코 컴퓨터 시대에 시작된 것은 아닙니다. 이미 종이 미디어 시대부터 연구자들이 직면해 있는 일이라고 생각합니다. 거기에서 이미 쓸모 있는 정보만 엄밀하게 남겨져야 한다는 주장은 역시 그림의 떡에 지나지 않습니다. 게다가 제대로 된 인문학·사회학 연구자라면, 하나의 전집이나 데이터베이스 안에서 연구에 필요한 텍스트가 완결된다는 것은 생각하지도 않습니다. 오히려 여러 집성을 횡단하면서, 혹은 질이 다른 텍스트 사이를 횡단하면서 전개하지 않을 수 없는 것이 당연하다고 생각합니다. 그러므로 **독자의 비판력**이라고도 할 수 있는 리터러시가 논의의 초점이 되는 것입니다.

즉 정보론의 이론적 문맥이 밝히고 있는 것은, 연구 주체 측에서의 전략이나 문제 설정의 구축 없이 정보는 생성되지 않는다는 당연한 것입니다.

좀 초보적인 비유를 한다면, 연구 논문은 추리 검증의 이야기로서 '탐정소설'이라고 표현해 보아도 재미있지 않을까요. 추리소설이나 탐정소설처럼 연구 논문도 어떠한 사건으로 간주하여 '수수께끼'라든가 '이상함'이 명확하게 설정되지 않으면, 사실 정보의 수집, 즉 정보로서 평가할 수 있는 결정력을 갖는 기술의 발견은 시작되지 않습니다. 현장에 있는 것은 모두 데이터이지만 사건의 해결로 이어지는 설명 관계가 설정되어서 비로소 여기서 기능하는 정보가 정의됩니다. 탐정으로서의 연구자가 설정하고 있는 수수께끼 풀이와 설명의 틀이 비평·비판의 대상이 됩니다. 수사가 엉망이라거나, 확신이 심해서 논증이 부족하다든가, 합리성이 없는 억지라든가, 설명에 대한 비평이 생겨나는 것입니다. 이것은 그 이야기가 재미있을지 어떨지와도 깊게 관련되어 있습니다.

과연 서지학 같은 현장검증 학문의 걸림쇠가 있는 문학연구에서는, 모든 것이 해석의 문제라는 극단론만으로 자신의 실감적 비평을 밀어붙이는 연구는 아마 적다고 생각합니다. 그러나 물증을 제시하지 못한 채 강제적인 자백과 정황증거만으로 재단한 오심 사건과 같은 논고도 있을 수 없는 일은 아닙니다. 단순한 비유로 정리해 버리는 것은 난폭하지만, 연구 자체는 수사의 재개나 가설의 수정이라는 피드백 수단을 가지고 있기 때문입니다.

어쨌든 정보를 정보로 만드는 것은 바로 연구자가 설정하고 있는 '문제'이며, '방법'이며, '설명틀'이라고 하는 점을 정보이론적인 정보 개념의 지층으로부터 발굴하고 싶은 것이죠.

컴퓨터 중심주의의 맹점

세 번째 위상으로 검토해야 할 것은 정보기기의 발달을 지탱하고 있는 테크놀로지론의 지층입니다.

이론적인 맥락과의 대응도 의식하면서 정보기기의 이용이나 응용의 확대를 신체론 혹은 테크놀로지론의 국면에서 논할 필요가 있습니다. 즉, 신변의 신체적인 실감에 중점을 둔 정보화라는 단어 논해 두어야 합니다. 그러나 조금 전의 근세 판본 보고에 공감합니다만,[12] 아무래도 논의가 컴퓨터 중심주의적이고, 활판 인쇄와 목판의 힘까지를 시야에 넣어서 제대로 대상화하고 있을까 하는 의문이 듭니다.

정보기기 테크놀로지가 어떤 정보공간과 리터러시를 만들어낼지는 제가

---

12   「近世出版機構における藩版の問題: 江戸時代の情報化」[高橋明彦, 2001].

매우 흥미를 가지고 있는 점입니다. 그것을 논의할 경우에 20세기 후반에 크게 발달한 컴퓨터의 이미지로만 생각하면 사실 매우 빈약한 범위에 한정된 발상이 되어 버립니다. 오히려 활판 인쇄도 큰 기술혁명이었고 그것이 어떻게 문학의 감각을 바꾸었는가, 그 연속과 단절을 면밀히 고찰해 가는 것은 새로운 정보 기기가 문학과 문학연구를 어떻게 성립시키고 변화시켜 가는지를 고찰하는 전제로서 더욱 자각적으로 노력해도 좋습니다.

사회학 연구에서 이론적이라고 하면 듣기는 좋지만 관찰 없이 논리연역적인 어림짐작도 없는 건 아닙니다. 거기에 빠지지 않고, 문학을 정보로서 사용하고 전개하는 논의의 축적은 그다지 풍부하지 않습니다. 문학텍스트가 어떤 사회적 의미를 생성했는가에 대한 탐구는 사회학자가 아니라 문학학자에게 오히려 기대하는 영역일 수도 있습니다. 물론 활판인쇄 등의 근대 테크놀로지의 힘에 대하여 활발히 질문을 시작한 것은 사회사와 같은 연구가 인기를 끈 이후라고 생각하지만, 그러나 거기서도 예를 들면 옹의 도식을 단계론적 도식으로 도입하는 것만으로 자족해 버리는 유행을 넘어서지 못한 것 같습니다. 맥루한의 미디어론도 그 수사적인 단정이 더 많이 인용되어서 시대를 가로지르는 '구술문화'와 '문자문화'의 분단을 커뮤니케이션 현상의 연구 속에 생성시켜버린 경향조차 있습니다.

좀 더 서로에게 쓸데없는 배려도, 비겁한 공존도 하지 않아도 되지 않을까요. 정보기기의 편리성이라는 상식적인 감각을 일단 괄호 속에 집어넣고, 지금 정보기기라 불리는 미디어 즉 매체를 어떻게 파악하는가, 그것을 원리적으로 고찰해 볼 필요가 있지 않을까 생각합니다.

정보기기의 힘은 두 가지 요소로 성립된다고 생각을 하지요. 복제기술과 통신기술입니다. 통신기술이라는 것은 약간 오해를 줄 수 있는 표현이며, 사실은 교신기술이라는 표현이 더 정확하다고 생각합니다.

복제기술 시대의 리터러시

우선 복제기술이라는 분석축으로부터 컴퓨터 지상주의의 맹점을 매우 가까운 예로 이야기하자면, 복사기도 큰 기술 혁신이었습니다.

여러분이 가지고 있는 자료집은 보통지 복사[13]인데, 최근 20년간 이 보통지 복사의 보급이 개척한 연구의 진전 등, 정보화 테크놀로지의 효과는 그다지 고찰되지 않았습니다. 하지만 실제로는 엄청난 변화를 가져온 겁니다. 지금까지의 기술로 보면 사진을 찍지 않으면 불가능했던 복제가 한층 쉬워져서 정확한 영인본이 필요한 원전연구의 국면뿐만 아니라 논문의 수집·보존, 자료의 편집 가공 등을 개인이 할 수 있게 했습니다. 복사기의 보급과 가격 저렴화는 복사 오류가 없다는 것만으로도 손쉬운 '정확성'을 보증한 것이며, 직접 여러 책을 비교할 수 있으며, 부담 없이 메모를 하는 것도 자유로워진 점에서 비교 분석력이 향상되었다고 할 수 있습니다. 복사와 같이 오늘날은 당연한 편리함에도 정보화의 중요한 1단계를 논할 수 있는 게 아닐까요.

복제기술의 효과로 지적하고 싶은 것은 단지 복사가 정밀하다든가 정확하다든가, 그러한 편리함만이 아닙니다. **복제권력**이라고 불러야 할 것도 고찰할 필요가 있습니다.

문학연구 영역은 '정통'인 '고전'적 작품을 중심으로 편성된 이미지가 강한데, 정말 고전은 가치가 있기 때문에 고전인 것인가, 어느 한 시기의 유행, 권위자에 의한 왕성한 인용이 가치를 창출한 것은 아닌가. 근대문학에서조차 정통적이건 이단이건 이미 고전화된 작품이라는 것이 있어서, 그 고전에서 벗어난 것은 문학이 아니라는 취급을 받거나 문학연구의 대상이 아니라고 하는 경우도 있습니다. 극단적으로 말하면 고전이란 반복적으로 인쇄된 것이 아닐까요. 반복해서 인용되고 반복해서 복제되고 반복해서 인쇄된다고 하는, 권위화 과정에서 문학 연구자는 고전화를 만드는 데 가담한 것에서 면죄가

---

13 보통지 복사는 PPC(Plain Paper Copy) 복사라고도 하고, 청사진에 대해서 일반복사라고도 한다. 약품을 도포하지 않은 일반 종이에 토너를 정착시키는 형식으로 감광지를 사용하지 않는 이런 종류의 복사기 보급으로 복사 이용이 대중화되었다.

되지는 않습니다.

한편 복사에 의한 복제는 작게 잘라서 적당한 종이에 붙여 카드처럼 분류해 나가는 소재로도 만들 수 있고, 원본 그 자체이거나 귀중한 복사라서 저항이 있는 '메모'와 같은 해석적 개입을 가능하게 합니다. 데이터를 변형해서 가공하기 위해서 사용할 수 있는 것을 간과하면, 복제 기술이라고 하는 단어가 매우 빈약해집니다. 색인과 검색의 자유나, 정렬의 가변성 등 컴퓨터 고유의 기술로 여겨지고 있는 기술과 복사는 서로 가까워서 텍스트를 정보로 취급하는 전제로 테크놀로지의 역사가 뒷받침되는 것을 무시해서는 안 된다고 생각합니다.

물론 저는 결코 기술결정론자의 입장에 서 있지는 않습니다. 오히려 독자론적인 입장에서 고찰할 것입니다. 그러기 때문에 데이터베이스의 작성과 색인의 구축 하나를 보아도, 우리가 보통 사용하는 복사물과 단절되어 있는 것은 아님을 강조하는 것입니다. 그 호응을 자각하는지 여부는 문제를 푸는 방식에 큰 차이를 만들어낸다고 생각합니다. 컴퓨터 중심의 정보화가 서적의 힘에 대한 무자각, 출판물이 만들어 온 디자인과 사상과 독자의 실천을 무시하면서 말해지고 있지 않은가. 그것을 비판할 수 있는 근거가 되어 갈 것이라고 생각합니다.

다른 각도에서 말하면, 텍스트의 복제 등 정보기기가 준비되어 있는 다양한 가능성의 내부에서 우리는 소재의 새로운 형태와 커뮤니케이션하면서 '리터러시'(읽고 쓰기 능력)라고 할 수 있는 것을 확실히 만들어 갑니다. 그 의미에서는 기술결정론적인 형태에서의 리터러시 이론은 역시 사물의 일면밖에 보지 않는 것입니다.

그렇기 때문에 실제의 문학연구에서 컴퓨터의 미디어 공간이 어떠한 텍스트를 만들어내고 있는지, 혹은 어떻게 만들 수 있는지를 검토해야 합니다. 나는 문학 영역에서의 진전은 거의 모르지만 아마 영역에 따른 차이가 있을 것이라고 생각합니다. 데이터의 기본적인 양의 문제나 전제로 할 수 있는 정리 현황 등, 그때까지 취급해 온 텍스트의 질이라는 면에서 영역의 차이가 매우 클 것이라는 예감이 듭니다.

예를 들어, 책의 CD-ROM[14]화는 백과사전에서 시작되었지만 백과사전은 활판의 세계에서는 대단히 정리된 기본적인 지식의 집성이며, 그 자체가 이미 견인하여 읽는 것이었습니다. 혹은 『국가대관(國家大觀)』처럼 기본적인 정리가 이루어지고 있는 경우는 데이터베이스로 구조로 이행하기 쉽습니다. 데이터의 기본량으로 봐도 근대문학의 작품 전문을 텍스트 데이터로 하는 것은 형식의 통일 문제를 포함해 꽤 힘들지만, 5·7·5의 17문자나 '31문자'의 정형적 세계(역주: 일본의 정형시로 17문자는 하이쿠, 31문자는 단가를 가리킴)라면 부담이 좀 가볍습니다. 대상으로 삼아 온 데이터의 구조에 따라 실제로 어떤 미디어가 각각의 영역에 도구로 도입되고 조립되어 가는가 하는 것은 역시 차이가 있다고 생각합니다.

그러나 그 차이의 문제에 집착하기보다는 새로운 문제설정을 만들어낼 필요가 있습니다. 즉 복제기술이, 혹은 복제기술을 잘 사용하는 것이 문학연구에서 어떤 인식을 만들었는지, 그것을 어떤 보편성에서 생각해 나가는 것이 저는 문학연구에 꼭 필요하지 않을까 생각합니다. 그것은 복제기술이 어떤 독자를 만들어 갔는가 하는 물음과도 인접해 있습니다. 벤야민은 아니지만, 일본 문학연구 내부에서 쓴 『복제기술 시대의 문학』을 읽고 싶은 기분입니다.

전달 매체와 사고 매체의 이중성

그런데 정보기기의 힘을 지탱하고 있는 또 하나가 통신기술, 보다 정확하게는 교신기술입니다. 여기서 통신보다는 교신이라고 하는 편이 낫다고 느낀 것은 이유가 있습니다. 발신과 수신이라고 부르는 방식 자체가 매우 한정된 통신 테크놀로지의 파악 방법이기 때문입니다. 오히려 질문을 해야 할 것은 발신자, 수신자뿐만 아니라 그 외의 주체(엿보는 주체도 있을지 모름)까지 끌어들

---

14   CD-ROM(Compact Disc Read Only Memory)은 데이터가 기록되고 있는 읽기 전용의 미디어로 서적의 전자화도 이 형식을 이용해서 이루어졌다.

여 장으로서의 정보공간에서 벌어지는 일이기 때문입니다.

다시 교신기술이라고 할 때 어떤 논점이 들어올까요. 발신·수신을 사용하면 아무래도 방송이나 신문과 같은 소위 매스미디어로 논의가 한정되어 갑니다. 맥루한 등 미디어론자가 사회과학자들에게 충격을 준 것은 그 정보전달 중심주의를 괄호 속에 넣었기 때문입니다. 바로 앞에서 본 암호론과 관련되어 있지만, 즉 더욱 신체적인 현상으로서 커뮤니케이션 문제를 파악하고, 예를 들어 이동수단인 철도도 미디어 속에 넣습니다.

얼핏 보면 신호를 보내거나 받거나 하지 않는 것처럼 보이는 사물을 미디어로 인식하는 개념의 확대를 도입한 것이 미디어론의 임팩트였습니다. 신호나 기호의 전달로서 명확한 형태를 가지고 있지는 않지만, 그 속에 말려든 사람들의 지각 양식이나 원근 감각을 대중적인 규모로 바꿉니다. 그것은 정말 어떤 의미를 전하고 있으며, 미디어론의 고찰 대상이 됩니다. 그런 의미에서 살펴보면 역시 컴퓨터 등 새로운 다양한 기술이 만들어낸, 혹은 활판인쇄도 그렇지만, 그러한 테크놀로지가 만들어낸 공간이 도대체 무엇인가 하는 문제가 떠오를 것입니다.

지금의 아이들이 열중하고 있는 게임의 세계나 트레이딩 카드의 상상력을, 혹은 휴대 전화와 메일의 일상화가 조직하고 있는 리얼리티를 문학으로 연결될지도 모르는 영역으로서 논할 용의가 있는가 없는가. 최근의 문학연구를 공부하고 있지 않기 때문에 모르지만, 그것은 결코 무의미한 질문이 아니라고 저는 생각합니다. 미디어 개념의 유효성을 신체적인 지각과의 상호작용을 포함한 형태로 확대해 간 경우에는 당연히 이러한 영역에서도 문학을 논하는 입장이 성립할 것입니다. 거기서 태어나야 할 것은 이것이야말로 새로운 문학이라고 결정하는 것이 아니라, 바야흐로 문학의 성립과 미성립이라는 근본을 묻는 논의라고 생각합니다.

이것도 보조선과 같은 에피소드인데, 아까 소개한 『야나기타 쿠니오 전집 (柳田國男全集)』의 새로운 편집을 하면서, 저는 야나기타를 이해하는 데 신어론 (新語論)이라는 것이 매우 중요하다고 생각하기 시작했습니다.[15] 그것은 문학이 발생하는 장소를 묻는다는 큰 주제에 깊이 관계되어 있습니다. 새로운 말을 만드는, 새로운 표현을 만드는, 그리고 그 기교가 대중의 장, 즉 집단의 장에서 즐기고 승인된다. 야나기타의 옛날이야기론(今昔論)이나 민요론(民謠論)은 그러한 발생현장에서의 '문학'을 보고 있었다고 저는 생각합니다.

미디어론 등이라고 하면 일견 어려운 것 같지만 저의 기본적인 발상은 매우 간단하며, 결국 말은 전달의 수단인 동시에 사고의 수단인 그 이중성을 미디어의 기능으로 철저히 중시합니다.[16] 다른 말로 하면, 가령 사회라는 이름을 붙일 수 있는 공간을 구축해 가는 그러한 매체인 동시에, 내면이라는 이름을 붙일 수 있는 사상을 구축해 가는 매체이기도 합니다. 그것은 말의 다른 형태인 문자에서도, 혹은 더 큰 규모의 생산 시스템인 활판인쇄에서도, 전자화된 컴퓨터에서도, 마찬가지로 논할 수 있는 것이며, 그 이중성이 어떤 인간들과 표현의 공간을 만들어낼 것인가. 거기에는 사회학과 문학의 사이에서 협력하여 해명할 수 있는 관찰 과제가 있다고 생각합니다.

사회문화적·신체적 현상으로서의 '문학'

다방면으로 흩어지는 이야기였기 때문에, 마지막으로 정리 대신 정보화 시대의 텍스트와 관련된 논점을 세 가지 정도 지적하고 싶습니다.

이것은 나의 '독서공간'론이라는 야나기타 구니오(柳田國男)를 소재로 한 고찰과도 깊이 관련되어 있습니다. 첫째로, 문자 텍스트 지상주의로부터 일종의 상대화를 이끌어내는 것이 앞에서 본 정보론 검토에서는 떠오를 것이라고 생각합니다. 물론 문학연구에 있어서 말의 힘을 대상화하는 것이 불가결한 중심이라는 것은 논할 필요도 없는 일이지만, 그러나 그것은 문학만의 전매품이 아닙니다. 사회학에서도 연구에 있어서 신조어로서 새로운 개념의 형성

---

15 「新語論の發想」『歷史社會學の作法』[佐藤健二, 2001: 80-114].

16 이 논점에 관해서는 뒤에 '감수의 수간'이라고 하는 논점을 추가하여 '삼중성'으로 설명한다. 『ケータイ化する日本語』[佐藤健二, 2012] 참조.

이라든가 시점의 설정이라고 하는 사고의 작업은 불가결합니다.

정보라는 보편화할 수 있는 추상성의 개입은 문학이라는 현상을 인쇄문자로만 둘러싸인 전달현상이 아니라 다양한 미디어에 의해 매개된 인간적·신체적 상상력의 현상으로 간주한다는, 그런 시점을 마련할 것입니다. 그렇다면 그것은 사회현상으로도 파악될 수 있는 것입니다.

거기에서 문학연구인지 사회학인지 분간할 수 없는 영역도 생겨날 수 있습니다. 정보라는 견해는 문학이라고 불리던 텍스트의, 정보로서의 복합성과 다층성을 다시 한번 검토할 수 있게 해 준 것이라고 생각합니다.

둘째로, 이상과 같은 텍스트의 복합성이나 중층성은 또 리터러시의 중층성이라는 시점을 필요로 합니다. 컴퓨터의 이른바 미디어 리터러시만이 독립된 것은 아닙니다.

실은 활판인쇄의 문자를 읽을 수 있다고 하는 리터러시 중에도, 색인에 따른 어휘집을 이용할 수 있는 사람들 중에도, 소리에 의한 학습이나 습자의 수련 등 여러 가지 신체적 실천이 역사적인 전제가 되고 있어서,[17] 묵독 기술과 같은 고도로 고독한 효율성은 그러한 서로 겹치는 경험 속에서 생겨난 것입니다. 컴퓨터를 잘 사용하는 것도 실은 그러한 언어문화 실천의 전체 속에서 성립합니다. 컴퓨터 세계 속에서만 리터러시가 성립하는 것이 아님은 인간의 신체성과 다양한 독서공간에 주목할 때 분명하다고 생각합니다.

그러한 관점에서 오늘날의 컴퓨터 응용의 실태를 평가한다면 아직도 인쇄면에 해당하는 데이터를 보이는 방법이나 조작의 감각인 인터페이스 설계는

---

17 왜 우리가 사전을 찾을 수 있는가. 일본어 사전을 찾을 수 있는 것은 오십음의 질서가 표 형식으로 신체화되어 있기 때문이다. '아이우에오'의 세로행뿐만이 아니라, '아카사타나'라고 가로의 순서를 소리로 기억하고 있기 때문에, 언제라도 재생할 수 있고 표로 잘 다룰 수 있다. 알파벳이라면 'abcdefg…'를 아마 목소리를 사용해 재생하고 위치를 확인할 것이다. 그래서 '이로하찾기' 사전의 경우 '이로하니호헤토…'라고 찾아가지 않으면, 목적한 페이지를 찾아갈 수 없을 것이다. 이것이 한자를 다루는 한화사전(漢和事典) 등이 되면 좀 더 사용법이 복잡하다. 소리뿐아니라 손가락으로 글씨를 써서 획수를 세는 행위 등은 문자 지식이 신체적인 훈련을 통해 각인되어 있음을 나타낸다. 그렇게 생각하면 우리의 문자 리터러시란 소리로 문자를 본뜨고, 손으로 신체에 각인하는 기초 훈련 위에 성립되고 있는 것을 알 수 있다.

미성숙하다고 생각합니다. 서적의 편집이나 디자인과 마찬가지로 전자형태의 디자인에도 인재가 필요하다고 생각합니다.

셋째, 바로 이것이 앞으로의 희망이지만, '정보화시대'이기 때문에 시대나 장르로 분단된 상황을 극복할 수 있는 텍스트 연구가 성립될 수 있지 않을까요. 문학연구자는 문학 텍스트의 발생이라는 근본적 질문을 제기하기를 원하며, 또 질문할 수 있는 조건이 조성되지 않았습니까. 그것은 필시 역사연구와 현재 연구가 만나는 자리가 될 것이라고 생각합니다.

"문학이란 무엇인가"라는 말은 그동안 종종 "너는 문학이 뭔지 모른다"는 단정과 위협을 숨기고 있는 것이며, 거대한 그리고 때로는 폭력적인 질문이었다는 생각이 듭니다. 저는 좀 더 소박하고 솔직하게 문학 텍스트의 확대와 마주하고 싶다는 생각이 듭니다.

문학에 대해 보편적이고 형식적으로 전부를 포괄하는 정의를 요구하는 것도, 또 순수한 본질을 찾아 첨예화하고 이념화하는 것도 모두 별로 전략적이지 않습니다. 오히려 여기서 몇 가지 위상으로 나누어 그 지층을 논한 것과 같은 '정보'의 시점이 전체로서 가능하게 한 것은, 당장은 각각의 시대에서의, 각각의 상황에서의, 그리고 각각의 물질성에서의 문학연구 대상의 복수성이며 다양성일 것입니다. 그것을 인정한 다음 더욱 공통의 토대가 될 수 있는 "문학이란 무엇인가"라는 질문에 복수의 텍스트의 현장으로부터 접근해 나간다. 그러한 시대와 장르에 의한 분단을 초월한 장의 설정이야말로 정보라는 단어를 도입하는 진짜 가능성이 아니었을까 하고 생각합니다.

문제 제기만 되어버렸는데 조금 길어졌습니다. 여기서 끝내겠습니다.

제2부

연습 실습편

제4장

신문그림: 미디어의 존재형태를 고찰한다

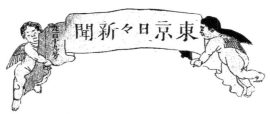

[그림 4-1] 신문그림의 표제 디자인

　1874년(메이지 7년) 7월,[1] 닌교초(人形町)의 구소쿠야(具足屋)라는 에조시(繪草
紙. 에조시는 에도시대부터 출판된 책자로, 그림을 중심으로 하고 여백에 이야기를 넣은 목판
인쇄본을 말함: 역주) 가게에서 몇 장의 '신문그림(新聞大錦)'이 발행되었다. 사이
즈가 큰 오니시키판(大錦版)의 니시키에(錦繪. 그림을 색도 인쇄한 목판화: 역주)로

1　종래의 연구에서는 니시키에의 발행은 그 연월이 제대로 특정되지 않은 채 '메이지 7, 8년경'이
　라고 개괄적으로 논하는 것이 많았다. 참조 원본이 되는 기사의 신문 발행연월일을 그대로
　실어 버리는 불친절하달까, 부정확한 자료집이 없는 것은 아니다. 그러나『ニュースの誕生』[木
　下直之·吉見俊哉編, 1999]의 공동연구 중에서 니시키에 발행의 제도적인 틀인 '개인(改印)'
　이 있는 것도 많다는 것이 지적되고, 이를 통해 발행년월을 추정할 수 있다는 것을 명확하게
　인식하게 되었다. 그 양식 변천의 선행연구인『錦繪の改印の考證』[石井研堂, 1963]을 참조하
　면서 연월을 알 수 있는 것이 늘어났다.
　　내가 신문그림의 시작을 '메이지 7년 7월'이라고 한 것도 도쿄일일신문금회(東京日日新聞錦
　繪)의 '제1호' '제3호' '111호' '512호' '723호' '726호' '742호' 등의 그림에 보이는 개인(改
　印)을 '戌七'로 해석한 것에 근거한다. 단, 개인한 전서 흘림체 문자는 같은 달 표시라도 표기가
　다른 것이 여러 개 있고, 해석도 여러 개 있을 수 있다. 실제로 같은 표시를 '戌十'으로 읽고
　'메이지 7년 10월'로 해석하는 입장도 있다. 그 경우는 8월의 개인이 가장 오래된 것이어서
　8월 창간이 되지만, 나 자신은 화제의 선택 방식 등등도 함께 고찰하여 7월설의 입장에 선다.

테두리를 빨간색으로 칠하여 틀을 만들고,[2] 전통적인 그림에서는 보기 드문, 날개를 가진 천사 둘이 들고 있는 색칠한 천으로 만든 듯한 플레이트[3]에는 '도쿄일일신문(東京日日新聞)'의 문자([그림 4-1])가 새겨져 있다. 선명한 화면에 마치 에조시의 한 페이지처럼 배치된 목판 글씨는 그 자체가 뚜렷한 주제의 문양이라는 인상을, 윤곽째로 떠올리는 배경처럼 보였다.

신문그림이 유행하기 시작했다.

이 붉은색 '테두리'와 '신문'의 명칭은 실로 인상적이었을 것이다. 도쿄에서만 그런 게 아니다. 오사카와 교토의 여러 에조시 가게의 신판에 인용되어 특징적인 한 장르를 창출하게 되었다.

신문그림은 무엇보다도 선렬한 그림이었다. 그것은 '신문'이라고 하는 문자(활자) 중심의 단색의 말 정보의 세계와 크게 달랐다. 선명한 컬러 도판으로 사건의 이미지를 만들어내는 시각적 복제기술이야말로 신문그림의 새로움이었기 때문이다. 당시 벌써 '신문' '신문지'의 이름으로 등장하고 있던 새로운 인쇄물 미디어의 영향을 받아, 그것이 전하기 시작하고 있던 세상의 사건이나 화제의 사건을 조금 격한 색조로 '그림풀이'를 해서 보여주었다. 이미 근세 말에 시사유행의 빠른 전달을 위해[4] 한발 내디딘 니시키에라는 다색 목판 인쇄문화가 그러한 시각적인 번역과 상상의 기반을 제공했다.

영상의 힘을 생산자측도 또한 깊게 인식하고 있었다고 생각된다. 이는 『도쿄일일신문대금(東京日日新聞大錦)』([그림 4-2])이라는 예고선전을 위한 발행물

---

2 '오니시키(大錦)'는 니시키에(錦繪)로는 가장 흔한 판형이며, 세로 약 43cm × 가로 약 29cm의 큰 판형을 말한다. 빨간색의 임팩트가 강한 외곽선은 화면을 잘라내고 완결시키는 기능을 했다. 화공의 우연한 궁리였을 수도 있지만, 일면으로는 사진이라는 새로운 기술에서 화면상의 테두리와도 어떤 관계를 논할 수 있을지도 모른다.

3 이 신문을 떠받드는 천사는, 1876년 4월에 신축 준공한, 서양풍 건축의 구 개지학교(開智學校) 교사 건물 정면의 교명을 지탱하는 플레이트에 인용되고 있다. 새로움을 느끼게 하였을 것이다.

4 '나마즈에(鯰繪)'로 불리는 시사그림(時事錦繪) 등이 여기에 해당된다. 1854년 대지진 이후 발행된 직업들의 성쇠를 풍자하는 니시키에나 텐포의 개혁(天保の改革)을 요괴에 빗대어 평한 쿠니요시(歌川國芳)의 니시키에(그 선구적인 연구로 『天保改革鬼譚』[石井研堂, 1926]가 있다.) 등에도 시사성이 포함되어 있다.

에서도 알 수 있다. '사진'에 가까운 '신도(新圖)'에 의해 유행의 핵심을 찌르고, 의사·정부·효자나 흉도·악당·독부의 상벌을, 또 개화 세상의 소문을 '그림으로 충분'하다고 니시키에 그림의 '단청' 즉 채색의 힘을 스스로 강조하고 있기 때문이다.[5]

신문이란 무엇인가: 속보성을 둘러싸고

신문이 결국 생산하는 정보 세계의 새로움을 어떻게 파악할까. 그것은 이 신문그림을 어떻게 해석할까의 기본이 되기도 하는 논점이다.[6]

'속보성과 정기성을 가진 뉴스 미디어'[7]의 의미로부터 전체를 묶는 총칭으로서 '그림신문(錦繪新聞)'이라는 단어가 타당하다고 강하게 주장하는 입장도 있지만 보도의 세계에서 신문중심주의와 거리를 두는 방식이 불충분하다.

---

5   개판(開版) 예고의 『東京日日新聞大錦』은 다음과 같은 문장을 싣고 있다. "지견(知見)을 확충하고 개화를 진행하기에 신문보다 나은 것은 없고, 그 유익함은 더 이상 말할 것이 없고, 투서의 논의를 시작할 때는 정례의 문장으로, 동몽부녀에게 권징의 길을 가르치는 데 일조하고, 언뜻 생각나는 판원(版元)이 집에서 가까운 겐야다나(源冶店)로, 명예는 고명한 쿠니요시(國芳)옹이. 문하생 중에 잇케이사이 요시이쿠(一惠齋芳幾)는 다단에 따라. 이분은 휘호를 끊고 묘수를 없애는 것을 아까워하고. 오랜만에 캐서 낸다면. 선생 스스로 졸렬하다고, 겸손하게 말하지만 더욱 더 옛적에 많아지는 정교한 단청(丹靑). 사진에 가까워진 유행의. 신도를 뚫고 구폐를 씻어 매일 변한다. 활판 기계의 운전으로. 신속을 겨루어 어제의 희한한 사건을. 오늘 발매하는 일일신문. 각 부현하의 의사 정부. 효자에게 상전 흉도에게 천벌. 개화를 인도하는 항담가설(港談街設). 빠짐없이 그린 그림 여러 호를 한꺼번에 구입을 원한다고 판본으로 돌아가 한마디 진술하는 자는 도쿄 코비키초(木挽坊)에 기우(寄寓)하는 은사(隱士)"[木下直之·吉見俊哉編 편, 1999: 105].

6   역사사회학적 분석에서는 다양한 개념, 즉 말의 탄생 그 자체가 미디어의 역사적 중층이 만들어 내는 정보공간 속에서 관찰되고 실증적으로 해명되어야 할 현상이다. 알튀세르나 부르디외가 그 방법론에서 지적한 것처럼, 시대에 얽매인 상식적이고 직관적인 설명의 무자각한 환류를 지속적으로 비판하는 '인식론적 단절'의 명확한 전략 없이 개념 자체의 역사성을 대상화하기는 어렵다.

7   『大阪の錦繪新聞』[土屋禮子, 1995: 19]. 다른 논고에서도 츠치야(土屋)는 "신속하고 정기적인 뉴스 매체였다"라고 논하고 있다. 오사카의 그림신문은 "적어도 주간에서 일간과 가까운 정기성과 속보성을 갖고 있었다"라고 하며, 그러한 '보도적 성격'이 도쿄의 그림신문에도 있었을 것으로 생각된다[木下直之·吉見俊哉 편, 1999: 103]는 입장에서 그 신문으로서의 특질을 강조한다.

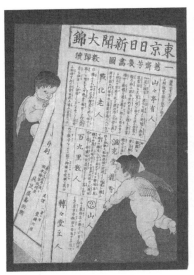

[그림 4-2] 東京日日新聞大錦

[그림 4-3a] 東京日日新聞大錦第一號(1874년 7월)

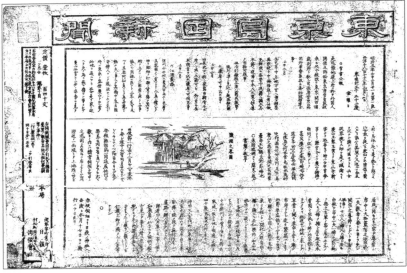

[그림 4-3b] 東京日日新聞大錦第一號(1872년 3월 29일)

오히려 많은 신문그림의 제작자나 독자에게 속보인지 아닌지의 가치도, 사실인지 아닌지의 판단도, 아마 별로 중요하지 않은 논점이었을 것이다. 속보의 '속도'나 오보의 '잘못'을 당연하게는 논할 수 없는 정보 공간 안에서의 현상이었기 때문이다. 그 역사적 위상을 개념 자체 속에 방법적으로 끌어들이고, 관찰로 끌어들이지 않고 이 미디어가 사회라는 공간에서 조직한 힘을 재발견할 수는 없다.

예를 들어 뉴스의 어의에 'New=새로운'의 형용이 깊이 새겨져 있다고 해서, 그것은 무엇 때문에 새로운 것인가. 그 부분에 대한 물음이 있어야 한다.

속보성을 주어진 특질로 논하기 전에 다시 한번 우리는 속보가 왜 사회적으로 속보로서 인식되며 가치를 지니는가 하는 틀 자체부터 생각해 볼 필요가 있다. 니시키에라고 하는 잊혀진 미디어는 그러한 근원적인 문제를 일본의 신문 발달사의 인식[8]에 들이대는 것이다. 물론 신문그림의 일부에는 정보전달의 관점으로부터 속도를 평가할 수 있는 특질을 갖추고 있었을 가능성도 있을 것이다. 그러나 여기서 굳이 문제 삼고 싶은 것은 그 속도가 어떻게 인지되었는가이며, 또 거기서 인지된 속도는 그 사회에서 어떠한 의미를 지니게 되었는가이다.

좀 더 깊이 들어가면, 그 속도가 과연 지금 대상으로서 고찰하려고 하는 미디어 시스템 성립의 귀결이며, 혹은 그 시스템에 내재하는 지배적인 특질이었는가. 그것들이 자각적으로 논해지고 실증적으로 확인되지 않는 한 자명화된 보도중심주의라는 '신문'에 대한 관점 밖에 서서 보는 것은 불가능하다. 속보기사인 카와라반(かわら版)이 만들어낸 정보세계와 현대로 연결되는 신문 시공과의 단절도 연속도 밝혀지지 않을 것이다.

---

8   1920년대에 형태를 갖추기 시작하는 일본의 신문사 연구는 카와라반(瓦版, 에도시대에 보급된 시사성, 속보성이 높은 뉴스를 다루는 인쇄물. 흙에 내용을 새기고 기와처럼 구워서 만들었다고 해서 기와를 의미하는 카와라를 썼지만 실제로는 목판인쇄가 일반적이었다: 역주)을 유사 '호외'로서 신문의 전사로 자리매김하고, 신문그림을 다색 인쇄의 유사신문 혹은 아종 신문으로서 초창기 에피소드로 그린다. 이 시점 자체가 신문중심주의적 역사기술을 자명한 전제로 삼은 느낌이다.

사람은 신문의 속도와 정확성에 항상 가치를 두고 있다고 하는, 어딘가 본질론에까지 도달하는 가정은 일단 깊게 괄호로 묶어 두는 편이 좋다. 인간은 언제나 보다 빨리 알고 싶어 하고 보다 정확한 사실을 원한다는 전제는 우리 사회의 하나의 믿음이다. 오히려 속도보다 강렬함이나 기묘함을, 정확함보다 재미와 흥분을 원하는 욕망이 몇몇 미디어를 현실로 키워오지 않았던가.

『도쿄일일신문제1호(東京日日新聞第一號)』(그림 4-3a)라는 제목으로 그려져 있는 무뢰승(無賴僧)이 정부를 살해한 사건이 2년이나 전의 신문에 실린 화제였던 사실 등은, 속보성 등이라고 하는 관심이 이 니시키에화(錦繪化)의 중심에는 놓여 있지 않았다는 것을 말해 준다[9]고 나는 생각한다. 그 화면에서 먼저 눈에 띄는 것은 치켜든 식칼의 핏물이며, 확실히 숨통을 끊으려는 무뢰승의 발에 짓눌린 여자의 고통스러운 자태이다. 더욱이 이 그림은 결국 츠지후미(辻文)라고 하는 다른 그림책방(繪草紙屋)에서 재발행되는데[10], 구소쿠야가 판 자체를 권리째 팔아넘겼음에 틀림없다. 시기는 불명하지만 규모가 큰 츠지후미로서도 아직 팔릴 것이라고 보았기 때문에 판을 사서 원판명을 바꾸어 새기고 추가 인쇄한 것이며, 이러한 상품으로서의 모습은 시스템으로서의 신문이 아니라 확실히 이념형으로서의 니시키에 문화에 속해 있다.[11]

9　원래의 기사는 1987년 3월 29일 발행된 『東京日日新聞』 제1호에 실린 '강호총담'에 있다. 세상의 소문 모음이라는 의미일 것이다. 기사에 의하면 신주의 이 정녀 살해 도주 사건이 일어난 것은 초봄의 일로, 관헌은 무법한 중을 "포박하여 심문하고 옥에 처넣다"라고 되어 있다. 어쩌면 이 무뢰승도 도쿄일일신문제3호(東京日日新聞第三號)가 채택하여 '독부물'이라고 하는 장르를 실록 읽을거리로 만들어 낸 하라다 키누(原田絹)와 마찬가지로 옥문에 처해진 것인가.

10　츠지후미가 판을 샀다고 생각되는 것은 '제1호'만이 아니다. 『ニュースの誕生』에 게재되어 있는 오노 히데오(小野秀雄) 컬렉션 리스트를 보면, 몇 점의 츠지후미판이 확인되고 있다. [그림 4-4]는 『東京日日新聞第八二三號』의 두 개의 에조시 가게 발행처 표시[木下直之·吉見俊哉 편, 1999: 224]로, 여기만 나무를 매워서 다시 새긴 것을 알 수 있다.

[그림 4-4]
원판의 개각(改刻)

11　신문그림(新聞錦繪)인가 그림신문(錦繪新聞)인가 하는 용어의 선택은 호칭으로 총칭의 차이가 아니라 개념 설정의 기본에 관한 문제를 포함하고 있다. 이 대상은 그림인지 신문인지의 인식, 그 두 개념의 관계를 이해하기 위한 이론틀을 묻지 않을 수 없기 때문이다. 지역차도 있으며 선행한 도쿄에서 발행도 판매도 니시키에 문화 속에 수용되고 있지만,

또 『도쿄일일신문제689호(東京日日新聞第六八九號)』([그림 4-5])에 묘사된 보신전쟁(戊辰戰爭)도 7년 전의 전쟁 광경이며, 5개월 전에 행해진 7주기 법요 자체는 아니었다. 왜일까.

최근의 사건을 전하는데 안목이 없었기 때문이다.

그렇다기보다는 오히려 선명하고 강렬한 붉은 피를 이용하여 마치 연극의 한 장면처럼 묘사한다는 것 자체가 중시되었기 때문이다. 그 묘사야말로 단색의 문자뿐이었던 신문의 정보 세계와는 다른, 신문그림의 상상력이라고 할 만한 것을 만들어냈기 때문이다.

신문이란 무엇인가: 정기성을 둘러싸고

뉴스에 속도의 가치를 창출한 것은, 혹 순환론처럼 들릴지 모르지만, 실은 신문이라고 하는 새로운 미디어였다.

우리가 살아 있는 근대의 정보공간에 왜 보다 새로운 정보는 보다 큰 의미와 가치가 있다고 하는 직선적인 시간감각이 생겨났는가. '시간'을 상상하는 틀 자체가 크게 변화했기 때문이다. 그 시간의 직선성으로 향하는 변용에 여러 미디어는 어떻게 작용했을까.

그러고 보면, 당연한 것처럼 보여도 그다지 깊게 논하지 않았던 정기성도 재차 물어야 할 논점임을 알 수 있다. 시간은 또한 인간 인식의 틀로도 작용한다. 새로운 시간틀의 창출이라는 논점을 소홀히 한 기존의 '그림신문(錦繪新聞)' 연구는 불충분하고 설득적이지 않다.

유행 상품으로 뒤를 따른 오사카에서는 니시키에가 새로운 신문과 섞이는 상황이 강렬했을지도 모른다. 당시 사람들이 어떻게 인식하고 있었는지도 중요한 논점이지만 명확하게는 잘 떠올라 오지 않는다. 그러나 『讀賣新聞』의 지면에서 1875년 경에는 '니시키에'라고 이해하고 있는 것을 알 수 있다. 예를 들어 「오사카일일신문이라는 니시키에(大坂日日新聞といふ錦繪)」의 기사 문제에 따른 금지 후 휴간한 것을 평가하면서, 신문이라면 내면 좋을 것이라고 주문을 달고 있는 것[讀賣新聞, 1875년 6월 15일]이나, "이 정도로 잘 만든 신문도해라는 니시키에(錦畵)"[讀賣新聞, 8월 4일]는 아름답게 완성되었다고 선전하고, 투고에도 "당시 오로지 유행하는 제 신문 단면 그림"[讀賣新聞, 12월 27일]이라는 표현이 보이기 때문이다.

[그림 4-5] 보신(戊辰)전쟁
(東京日日新聞第六八九號)

[그림 4-6] 錦畫新聞第七號
(1881년 4월 20일)

[그림 4-7]
요아라시 오키누(夜嵐お絹) (東京日日新聞第三號)

[그림 4-8] 망처의 유령
(郵便報知新聞第五二七號)

미디어로서의 신문이라고 하는 시점이 필요하다.

미디어로서는 하나하나의 메시지 전달 속도 즉 '속보성보다 정보생산 제도로서의 '정기성' 쪽이 훨씬 중대한 논점이라고 나는 생각한다. 전하기에 적합한 기사가 설령 없다고 해도 매일 정기적으로 간행한다. 그 제도성이 시스템으로서의 속보성을 지탱하는 기초가 된다.[12] 이 구조에 신문이라는 새로운 미디어가 가지는 근대성의 근원이 있었다고 생각하기 때문이다. 즉 신문은 하루하루를 배달에 의해 새기는 사회적 시계와 같은, 혹은 세계 시계로서의 달력 같은 존재가 되어 가는 것이다. 활자로 짜여 있지만 개인이 손으로 쓴 일기에 비유되는 사회적 일지 기록의 위치를 이윽고 잡아가는 것도 바로 그 특질 위에 성립한다. 초기 신문들의 실로 다양한 형태에도 불구하고 그 기능의 원형은 '저널리즘'의 어원이 되기도 했던 '일간'이라는 신문 간행물의 형태 그 자체에 이미 내재되어 있었다.

초기 신문의 활판 기술에 대한 이상하리만큼의 집착은 신문과 비슷한 관보까지 포함하여 〈목판의 시간〉과는 다른 〈활판의 시간〉에 대한 새로움의 직관과 깊게 공진하고 있는 것이 아닐까 생각한다. 그러한 관점에서 본다면 그림인 신문그림의 미디어성은 〈목판의 시간〉에 속한다. "날마다 재조립하는" "활판기계 운전"의 "신속을 겨루는" 신문과 그 기본에 있어서 분명히 이질적이다.

비교적 짧은 기간에 대량으로 많은 호가 발행되고 있는 사실에서 직접 정기성과 계속성이 있었을 것이라는 논하는 방향도 있다. 과연 오사카 방면에서의 통상의 발행 형태라고 하는 일련번호의 호수는 시리즈로서 발행한 유력한 증거[13]이지만, 다수의 신문그림의 발행 그 자체는 상품으로서의 호조를

---

12 그 한 예가 공백을 포함한 신문 지면이다. 요즘 신문이라면 글로 채워지지 않을 수 없지만(그래서 '메쿠사(埋草)'라는 공백을 메우기 위한 잡문을 지칭하는 개념이 생겼다), 빈칸으로 간행하는 것은 오히려 매일의 정기 발행에 더 가치가 있었기 때문이다.

13 여기서 신문그림의 '호수'처럼 보이는 표기의 의미에 대해서 전제해야 할 지식을 다시 확인해 둘 필요가 있을 것이다. 신문그림의 표제에 나타나는 '제1호' '제689호' 같은 표기는 신문그림 자체의 호수가 아니라 소재로 한 신문의 호수이다. 즉 그 기사가 실려 있는 신문을 가리키는 것이며, 그러므로 같은 호수를 내걸면서 다른 내용을 가진 신문그림이 존재한다. 즉, 서지적으로는 이것을 연속간행물의 '호수'로 파악하는 것은 오류이며, 말하자면 이 호수까지도 포함하여

이야기하는 것에 지나지 않으며, 정기성을 직접 증언하는 것은 아니다. 오히려 선행하는 신문 자체가 매일 발행되며, 사건의 정보도 계속 새롭게 생산되고 있었다. 그것을 고려한다면 언뜻 정기성이나 계속성으로 보이는 대량의 발행 사실 그 자체가 일간신문을 뒤쫓아 재미있을 것 같은 것을 열심히 그린 단순히 닮은 관계에 지나지 않을지도 모른다.

확실히 구소쿠야의 『도쿄일일신문(東京日日新聞)』 니시키에의 경우에도 최초의 상품개발로부터 반년 후인 1875년 1월이나 2월이 되면, 이전처럼 오래 전 신문이 아닌 같은 달이나 전월에 발행된 신문을 소재로 하는 일이 많아진다. 그렇지만 그것을 속보성이 높아졌다고 평가하는 것은 너무 표층적이다. 또 논리로도 무시할 수 없는 비약이 있다. 가까운 시기에서 소재를 찾기 쉽기 때문이었다고 하는, 속보 의식을 매개하지 않는 상황 요인에서 설명할 수 있는 부분도 크기 때문이다. 하물며 신문그림이 나름 유망한 장르로 확립된 뒤의 『그림백사신문(錦畵百事新聞)』이나 활자와 결합된 『그림신문(錦畵新聞)』([그림 4-6])과 같은 일부 사례[14]를 가지고 정기성이 신문그림이라는 일군의 인쇄물 전체를 관통하는 특질인 것처럼 주장하는 것은 이론적으로나 실태적으로 무리가 있다.

다시 한번 꼼꼼히 신문이라는 기술의 형식이 니시키에(錦繪)라는 목판 인쇄 문화를 어떻게 활성화했는지 질문을 해야 한다. 그때 '장난감 그림'[15]이라고 묶여서 경시되는 일이 많은 소형판인 『도쿄일일신화(東京日々新喘)』나 『신문

표제로 위치시켜야 하는 것이다. 효시가 된 『東京日日新聞』이나 『郵便報知新聞』의 신문그림 호수는 그렇게 이해해야 하는 것이다. 그런데 일부 연속간행물의 호수에 가까운 연속치를 계속적으로 발행하는 있는 사례가 있다. 그러나 이것도 계속성의 증거는 되지만 정기성까지 함의할지는 의심스러우며, 오히려 신문그림이라는 존재 형태가 장르로 정착했다는 것을 말해 준다.

14 오사카에서 발행된 『錦畵百事新聞』은 190호 정도 계속되어 "도중 114호부터 오른쪽 반이 그림, 왼쪽 반이 활자 인쇄된 기사 체재가 되어 일간으로 변했다. 광고에 의하면 1부 8리, 1개월 18전으로, 희망자에게는 개별 배달도 했다"[木下直之·吉見俊哉 편, 1999: 123]고 한다.

15 '장난감 그림'이라고 불리고 있는 니시키에의 다양한 장르에 대해서는 『江戸明治「おもちゃ繪」』[上野晴朗·前川久太郎, 1976]이나, 『江戸の遊び繪』[江戸の遊び繪 편, 1988], 『立版古: 江戸·浪花透視立體紙景色』[INAX 편, 19933], 『立版古: 江戸·浪花透視立體紙景色』[岩崎均史, 2004] 등이 소개하고 있다.

화해(新聞畵解)』, 나아가 『신판 신문의 모든 것(しん板しんぶんづくし)』『신문그림 해석의 모든 것(新聞繪解づくし)』을 늘어놓고, 혹은 출발점에서 종착점까지 이어지는 진로의 계층성이 있는 '쌍육'이라는 형태로 자유자재의 인용도 또한 시야에 넣어 두고 싶다.[16]

그림의 시간 / 사진의 시간

〈그림의 시간〉이라고 해야 할 시각적 상상의 가능성도 활판/목판의 생산 양식상의 대조와는 다른 수준을 포함한다. 그 논점도 신문그림의 특질로서 추가해 두자.

그때 직접 대조해야 할 것은 기술적으로는 더욱 새로운 지층을 형성해 가는 〈사진의 시간〉이다.

신문그림이 즐겨 모사한 것은 사진으로는 찍을 수 없는 사건의 '결정적 순간'이었다. 당연히 사진은 살인이란 사건 자체를 찍을 수는 없다. 그것은 오늘날의 텔레비전에서도 똑같은 종류의 불가능이다. 토요타상사(豊田商事) 회장 피살사건[17]처럼 우연히 범행현장에 비정상적으로 접근해서 이루어진 예외적인 중계 영상의 경우도 기껏해야 건물 밖에서 구경꾼과 같은 시선을 공유할 수 있을 뿐이다. 현장의 임장감은 있을지 모르지만 어떻게 해도 사후적이며, 직접적으로 보는 경험을 제공하지는 않는다. 그런 의미에서 신문그림은 오늘날 사진 잡지에 실리는, 어둠 속에서 매복하여 찍은 특종 사진의 흐릿한 적외선 영상보다 훨씬 선명하고 극적인 현장 이미지를 제공했다. 그림이기 때문에 상상의 목격 경험을 즉각적인 것으로 세상에 배포할 수 있다. 리얼리티를 제공한 것은 바로 사진이 아닌 그림이었던 것이다.

---

16 이러한 장르에 속하는 실물은 『ニュースの誕生』[ニュースの誕生 편, 1999]에 예시적이지만 게재되어 있다.

17 1985년 6월 18일, 토요타상사 회장 자택 맨션에 몰려 있던 보도진의 눈앞에서 발생한 살해사건 이다. 토요타상사는 순금 거래를 가장한 페이퍼 상법으로 고령자에게 돈을 가로채는 사기로 고발되어 있었다.

여기서도 사실 그대로인지 아닌지는 중요하지 않다.

그리고 '그림풀이'로서의 나시키에는 시각적인 구도 선정을 실로 자유롭게 선택할 수 있고 이야기의 시간을 뜻대로 구성할 수 있다.

예를 들어 『도쿄일일신문 제3호(東京日日新聞第三號)』([그림 4-7])에서는 배우를 통해 남편에게 쥐약을 먹여 죽인 첩 오키누를 화제로 삼는다. 원래의 신문 기사는 「팻말 그림(捨札ノ寫)」인데, 참수형에 처해진 오키누 옆에 세워진 인명이나 죄상을 적은 팻말의 내용이라고 되어 있다. 그림만이라면 팻말이 세워진 효수형 현장을 그리는 것도, 또 남편의 독살 순간을 그리는 것도 나름대로 쇼킹했을 것이다. 그러나 여기에서는 다른 이야기 장면이 선택된다. 살의가 생겼을 것이 분명한 간통의 여름날, 난잡한 밀회가 묘사된다. 그리고 그 배경에 쥐약 장수[18]를 배치함으로써 독자들을 이미 알려진 살인극의 서막으로 끌고 간다.

『우편보지신문 제527호(郵便報知新聞第伍二七號)』([그림 4-8])는 유곽 나들이를 그치지 않는 남자에게 죽은 처의 유령이 나타나 원망을 늘어놓고 울고 있는 아이에게 젖을 주었다고 한다. 심령사진 기술이 없으면 찍을 수 없는 화제를 화가는 괴담 연극의 한 장면처럼 또렷하게 그리고 있다.[19]

신문그림은 시각화된 이야기다.

게다가 한 장짜리 인쇄에 한 장면만 따낸다.

그러므로 그 한 면에 응축되어 완결된 이야기의 정수가 들어있다. 카부키로 말하면 '미바에(見栄)'를 끊는, 힘이 들어간 정지 장면이다. 거기에 문자역시 목판의 자유로움으로 배경으로서 찰싹 달라붙어 상황을 설명하고 의미를 부풀리는 문장으로 작용했다. 융합하는 문자텍스트의 설명력을 빌려 이

---

18 화면의 왼쪽 뒤에 배치된 깃발을 든 남자는 이와미긴잔(岩見銀山) 쥐약장수다. '고양이가 필요 없음'이라고도 불린 대표적인 독약으로 비소를 함유한 화합물인데 광석으로 만들어졌다.

19 원래의 신문기사 역시 신문이 전해야 할 화제인가 아닌가에 의문을 가지지 않았던 것은 아닌 것 같다. "세상에 유령은 없다고 하지만, 이것은 확실한 사람이 들은바 의심하지 않는다면, 기록하여 여기에 이전(異傳)을 대비한다"고 기사를 맺고 있다[郵便報知新聞, 1874년 12월 6일).

이야기를 둘러싼 시각적 상상력이 일어나고 있는 점을 간과해서는 안 된다.

이 사건을 축으로 한 그림과 텍스트의 융합은 오늘날 신문의 원점으로서 당시 일간신문 지면에는 없는, 분명히 새로운 경험이었던 것이다.

제5장

전쟁그림: 상상된 사건으로서의 전쟁

　100년 전의 풍경이라는 주제를 둘러싸고 전쟁이라는 사건에 얽힌 '풍경'에 대해 생각해 보겠다.

　1884년생인 서양사학자 오루이 노부루(大類伸)는 "나의 소년시절의 한 가지 즐거움은, 외출했을 때 그림가게의 매장에 가는 것이었다"[1]라고 쓰고 있다. 이것을 쓴 쇼와시대(昭和時代, 1926~1989)에는 이미 그림가게라는 존재 자체가 없어졌지만, 메이지시대(明治時代, 1868~1912) 중반까지는 상가가 있는 곳에는 반드시 그림을 파는 가게가 있었다고 한다. 지금의 도시 생활 감각으로 생각하면, 벌써 얼마 안 남은 지방의 '서점'이라기보다 영국의 '뉴스 에이전트' 같은 복합적인 업태로 지금의 편의점에 가까운 감각일까. 매장에는 석장 연속의 니시키에나 한 장 인쇄(一枚刷), 석판인쇄, 그림책 잡지류를 늘어놓고 있으며, "그 가게 앞에 서서 우리는 언제까지고 그림을 바라보며 즐거워했다"라고 회상하고 있다.

　여기서 초등학교 하굣길의 오루이 소년이 그림가게 매장에서 마음을 빼앗긴 니시키에는 오늘날의 미술사 연구에서 연구나 수집의 대상으로 하는 하루노부(春信), 샤라쿠(寫樂), 호쿠사이(北齋), 히로시게(廣重) 등등의 우키요에가 아니다. 전쟁을 묘사한 니시키에이다.

1　大類伸 「錦繪と戰爭畵」[東京朝日新聞, 1934년 3월 21일-23일]. 오루이는 서양사학자로 성곽의 역사에도 업적이 있다. 여기서 논한 전쟁그림의 변천도 흥미로운데, "청일전쟁 무렵이 그림가게(繪草紙屋)의 전성시대"이며 "그림엽서의 유행과 활동사진의 출현"이 에조시(繪草紙)의 취미를 일소해 갔다고 설명한다. 그 시기를 러일전쟁 무렵으로 보고 있다.

당시를 아는 사람들의 회상으로부터 증언을 모아 보자.

오루이보다 한 세대 위지만 1872년생인 시마자키 토손(島崎藤村)이 소설『봄(春)』[2]에서 "후지미초(富士見町) 거리까지 가면 그림가게 앞에는 남녀가 모여서 피비린내 나는 전쟁그림을 다투어 보고 있었다"고 묘사한 것은 토손 자신의 러일전쟁 당시의 견문을 토대로 한 것일 것이다. 동세대의 타야마 카타이(田山花袋)가『도쿄의 30년(東京の三十年)』[3]이라는 반생기록에서 회상하듯이, 청일전쟁 당시 이미 가게 앞에는 "마츠자키 대위 전사 상태라든가, 나팔을 입에 물고 쓰러진 나팔병이라든가 하는 석판화가 어지럽게 강한 색채로 늘어서" 있었던 것이다. 개전 직후의 신문도 "일청의 사변이 일어남에 따라 도쿄의 그림가게는 매우 바빠서 새 그림 출판을 경쟁하여 마치 전쟁터와 같지만 실제로 출판할 수 있는 것은 대략 25종이고 인쇄를 하자마자 경쟁적으로 팔려나간다"[4]고 성황을 전하며, 거리의 모습은 "오늘날 그림가게에는 일청전쟁의 그림이 진열되어 있는 때문에 어느 가게나 구경꾼이 산처럼"[5]이라고 되어 있다.

이 '전쟁그림' 장르는 앞선 '신문그림'의 발명을 계승하고 그 형식을 발전시키는 모습으로 성립했을 것이다. 1877년 서남전쟁 시기에 이 내전의 소문을 주제로 해서 상품으로 생산되고, 청일전쟁 시대에 확립된 것이라고 나는 생각한다.

[그림 5-1] 島崎藤村『春』의 삽화

---

2 島崎藤村『春』[東京朝日新聞, 1988년 4월 7일-8월 19일 연재]. 해당 호는 104회[東京朝日新聞, 7월 19일]로, 다음 삽화가 있다. 바로 석 장 연속의 그림을 앞에 두고 관중이 그것에 몰두하여 보고 있는 모습이 그려져 있다.

3 『東京の三十年』[田山花袋, 1917→1981: 57]

4 [讀賣新聞, 1894년 8월 9일]. "토요시마(豊島), 아산(牙山) 격전의 그림, 마츠자키(松崎) 대위 용전의 그림만으로 적어도 100번은 매장에 내걸 수 있을 것이다"라며 경쟁적으로 내놓은 것을 알 수 있다. 무카이지마(向島)와 우시고메(牛込) 등지의 인쇄업자도 매년 부채 제작이 끝나면 돈 벌러 지방에 가는 것이 보통인데, 이해는 품삯이 몇 배나 되어 기쁜 표정이라고 보도하고 있다.

5 [都新聞, 1894년 8월 18일]. 이에 더해 기사는 구경꾼들이 많이 모이고, 또 "입을 크게 벌리고, 혹은 발돋움을 하고 정신을 빼앗긴 틈을 타서" 소매치기들이 이때다 하고 발호하며 시계나 담뱃갑, 소지품을 빼앗기는 피해가 많아지고 있다고 설명한다.

[그림 5-2] 신문그림

[그림 5-3] 서남전쟁에서 나온 그림
「西鄕星地落人民之口」[1877년 10월 3일]

신문그림에서 전쟁그림으로

신문그림은 앞 장에서 논한 것처럼 1874년에 선명한 붉은색 테두리로 등장한 신문기사의 다색목판에 의한 그림풀이이다. 살인이나 동반자살, 독부, 악한, 정녀, 효자의 미담추문을 선명한 색으로 그려서 유행의 한 장르가 되었다. [그림 5-2]는 그 한 장인데, 거무튀튀한 중심 부분과 선명한 빨강을 겹쳐 리얼하게 선지피를 표현하고 있어서 상당히 "피비린내 나는" 인쇄물이다. 붉은색 테두리의 빨강뿐만 아니라 살인현장의 피의 빨강이 이 그림의 선정적인 인상을 풍기고 있다. 신문의 제호를 전면에 내세웠기 때문에 신문사가 발행한 것처럼 오해하기도 하지만, 도쿄나 오사카의 그림가게가 시대의 새로운 상품으로 열중하여 발매한 것이며, 니시키에 문화의 현대에 대한 대응 형태 중 하나였다.

신문그림의 기본 형식은 오니시키(大錦) 크기의 종이 위에 기사와 그림을 정리한 한 장 인쇄이다. 물건에 따라서는 이것을 석 장 연속으로 하여 연극그림(芝居繪)과 마찬가지로 넓은 시각을 구성하고 있는 것도 생겨났다. 특히 신문그림의 유행 후기가 되고 나서 여기저기에서 보인다는 인상이 있다. 당연히 가격 또한 석 장 연속이 비쌌을 것이다. 신문을 토대로 한 현대적 니시키에의 장르로 확립된 후에, 이전의 두 장 연속 석 장 연속의 연극그림 전통을 떠올리면서 고급화시킨 한 형태였는지도 모른다고 생각한다.

지금 남아 있는 서남전쟁 그림([그림 5-3])을 보면 초창기의 신문그림보다 분명히 석 장 연속의 비율이 높은 것은 우연만이 아닐 것이다. 실제로 화가의 상상력으로 따지면 석 장을 합친 화면은 자유도가 높다. 풍경을 연극 무대의 대도구처럼 그려내는 데 필요한 각도이며, 몇 가지 화제의 사실을 담아내는 데 필요한 넓이였다. 서남전쟁 그림도 또한 신문에서 알게 된 멀리 떨어진 지역의 전쟁정보를 그림풀이했다는 점에서 신문그림의 연장이다. 육군 대례복을 입고 콧수염을 한 얼굴도 위엄이 있는 사이고 타카모리(西鄕隆盛)나, 성장을 한 미인이 장도를 휘두르며 관군과 칼싸움을 하는 토모에고젠(巴御前)의 현대판 같은 장렬한 광경이 그려져 있다. 이런 화면은 근세 말기에 확립된 무사그림의 용장을 잇는 것 이상으로, 본 적도 없는 전쟁터를 공상하는 소재로 기존의 교양이 동원되고 있다고 보아야 할 것이다. 1870년생으로 서남전쟁 전 해에 소학교에 들어간 인류학자 토리이 류조(鳥居龍藏)에게도 '서남전쟁의 전쟁그림'은 인상이 깊어서 회상에 "토쿠시마에서는 신마치바시(新町橋) 옆의 쇼죠코(猩々紅)라는 가게에서 이것을 밖에 내어서 팔고 있었는데, 이 전쟁그림은 오사카의 물건이 많았다. 그 중 사다노부(貞信)가 그린 「있는 그대로(有のその儘)」라는 제목으로 매호 출판하는 그림을 신판마다 샀다"[6]고 되어있다.

니시키에를 달리 '에도화(江戶繪)'라 칭한 것처럼 다색목판(多色木板)의 색이 선명한 이 인쇄물은 수도 도쿄의 선물이자 도회지발의 유행물이기도 했다.

재미있는 것은 어릴 적 토리이 류조의 증언대로, 예를 들어 토쿠시마현(德島縣)의 지방도시에서도, 또 나중에 인용하는 우부카타 토시로(生方敏郎)의 고향인 군마현(群馬縣) 산속의 작은 읍에서도 시간차가 별로 없이 전쟁그림을 볼 수 있었다. 그 사실은 이 인쇄물이 가지는 미디어성을 웅변으로 말해 준다.

도시와 시골을 막론하고 유통의 발달에서도, 전쟁이라는 화제의 힘은 유효했다고 생각한다. 재해 이상으로, 어떤 의미에서 이목을 집중시키는 화제였기 때문이다. 게다가 토

---

6   『ある老學徒の手記』[鳥居龍藏, 1953: 13].

쿠시마의 중심 시가지에 살고 있던 토리이 류조 소년이 세세하게 기술하는 것처럼 "석 장 연속 물건은 가게 앞에 줄을 달아서 거기에 대나무를 쪼갠 틈으로 묶어"[7] 늘어뜨려서 보여주었기 때문에 가게 앞에 서서 공짜로 보는 사람을 향해서도 차분하게 열려 있었다. 그 점은 길거리 TV와 같은 광장에서의 공공적 향유를 연상해도 무방하다. 청일전쟁에서 러일전쟁 시기에 걸친 전쟁그림 역시 이러한 모습으로 열린 가게 앞에 걸려 있었던 것이다.

광경으로서 그려진 것 / 보인 것

그림의 묘사는 전쟁 상대국을 열등하게 각인시키는 방향성을 가지고 있었다. 거기에서 대중을 대상으로 한 전시상품으로서의 성격을 읽어내야 할까.

우부카타 도시로는 1882년에 군마현 누마타(沼田)에서 태어났으며, 청일전쟁 당시 고등소학교 2학년(현재의 소학교 6학년)이었다. 우부카타는 가게 앞에 있는 색색의 니시키에가 가르쳐 주는 '전쟁 광경'에 약간 위화감을 느끼고 있다. 그것이 그동안 학부모와 학교에서 배운 한문 고전 위인들의 일화나 마츠리 수레의 관우 인형 등에서 막연하게 느껴졌던 친밀감과 상당히 괴리가 있었기 때문이다.

일본군은 용감하게 돌격하고 있다. 단 한 사람도 적에게 등을 보이는 자가 없다. 지나병은 모두 도망치고 있다. 등을 보이면서 도망치기도 하고, 돈미(豚尾. 돼지꼬리 같은 머리라는 표현으로 청일전쟁기에 중국인을 멸시하는 호칭으로 사용됨: 역주)를 일본군에 붙잡혀 도망가려고 해도 도망치지 못하고, 손을 모아 빌고 있는 자도 있다. 복장도 우리 집 병풍에서 본 당인처럼 점잖지도 않고, 와토나이(和藤內) 연극에서 본 지나병처럼 용감하지도 않다. 또 생김새도 여름축제의 수레 인형인 장비나 관우나 항우처럼, 또는 니쿠주반(肉襦袢)의 구문룡사진(九紋龍史進)처럼 호걸스러운 자는 하나도 보이지 않는다.

---

7   『ある老學徒の手記』[鳥居龍藏, 1953: 9].

[그림 5-4] 水野年方 「成歡襲擊和軍大捷之圖」[c1894] (성환·아산 전투는 7월 28일~29일)

[그림 5-5] 小林幾英 「岩代國磐梯山噴火の圖」[1888년 7월 20일]

모두 소매가 길고 둔해 보이는 옷을 입고, 그 옷의 복부에는 원이 그려져 있고 가운데에 '엽(葉)'이나 '좌(左)'라는 문자가 있고, 신발은 크고 무거워 보이고, 게다가 한쪽 신발은 도망치다가 벗겨진 것도 있다. 일본 지뢰에 걸린 수많은 지나병은 입을 크게 벌리고 활개를 치며 하늘을 향해 공중으로 솟구쳐 오르는 모양으로 묘사되어 있다.[8]

8 『明治大正見聞史』[生方敏郎, 1926→1978: 40-41].

[그림 5-6] 山本芳翠 · 合田清
「磐梯山噴火真図」[東京朝日新聞, 1888.8.1.]

[그림 5-7] 山本芳翠 · 合田清 「熊本県下飽田郡高橋町市街
震災被害真図」[東京朝日新聞, 1889.9.1.]

　　물론 이것은 소학생으로서의 증언이 아니다. 우부카타가 성장한 후, 1920
년대에 전반에 쓴 『메이지타이쇼견문사(明治大正見聞史)』 중에서의 회상이다.
그러니까 소학생으로서는 좀 지나치게 냉정한 의문을 감안해서 받아들일 필
요가 있을지도 모른다. 그렇지만 이렇게 이치를 따지면서 잘 표현할 수 없었다
고 해도, 왠지 모르게 전쟁 보도의 수상함을 느끼고 있었다면 신참보다 훌륭한
저널리스트의 영혼이다.

　　흥미롭게도 청일전쟁의 전쟁그림 일부에는 종군화가 자신이 저널리스트의
역할을 담당하는 것처럼[9] 묘사되어 있다.

　　「성환습격화군대첩지도(成歡襲擊和軍大捷之圖)」([그림 5-4])는 그 중 하나인데,
육상전의 포문을 연 성환의 전투 장면을 상상한 것이다. 오른쪽 화면에 신문
특파원과 함께 특파 화가인 쿠보타 베이센(久保田米僊)과 쿠보타 킨센(久保田金
僊)이 화판을 목에 걸고 등장하고 있다. 물론 이것은 현실 풍경이라기보다는
전쟁의 실상을 그리고 있다는 것을 표상하기 위한 소도구이다.

....
9　　저널리스트로서의 종군기자에 대해서는 1874년 대만 출병 때 대만에 건
　　너간 『東京日日新聞』의 키시다 긴코(岸田吟香)가 효시가 된다. 1877년
　　세이난(西南)전쟁에서는 많은 신문이 기자를 파견했는데 코바야시 기요
　　치카(小林清親)가 나중에 그린 후쿠치 오치(福地櫻痴)의 전지 실황 그림
　　(「教導立志基」의 한 장으로 1885년에 출판되었다)이 잘 알려져 있다.

좀 더 정확히 말하면 화가가 그려 넣은 그림 자체가 당시 신문에서 전해주는 정보 자체에 대한 그림풀이였다. 화가를 파견하는 것 자체가 신문사의 새로운 시도였기 때문이다. 1888년 반다이산(磐梯山) 분화 때[10] 『도쿄아사히신문(東京朝日新聞)』은 화가인 야마모토 호스이(山本芳翠)를 특파원으로 파견한 것을 사고(社告)로 내어 선전하고 있다.[11] 그에 따르면 반다이산(磐梯山) 분화에 대한 재해의 실황을 모르기 때문에 이미 사원들을 특파하여 취재하게 하였지만 "독자에게 한층 더 적절하게 그 지역의 실황을 알고 그 참상을 상상하게 하기 위하여"라고 '정세한 진도(精細な眞圖)'[12]를 '실경사생(實景寫生)'시켜서 신문의 "부록으로 간행"([그림 5-6])하기 위해 화가를 보냈다고 되어 있다.

청일전쟁에서도 신문이 "그 지역의 실황을 알고, 그 참상을 상상하게 하기 위하여"라고 화가의 파견을 세일즈 포인트로서 강조했던 것은 틀림없을 것이다. [그림 5-4]의 화면에 등장하는 쿠보타 베이센은 『국민신문(國民新聞)』의 특파화가로서 종군하고 평양전에서 하라다 주키치(原田重吉)의 현무문 일번 진입(玄武門一番乘り) 그림을 그렸다. 귀국했을 때 천황이 있는 히로시마의 대본영으로 불리어 화가로서 본 전쟁터의 상황을 이야기했다.

---

10 반다이산 분화에서도 몇 개의 니시키에가 시사보도적 역할을 담당하여 출판되고 있다. [그림 5-5]는 그 중 하나이다.

11 사고(社告)로 낸 것은 분화 1주일 후인 7월 22일인데 똑같은 사고를 24일에도 게재하고 있다. 이어진 사고[朝日新聞, 1888년 7월 29일]에 "조각이 완료되었기 때문에 오는 8월 1일 발행 본지에 부록으로 간행함"이라고 되어있다.
  약 1년 후 쿠마모토 지진 때 역시 고다 기요시(合田淸)·야마모토 호스이(山本芳翠)에게 의뢰하여 사진을 본떠서 새긴 '정세한 진도'를 부록으로([그림 5-7]) 하면서 "작년 반다이산(磐梯山) 분화 때 간행하여 고평을 받았으며 부록의 예에 따라"[東京朝日新聞, 1889년 8월 31일]라고 되어 있기 때문에 현장을 보여주는 듯한 그림 부록이 화제가 된 것은 분명할 것이다.

12 이 '진도(眞圖)' 혹은 '정밀 완전한 일대 진도'라는 표현은 몇 차례 반복되고 있는데, 어딘가에서 '사진'이라는 말을 의식한 것일 것이다. 현장의 실황을 알고 그 참상을 상상하게 하기 위해 "유럽풍 그림으로 유명한 세이코칸(生巧館主) 주인 야마모토 호스이(山本芳翠) 씨에게 위탁하여 가까이 실지로 들어가 그 실황을 촬영 또는 사생하여 극히 정밀하고 확실한 일대진도로 하고, 더욱이 세이코칸의 유럽풍 조각가 고다 키요시(合田淸) 씨에게 조각을 요청하여 부록으로 간행한다"[朝日新聞, 1888년 7월 23일]라고 되어 있다.

전쟁보도사진 이전

물론 이미 사진기술은 알려져 있었지만 신문에 관해서 말하면 전쟁보도사진 시대가 동트기 전이었다.

당시 사진기를 전쟁 현장에 들여오기 위해서는 육군참모본부 육지 측량부와 같은 조직적인 정통성 혹은 구 츠와노(津和野) 번주의 가문을 이은 카메이 히로아키(龜井宏明) 백작과 같은 재력과 인간관계가 필요했을 것이다. 청일전쟁으로부터 10년 후의 러일전쟁이 되면 그림엽서를 포함하여 신문에도 본격적인 사진 응용시대가 시작된다. 그러나 청일전쟁에 대해 이야기하는 방식은 아직 니시키에의 시각이라고도 할 수 있는 것이 주류였다. 사람들이 사진에 막연히 기대했던 리얼리티의 사실력과 전쟁으로 상상할 수 있었던 구체적인 그림과의 격차가 너무 컸기 때문이다.

카메이가 남긴 『일청전쟁종군사진첩(日清戰爭從軍寫眞帖)』에는 흥미로운 한 장의 사진([그림 5-8])이 남아있다. 그것은 거의 2개월 전 성벽을 기어올라 돌입했던 전투상황을 재현하도록 하여 촬영한 것이다. 사진은 현실을 세밀하게 담아내는 복제기술이지만 살인이나 전투의 그 순간을 포착하기는 어렵다. 우연한 행운에 맡길 수밖에 없다. 이에 비해 그림은 그 결정적 순간을 상상으로 자유롭게 그려내어 마치 보고 온 것처럼 나열해 보일 수 있다([그림 5-9]). 신문그림과 전쟁그림이 널리 받아들여진 것도 그 상상력을 대행했기 때문이다.

즉 당시의 독서력, 즉 리터러시의 현상에서 생각하여 네모난 글자만으로는 상상하기 어려웠을 사건의 현장을 화가가 그리는 그림이 대신 눈앞에

[그림 5-8] 카메이 코레아키 촬영. 금주성(金州城) 서벽 등반 재현 사진 (1895.1.3.) [亀井茲明, 1992: 109]

보여 주었다. 코바야시 기요치카(小林淸親)가 그린 바닷속으로 가라앉고 있는 전함의 모습([그림 5-10]) 등 아마 오늘날의 사진가라도 이런 장면을 만나는 것은 전혀 불가능하다. 특수촬영이라도 구사해야 보여줄 수 있다.

사람들도 또한 이 그림에 의해 비로소 '해전'이라는 사태를 상상해 볼 수 있음을 알게 되지 않았을까.[13] 그림은 상상력을 발명하고 이해의 방향성을 만들며, 그렇기 때문에 위험이 있다.

[그림 5-9] 1894년 11월 6일 금주성(金州城) 공격 전쟁그림

----

[13] 물론 그 허구성을 전혀 눈치 채지 못했던 것은 아니다. 신문은 군인으로부터의 의견으로서 '해류전쟁그림'의 자유분방함을 비판하고 있다. "근래에 그림가게 앞, 특히 왕래의 주목을 끄는 것은 전쟁 그림으로, 어느 가게 앞에도 산 같은 군중이다. 그러나 그 그림 중 하나도 참다운 것은 없고, 특히 해전에 있어서는 실로 배를 잡게 한다. 예를 들어 근위사관이 군함의 갑판에서 소총을 쏘고, 수뢰정에 많은 포탄을 올려놓거나 하는 것은 기이하다고 할 수 있다. 물론 그림이라면 굳이 탓할 것까지는 없겠지만, 부녀와 아동의 교육을 위해 화공이란 사람은 조금이라도 마음을 써야 한다고 모 군인은 말했다"[東京朝日新聞, 1894년 9월 8일]

라프카디오 헌도 『心:日本の內面生活の暗示と影響』에서 "전쟁기록 종류는 사진석판이나 목판의 삽화를 넣은 주간 혹은 월간 형태로 구독자에게 반포되었는데, 이런 것들은 외국 전쟁취재 기자들이 전쟁의 종국에 대해 아직 아무런 예측을 하지 못하는 것보다 훨씬 전부터 전국에 팔려 나가고 있었다"[ハーン, 1977: 93]고 기술한 후에, "승전 소식이 들어올 때마다, 새로운 컬러 그림이 인쇄되고 그것이 한꺼번에 팔려나간다. 어설픈, 너무나도 싸구려 그림으로 대부분은 화공의 상상 그대로 그림으로 엮은 것이지만, 축제를 좋아하는 대중에게 기운을 북돋우기에는 안성맞춤인 그림이었다"(앞 책: 94)라고 논하고 있다. 후술하는 아라하타 칸손(荒畑寒村)의 회상과도 관련되지만 "얼마 후 전쟁의 모습을 널리 세상에 알리는 연극이 압도적으로는 유행하기 시작했다"(앞 책: 94)라고도 말한다.

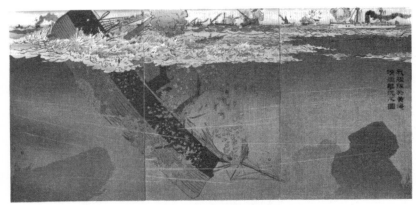

[그림 5-10] 청함 격침도(清親)

그림가게 앞에서

아직 초등학생이었던 우부카타 토시로(生方敏郎)의 위화감을 이미 청년 저널리스트로 활약하고 있던 1871년생 요코야마 겐노스케(橫山源之助)는 더 명석하게 분석하고 있다. 그림가게 앞이야말로 '현재의 사회풍조', 보통 민중의 사상과 기호를 관찰하기에 절묘한 장이다, 라고.[14]

1899년 5월, 요코야마가 어슬렁어슬렁 오가와마치(小川町) 근처의 그림가게에 들렀더니, 여느 때처럼 「풍설을 뚫고 가는 아군 정찰의 그림」「우장(牛莊) 야전대격투 그림」「슌판로(春帆樓) 양전권 담판 그림」과 같은 전쟁그림이 가게 앞에 걸려있다. 요코야마는 거기서 길거리를 지나는 사람들이 멈춰 서서 그것들을 보며 이야기를 나누고 중얼거리는 것을 듣는다.

"우장의 전쟁까지 가면 성황이죠" 하고 직공이 말하기 시작한다. "오오 무서워라. 적국은 저렇게 심한 짓을 해요, 어머니" 하고 열네다섯의 딸이 묻는

---

14 「繪草紙屋の前」『下層社會探訪集』[橫山源之助, 1990: 52-55]. "나는 굳이 도쿄 생활사회의 전체를 알 수 있다고는 하지 않으며, 그렇지만 확실히 오늘날 사회 풍조의 일부는 그림가게 앞에서 관찰할 수 있다고 믿는다. 특히 도쿄 생활사회 인민이 기호, 이상 의향을 보려고 하는 데 있어서 가장 편리함을 느낀다. 물론 이것이 가게에 내건 그림에 따라 개체를 발표한다는 의미가 아니라, 노상을 왕래하는 수많은 인민과 그림가게에 따라, 때때로 인쇄된 그림을 보고 서로 평판하는 담화 중에, 즉 인민의 사상을 표현하는 것이 있다는 것이다"(앞 책: 52).

다. 그러자 "저건 모두 나라를 위해서 저런 일을 당하셨어" 하고 어머니가 대답한다. 한편 "이홍장 새끼, 건방진 낯짝이군 개새끼" 하고 주점의 점원이 말하는가 하면, 서생 같은 남자가 변호사풍의 전통복장을 한 신사에게 "이홍장은 역시 동양의 호걸이군요" 하고 말을 건다.

여러 가지 감상을 가진 사람들이 그림가게 앞에 왔다가 가는 가운데 요코야마가 주목하는 것은, 가게 앞에서 만난 것 같은 2명 직공의 대화와 난폭한 몸짓이다. "어때, 바보 같지 않아, 금주(金州, 주국 랴오닝성에 있었던 옛 지명: 역주)를 돌려줘버리는 거야" 하고 말한다. 들은 남자는 몰랐던 모양으로 깜짝 놀란다. "넌 그걸 모르냐. 호외호외 하고 다니는 게 그거야." "흠 그렇게 된 건가". "그렇게 된 거라고" 하고 버럭버럭 화를 내면서 가게 앞에 장식되어 있던 「양전권대신 대담 그림」에 침을 탁 뱉는다. 그러자 이번에는 그림가게 주인이 뛰어나와 "파출소에 신고한다, 행패를 부려도 정도가 있지" 하고 소리를 지르기 시작하자 요코야마는 난동을 피해 가게를 떠난다.[15]

한발 물러서서 보면 우스꽝스럽기까지 한 똑같은 흥분을 1887년생 아라하타 칸손은 소지시바이(壯士芝居. 아마추어 연극: 역주) 현장에서 보고 있다.

> 소지시바이의 청일전쟁극에는 반드시 재류지나인과 일본인 아내의 애잔한 이별, 혹은 고국으로 돌아가는 지나인 부친과 출정하는 일본인 자식 간의 의리와 인정을 둘러싼 상투적인 번민의 일막이 있는데 그 슬퍼하는 장면에 눈물을 흘리다가, 또 전쟁 장면에서는 지나병으로 분장한 배우에게 땅콩껍질과 귤껍질 등을 던지기 때문에 때로는 지나병 배우가 분개하여 무대에서 구경꾼과 싸우는 일도 있었다.[16]

그러나 이 단락적이고 감정적인 행동도 역사에 갇힌 이해하기 어려운 다른 문화라고 보기는 어렵다. TV에서 다른 나라의 뉴스 영상에 흥분하고, 혹은

---

15 「繪草紙屋の前」[横山源之助, 1990: 53-54].
16 『ひとすじの道』[荒畑寒村, 1954: 41-42].

화면 속에서 강변하는 정치가의 모습을 마주하고 "무슨 소리냐" 하고 달려들고, 아무도 듣지 않는데도 "형편없군" 하고 혼잣말을 하는 것과 별로 다르다고 할 수도 없다.[17]

상상된 전쟁

전쟁그림에 의해 구축된 상상력은 색도 인쇄의 영웅이야기이며, 용감한 무사그림의 재흥이며, 훈공의 비극이나 미담과 강하게 연결된 국가적이고 국민적인 것이었다는 사실은 분명할 것이다.

그러나 그러한 상상력의 혼입을 특정 시각 미디어의 결점이 있었기 때문에, 미발달된 영상기술 때문에 옛날이야기라고 하는 인식은 매우 불충분하다. 요 100년에 걸친 시각 미디어의 발달을, 상상 풍경에서 사실 풍경으로, 공상 보도에서 과학 보도로라고 하는 지나치게 단순한 도식으로 결론지으려고 하는 것은 극히 일부의 고전적인 신문사 연구자뿐일 것이다. 아마 그렇지 않고, 우리는 철두철미하고 상상력이 작용하는 영역의 안쪽을 살고 있으며, 그 구속력으로부터는 쉽게 벗어날 수 없다.

그리고 오늘의의 보도가 만들어내고 있는 '전쟁' 또한 다양한 '현실' 인식의 단편을 종횡으로 짜 넣어서 상상되고 설명되고 있다는 점에서 과거의 니시키에나 재현 사진이 표상하고 있는 것과 구조적으로 다르지 않다. 상상에 의해 만들어졌기 때문에 압도적인 리얼리티를 생성해 내고 있는 것이다.

그 리얼리티를 해체하고 하나의 선택지에 지나지 않는 것까지 탈구축하기 위해서는 아마도 유포되고 있는 설명에 주의 깊게 저항하고 단절하는 힘이 필요하다. 그것도 또한 상상력이라고 부를 수밖에 없다. 상상력이란 아직 없는 것을 꿈꾸며 찾아내는 힘이다.

---

17   그리고 또 하나 '파노라마'와 '유화' 전시도 서민의 관람에 제공되었다[讀賣新聞, 1894년 8월 23일].

제6장

그림엽서: 시각 미디어 속의 인류학

두 그림엽서에서: 이민족의 발견

지금 여기에 두 종류의 그림엽서가 있다.

하나는 『남양관 기념 그림엽서(南洋館紀念繪葉書)』라고 하는 봉투에 든 세트로 6매의 사진그림엽서가 들어 있었다. 보르네오 다약족과 파푸아뉴기니 부족의 풍속을 담고 있다. 이 중에서 다약족[1] 석 장을 보자. ([그림 6-1~3])

다른 하나는 『세계인종풍속대관(世界人種風俗大觀)』([그림 6-4])이라는 상자에 든 50장짜리 물건이다. 50장을 사용하여 여러 민족의 풍모와 생활, 풍습이 그림엽서가 되어있다. 아프리카, 뉴기니도 있으며, 벨기에령 콩고, 인도차이나반도, 아메리카대륙, 터키, 포르투갈 등 실로 광범위하다.

유감스럽지만 손에 든 그림엽서의 관찰만으로 알 수 있는 것은 적다. 예를 들어 이것이 언제 발행되고 어떤 의도로 판매되었는가. 그림엽서 자신은 반드시 웅변으로는 말하지 않는다. 왜 이런 민족이 한 세트 속에 동거하고 있는지도 불명확하다. 겨우 50매짜리 그림엽서가 'MADE IN JAPAN SEIKAIDO TOKYO'라는 인쇄문자를 가진 것으로 보아 일본에서 발행되었을 것이라는 것을 알 수 있는 정도이다.

그러나 상상력을 발휘해서 읽을 수 있는 사건이 없는 것은 아니다.

---

1 '다약(Dayak)'은 이슬람화가 되어서 말레이인이라는 이름으로 불리기 전에, 보르네오 섬의 여러 선주민족을 통틀어 일컫는다. 밭벼를 경작하는 화전농경민과 수렵채집민을 포함한다. 20세기 초까지 머리사냥 습속이 있었으며, 머리를 보관하는 당을 마을에 가지고 있었다고 한다.

[그림 6-1] 만족의 머리보관 광경

[그림 6-2] 머리 축제 정장

[그림 6-3] 격투

[그림 6-4] 세계인종풍속대관

[그림 6-5] 그림엽서 봉투

[그림 6-6] [6-2]와 같은 원판의
그림엽서

예를 들어, 첫째. 도판에 든 3장의 구성은 분명히, 어느 정도 세상에 알려져 있었을 것이다. 야만적인 '머리사냥족'이라는 관념[2]을 강하게 나타내고 있다. 봉투([그림 6-5])에는 더욱이 "이케다 씨가 고심해서 촬영한 것"이라는 문구가 있는데, 그 귀중함과 희귀함을 강조하고 있다고 보아야 할 것이다. 이 '고심'은 실제로는, 예를 들면 카메라 앞에서 포즈를 취하는 것의 고심이었을지도 모른다. 그러나 그림엽서 구입자는 그렇게 생각하지 않았을 것이다. '고심'이라는 단어에서 위험 모험의 냄새를 맡았을 것이다. 아마도 이러한 중첩은 머리사냥족의 야만적인 관습이라고 하는, 스테레오타입화된 인식의 보급에도 힘을 주었을 것이다.

둘째. 봉투에 '남양관기념그림엽서'라고 있는 것도 하나의 단서이다. 이 남양관이란 무엇인가. 아마도 박람회라는 매우 근대적인 이벤트를 생각하면 될 것이다. 그리고 봉투에 찍혀 있는 기념도장에서 그것이 1914년 도쿄타이쇼박람회(東京大正博覽會)[3]였음을 알 수 있다. 그 전시관의 선물로서 판매되고 있었을 것이다. 그림엽서의 경우 자주 기념이라고 찍힌 스탬프나 소인이 그 출신이나 유통을 증명해 주는 것도 많다.

셋째. 남양관 기념그림엽서 봉투 속에 남아있던 6장이 완벽한 세트는 아니라고 생각한다. 그림엽서는 종이의 크기를 고려하여 8매 한 세트로 인쇄되는 경우가 많기 때문이다. 물론 이것은 추정일 뿐이지만, 그렇다면 나머지 두 장은 어떻게 되었을까. 아마 도쿄타이쇼박람회를 구경하러 가서 남양관을 구경하고 기념 세트를 산 인물이 관람의 감회를 적는 등 친우에게 보낸 것은 아닐까.[4] 많은 경우 그림엽서는 그렇게 해서 여행과 연관되어 사용되었다.

----

2   토리이 류조는 세계 여러 인종을 해설한 『인종지(人種誌)』에 '다약(Dyaks)' 항목을 만들고 "그들은 더욱 왕성하게 사람의 머리를 모으는 풍조가 있다. 이를 위해 크게 머리사냥을 한다. 그러나 그들은 다른 말레이보다 미려하게 몸을 장식하고 또 문신을 하는 풍속이 있다"[鳥居龍藏, 1902: 81]라고 썼다.

3   도쿄타이쇼박람회는 도쿄부의 주최로 1914년 3월 20일부터 7월 31일까지 우에노 공원을 제1회장, 시노바즈노이케(不忍池)를 제2회장으로 하여 개최되었다. 제2회장과 제1회장을 연결하는 에스컬레이터는 일본 최초의 설비로서 화제가 되었다.

4   남양관을 찍은 그림엽서(그림 6-7)도 오카치마치(御徒町)의 카미야세이산도(神谷成山堂)에

한편 사용되지 않고 여행이 늘어나는
기념으로서 컬렉션이 되는 '사용법'도
많았다고 생각된다.

넷째. [그림 6-2]에 든 그림엽서는,
사실은 같은 것이 50매짜리에도 있다

[그림 6-7] 남양관

([그림 6-6]). 얼굴 등을 수정해서 좀 다
른 사람 같은 인상을 주지만 머리를 들고 있는 모습은 같은 원판에서 인쇄한
것임에 틀림없다. 다른 민족이나 생활문화의 발견은 이른바 하나의 '사건'이
었다. 이러한 사실은 그림엽서가 복제기술 문화이며 복제를 통한 이미지 유
포에 관여하고 있었다는 것을 다시 한번 상기시켜 준다.

여행지에서 쓴다는 것: 인류학적 경험의 저변

평소 유의하고 있는 인류학 연구에서는, 여러 인종의 용모, 체격, 풍속 등의
사진, 그림이 필요하며, 항상 그 수집에 신경을 쓰고 있었습니다만, 아무래
도 생각대로 되지 않았습니다. 하지만 『그림엽서』가 유행한 이래, 재외 지
인으로부터 참고가 될 만한 것을 속속 보내 주기 때문에 정말로 사정이
좋아졌습니다. 『그림엽서』의 효능은 여러 가지가 있겠지만, 제가 가장 이
득을 느끼는 것은 바로 이 점입니다.[5]

서 만들었다. 관람의 감회는 다양했을 것이다. 요사노 히로시(與謝野寬)는 「남양관」이라는
제목의 시에서 거기서 느낀 환멸을 노래하고 있다[與謝野寬, 1914]. 초
록빛 바랜/ 모래와 먼지투성이의/ 물기 없는/ 짓눌린 키작은 야자숲/
미라가 되어 움직이지 않는 긴코원숭이/죽은 초라한 작은 악어/ 칙칙한
황토와 CHOCOLAT 색을 한/ 싸구려 모조 자바 직물/ 아직 한 번도
생혈을 맛보지 못한/ 영혼이 없는/ 가늘고 긴 여러 가지 독화살/ 옛?
이것이 타이쇼박람회의 남양관?/ 처음 두 개 실을 보고 걸어서 /나는
무심코 나의 아이들에게 말했다/ "이건 아니야! 이건 아니야! 남양은!"

5   坪井正伍郎「葉書についての葉書だより」[日本葉書會, 1906: 172].『그
림엽서취미(繪葉書趣味)』는 일본엽서회가 1904년에 창간한 잡지 『엽서
문학(ハガキ文學)』에 접수된 그림엽서를 둘러싼 에세이를 수록한 앤솔

[그림 6-8]
『繪葉書趣味』

인류학자 츠보이 쇼고로(坪井正伍郎)는『그림엽서취미』라는 앤솔로지([그림 6-8])에서 20세기 초의 그림엽서의 효용을 이처럼 기술하고 있다. 당시 일본에서는 전 세계 다양한 민족의 체형을 알고 그 생활풍속을 보는 것 자체가 오늘날처럼 쉽지는 않았을 것이다. 그것은 교통의 문제이며 카메라 보급의 문제였다. 소박한 유용감은 그러한 시대에 위치시켜서 다시 느껴야 할 것이다.

그러나 우리가 살아가고 있는 것은 이미 한 세기 이상 후의 세계이다. 그림엽서에 대한 파악 방식도 다른 강조를 필요로 한다. 오늘날의 관점에서 보아 그림엽서라는 미디어는 어떤 문제를 인류학적 실천에 제기하고 있을까.

첫째, 여행지에서 그림엽서를 쓰는 경험은 인류학이라는 학문의 근원과 호응하는 계기를 가진다. 즉, 이 학문이 타문화를 여행하고 쓰는 경험으로부터 생겨난 것과 중첩시켜서 고찰되어야 할 행동이다.

여행지에서 쓰는 것의 역사에서 인류학적 인식구축의 역사 발굴을 시도한다면, 그 한편의 원류는 등산 등을 포함한 비경의 탐험이나 대항해시대의 견문록 세계로 이어진다. 그리고 흘러 나가는 하류는 대중화된 그림엽서의 기록이나, 철도나 패키지 여행이 낳는 여행지의 일기나 감상 메모, 오늘날에는 블로그나 인스타그램을 향해서 확대되고 있다. 이론적 인식의 높이만이 아니라, 저변을 이루는 경험의 확장을 파악하는 것은, 학문의 변동기에 있어서 중요할 것이다. 그림엽서는 여행 견문이나 감상을 쓰는 일을 대중적인 규모로 조직한 역사적인 미디어였다.[6]

그림엽서를 쓴다고 하는 경험은 철도가 조직하고, 이윽고 비행기로 접속한 여행의 산업화라고 할 만한 변용과도 깊게 연결되고 있다.

현지에 가서 다양한 풍물을 접하고, 아름다운 풍광과 진귀한 사물의 그림엽서를 선택해서 산다. 그리고 여행지의 견문이나 사건을 느낀 대로 쓰고, 고향이나 전부터 알던 사람에게 메시지로

로지이다.

6   『風景の生産・風景の解放』[佐藤健二, 1994].

보낸다. 얼핏 보면 당연한 것처럼 보이는 사소한 행동이지만 그 자체가 사실은 대중화되고 미니어처화된 비교와 발견의 인류학적 실천이다.

지금 그림엽서에 찍힌 관광지 '명소'의 존립에 복합적이고 개별적이며 어딘가 보편적이고 흥미로운 역사에 깊이 빠져들 수는 없다. 그러나 명소가 단지 자연 풍광의 아름다움뿐만 아니라 오래전부터 '이름'에 의해 알려진 상상된 장소였다는 것을 잊어서는 안 된다.

거기에는 이미 기원도 분명치 않은 전설이 쌓이고, 많은 노래가 영창되고 또 인용되며, 의미 있는 담론이 두껍게 퇴적되어 있었다. 그렇기에 거기로 향하고, 역사적 교양의 필터를 통해 노래를 부르거나 감상을 기록하는 것 자체가 여행의 실질을 구성할 수 있었던 것이다.

자유로운 여행 문필을 인류학이라는 학문 조사 실천과 중첩시키는 것은 거칠다는 비판도 있을 수 있을 것이다. 분명히 바쇼(芭蕉)는 레비스트로스는 아니었다. 그러나 스가에 마스미(菅江眞澄)를 재발굴한 야나기타 쿠니오(柳田國男)의 여행은 후에 민속학으로 불리게 되는 학문을 키우지 않았을까. 그리고 말리노프스키의 일기[7]는 그의 인류학적 분석을 받쳐준 모순으로 넘치는 감정의 이면을 웅변으로 말해주고 있지 않은가.

마침내 철도가 발달하고 그에 따라 대중의 간편한 이동이 가능해졌다.

거기서 관광이라는 개념이 본격적으로 탄생하고 여행문화 속에서 그림엽서가 생산되고 소비되는 영역이 확대된다. 다른 풍속과 문화를 접하고 놀라는 것 자체가 인류학으로의 첫걸음이라면 그것을 기록하는 그림엽서는 역시 작은 인류학적 체험이었다. 경험에서 구성될지도 모르는 동일성을 논하기 전에, 에스노그래피의 두터움과 여행 기록의 질적 차이를 선험적으로 자명한 구별처럼 평가해 버리면 잃는 것이 많아질지도 모른다. 학문/일상, 혹은 과학/문학의 이념적이고 관념적인 대립이야말로 오늘날 다시 한번 재검토될만한 분단의 벽이다.

---

7   『マリノフスキー日記』[Malinowski, 1967=1987].

그렇게 해서 문제를 제기해야 할 것은 이데올로기로서의 문학과 과학의 차이 유무가 아니라 대중화라는 메커니즘의 현장적·일상적 내실인 것이다.

써진 것의 행방: 현지조사 속의 근대

둘째, 그림엽서의 경험은 우편이라고 하는 근대 기원의 세계 규모 시스템과 결합되어 처음으로 생겨났다. 그것은 우리의 현지조사가 세계 규모 시스템과 무관하지 않다는 것을 매우 상징적인 형태로 명확하게 보여 주고 있다.

즉 '엽서'라고 하는 시스템이 있어야만 거기서 생각한 것, 쓴 것이 고향이나 본국의 지인에게 연결되어 간다. 그 시스템의 자각화는 인류학이나 사회학이 무의식적이었다고 하더라도 과학의 이름으로 따지지 않았다.[8] 우리는 누구를 향해 쓰고, 쓴 것은 어디로 가는가 하는 논점을 조명한다. 현지조사를 다녀와서, 거기서의 인식을 가지고 돌아와 논문을 쓰거나 에스노그래피로 정리한다. 그 경험의 축적이 민족학이라는 학문을 성립시킨 것이지만, 그 기술의 운동은 분명 세계사적인 근대의 '시스템' 속에 자리 잡은 실천이었다.

그림엽서는 우편이라고 하는, 국가를 단위로 하는 세계 규모의 시스템을 전제로 하여 수신자명만 쓰면 거기에 도착하는, 어떤 제도에 대한 신뢰 속에서 형태가 나타난다. 형상이 나타남과 동시에 이것은, 보는 사람/보여지는 사람/쓰는 사람/읽는 사람이라고 하는 관계에서 선진국 중심 세계 시스템의 형성을 매우 명확하게 이야기하며, 문제 제기할 수 있는 논점을 포함한다. 그러나 인류학이 그러한 조사(관찰)되는 사람/조사(관찰)하는 사람/기술하는 (쓰는) 사람/그것을 해독하거나 읽고 즐기는 사람과의 관계를 고찰하는 것에 관심이 많았다고는 할 수 없을 것이다. 그 기술의 운동은 결국 제국주의의 산물이었다고 하는 역사적 요약이 현재의 실천 가능성에 있어서도 여전히 뛰어넘기 어려운 한계인지 어떤지를 포함하여 다시 한번 검토되어야 한다.

---

8 이것을 심도 있게 따진 것이 1980년대 후반부터 시작된 '라이팅 컬처'의 문제 제기였다.

세 번째로 생각할 수 있는 것은, 그림엽서가 사진의 최초 유포 형태였다고
하는 것이다. 좀 더 정확히 말하면 사진과 인쇄가 만나 시각 측면에서 복제문
화의 실질을 최초로 만들어낸 매체였다.

물론 복제문화라는 개념의 의미는 신중하게 구축해 나가야 한다. 그러나
복제기술을 인류학과는 무관한 근대기술의 영역으로 몰고 가 봉쇄하는 사고
는 철저히 극복해야 할 것이다.

특히 그림엽서가 제시한 것은 시각에 관한 복제였다. 노래를 부르기만 한
여행과 무엇이 다르고 글자만의 여행기나 탐방록과 무엇이 달라졌을까. '백
문이 불여일견'이라고 우리는 자못 천진난만하게 말한다. 일견의 수단인 사
진은 백문을 조직한 '말'에 의한 전달에 직접적이고 실감적인 제시를 끌어들
이는 결과가 되었다. 이민족의 습속과 문화를 먼저 시각에 의한 직관적 이해
로 번역했기 때문이다.

물론 사진 하나만이 혁명적이었다고 하는 것은 부당한 과장이다.

먼저 나온 여행기 중에서도 이미 동판화의 삽화와 석판화의 도해가 인류학
적 대상의 이미지를 만들어내기도 했다. 동판화 역시 복제 기술이다. 그런
도판의 복제력을 빌려 백과전서적 인식의 운동이 성립해 오는 역사도 잊지
말아야 할 것이다. 그러나 사진의 보급이 낳은 상세한 묘사의 박력은 이미지
에 있어서 새로운 단계의 직접성을 조직했음에 틀림없다.[9]

그리고 우리는 가본 적도 없는 지역의 생활을 먼저 클로즈업으로 선별하여
보는 경험을 갖게 되었다. 대중화된 그림엽서는 그 점에서 현대의 미디어
경험으로 이어지는 어떤 일정한 시각만
의 분리된 경험을 생산하는 장치였던 것
이다.

[그림 6-9a]
『世界風俗寫眞大觀』

[그림 6-9b] 같은
책(뒷표지)

---

9   新光社에서 간행되고 있던 『世界知識』이라는
     잡지의 증간 『世界風俗寫眞大觀』[仲摩照久 편,
     1933].([그림 6-9a, b]) 등 이러한 시각적 호
     기심의 발현이다.

해독의 과제: 그림엽서의 역사인류학

한편으로 '그림엽서'적인 스테레오타입을, 소위 '관광인류학'이 어떤 형태로 뛰어넘을 수 있을지에 대한 질문이 제기된다. 뛰어넘는다는 말도 또 신중하게 만들어 가야 한다. 그림엽서가 되기 이전의 장소나 현상을 찾아다닌다는 이른바 비경 오지주의는 뛰어넘는 것이 아니라 문제의 회피에 지나지 않는다. 또한 시각에 있어서의 오리엔탈리즘이라는 이데올로기 폭로 또한 종종 비판에 자폐되어서 구체적 실천에 착지하려 하지 않는다. 순진한 비경 소망도 아니고 고압적인 오리엔탈리즘 비판도 아닌 제3의 길은 어떻게 가능할까.

그림엽서의 텍스트 분석과 생태 분석이라는 꾸준한 대상화 작업을 조직해야 한다.

그림엽서 또한 시대의 미디어임과 동시에 하나의 역사기록이자 증언이다. 그 미디어로서의 효과와 옮겨서 전한 내용을 파악하기 위해서도, 텍스트로서의 화면 분석은 물론 사물로서의 그림엽서의 생산 - 유통 - 소비 구조를 그 사회 속에서 세세하게 그려보는 연구가 필요하게 된다. 어떻게 만들어지고, 누가 팔고, 누가 사고, 어떤 방식으로 사용되는가 하는 논문이다. 이는 그 자체가 하나의 문화인 고고학에 속하는 분석이다. 미디어로서의 그림엽서는, 일본 근대 역사 공간 속에서조차 아직 정확하게 측정이 완료된 것은 아니다.

예를 들어, 대량으로 발행되었다고 생각되는 '관동대지진'의 그림엽서는 어떻게 생산되고 소비되었는가.[10]

....

10 엄청나게 발행된 관동대지진의 그림엽서가 어떻게 팔리고 있었는가. 그 일단에 대해서 키타하라 이토코(北原絲子) 편의 『關東大震災:寫眞集』[北原絲子 편, 2010]에 쓴 적이 있다.
   지진 후 2개월 반 무렵의 광경으로서 『アサヒグラフ』가 소개하고 있는, 일전증기(一錢蒸氣, 도쿄 스미다가와에서 운항했던 정기여객선: 역주)의 배 그림엽서 판매 풍속은 흥미롭다. "만원으로 진행 중에 죄송스럽습니다. 소개드리자면, 우리 시민으로서 결코 잊을 수 없는 1923년 9월 1일 오전 11시 58분 도쿄대지진의 실황 사진입니다. 여러분 부디 부처님 공양 기념으로, 또 영원한 기념으로 찬성해 주십시오. 처음에는 황당하게도 미야기 앞의 대균열에서, 다음은 유라쿠쵸의 산가쿠(サンギャク), 모두 이 위가 지진 이전이고, 아래가 지진 후로 되어 있기 때문에, 누구나 알기 쉽습니다. 판은 상등판 코로 타입, 사진은 이 이상 선명할 수 없습니다. 이것을 선명하지 않다고 할 분은 없을 것입니다. 이번에는 대지진과 함께 600여 명의 시체가

그 해명에는 다른 미디어 기록으로부터의 측량도 필요하다. 동시대의 신문 잡지 등의 사진과 논술을 검토해 가면 어렴풋이나마 찍힌 상황이 떠오를지도 모른다. 『CAMERA』라는 잡지에는 지방에서 구호를 위해 온 청년 단원들이 목에 카메라를 걸고 사진을 찍으면서 걷고 있다는 증언이 있다.[11] 자주 휴머니즘의 미담으로 색칠되기 십상인 재해 봉사자 중 재해를 구경하는 심성이 흥미롭다. 『CAMERA』의 편집을 담당한 인물은 "괘씸한 놈들"이라고 하면서, 자신들에게 얼마나 매력적인 새로운 피사체가 나타났는지 논하거나 한다.[12] 이러한 욕망이 재해 그림엽서의 원판을 생산하게 했다고 생각할 수 있다.

호기심이 사진이라는 도구를 사용하면서 어슬렁어슬렁 돌아다닌다. 마침 투어리즘 속의 여객과 거의 같은 관심 속에서 그림엽서라는 상품이 탄생했다. 그러한 메커니즘의 구체적인 연관을 파악하지 않고는 뛰어넘을 수는 없을 것이다. 그리고 잡지 『CAMERA』([그림 6-10])의 증언은 카메라를 든 남자가 피난민에게 뭇매를 맞았다는 소문을 기록하고 있다.[13] 실제로 그에 가까운 현상은 존재했고, 드러나지는 않았어도 많은 사람들이 이재민이라고 하는

산을 이루었다는 것이 바로 신요시와라입니다. 다음은 일본 최고의 오락장이라고 불렸던 아사쿠사의 활동사진 거리도 불쌍하게 일장춘몽이 되어, 쇼치쿠(松竹)의 미소노자(御園座)의 불탄 흔적을 남겼을 뿐 그림자도 형체도 없습니다. 아사쿠사 명물 12층은 이번 대지진으로 붕괴되고, 게다가 공병대로 그림자도 없이 치웠습니다. 이것은 두고두고 유일한 기념으로서 찬성을 바랍니다. 하이, 잠시만 기다려 주십시오"[『アサヒグラフ』 1923년 11월 21일호].

그림엽서로 꽤 벌었다고 하는 미츠무라(光村) 인쇄소의 경영자 미츠무라 토시모(光村利藻)의 전기에는 재해로 집을 잃고 일자리를 잃은 사람들이 노점에서 그림엽서를 팔고 있던 것 등이 기록되어 있다[增田信之, 1964: 348-349].

11 사진가 미야케 콧키(三宅克己)는 잡지 『CAMERA』의 대지진 사진호에서, 지방에서 구경꾼이 모여들어 싸구려 펄카메라를 휴대하고 구경하러 다니는 청년들을 자주 보았다고 쓰고, "이런 무리야말로 폭리 상인, 화재 도둑질보다 나쁜 악당으로 크게 징계해야 할 자"[三宅克己, 1923: 514-515]라고 느끼고 있다.

12 「新しいジャンル」[鵜澤四丁, 1923: 518-520]. 같은 의미의 발견을 미야케 콧키 또한 "사진의 제목은 지진보다 화재의 자취에 많다. 지금까지는 꿈에도 볼 수 없었던 새로운 소재가 곳곳에 나타난다"[三宅克己, 1923: 514]고 말하고 있다.

13 「天災勃發」[三宅克己, 1923: 508].

[그림 6-10]
『CAMERA』
1923년 10월호

사실 이상으로 시선의 폭력을 느낀 사실을 간과해서는 안 된다. 이는 일면에서 인류학이나 사회학에서 조사자/피조사자 관계로도 이어지는, 보다/보여지다라는 관계의 문제를 제기하고 있다.

그러나 이것을, 조사하는 사람 개인의 윤리나 배려의 문제만으로 단순히 환원해서는 안 될 것이다.

예를 들어 1995년 한신·아와지대지진(阪神·淡路大震災)에서도 보도가 되고 사진이 많이 찍힌 장소에 동정심이 집중되어 의연금이 모인다는 사실이 있었다. 현대사회에서는 이해관계도 윤리도 복잡한 그물망 속에서 작동할 수밖에 없다. 그러므로 학문적 영위에서 질문되어야 할 것은 오히려 대상의 생태를 묘사하고 구조를 분석하는 우리의 기술 운동을 어떤 형태로 지탱하는 것의 의의를 자각하는 것이다. 동시에 포위하고 있는 사회 역사적 제약이나 억압 자체를 의식화하고 극복하는 것, 즉 뛰어넘은 것이다.

너무 보편적이고 개략적인 문제 제기일지도 모른다.

그것은 아직 그림엽서의 역사인류학이 매니페스토 이상의 높은 달성을 만들지 못하고 있는 것이 현실이기 때문이다. 보편을 세밀하게 재묘사하는 것은 구체에 대한 연구축적의 두터움에 의존한다. 관광인류학의 가능성에서 보아도 그림엽서 연구는 아직 미개발 분야이며 도전자를 기다리는 프런티어이다.

제7장

관광의 탄생: 그림엽서로부터의 암시

통설로 자주 언급되는 바에 의하면, 관광이라는 말의 등장은 19세기 중반이라고 한다. 1855년에 네덜란드 국왕이 토쿠가와 막부에 보낸 목조 증기선 군함 '칸코마루(觀光丸)'의 명명이 최초의 용례로, 이 말은『역경』의 '관국지광(觀國之光)'이라는 어구에서 유래한다고 한다.[1]

그러나 중국의 고전으로 거슬러 올라가는 문자의 약간 엄격한 조합과 근대의 소위 투어리즘을 충족하고 있는 느낌과의 사이에는, 같은 문자 기호를 이용하면서도 억지로 갖다 붙이는 느낌이 들 정도의 거리가 있었다. 풍광구경의 행락 기분을 직접 가리키는 오늘날의 어의는 기껏해야 1910년대 전후부터의 것으로, 주역에서 유래한 해석보다 외국에서 여행자와 함께 가져온 sightseeing이라고 하는 느낌과 겹친다. sight가 전망이나 광경이고, seeing은 보는 것이기 때문에 거의 직역이라고 해도 좋을 중복이다. 그런 의미에서는 오히려 후쿠자와 유키치의『서양 사정』에서의 용례[2]가 지금 사용되는 어

---

1 '칸코마루'에서 어원을 구하는 통설이 참조하고 있는 것은 대부분의 경우 철도성에 근무했던 이노우에 마스조(井上萬壽藏)의『觀光讀本』 [井上萬壽藏, 1940]([그림 7-1])이다. 참고로『日本國語大辭典』에는 "16·17세기의 용례가 실려 있지만, 모두 중국 고전 유래의 위광을 본다라는 의미로, 소위 sightseeing의 구경 유람과는 다르다.

2 후쿠자와 유키치(福澤諭吉)는『서양사정(西洋事情)』[1866-70]의 초편에서 자신의 유럽여행은 그리 긴 것이 아니었으므로 '일시 관광'에 불과했으며, "자세히 그 나라 사정을 탐색하는" 것은 아니었다고 말하고 있다.

[그림 7-1]『觀光讀本』

감에 가깝다.

지배자가 문물과 제도를 시찰하고 나라의 위광을 본다고 하는 추상적인 이념보다, 외국이나 지방으로부터의 여행자나 유람자가 증가하는 실태가 새로운 단어를 필요로 했을지도 모른다. 1918년에 간행된 지츠교노니혼샤(實業之日本社)의 신어사전『새로운 단어 사전(新しい言葉の字引)』에는 '관광단'이라는 단어가 실려 있고,[3] 다음과 같은 해설이 있다.

> 관광단 : 시찰·조사 등 특별한 목적이 없이 단지 그 땅의 풍광을 구경하기 위해 나가는 단체. 하와이 동포로 일본에 오는 것이 모국관광단, 지방인의 도쿄 구경이 도쿄관광단.

해외로의 이주자나 자녀들이 사업 외 목적으로 일본 구경을 하러 오는 것을 「모국관광단 오다」 등의 제목으로 신문에서도 자주 보도했다는 증언도 있다.[4] 더욱이 제1차 세계대전과 제2차 세계대전 사이의 전간기(戰間期)에는 구미 제국의 투어리즘 덕분에 호화 여객선이나 세계 주유 크루저 등이 일본에 기항한다. 그러한 여행자의 도항 목적은 말할 것도 없이 sightseeing이었다.

쿠와바라 타케오(桑原武夫)는 "타이쇼 시대(大正時代. 1912~1926)에는 관광이라는 말은 없었다. 명소 구경이라고 했지만 그것도 번성했다고는 할 수 없다"[5] 하고 말하고 있다. 단어 자체가 없었다는 쿠와바라의 개인적 견해에 그대로 따라갈 수는 없지만 기억에 새겨질 만큼 쓰이지는 않았고 자신도 써 본 기억이 없다는 것은 증언으로 귀중하다. 쿠와바라는 1919년 중학생 때 친구와 나라(奈良) 구경을 시도했는데 어디를 봐야 할지 알려주는 관광안내서는 학교 도서관에는 한 권도 없었고 일요일인데도 토쇼다이지(唐招提寺)나 사이다이지 (西大寺) 경내에는 사람이 한 명도 없었다고 한다. 실제로 구경할만한 대부분은

---

3   참고한 것은 1921년 10월 발행의 정정증보 제50판이다.

4   『観光讀本』[井上萬壽藏, 1940: 11].

5   「大正伍十年」[桑原武夫, 1980: 314].

고적, 신사, 불각 명소뿐이었지만 관광은 산업화 이전 단계에 있었다.

이에 대해서 관광이라는 말이 세상에서 널리 사용되는 계기가 된 것이 1930년 '국제관광국'의 창설이다. 국제관광국[6]은 외국인 관광객 유치를 목적으로 한 관계시설과 조직의 연락통일을 위한 행정조직으로 철도성에 설치되었다. 이듬해 조직되었다고 하는 국제관광협회는 이를 위한 사업을 자금적으로 뒷받침하고 광고 등을 하는 재단법인으로 국제관광국 안에 사무소가 설치되었다. 그리고 지방에도 관광협회 등의 단체가 생기고, 관광이라는 말이 일본 사회에 퍼지게 된 것이다.[7]

세계 인식에 있어서의 '눈의 우월'

sightseeing이라는 영어에도 공통되는 점이지만, 관(觀)이든 빛이든 그 문자 표상은 눈의 기능을 기본으로 한다. 말에 기대어 보면 보는 것 자체가 의미의 중심을 이루고 있어 보는 즐거움이 강하게 각인되어 있다. 그리고 오감 속에서 시각의 우월이야말로 19세기 말부터 20세기에 걸쳐 증대된 여행자 대중의 신체 상태를 날카롭게 특징짓는 논점이었다.

앞에 든 쿠와바라 타케오의 에세이는 1910년대 이후 50년 정도 사이에 관광이 보급되어 정착했던 것을 근거로 하고 있다. 그리고 그 자체가 바로 시각경험의 우월함을 말해주며, 1960년대 당시 일본 '대중사회'의 특질로 이어지고 있음을 지적하고 있다. 한 예로 식품모형(식품 샘플. [그림 7-2])을 속악하다고 혐오하는 사람도 있는가 하면 합리적이라고 높게 평가하는 사람도

---

6 동시대의 신어사전은 다음과 같이 기술하고 있다. "관광국 정확히 말하면 '국제관광국', 머리가 좋은 에기(江木) 철도상이 고안한 것으로, 끊임없이 외국에서 관광객을 초대하여 돈을 많이 쓰게 하자는 '국제적 규타(牛太)'이다. 일본의 명물은 후지산에 벚꽃에 게이샤다. 일억엔 정도는 쓰고 가라. 부탁해" 『モダン語漫畵辭典』[中山由伍郎 편, 1931(단 참조한 것은 1992년 1월 발행 개정판). '규타'는 '규(牛)', '규타로(牛太郎)', '규타로(妓夫太郎)', '규(妓夫)'와 같은 직업을 가리키는데, 이 단어는 모두 유곽의 하인인 호객꾼을 가리키는 말이었다. 나쁜 장소의 호객꾼에 대한 비유는 좀 시니컬한 해설이다.

7 [ジャパン·ツーリスト·ビューロー, 1931: 517-539].

있는데, "지진 무렵에 생겨나고 점차 정교화되면서 오늘도 결코 쇠퇴하지 않는다."[8]

식품모형[9]은 과거 사슴 세공품이었으며 오늘날에는 수지를 소재로 제작되고 있다. 컬러사진인쇄 메뉴가 보급되기 이전 시대의 외식에서 큰 역할을 하였다. 낯선 땅에서 이유도 모른 채 식당에 들어가려고 하는 사람들, 즉 여행자로서의 관광객에 대해서 먹는 음식의 이미지를 직관적으로 전달하고 선택을 도와주는 정보매체였다. 즉, 일상적인 지식이 없는 불특정 다수의, 미지의 소비자를 위한 '식사'가 타깃이다. 그것을 중요한 계기로 삼을 수 있는 관광시장이 열렸다는 것을 이야기하고 있다.

사회학자 짐멜이 확장하는 근대 교통은 시각적 인상의 역할을 증대시키고 있다고 간파하고 눈의 우월함을 도시의 본질로 정식화한 것은 무섭도록 대담하지만 탁견이었다고 생각한다. 대도시는 미지의 사람을 만날 기회는 많은데 그 소리에 귀를 기울인 경험은 적다. 오히려 말을 주고받지 않고 사람들을 보는 일이 늘어날 수밖에 없는 그러한 일방향적인 커뮤니케이션의 단편을 모아 도시의 경험과 정신생활이 성립되고 있다. 그리하여 공업화되고 거대해지고 대중화된 도시야말로 관광객이라는 이름을 가진 여행자의 생산지이자 소비지였다.

공간으로서의 도시는 관광문화 분석에 꼭 필요한 논점이지만 여기서는 더 이상 깊이 들어가지 않는다. 하지만 여기서 말한 것과 같은 '눈의 우월'이 문화 조사연구에 드리우고 있는 그림자에 대해서는 새삼 자각해 둘 필요가 있을 것이다.

그것은 위에서 설명한 바와 같이 커뮤니케이션의 일방향성과 깊이 관련되

8 「大正伍十年」[桑原武夫, 1980: 322].
9 식품 견본에 대해서는 노세 야스노부(野瀬泰申)의 『눈으로 먹는 일본인(眼で食べる日本人)』[野瀬泰申, 2002]이 철저한 조사를 실시하고 있다. 그에 따르면 오늘의 샘플 케이스의 원류가 된 것이 1923년 11월 1일에 오픈한 시로키야(白木屋) 니혼바시 본점 가점포의 식당이었다고 한다.

[그림 7-2] 식품 샘플

어 있다. 눈은 표면적이고 대범한 전체를 인상으로 파악하기에는 편리하지만, 다른 한편으로 또 그 강한 인상에 사람은 현혹되어 속임수를 당하기 쉽다. 그 지역의 말을 한 마디도 못하는 지나가던 여행자가 오히려 대담한 해설가가 되어 마치 본질을 간파한 듯 단정을 내리는 것은 실은 그들이 "귀로 의심하기"[10]까지의 신체적 채집력을 갖추지 못했기 때문이라는 것이다. 그런 방법론적 반성의 중요성을 나는 야나기타 쿠니오(柳田國男)라는 민속학자의 저작에서 배웠다.

눈의 채집과 귀의 채집을 조직화한 답사의 유효성은 바로 눈의 의심만이 아니라 귀의 의문이 뒷받침되어야 비로소 하나의 방법이 된다. 도시는 그 유효성의 보장을 받지 못한 채 사람을 미지의 것과 일상적으로 엇갈리는 경험의 장에 집어던진다.

미디어로서의 '그림엽서'

구체적인 것처럼 가장하고 나타나는 눈의 직관적인 해설력이 문제다. 그것에 의존하고 그 즐거움에 탐닉해서는 안 된다고 할 때, 그 방법적 교훈을 검토하기 좋은 소재로 '그림엽서'가 있다.

그림엽서는 어딘가 나아진 것이 없는 변변찮은 관광 선물이 되었는지도 모른다. 이 물건이 그러나 일본에서는 러일전쟁 승전 기념과 함께 일대 붐을 이루었다는 사실은 잊혀지고 있다. 이 붐은 각지의 구역마다 그림엽서점을 만들게 했다. 재해나 사건을 찍은 시사그림엽서와 전국판의 스타를 탄생시킨 미인그림엽서 등, 그래프잡지(사진을 중심으로 하여 편집된 간행물로 미국의 『라이프

---

10 원래의 야나기타 쿠니오의 글은 『民間傳承論』이라는 방법론의 저작에 나타나는 것으로, "어쨌든 눈은 잘 의심하지만, 다시 보고 또 스스로 잘 해설한다. 즉 단기 관찰자에게는 가장 중요한 무기임과 동시에 다소 경솔한 추단자로 만드는 경향이 있다. 소위 관광단의 현지어를 하나도 모르는 사람이 돌아와서 대담한 비평가가 되는 등은, 말하자면 귀로 의심할 만한 능력이 없기 때문이었다"[柳田國男, 1934→1998: 37]. 이 시사점에 근거하여 『讀書空間の近代』의 사회조사실천의 해설도에 있어서의 '감각론적 질서'가 설정되었다[佐藤健二, 1987: 254-273].

(Life)』지 등이 있음: 역주)나 스타의 브로마이드에 가까운 장르를 만들어 간다. 여러 장르의 흥망이 일어나면서 이윽고 관광지와 연결된 명소 그림엽서만이 살아남는다. 철도망의 발달과 같은 거시적 구조 변동이나 만년필의 보급으로 상징되는 일상생활 공간에서의 변용 등을 바탕으로 한 잊혀진 미디어의 역사적 다면성에 대해서는 별도로 논한 적이 있다.[11]

여기에서는 풍경의 발견 혹은 생산이라고 하는 현상과 연결시키고 게다가 이미 서술해 온 것처럼 눈의 우월이라는 태도의 확대 재생산에 있어서, 그림엽서가 완수한 역사적·사회적인 역할의 일단을 세 가지만 간단히 논해 두겠다.

풍경의 경관화

첫째는 그림엽서가 촉진한 '풍경'의 시각화, 즉 '경관'화이다.

과거의 명소 고적은 시의 문예나 고전의 고사와 결합되어 그것을 인용하는 교양이 화제로 하는 사람들의 경험에 깊이를 준다. 그러나 풍경이 사진 프레임 속으로 들어오면서 거기에 고정되고 제시된 시각적 인상만이 돌출하게 됐다. 게다가 사진은 마치 그곳에 서서 현실을 보는 것처럼 가상감각을 선사했다.

민속학이라는 새로운 일상 문화 연구의 창설자가 『메이지 다이쇼사 세상 편(明治大正史 世相篇)』의 「풍광추이(風光推移)」에서 지적한 것도 그러한 시각 중심화의 배후에서 진행된 변용의 망각이다. 혹은 환경인식의 신체론적인 공동화(空洞化)라고 해도 좋다.

풍경은 원래 오늘날의 음식과 마찬가지로 색깔과 모양 외에 맛이라는 것을 가지고 있었을 뿐만 아니라, 나아가 이에 함께 여러 가지 향과 음향의 잊기 어려운 요소를 갖추고 있었던 것이다. 그것을 한 장의 납작하고 조용한 것을 만드는 기예가 등장하여 먼저 그 안에서 날고 움직이는 것이 사라졌다. 그래

---

11 『風景の生産·風景の解放』[佐藤健二, 1994], [SATO 2002] 등. 만년필의 보급과의 관련에 대해서는 이 책의 제9장에서도 논하고 있다.

도 옛날 그림에는 법칙처럼 꼭 그림 속에 사람이 있거나 화조를 배합하는 약속 같은 것이 있었는데, 나중에는 그것마저도 필요 없는 것처럼 인정하게 되었다. 개개의 감각을 다른 것과 분리하여 따로 작동하게 하는 것은 수양이 필요한 일이었다. 속인들로서는 아마 수리가 없는 시를 상상하기 어려웠다. 그 때문에 우리 환경에 대한 희열 만족은 이름도 없고 막연한 하나의 기분이 되었고, 그것이 요즘처럼 몇 조각이 결여된 것이 생겨서, 비로소 그것은 무엇이었는지 탐문하지 않으면 안 되게 된 것이다.[12]

여기서 말하는 '한 장의 납작하고 조용한 것'은 화조풍월의 그림을 말하는 것이겠지만, 오늘날에는 사진이라는, 광경의 복제기술을 생각해야 할 것이다. 소리와 향기를 잃은 납작한 사진으로, 그 2차원의 화면만으로 시각적 박력과 겨루게 되면서 풍경은 그야말로 그림엽서의 틀에 박힌 배치와 산수경물의 주제로 정체되어 간다. 그리고 사람들의 관광의식과 풍경관에 정형의 틀([그림 7-3])을 채워간다.

---

12 『明治大正史 世相篇』[柳田國男, 1932→1998: 436]. 이 인용에는 연습 자료로서 다룰 때 해설이 조금 필요할지도 모른다. 몇 가지 주목해야 할 논점을 지적해 두겠다.
　　첫째, 첫 문장의 안목은 풍경이 시각적인 것에만 한정되어 있지 않았다는 지적이다. 즉 색이나 형태 이외에도 귀로 파악하는 소리, 코로 맡는 냄새, 혹은 맛이라고 하는 오감의 총체로 인식하는 전체성을 가지고 있었던 내용이 담겨 있다.
　　둘째, '납작하고 조용한 것'이 화면을 의미함과 동시에 소리를 잃고 고정적인 존재가 된 것은 그렇다 치고 '날고 움직이는 것'이 사라졌다는 지적에, 풍경이 산악하천의 원경에 이끌려 근경의 동물들을 포함한 환경에서 벗어나 거리를 두고 바라보게 된 사실을 생각해야 할 것이다.
　　셋째, 개개의 감각을 분리하여 개별적으로 작동하게 하는 것은 신체적인 연습을 필요로 하는 것이라는 통찰은 날카롭다. 훗날 맥루한의 미디어론, 신체론을 상기시킨다. 즉, 보통 사람에게 노래는 귀를 울리고 마음을 흔드는 것이지, 그저 조용히 읽고 감동하는 '시' 같은 것은 상상하기 힘들었다는 것이다. 반대로 사진이나 무음 영화처럼 시각만 독립시키고 전화처럼 목소리만으로 상대방과 대화하는 것이 독자적인 환경세계의 구축이라는 것을 지적하고 있다.
　　그렇다면 넷째, 우리의 환경에 대한 인식 즉 '희열 만족'에 어딘가 말로 표현할 수 없는 틈이 생긴 것은 아닐까. 뭔가 명확하게 가리키기가 어렵지만 결여된 것·기억나지 않는 것이 생겨난 것은 아닌가 하는 문제 제기를 날카롭게 들이미는 것이다.

[그림 7-3] 정형적인 「거꾸로 후지」

복제라는 증식력

둘째로, 그림엽서가 인쇄물로서 가진 힘에도 세밀한 묘사로 사람들을 놀라게 한 사진의 힘 등도 주목이 필요하다. 인쇄의 높은 복제력에서 명소의 관광지화를 대중적으로 추진하는 역할을 하였기 때문이다.

이 미디어는 아직 가 본 적이 없는 장소에 대한 상상력에, 사진으로 잘라낸 아름다움을 부여했다. 그와 동시에 '신일본팔경'을 투표로 선택하려는 신문사의 시도에서 전형적으로 볼 수 있듯이,[13] 풍경을 어떤 추상성으로 등급지어서 그 우열을 겨루도록 하여 새로운 유명성을 창출해 갔다. 그리고 이름 높은 장소인 '명소'를 쫓아다니는 관광객들을 불러들였던 것이다.

그렇게 해서 생겨난 무수한 관광객은 한편으로 전국적으로 이름이 알려진 '관광지'라고 하는 특이한 존재를 형성하는 큰 자원이 되었다. 그와 동시에 다른 한편으로 그들의 이동 편의로 뒷받침하는 철도라고 하는 새로운 길은 근처의 교통에 의해 연결되어 있던 무수한 고개를 풀이 맘대로 자라서 길이 없어지는 대로 버려두어서, 지방의 한쪽에 무수히 많았던, 특별히 찍을 만한 것도 없는 도시나 항구나 마을의 조그마한 번성을 쇠약하게 만들어 갔다.

여행하는 주체의 기억 매체로

셋째로, 이 작은 그림은 여행한 사람들의 기억 매체였다.

그림엽서를 써서 보내는 행위는 반드시 특정인에게 전하고 싶은 메시지가 존재함을 전제로 하지 않는다. 오히려 그림엽서를 지탱하는 것은 바로 '용건이 없음'이다. 그래서 여행지에서 엽서를 보낸다는 것 자체가 의미를 갖기에 이르렀다. 즉, 그 지역의 풍경 엽서를 사고, 또 친지 누군가에게 보내는 것 자체가 관광객으로서 여행지에 있다는 기분을 불러일으키며, 자신이 관광을

---

13 독자의 인기투표로 명승지를 고르는 새로운 시도로서 일본팔경 이벤트가 있었다. 1927년의 이 미인대회 같은 명소 선택 이벤트에 대해서는 시라하타 요자부로(白幡洋三郎)[1992]가 자세히 논하고 있다.

체험한 증거로서 생각을 '추억'으로 각인시키는 것을 의미했던 것이다.[14]

[그림 7-4]의 「사타구니 들여다보기」 그림엽서는 재미있는 논점을 제시하고 있다.

아마노하시다테(天橋立)와 연관되는 이 '몸짓'이 언제쯤 형성되었고 언제 정식화된 것인가. 그 기원과 변용을 찾아낸 연구가 있는지는 과문해서 모르겠다. 그러나 이 몸짓은 명칭인 '하늘에 걸린 다리'의 이유를 상하를 역전시킴으로써 신체적이고 통속적으로 이해하고 해설하는 방법이었다. 즉 신체적인 '그림풀이'였다. 그리고 동시에 그곳을 찾은 관광객들의 관광, 즉 보았다는 경험을 통해 '왔다'는 사실을 확증하는 의식이기도 했던 것이다.

그림엽서를 사고 보내는 것 또한 소비사회에서의 관광 의례라고 파악할 수 있을 것이다. 그리고 사진인쇄의 산업화가 그 의례적 관습을 대중화시켰다. 그렇기 때문에 카메라가 더욱 대중화되면, 이 관광의 사실을 기억에 새기는 의례는 그 풍경 속에 자신들을 찍어서 담는 사적인 '기념사진'으로 변하되어 가는 것이다.

시각의 우월이라는 관광문화의 논점은 실로 많은 측면에서의 분석을 필요로 할 것이다. 복제 기술과 시장의 생성, 더욱이 철도로부터 읽고 쓰기 능력에 이르기까지, 뜻밖에도 그림엽서 문화의 성쇠는 이 자원에 잉태될 논점의 풍부한 확대를 암시한다.

[그림 7-4] 사타구니 들여다보기 그림엽서

....
14 그리고 이윽고 이 그림엽서에 담긴 기능은 대중화한 카메라의 보급으로 대체되고 오늘날 스마트폰 문화로 연결되어 간다. 그런 의미에서 그림엽서를 구입하는 것과 스스로를 풍경 속에 담아내는 것은, 그렇게 생각되고 있는 것 이상으로 연결되어 있다.

제8장

신문문학: 신문과 문학의 만남

　지금은 아무도 사용하지 않겠지만 신문문학이라는 개념이 있었다.

　1930년 전후의 엔폰(円本, 1926년 말부터 1권에 1엔의 전집류 출판이 확산되었는데 그 책의 속칭: 역주)시대에 생겨나 그 기획의 의도를 공유할 시간도 주지 못한 채 전후에는 마찬가지로 1930년대에 신조어였던 단어[1]인 '기록문학'의 그림자에 가려졌다. 외래어인 '르포르타주' '논픽션' '다큐멘터리'라는 말도 자주 들리기는 하지만, 그러면 문학을 논하는데 필요한가 하면 그다지 적극적으로는 이용되지 않은 채 방치되고 있다. 편의적인 장르를 나타내는 것으로 작가나 출판업계 주변에서 사용되었을 뿐 문학사에 파고드는 힘을 가지도록 단련되지는 않았기 때문이다.

　「전쟁과 문학」 특집 중 '신문'을 논해 달라는 테마를 받아서 이 버려진 영역을 떠올렸다. 신문이라는 미디어 테크놀로지에 대한 시선과 문학이란 무엇인가 하는 물음이 이 단어 속에서 어떻게 조우했는가. 이 개념이 차지하려고 한 위치와 거기에 잠재하고 있던 전략의 가능성에

1　『モダン用語辞典』[喜多壯一郎 감수, 1930]([그림 8-1])에 "일체의 역사적 사실에 근거하는 문학이다. 토쿠나가 스나오(德永直)의 『태양이 없는 읍내(太陽のない町)』, 카지 와타루(鹿地亘)의 『동원(動員)』 등은 곧 기록문학이다"라는 어의 해설이 있다.
　　칸키 키요시(神崎清)는 메이지 기록문학집 해제에서 "기록문학은 비교적 귀에 새로운 단어이다. 기원을 찾아가 보면 외국에서 수입된 개념으로 다큐멘터리 리터러처의 역어이다"[神崎清, 1962: 391]라고 말하고 있다.

[그림 8-1] 간지 디자인

대해 재차 논하는 것은 신문을 대신하여 인터넷 등 새로운 미디어가 태어나고 있는 시기이기 때문에 의미가 있을 것이다.

새로운 문체

'신문문학'이라는 문자가 많은 사람의 눈에 띈 것은, 검정과 비취와 황토색 날개를 가진 새와 꽃을 배치하고, 주홍색 직선의 교차가 아름다운 표지의 카이조샤(改造社)판『현대일본문학전집(現代日本文學全集)』[2]에 의해서이다. 스기우라 히스이(杉浦非水) 장정([그림 8-2])이었다. 누구의 발상인지 여기에 약간 의외의 제목인『신문문학집』한 권이 추가되었다.

서명이 없는 권두의 「총서」는 근대문학사를 생각할 때 '신문문학'을 피해갈 수 없다고 그 의의를 높게 내세우고 다음과 같이 말한다.

저널리즘이라는 것은 자칫 순정문학에서 이단시되고 문학의 영역에서 벗어나는 경향이 있는데, 그것은 신문 및 문학에 대한 정당한 인식이라고는 할 수 없다.[3]

총서의 필자가 여기서 사용하고 있는 '저널리즘'은 이 한 권에 수록된 신문

2　이 카이조샤의 전집은 '엔폰'의 효시라고 불리는데, 지진 후의 불황 중에 구상되어 기획 발표 당초인 1926년 11월의 예약 모집 내용 견본에서는 '본권 37권, 별권 1권'이었다. 이 기획의 대성공은 카이조샤를 도산 위기에서 구하고 최종적으로는 전 63권까지 증권되어 1931년에 완결되었다. 키다 준이치로(紀田順一郎)는, 이 전집에는 "문학 개념의 패러다임 변환"[紀田順一郎, 1992: 14]을 노리는 의도가 편집에 있었다고 논하고 있다. 당시 상황을 말하면, 메이지 이후의 일본근대문학은 근세 이전의 고전문학이나 수입번역의 서양문학에 비해 훨씬 낮은 것으로 간주되기 쉬웠다. 이러한 풍조에 대해 메이지·타이쇼 시대에 있어서 일본 근대의 문학자를 조명했을 뿐만 아니라, '소년문학' '종교문학' '역사·가정소설' '사회문학' '전쟁문학' '신흥문학' '신흥예술파문학' 등 문학의 범위를 놀랄 만큼 넓혔기 때문이다.

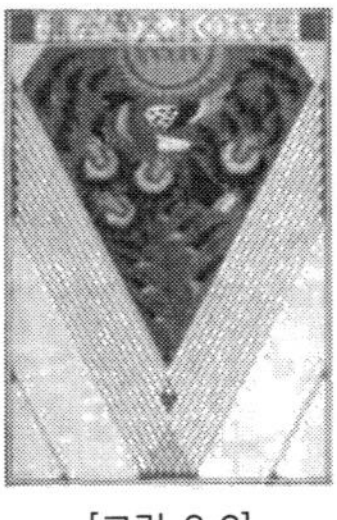

[그림 8-2]
『現代日本文學全集』

3　「總序」『新聞文學集』[山本三生, 1931: 2].

문학의 영역과 거의 겹치고 있거나, 혹은 그 생성의 현장으로서 파악하고 있는 것처럼 생각된다. 그러나 이단시되는 세간의 좋지 않은 어감을 끌어들이지 않기 위해 일단 '신문' 플러스 '문학'이라는 눈에 새로운 어휘를 궁리했을 것이다. 그 단절은 전술로서 옳다.

그럼 어떤 방향으로 전환시키고 싶었는가.

기술된 대로 해석하자면 총서가 원한 것은 문학 쪽의 관용 같은 소극적인 것이 아니었다. 저널리즘의 작품 또한 넓은 의미에서 문학이라고 파악하여 전집에 포함시켜도 된다는 정도의 양보가 아니다. 오히려 신문이 낳은 신종 문장과 문체야말로 일본의 문학사 구축에 빠뜨릴 수 없다고 주장한다. 즉 추궁을 해 가면 문학 개념 그 자체의 변혁과 관련된 적극성이다. "일본문학 양식에 미친 위대한 혁명"[4]이었다고까지 말한다.

즉 신문·잡지는 유신 전후 일본 문장이 '유럽문' '한문' '일문'이 뒤섞이는 혼란기에서 벗어나 현재라는 시대와 마주하는 '신문장의 왕국'을 만들었다. "그것은 기술과 평론의 두 세계에 군림하여, 사상의 표현과 묘사의 자유정신에서 아직 구할 수 없는 새 생명을 당시의 문학, 사상계에 널리 불어넣은 획기적인 업적이었기"[5] 때문에 이 한 권은 포함시켰다고 한다. '기술과 평론의 구별', '사상의 표현'과는 다른 역할을 하는 '묘사의 자유정신'이라는 부분이 키워드일까. 그때 신문문학이란, 문장의 세계 즉 쓰는 문화에 들여온 새로운 양식이었다.

이 신문문학의 규정은 의외로 의욕적이다.

신문에 발표된 문학작품도 신문기자가 쓴 소설이나 창작도 아니다. 신문이

---

4 「總序」『新聞文學集』[山本三生, 1931: 2].
5 「總序」『新聞文學集』[山本三生, 1931: 2]. 결과적으로 후루사와 시게루(古澤滋), 쿠리모토 조운(栗本鋤雲), 후쿠치 오치(福地櫻痴), 이누카이 츠요시(犬養毅), 사이온지 킨모치(西園寺公望), 하라 케이(原敬), 쿠가 카츠난(陸羯南), 아사히나 치센(朝比奈知泉), 타구치 테이켄(田口鼎軒), 니시무라 텐슈(西村天囚), 쿠로이와 루이코(黑岩涙香), 이케베 산잔(池邊三山), 야마지 아이잔(山路愛山), 시부카와 켄지(澁川玄耳), 토야베 슌테이(鳥谷部春汀), 오바 카코(大庭柯公), 스기무라 소진칸(杉村楚人冠), 후쿠모토 니치난(福本日南) 이상 18명의 문장이 수록되었다.

라는 미디어가 만들어낸 언어표현의 양식 그 자체에서 그 이념을 성립시키려 하기 때문이다. 바꾸어 말하면, 신문이라는 사회적인 언어 기술의 형식 자체를 '문학'에 변혁을 만들어내고 새로운 형태를 기초지우는 것으로 파악하려고 하는 것이기 때문에, 이 기도 그 자체가 새로운 문학사의 구축이다.

그러나 이 한 권에 모인 작품들이 실제로 이러한 이념을 구체화해 주고 있는가 하면 안타깝게도 그렇지는 못하다. 그 점에서 이념과 달성 사이에는 간과할 수 없는 간극과 단절이 있다.

아마 이것은 엔폰시대의 개막이기도 한 카이조샤판 『현대일본문학전집』 자체 편집방침의 역사적인 한계와도 깊이 관련되어 있을 것이다. 어디선가 문학의 패러다임 변환을 의식하면서도 현실적으로는 권 구성의 기본을 작가라고 하는 주체에 중심을 두어 편집해 나가지 않을 수 없었기 때문이다. 그 때문에 결국 이 한 권은 신문을 문필 활동의 무대로 한 신문인들의 문장 집성에 그치고 말았다. 어떤 의미에서 이것들이 문학인지도 전면에 내세우지 이야기되지 않고 있다. 기록하고 보도하는 것과 비판하고 논평하는 것 두 가지를 연결하는 문체·양식의 형성을 독자적인 주제로 부상시킬 수 없었던 것이다.

저널리즘과 문학

그러나 신문인 그 자체를 문학의 주체로 보고 조명하는 것 자체가 사실은 상식에서 벗어난 나름의 실력행사였다는 것에도 정당한 평가가 필요하다.

「총서」가 당연하다는 듯 '신문' '저널리즘'의 대립항목을 '순정문학'이라고 표현하는 것을 보면 '문학'이라는 말의 위치가 신경이 쓰인다. 이때의 '문학'은 오늘날의 '문화' 이상으로 비정치화되어 순수하고 고상한 문화·예술의 정통적 지위를 당시의 아카데미즘과 출판 시장 속에서 이미 확립하고 있었다는 것을 알 수 있다.

동시대에 같은 입장에서 '신문문학'[6]을 논한 하세가와 뇨제칸(長谷川如是閑)은 고급문화로서 제도화된 '문학'에 대해 '저널리즘'의 어감이 가지는 열등함과 수상쩍음에 대해 다음과 같이 묘사하고 있다. 즉 저널리즘은 그 기술에서 "학문적 정확성의 결여"는 것은 물론 서민의 상식적인 "올바른 인식으로부터도 동떨어지고" "예술적 정련에서 거리가 멀며" 선정적이고 "불건전한 흥분성이 동반된 태도"라고 볼 수밖에 없다. 따라서 "저널리스트적인 학자는 타락학자라고 불리며, 예술가의 저널리스트적인 자는 속된 문사로 폄하된다"[7]라고.

저널리즘과 문학을 이렇게 대비시키는 상식에는 사실 이미 근대사회에 생겨난 수많은 대립·분할이 동원되어 있다. 즉 정치와 문학의 단절, 시장경제와 예술문화의 분업, 대중과 엘리트의 괴리, 확산과 집중, 운동과 학문, 현실과 이상의 구별 등. 모든 분할선이 이미 사회의 다양한 국면에서 실감되고 재생산되는 관습(아비투스)이었다. 저널리즘과 문학의 대립은 얼핏 보면 한통속인 것처럼 단순해 보여서 실제로는 이런 미세한 대립이 쌓여서 성립되어 있다.

그렇기 때문에 만약 신문문학의 개념이 성립되었다면 그것은 예술적 가치로 자폐된 문학과 동시에 황색 저널리즘으로 변해가는 신문 쌍방을 비판하는 것이 되었을 것이라고 생각된다. 그때 신문문학의 중심에 놓여야 할 것은 초연한 '문학'도 '신문장사'의 선정주의와도 다른, 사실이 가지는 공공성과 마주하는 문체이며, 그 문체를 통해서 사회를 관찰하고 기술하는 주체의 통찰력이었을 것이다.

그런 의미에서 이념으로서의 신문문학은 전후 『이와나미강좌 일본문학사(岩波講座 日本文學史)』에서 스기우라 민페이(杉浦明平)가 '기록문학'으로서 확립하고자 했던 장르의 선구이다.[8] 물론 기록문학론 자체가 충분히 성장했는지

---

6   「新聞文學」(『岩波講座 日本文學』 제4권) [長谷川如是閑, 1933]. 이와나미(岩波) 서점이 대학에서의 강의에 빗대어 일정한 주제와 학문 영역에서의 문제를 다양한 전문 저자에게 분책 형식으로 논하게 하고, 전체로서 체계적으로 그 영역을 개관하는 '강좌물'을 상품화한 것은 1930년대 말부터이다. 『이와나미강좌 일본문학(岩波講座 日本文學)』은 1931년 6월부터 1933년 4월까지로 거의 예정 소목을 간행했는데, 이 편찬간행사업이 부산물로 문학의 아카데믹한 연구잡지 『文學』(1933년 4월-2016년 11·12월)을 산출한 것은 기억해 둘 만하다.
7   「新聞文學」 [長谷川如是閑, 1933: 7].
8   「記錄文學の歷史とその現狀」(『岩波講座 日本文學史』 제12권) [杉浦明平, 1958].

에 대해서 나 자신은 전문적으로 논할 만큼 지식이 없다. 그러나 논픽션이라고 하는 현대의 단어와 문학이라고 하는 중심의 위치를 점하는 개념 사이에서는 별로 주시할 일이 없는, 그렇기 때문에 중요한 것이라고는 결코 여겨지지 않는 거리가 지금도 있다고 생각한다.

상상을 공유시키는 기술

기록문학이든 신문문학이든 그 내용을 충분히 전개시키기 위해서는 신문이라는 미디어의 고찰이 불가결하다. 신문이 역사적으로 매개한 정보생산 공유시스템의 형성사를 더듬어 그 구조적인 특성을 규명해 볼 필요가 있다.

오늘날 우리가 보도기관을 구속하고 있는 당연한 책무로 생각할만한, 사실에 대한 성실성(이를 위한 직접관찰의 중시, 증거자료 취재에 의한 검증 등)을 신문이 그 담론생산 시스템의 중심에 놓게 되기까지는 나름의 세월이 필요했다. 서양근대에서도 마찬가지이다. 극작가의 필력을 이용해 매일 간행으로 이류한 근대일본의 신문이 언제부터 어떤 형태로 오늘날의 시스템으로 제도화되어 가는가. 흥미로운 문제다. 일찍이는 오노 히데오(小野秀雄)의『일본신문발달사(日本新聞發達史)』[9]로 시작하여 미세한 부분까지 걸쳐 전개되어 온 신문사 연구에 맡겨두자.

단, 여기서는 일본뿐 아니라 세계적으로 보아도 1920년대에는 신문 시스템이 근대의 정보공간 형성에서 담당한 역할이 자각적으로 대상화되기 시작했다는 점을 확인해 두겠다. 신문 시스템 자체가 형성되어 온 역사의 두터움에서 거론되기 시작한 것이다.

그중에서 신문에는 첫째로, 사실을 보도하고 사회적으로 공유하는 시스템

9　『日本新聞發達史』[小野秀雄, 1922]. 이것보다 시대적으로 앞선 것으로는 이시이 켄도(石井研堂)의 기원의 고증([石井研堂, 1891][石井研堂, 1908])과『本邦新聞史』([朝倉龜三, 1912]) 등이 있지만, 본격적인 연구는 미야모토 가이코츠(宮武外骨)가 주임을 맡은 明治新聞雜誌文庫(1927년 창설)의 수집·축적과『明治文化全集 第一七卷 新聞篇』[吉野作造 외, 1928]의 창간을 포함하여 明治文化研究會의 지원으로 전개되어 간다.

으로서의 의의·역할이 부여되었다. '사회의 목탁'이나 '문명의 선도자' 등등의 신문에 대한 독립된 에이전트, 즉 행위자의 모습은 이 시대의 인식에서 유래한다.

동시에 둘째로, 신문이 가진 리얼리티를 만들어내고 공유하게 하는 시스템으로서의 힘도 또한 1920년대에는 강하게 의식되기 시작한다. 예를 들어 월터 리프먼이 『여론』[10]에서 제기한 '유사 환경' 개념은 그 힘이 가지는 위험성에 대한 이른 시기의 경고였다.

이것 또한 자세하게는 논할 수 없지만, 이 유사 환경론은 때때로 오해받듯이 '유사'이기 때문에 나쁘다고 하는 것 같은, 단순한 논란도 부정도 아니었다. 그러므로 진실을 자유롭게 보도하면 문제는 기본적으로 해결된다는 등 천박한 결론을 여기서 이끌어내는 것은 잘못이다. 오히려 사람들이 획득하게 된 '상상력'을 문제로 삼았다는 점에서 베네딕트 앤더슨의 이미 고전이 된 『상상의 공동체』[11]를 선점하는 것이기도 하다.

앤더슨은 "신문이 인쇄 다음날에는 폐지가 되어버린다"라고 하는 발행 시스템의 정착 그 자체가, 세계 공통 달력의 내재화를 생산해 가는 것을 다음과 같이 말한다. 즉 신문을 읽는다는 것 자체가 '비정상적인 대중 의례'이며 "허구로서의 신문을 사람들이 거의 완전히 동시에 소비('상상')한다는 의례를 창조했다"는 것이다. 이 '침묵의 성찬식(코뮤니온)'에 참가하는 사람은 모두 자신이 행하고 있는 의례가 수천 혹은 수백만의, 그 존재에 대해서는 확고한 확신을 가지고 있지만 도대체 그것이 어떤 사람들인지에 대해서는 전혀 모르는 사람들에 의해, 동시에 마찬가지로 행해지고 있다는 것을 알고 있다. 그것이 매일 아침 반복된다. 신문은 이 상상의 공동체에 흐르는 시간을 지배하는 '세속적 역사시계'[12]가 된다. 정보의 새로움도 속도도 실은 이러한 상상의 세계시계를 공유하고, 항상 참조하지 않으면 확실성이 없다. 신문이라고 하는

10 『世論』[Lippmann, 1922=1987].
11 『增補 想像の共同體』[Anderson, 1991=1997].
12 『增補 想像の共同體』[Anderson, 1991=1997: 62].

종이 시계바늘이야말로 하나의 언어의 안쪽에, 공간으로서 표상되는 사회의 상상을 성립시키는 구조였다.

리프먼이 '유사환경'이라는 단어로 주목한 것도 같은 상상의 공유공간 생성이다. 물론 시간의 틀만이 아니다. 다양한 개별 정보가 전달되고 공유된다. 그렇지만 오히려, 말하자면 기본이 되는 프레임으로부터의 공유를 인스톨하는 시스템이라고 보는 곳에 근대 신문이라고 하는 인쇄물의 힘을 파악하는 새로움이 있다. 신문문학이라는 개념에 삽입해야 할 '신문'은 그런 능력을 지닌 미디어였던 것이다. 마찬가지로, 제도화된 근대 신문시스템이 탄생시킨 자명성 위에 무자각적으로 편승해 버린 논리가, 어떻게 미디어로서의 신문 그 자체의 인식에서 불철저한 것을 탄생시켰는지를 이전에 「신문그림이란 무엇인가(新聞錦繪とは何か)」[13]에서 논한 적이 있다.

전쟁문학과 '반전'

1930년대가 되면 신문보도 시스템이 가진 선전력이 국가의 주목을 받고 이용되어 간다. 그리고 제2차 세계대전이라는 '총력전'의 전지역화 시대를 사이에 두고 전후에는 국민의 총동원(總動員)을 탄생시킨 미디어로서 그 역능과 책임을 묻게 되었다. '전쟁과 문학'이라는 이 특집의 주제가 반복해서 거론되고 국가와 개인, 문과 무, 생과 사를 둘러싼 다양한 문제가 논해지게 된다.

전문 문학연구가가 아니기 때문에 빗나간 인상일지 모르지만 '전쟁문학'이라는 단어에 바로 '반전문학'을 떠올리는 사람들이 많지 않을까. 그렇게 생각하는 것은 이른바 '전후'적 틀이 나의 인상에도 인스톨되어 있기 때문일 것이다. 물론 반전의 비판적 시각이 전쟁 밖에 서려는 의지에서 전쟁의 인식과 대상화를 추진해 온 것은 사실이다. 열렬한 공명과 지지가, 바로 그런 태도 때문에 잃기 쉬운 냉정한 관찰을 위한 거리를, 무자각적이기는 하지만 반전

---

13 『幕末明治ニュース事始め』[木下直之・北原絲子 편, 2001]에 게재한 것으로 본서 제4장의 소재가 되었다.

은 처음부터 담보할 수 있었다.

그러나 반전의 입장에 선다고 해서 정확한 관찰이 보장된다는 것은 아니다.

특히 비행기 등 병기의 기술혁신 등에 의해 전선과 후방과의 구별이 소멸되고, 국민국가 시스템의 정착에 따라 군사와 정치·경제·교육이 연속되는 '총력전'[14] 하에서, 그와 무관한 인간활동은 전혀 없어질 정도로 '전쟁' 개념은 사회의 모든 실천으로 전역화되어 간다. 이때 반전은 '전체전쟁' 개념의 크기만큼 곤란을 떠안는다. 즉 원리적이고 이념적일 뿐인 반대의사 표명으로는 불분명하고 불충분할 수밖에 없을 정도로 전쟁이 모든 것을 끌어들인다. 그래서 전쟁이라는 사태가 보여주는 구체성에 접근하여 정확하게 관찰하고, 기술을 사회적으로 공유하는 것을 통해서만 반전이라는 인식이 일어난다는 것을 깨닫는다.

그렇다면 거기서 성립되는 전쟁문학은 이미 논해 온 신문문학의 과제와 내재적으로 호응하여 기록문학의 일부분을 구성하게 될 것이다.

제도로서의 전쟁

아마도 전쟁문학론 역시 기록문학론의 도전자들이 고민하듯 "안타깝게도 일본에서는 문학의 한 장르로서 아직 충분히 확립되지 않았다" "어떤 영역을 가지고 있는지조차 분명치 않다"[15] 하고 쓰기 시작할 수밖에 없을 것이다.

---

14 '총력전' 개념은 독일 군인 정치가 루덴도르프의 1930년대 저작에서 나타나지만, 전쟁과 정치의 연속성이나 절대전쟁으로서의 섬멸전의 강조는 한 세기 전 크라우제비츠의 전쟁론으로까지 거슬러 올라간다. 그러나 이 프로이센의 장군 시대에는 전쟁을 '정치의 연장'으로 파악하는 견해가 새로워 보일 정도로 전시와 평시는 현실적으로 분리되어 있었다. 그러나 제1차 세계대전부터 제2차 세계대전에 걸친 전차와 비행기의 발달 등 전쟁의 공업화라고 할 수 있는 생산력의 혁명이 사태를 크게 바꾸어 간다. 경제력뿐만 아니라 인적자원을 둘러싼 교육력까지도 전력이라고 인식되고 그 때문에 공격의 대상이 된다. 후에 언급하는 야마다 후타로(山田風太郎) 『戰中派不戰日記』를 포함하여 전시하의 문인이나 서민의 일기를 보면 비행기에 의해 가능해진 '공습'이 얼마나 '전선과 총후의 구별 소멸'을 인식시켰는지, 또 전쟁의 시각화이며, 총력전 개념의 현실화였는지 알 수 있다.

15 「記錄文學の歷史とその現狀」[杉浦明平, 1958: 3].

제2차 세계대전 후의 반전문학이나 『세기의 유서(世紀の遺書)』[16] 『전몰농민병사의 편지(戰沒農民兵士の手紙)』[17] 등까지는 지금 이해로도 허용되겠지만, 서남전쟁에서부터 러일전쟁에 이르기까지 왕성하게 출간된 전쟁그림[18]까지를 포함하면, 역시 틀부터 재검토할 필요가 있다. 더욱이 친숙한 『타이헤이키(太平記)』나 『헤이케모노가타리(平家物語)』에까지 연결해야 한다면 더욱 대규모가 될 것이다.

신문을 논하는 맥락에서 다루어야 할 것은 전쟁 또한 보도되어야 할 이벤트였다는 사실이다. 그리고 근대사회에서는 올림픽과 마찬가지로 많은 사람들의 관심과 정서가 집중되는 초점을 만들어내는 구조로 작용했다는 점이다.

전쟁은 세계적으로 보아도 신문에 중요한 많은 콘텐츠(내용)를 공급하고, 그것을 통해서 시선과 관심을 집중시키는 시스템을 국민사회에 성립시켰다. 그렇지만 신문이라고 하는 구조가 성립한 다음 그 통로를 보도 내용이 흘러간 것은 아니다. 그 관계는 역전도 포함하며, 훨씬 더 상호적이다. 전쟁이라는 국민적인 '이벤트'의 상상이 많은 사람들의 시선이 교차하는 초점을 만들고, 신문이라는 미디어가 광범하게 수용되는 조건을 만들었다고 하는 경로도 간과해서는 안 되기 때문이다.

타자의 죽음을 용인

전쟁이라는 주제를 여기에서의 '제도' 논의에 삽입할 때, 단지 국민국가의 제도적 형성이나 총동원체제 구축이라는 지배통합의 논점만으로는 결정적으로 부족하다. 잊지 말아야 할 것은 죽음의 논점이다.

즉 전쟁은 타자의 죽음을 용인하는 제도이다.

전쟁은 전투나 공습 등을 통해 타인을 죽이는 것을 정당화하고 스스로를

---

16   『世紀の遺書』[巢鴨遺響編纂會, 1953].

17   『戰沒農民兵士の手紙』[岩手縣農民文化懇談會, 1961].

18   본서 제5장 참조.

포함한 죽음을 수용해야 하는 것으로 강요한다. 그런 의미에서 전쟁은 죽음을 강제로 재분배하는 제도이다. 통합 총동원구조에 열중해 온 국민국가론과 그 틀에 강한 영향을 받은 문학연구는 이 죽음의 재분배라는, 종교와도 이웃할 수 있는 시스템의 작용을 어떻게 논해 왔을까.

바꾸어 말하면, 죽음을 둘러싼 이러한 제도성을 가진 상상이 어떻게 해서 규범으로 성립했는가. 무수한 사람들이 그것을 어떻게, 또 왜 수용했는가. 그 메커니즘에는 금방 설문지형의 조사에 의지하려고 하는 사회학이 좀처럼 파고들지 않은 영역이 있다. 그러나 문학으로서 기술되어 말해진 담론은 거기에 초점을 맞추고, 혹은 거기서 무엇인가를 기록하고 있지 않은가.

야마다 후타로(山田風太郞) 『전중파 부전일기(戰中派不戰日記)』[19]는 그런 점에서 독특한 전쟁문학이자 기록문학이다.

예를 들면, 1945년 3월 10일, 도쿄 대공습이 시작된 날의 "처참해서 말문이 막히는" 모습을 담담히 기록한다. 친구와 대학에 가는 길에 만난 이재민의 무리는 끝이 없고, 모두 눈 주위만이 "검붉다". "울고 있겠지" 하고 생각했지만, 나중에 연기를 마셨기 때문이라는 것을 돌연 깨닫는다. "우리는 그날 밤 지평선에 불타는 용광로 같은 불길을 보았다. 그러나 그저 새빨간, 활활 하늘을 핥는 광경을 보았을 뿐 그 무서운 열기와 검은 연기는 직접적인 감각으로 닿지 않았다"[20] 하고 생각한다.

눈에만 천을 감고 비틀거리고 있는 노인, 이상하게도 피난소에서 깔깔거리며 웃고 있는 소녀들, 도둑처럼 석탄을 앞치마에 집어넣는 노파, "그놈들을 한 명이라도 많이 죽이는 연구를 하자"고 생각하기 시작하고 있는 자신, 농담을 하면서 지나가는 중학생, 야마다 후타로는 공습 후에 본 다양한 사람들을 기록한다. 무슨 일이든 운이라고 말하는 전차에 탄 사람들의 허무와 이상한 명

[그림 8-3]
『戰中派不戰日記』

19   『戰中派不戰日記』[山田風太郞, 1971→1973].
20   『戰中派不戰日記』의 3월 10일경[山田風太郞, 1971: 47-48].

랑함에서 눈을 돌리면, 멍하니 길가에 나란히 앉아있는 두 사람 중 한 여자가
"그래… 또, 좋은 일도 있을 거야" 하고 중얼거리고 있다.[21]

후타로의 일기가 기록한 풍경 속 사람들은 단편적이면서 어디선가 전쟁이
라고 이름 지어야 할 제도·시스템이 초래한 효과의 확실한 일부분을 응시하
고 있다.

내전과 난민의 시대로

『전중파 부전일기』는 만약 이것이 인터넷에 공개되었다면 오늘날 '블로그'[22]
(웹 일지)로 많은 독자를 끌어들였을지도 모른다.

다시 영어사전을 찾아보면 '저널리즘'이라는 19세기에 생긴 신조어의 줄
기가 된 것은 16세기부터 사용되었던 '저널'이며, 그것은 '하루의 기록'이라
는 의미였다. 즉 일기이다. 이 단어를 둘러싼 역사적 사실은 일기야말로 저널
리즘, 즉 신문문학의 원점이며 인터넷 시대의 최첨단이라고 하는 경박한 단
락을 그대로 정당화하지 않는다고 나는 생각한다. 우리가 마주하고 있는 것
은 더욱 깊은 어려움이다. 이미 말한 것과 같은 의미에서의, 사실이 가지는
공공성과 마주하는 문체나, 그것을 통해서 관찰하고 기술하는 주체의 통찰력
이, 일어서기 어렵고 또 공유되기 어려운 곤경이다.

근대에서 전쟁의 주체는 국가이며 현실의 행위자인 개인은 그 거대한 틀
속에서의 비극과 영광에 농락당했다. 오키우라 카즈테루(沖浦和光) 『환상의
표박민 산카(幻の漂泊民·サンカ)』의 해설에 20세기가 '전쟁과 국민의 세기'였다
면 21세기는 '내전(테러리즘)과 난민의 세기'로 막을 열었다고 쓴 적이 있다.[23]
이런 종류의 슬로건적 도식화는 취향이 아니지만, 만약 거기에 미디어론의

---

21 『戦中派不戦日記』의 3월 10일경[山田風太郎, 1971: 49-52].
22 블로그가 가지는 미디어로서의 가능성과 한계는 중요한 논점이라고 생각하지만, 거기에 대해서
    유감스럽게도 나 자신은 신문 정도로 파악하고 있지는 않다.
23 佐藤健二「解説·難民の世紀に」[沖浦和光, 2004: 383-392].

풍미를 더한다면 '보도의 세기'에서 '유언(流言)의 세기'로 구조 전환을 지적해도 좋다. 말할 것도 없이 거기서의 주장은 과거의 신문은 훌륭한 보도기관이었지만 지금의 보도는 소문처럼 대충이라고 하는 것 같은, 고압적인 단정은 아니다. 신문 그 자체가 유언을 매개한 사실이라면 타카미 준(高見順)의 『패전일기(敗戰日記)』[24] 등에서도 무수히 지적할 수 있다.

오히려 중요한 것은 검증된 사실 보도하고 생각했던 정보가 국가라는 상상의 공동체가 매개한 유언비어에 불과할지 모른다. 그러한 것이 분명한 의문이 된 시대에, 읽는 주체로서의 독자 측이 마주보아야 할 대상 인식의 기본틀의 변화이다.

『전중파 부전일기』는 자기 자신 이외에는 아무에게도 열려 있지 않은 고독한 일기로, 쓰여진 지 25년이 지나 처음으로 인쇄물로서 사람들이 보게 되었다. 만일 이것이 '블로그'로서 전개되었다면 어떠한 작품이 되었을지에 대해서는 인터넷 세계의 리터러시가 부족하고, 블로그를 운영한 경험이 전혀 없는 나의 상상력을 넘는다. 그러나 여기도 또 신문문학과는 다른 의미에서이기는 하지만 문학의 '장'이 될 수 있다는 것을 의심할 수 없을 것이다.

그렇다면 기록과 비평이 어떻게 조합되고, 어떻게 말을 거는 문체가 발명되는가. 그 관찰과 분석도 연구자에게 남겨진 과제라고 생각한다.

---

[24] 예를 들면 『敗戰日記』[高見順, 1981]의 4월 23일 항에, 도쿄에서는 폭탄막이용으로 "락교만으로 밥을 먹는다"는 것이 유행하고 있다는 이야기가 나오고 있는데, 이것이 『東京朝日新聞』 3월 31일자에 게재된 「방탄락교」라는 칼럼 기사와, 직접인지 아닌지는 별개로 하고 어딘가에서 연결되어 있는 것은 분명하다. 그 외에도 타치카와(立川)의 비행기공장이 공습을 당해 사망자의 관을 만들기 위해 이노카시라공원(井の頭公園)의 삼나무를 모두 베어 넘겼다(2월 25일 항)라든가, 금붕어에게 빌면 폭탄을 피할 수 있기 때문에 사기로 만든 금붕어가 판매되고 있다(4월 23일 항)는 등 소문으로 유포되고 있던 유언비어를 발견할 수 있다.

제9장

만년필을 생각함: 필기구의 이륙

필기사 속의 만년필

'쓴다'는 것은 종이 같은 것 위에 문자를 기록하는 것이다. 좀 더 정확하게 말하면, 돌이나 나무나 가죽이나 종이 등등의 어떠한 표면을 가진 소재에, 선으로 모양을 만들어 의미를 가지는 기호를 남기는, 모든 필기의 즉물적인 실천을 포함한다.

일본어의 '쓰다'(書く는 일본어 발음으로 카쿠: 역주)가 손톱 등을 세우고 표면을 '긁다'(掻く는 일본어 발음으로 카쿠: 역주)와 같은 어원을 가지며, 영어의 write도 scribe도 "딱딱한 것으로 물건의 표면을 깎다"가 원래 의미인 것은 아마 우연이 아닐 것이다. 그 표면에 나타난 기호가 글자(letter/character)이고 문장(text)이다. 그래서 필기는 표면을 구성하는 '써지는' 재료와 선을 표시하기 위한 '쓰는' 도구 두 가지로 이루어진다. 귀갑이나 짐승 뼈에 손칼, 돌에 정, 점토판에 첨필, 양피지에 날개펜, 목간이나 종이에 필묵, 칠판에 백묵 등 기록을 위한 '소재'인 '필기구'의 조합이 필기의 다양한 역사를 지탱해 왔다. 그리고 마루젠(丸善)의 광고[1]가 펜의 역사 진화의 최

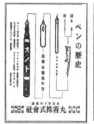

[그림 9-1] 펜의 역사[東京朝日新聞 1922년 3월 5일].

[그림 9-2] 마루젠 『만년필의 인상과 도해 카탈로그』 표지.

---

1   마루젠 광고에서 만년필이 등장하는 것은 야기 사키치(八木佐吉)에 의하면 1884년 무렵의 광고로, 그 2년 전의 전단지에는 없는 '박래 만년필 수 종' '만년필용 잉크'라는 문자가 있다고 한다 [八木佐吉, 1983: 23-24]. 이때 만년필이라고

첨단에 만년필을 놓고 있는 것은 바로 그 필기구로서의 새로움을 강조하기 위함이다.

여기서 문제로 삼는 만년필은 어떤 특질을 지닌 필기구인가.

선행하는 붓/먹/벼루/연적이라는 동양 전통 문방구와, 펜대/펜촉/잉크/잉크병이라는 서양전통의 문방구(stationery)와 다른 점은 이 만년필이라는 필기구가 가지게 된 **자동기계로서의 복합적 성격**이다. '종이'라는 얇고 가벼운 재료의 표면에 쓰는 것은 공통적이지만, '잉크'라는 화학적인 염료를 자신의 축에 내장하고 '펜촉'에서 계속적으로 송출하는 기관을 장착한 것이 특징적이다.

우치다 로안(內田魯庵)이 만년필의 본질을 "영구히 녹슬지도 않고 닳아 없어지지도 않는 금펜을 구비해서 그 축 부분에 다량의 잉크를 축적할 수 있는 장치"[2]로 본 것은 참으로 옳다. 그에 따라 휴대 가능한(웨어러블) 필기구의 보급과 대중화가 나타났으며, 벼루와 잉크병을 갖추고 붓을 놓고 펜을 세운 서재 책상으로부터 '쓰기'가 이륙했다. 특히 알파벳과는 다른 일본 글자를 쓰기에 적절한 펜촉의 '부드러움'(14K)과 잉크에 녹이 슬지 않고 마모되지 않는 '강함'(이리듐 합금), 잉크의 흡입/저장/분비의 다양한 장치가 고안되었다고 한다.

만년필의 개발과 수입

서양에서 만년필의 역사는 19세기 초 영국에서 밸브식 침형펜을 발명하면서 시작된다. 그러나 모세관 작용에 의한 잉크의 도출이나, 금펜촉의 고안, 이리듐의 용접, 에보나이트 가공 축 등의 고안을 조합하여, 오늘날 실용 만년

불린 것은, 바늘펜촉인 스타일로그래픽 펜이었던 것 같다. 1880년대 후반에 워터맨 파운틴펜이 수입되었을 때 이를 '펜이 달린 만년필'이라고 부르고, 바늘펜식과 구별하고 있었다. 펜촉이 보급되고 입장이 역전되어 '만년필'이라고 하면 그것을 가리키게 되는 것은 러일전쟁 후라고 한다.

[2] 『萬年筆の印象と圖解カタログ』[丸善 편, 1912: 37]. 이 책은 로안이 프로듀서로 관여한 인상적인 선전책으로 PR지 『學鐘』(창간시에는 『學の燈』이며 후에 『學燈』, 1903년부터 『學鐘』으로 개명했다)의 인맥을 살려서 만년필을 둘러싸고, 나츠메 소세키(夏目漱石)에게 수필을 쓰게 하고, 키타하라 하쿠슈(北原白秋)의 시, 바바 고초(馬場孤蝶)의 담의를 게재하여 여러 사람의 만년필 필적을 도판으로 포함시키고 있다.

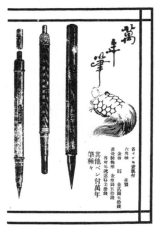

[그림 9-3] 丸善『學の燈』제2호: 2

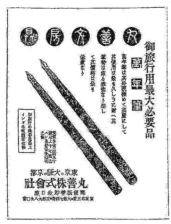

[그림 9-4] 東京朝日新聞, 1908년 3월 7일

[그림 9-5] 모조품 주의[讀賣新聞, 1913년 5월 17일]
조잡한 모조품에 주의를 환기하고 있는데, 만년필을 이
것도 새로운 문명의 산물인 자동차에 빗대고 있는 것은
흥미로운 레토릭이다.

[그림 9-6] 모조품 주의
[東京朝日新聞, 1912년 12월 10일]

필의 상품으로서의 기본형이 완성된 것은 19세기 말의 미국이었다.

이 제품화는 각국에 만년필 제조 수공업을 발달시키는 계기가 됐다.

일본의 만년필 역사는 마루젠이 1880년에 Stylographic Pen을 들여온 것, 1884년의 수입 판매 등이 그 시초로 지적되고 있다. 1880년대 말부터 마루젠의 양서목록과 시가월보에는 양서에서 도판을 인용한 '박래 만년필' 광고가 있다. 침식이 아니고 펜촉이 달린 Fountain Pen의 도입은 1895년의 워터맨이 최초이다. 후에 마루젠이 선전에 힘을 쏟은 오노토나 오리온은 1900년대 말에 왕성하게 수입되어 간다.

우치다 로안은 1870년대 말부터 1892, 3년까지를 '만년필의 요람시대'라고 하고, 이어서 홀로서기 실용의 시대는 청일전쟁 이후에 시작된다고 논하고 있다.

기계로 만든 양지가 증가한 것, 즉 회사의 장부, 학생의 노트, 주부의 일기, 수첩, 편지 등이 일상에 많이 활용된 것도 서양식 필기구의 발전 환경을 만들었을 것이다. 점차 펜글씨가 붓글씨를 대체해 간다.

만년필은 1890년대 말부터 수요가 증가하여 러일전쟁의 출정자나 종군자, 그리고 그 후에 증가하는 여행자가 휴대의 편리함을 실감한 것이 계기가 되어 보급되었다. 1910년대 초기, 즉 메이지 말부터 타이쇼 시대를 통한 마루젠의 신문 광고도 상품으로서의 이미지를 끌어올려 만년필 시장을 개척해 나가는 선구가 되었다. 상품으로서의 시장이 커져 감에 따라 조악한 모조품도 나오게 되었다([그림 9-5~6]).

국산 만년필의 공업화

메이지 20년대, 즉 1890년대 말기 이후 축적되어 가는 국산 만년필 제작 시도가 수입 부품을 이용한 브리콜라주(부품을 모아서 창작)였다는 것을 간과해서는 안 된다.[3]

국산화가 펜촉보다 에보나이트 축에서 앞서간 것은, 일본에 녹로(轆轤) 제작 기술이 있고 선반 직공의 단련이 있었기 때문이다. 원래 만년필 공업에는 부품의 다양한 제조 공정이 분업화되어 있다는 특질이 있다. 바꾸어 말하면, 축 제조를 중심으로 소규모 가내 공업의 집합 형태로서 전개될 수 있는 특질을 가지고 있었다. 금펜촉도 1909년에는 일본 내 박람회에서 동상을 받는 품질의 물건이 제작되었다. 그래도 신문은 만년필에 대해 "금펜도 요즘 제조하기 시작했으니 겨우 일본에서 모두 만들 수 있게 되었지만 도저히 안심하고 사용할 정도의 것은 아니어서 불안하다"[4]고 심술궂게 쳐다본다.

이어진 제1차 세계대전은 재료와 제품의 수입 곤란으로 국내 생산 발달의 계기도 되었다. 1920년대 중반에 농상무성 공무국이 정리한 조사에서는 "국산 만년필은 그 품질이 구미 제품보다 떨어지지만 가격이 저렴하고 실용적으로 아무 지장이 없어서 수요가 증가한다"[5]고 하는 상황에 이른다. 이 무렵 펜습자 교과서도 "일본에서의 만년필 제작은 실로 훌륭한 기세"[6]이며 모두가 구매하는 것도 대부분은 일본제라고 생각한다고 하고 있기 때문에, 소위 전간기에 국산화가 진행되었을 것이다. 쇼와(昭和. 1926~1989)에 들어서자 제조업자도 증가해 간다. 1932년에 도쿄시가 실시한 공업조사에서는 도쿄부 하의 만년필 업자의 수가 545개에 달하며, 에보나이트 만년필의 영국 수출, 셀룰로이드 만년필의 인도와 남미 수출 또한 활발해졌다는 것이 기록되어 있다.[7]

만년필의 보급에는 대기업에 의한 대리점 제도 등의 유통 시스템의 정비와 판매 대리점에 대한 강습회,[8] 백화점 문구부의 출현[9] 등 관련 업계의 다양한

---

3 1933년에 오사카부가 정리한『본국 만년필의 생산 수출 현황 및 장래(本邦萬年筆の生産輸出現況及將來)』라는 보고서에 의하면 "1904년경에 이르러, 금펜 부착 에보나이트의 만년필이 처음으로 도쿄에서 제작되었는데, 약간 원조라고 칭하는 사람이 많아서 정확한 것은 알 수가 없다"[大阪府立貿易館, 1933 :2]고 역사를 회고하고 있다. 여기서도 누구 한 사람의 발명이 아니었다는 것을 알 수 있다.

4 [東京朝日新聞, 1914년 9월 20일].

5 『主要工業槪覽 第四部雜工業』[農商務省工務局, 1922: 13].

6 『ペン習字の意義及練習法敎授法』[黒柳勳, 1924: 317].

7 『問屋制工業調査(第一輯)』[東京市商工課, 1932: 200].

8 [時事新報經濟部 편, 1936: 221-223].

궁리가 큰 역할을 한 것도 간과할 수 없다.

붓글씨와 펜글씨

만년필 이전의 시대에 옥외에서 글을 쓰는 편의를 제공한 것은 '야타테'(矢立, 먹통과 붓을 넣은 휴대용 문방구: 역주)였다.

무사가 활을 넣는 활통 아래 서랍에 넣은 작은 벼루를 '야타테의 벼루'라고 칭한 데서 유래한다. 작은 서랍 속의 붓과 벼루는 공을 세운 자에게 전공에 대한 상장을 써주기 위한 장비였다. 이후 휴대용 필기구도 '야타테'라는 같은 이름으로 불렸다. 붓을 담는 수납부와 먹항아리로 구성되었으며, 먹항아리에는 쑥과 솜 등을 담아 먹물을 배게 했다. 근세에는 다이묘 야타테, 평민 야타테, 관리 야타테 등 여러 가지 의장(意匠)이 나타났다고 한다. 메이지 시대에 이미 골동품이 되어가고 있었지만 행상인이나 야채시장 등에서는 한참 나중 시대까지 이용하고 있었다는 증언도 있다.[10]

1920년대 말 이과교육서의 저자가 18년이나 전으로 거슬러 올라가는 자신의 사범학교 학생시절의 에피소드를 회고하고 있다.

학생이었던 저자는 동료와 함께 마루젠에서 만년필을 사서 교실에서 필기에 의기양양하게 사용하는데 교사의 호출을 받았다. 교원조차 만년필을 소지하고 있지 않은 사람이 있는데 학생에게는 사치라고 꾸중을 듣고 자신들의 젊은 시절은 야타테로 글을 썼다고 설교를 들었다고 한다.[11]

9   『本邦文房具/紙製品業界の展望』[野口茂樹, 1936]은 『通俗文具發達史』의 저자이기도 한 업계잡지의 기자가 오사카에서의 문구 계통의 발전을 정리한 것으로 거기에 「백화점 문구부의 출현」이라는 장이 있다. 10년 전에 비해 최근 백화점의 융성은 금석지감을 금할 수 없다고 한다. 특히 복식 잡화를 주로 하던 초기의 업태에서 "뭐든지 있다"는 대중화로 향하면서 학용품을 주로 해서 완구부 말석에 있던 문구매장이 확대되어 시중 문구전문점에 대항하여 위협을 가할 수 있는 수준으로 발전했다고 설명한다. 그 이유로 "백화점 문구부의 출현과 함께 시내 도매상, 제조가의 백화점에 대한 통제 없는 납입 경쟁이 백화점 문구부로 하여금 비정상적인 호조건을 획득하게" 한 것을 들고 있다[앞 책: 30-36].

10   [東京朝日新聞, 1924년 8월 27일].

11   『少年少女面白い理科物語』[柚木馬, 1931: 93].

이 설교가 이루어진 것은 계산해 보면 1910년대 전반이다.

이미 같은 무렵의 마루젠의 카탈로그에 나츠메 소세키가 "어쨌든 비싼 값에 비해 대단히 수요가 많아지고 있는 것은 어쩔 수 없는 사실"[12]이라고 썼으니, 야타테의 설교는 어떻게 들렸을까. 개개인의 경험은 세대문제지만 변화의 속도가 빠르다 보니 꽤나 예스러워서 우습게 받아들여졌을 것이다. 물론 야타테가 멸종한 것은 아니다. 어떤 사람이 단풍구경을 나갔다가 문득 떠오른 구절을 만년필로 적어내려 하자 동행한 종장(宗匠)이 "그딴 걸 가지고 있는가. 나는 싫은 것 중에 그것보다 싫은 건 없다"고 싫은 표정을 지어 모처럼 거금을 들여 산 만년필을 사용할 수 없게 되었다. 그런 이야기가 타이쇼 시대의 수필에 있다.[13] 이 하이쿠(俳句)의 종장은, 바쇼(芭蕉) 『오쿠노호소미치(娛の細道)』 첫머리의 '야타테 하지메(矢立始め)'란 말을 의식하고 있었음에 틀림없다.

같은 무렵의 신문에 붓글씨를 둘러싼 조금 기묘한 이야기가 실려 있다.[14] 호헌운동으로 이름을 날린 이누카이 보쿠도(犬養木堂)는 체신대신 시절 미지의 사람에게 편지를 받아도 예의상 꼭 직접 답장을 썼다. 그것을 노리고 보쿠도의 친필을 가지려고 괜히 서한을 보내는 글이 많았다. 곤란한 지경에 캘리포니아 재외일본인회로부터 만년필을 선물받아, 그것을 계기로 일체의 답장을 만년필로 쓰기로 했다. 가볍게 끝낼 수 있으므로 의욕에 차 있는데, 아주 뻔뻔한 사람이 "붓으로 다시 써 주세요" 하고 말을 했다고 한다.

그러나 모필은 그 활약의 범위, 사용할 기회가 분명하게 한정되어 간다. 작은 글씨를 많이 쓰는 실용영역에서는 연필이나 펜의 편리함이 널리 수용되었기 때문이다. 그러니 신문기사도 "만년필의 실용적 가치는 새삼 말할 것도 없고, 어떤 계급의 사람이라도 거의 이를 사용하지 않는 사람이 없는 형편"[15]이라고 말하고, 어느 소학교 교장이 신문 투고에 "만년필 만능의 세상에 모필

12　夏目漱石 「余と萬年筆」 『萬年筆の印象と圖解カタログ』[丸善 편, 1922].
13　『漫畵風流』[前川千帆, 1919: 10].
14　[東京朝日新聞, 1918년 11월 9일].
15　[讀賣新聞, 1918년 6월 1일].

은 거의 되돌아볼 수 없다"[16]고 한탄하는 것도 세상의 자연스러운 흐름이었다.

　지금 정확한 출전은 전혀 생각나지 않지만, 1910년대 초에 만년필이 세상에 넘치고 있는 것을 다루어 이대로 진행된다면, 포목점 지배인이나 종업원들도 만년필로 영수증을 쓰기 시작할 것이라고 비아냥거리면서 한탄하는 낡은 잡지의 칼럼을 읽었던 기억이 있다. 1950년대생인 나에게는 포목점의 영수증이 붓글씨였다는 것 자체가 놀라운데 여기에는 서류의 정통성 문제가 깊이 얽혀 있다. 잉크로 쓰인 펜글씨는 근대 일본에서 오랫동안 정식 서류의 문자로 간주되지 않았기 때문이다.

　공문서에 '양제의 먹물(잉크)'을 사용해서는 안 된다는 태정관문서(太政官達第二九號)가 내려진 것은 1876년 3월 15일이었다.[17] 이것이 각령(閣令)에 의해 폐지된 것이 1908년 12월 7일, 마루젠은 5일 후인 12일에 바로 다음과 같은 광고([그림 9-7)를 『讀賣新聞』『東京朝日新聞』 등에 내면서 '만년필의 시대'를 선언했다.

　그러나 10년 후 『시정촌잡지(市町村雜誌)』에 실린 사법차관으로부터의 통첩은 아직 지방 관공서에서는 잉크로 하는 신고가 정식 문서로 수리되지 않았다는 사실을 전하고 있다([그림 9-8]). 즉, 외국 재류의 일본인이 보낸 호적에 관한 '신고'의 서면이 잉크로 썼기 때문에 무효라고 시정촌장이 왕왕 수리하지 않고 돌려보내 버리는 예가 있다는 것이다. 다카시마 베이호(高島米峰)는

16　[東京朝日新聞, 1924년 7월 13일].
17　『法令全書 1876년』(內閣官報局, 1890: 291) 다만 "양문을 양지에 쓰는 것은 이에 해당하지 않는다"라고 되어 있으므로 영문 등에 미치는 것은 아니었다. 당시 전국에서 사용되고 있던 잉크라고 불리는 것의 질이 조악했기 때문이라고 한다.

[그림 9-7] [讀賣新聞, 1908년 12월 12일]. [그림 9-8] 『市町村雜誌』 295호[1918년 6월: 19].

마루젠의 팸플릿에 의기양양하게, 이제 곧 유장한 '모필의 국민'보다 바쁜 '펜의 국민'으로 진화하고, 또 '잉크병에 백 번을 넣는 번거로움'을 벗어나 '만년필 유행의 현대'에 이르렀다고 썼지만,[18] 글씨의 정식성을 둘러싼 생각은 좀처럼 변하지 않았던 것이다.

마루젠의 광고

만년필로 쓰인 문자가 정통성을 획득해 가는 것을 지지한 것은 뭐라고 해도 이 필기구 자체의 보급이지만 광고가 한 역할도 컸다.

1910년대 초기의 신문을 보면 만년필 광고를 많이 만난다. 한 번 등장하면 지면에서 사라지는 이름도 많지만 산에스, 스완, 라지, 올리버, 콘클린 등은 반복해서 보게 된다.

그중에서도 도판이 재미있고 캐치프레이즈에도 궁리가 있어서 눈길을 끄는 것이 역시 마루젠의 광고다. 우치다 로안이 PR소책자 『가쿠토(學鐙)』에 계속 관여한 것과 무관하지 않을 것이다. 그 정화라고 해야 할 책에 작가와 시인과 삽화가를 동원한, 유명한 『만년필의 인상과 도해 카탈로그(萬年筆の印象と圖解カタログ)』가 있는데, 여기서는 신문의 광고로부터 '만년필의 인상'을 논해 보겠다.

로안이 입사한 것은 1901년 9월이지만 마루젠의 첫 만년필 광고는 1897년 『가쿠노토(學の燈)』 제2호에 실린 거북을 곁들인 것([그림 9-3])이라 하니 로안 이전이다. 신문에 'Fountain Pen' 광고를 내기 시작한 초기[19]에도 '만년필'이라고 할 뿐 그다지 자기주장을 하고 있지 않다([그림 9-9]). 오히려 다양한 전개를 적극적으로 하게 되는 것은 1911년 무렵부터로, 타이쇼 시대를 통해

[그림 9-9] 초기의 마루젠 광고[東京朝日新聞, 1907년 10월 9일].

---

18   「渍紙と筆とペン」『萬年筆の印象と圖解カタログ』[丸善 편, 1912: 11].
19   [東京朝日新聞, 1907년 10월 9일].

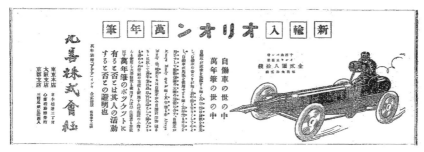

[그림 9-10] 東京朝日新聞, 1911년 9월 19일

서 좋은 품질만을 칭찬하는 것이 아닌 폭넓은 의미부여, 때로 의외로 독특한 표현이 선전에 이용된다. 어떠한 논점이 도입되어 가는가.

첫째로 깨닫는 것이, 자동차나 비행기 등의 새로운 문명의 이기 이미지를 이용하는 것이다. '자동차 세상/만년필 세상'([그림 9-10])에서는 만년필이 백지상태에서 '질주'하는 이기라는 것이 강조되며 '동물보호 문명의 도덕'까지 들고 나온다. 또 다음 달 광고[20]에는 '비행기'가 등장하여 현대적이고 "최대다수자를 만

[그림 9-11] 東京朝日新聞, 1913년 6월 19일

족시킨다"고 설명하고, 더욱이 1913년 광고([그림 9-11])는 비행기의 '비상한 쾌속력'을 만년필 사용의 '문방 데스크의 승리자'[21]로 연결시키고 있다. "오노토를 사용하면 사무가 밝아진다. 천촉의 전등으로 비추는 것처럼"[22]이라는 카피는 전기라는 새로운 힘을 상기시키면서 계몽의 빛의 밝음을 가리킨다.

20 [東京朝日新聞, 1911년 10월 5일].
21 [東京朝日新聞, 1913년 6월 29일].
22 [東京朝日新聞, 1921년 10월 24일].

[그림 9-12] 東京朝日新聞, 1914년 11월 9일

둘째로, 능률, 효율(efficiency), 시간 절약의 강조이다. "시간은 돈이다"를 내걸고 만년필을 사용하면 오후 5시까지 걸려도 끝나지 않는 일이 낮에는 끝난다([그림 9-12])고까지 설명하고,[23] 또 "열등한 만년필은 시간의 낭비! 우량한 오노토는 시간의 절약!"이라는 대구를 내건다.[24] "만년필의 값은 단 몇 금이지만 이를 통해 증진되는 능률의 값은 수천 금"[25]이라는 주장이 'Efficiency'([그림 9-13])라는 신조어와 함께 던져진다.[26] 그리고 '오노토 생활'이라고 이름붙인 능률적이고 문화적인 생활로의 '개조'가 제안되고 있다([그림 9-14]).

[그림 9-13] 東京朝日新聞, 1915년 3월 14일

[그림 9-14] 東京朝日新聞, 1921년 3월 29일

셋째로, 옥외에서의 편리에도 빛이 비추어진다. "바다로 산으로 배로 차로 만년필을 잊지 말라"[27]고 충고하는 것은 "모필 편지는 번거롭고" 또 고풍, "연필 엽서는 불결하고" 또 '결례', "가장 간편하고 가장 아름답고 가장 현대적인 것은 만년필 통신"[28]이기 때문이라고 한다. 시대가 여행과 만년필 두 가지를 결부시키고 있다([그림 9-15])고 하는, 여행지에서의 실용성의 강조 이외에도 취미 생활에도 도움이 된다고 유혹한다([그림 9-16]).

----

23 [東京朝日新聞, 1914년 11월 9일].
24 [東京朝日新聞, 1920년 7월 1일].
25 [東京朝日新聞, 1915년 4월 14일].
26 [東京朝日新聞, 1915년 3월 14일].
27 [東京朝日新聞, 1912년 7월 30일].
28 [東京朝日新聞, 1913년 8월 3일].

[그림 9-15] 東京朝日新聞, 　[그림 9-16] 東京朝日新聞, 1912년 4월 8일 　[그림 9-17] 東京朝日新聞,
1914년 7월 14일 　　　　　　　　　　　　　　　　　　　　　　1915년 2월 5일

[그림 9-18] 東京朝日新聞, 　　[그림 9-19] 讀賣新聞,
1917년 10월 18일 　　　　　1911년 5월 21일

넷째로, 일본의 문자에 대한 적응도 중요한 메시지였다. 이집트의 서기를 연상시키는 인물([그림 9-17])의 '6가지 메리트'의 제5점이다. 그것을 설명하기 위해 '필세서체(筆勢書體)'의 자유자재를 논하며([그림 9-18]), 실제로 이런 글씨를 쓸 수 있다고 예시[29]를 든다([그림 9-19]).

29　『萬年筆の印象と圖解カタログ』[丸善 편, 1912: 67]에서도 펜촉의 유연함과 자재함을 강조하고 같은 펜촉으로 쓴 4종류의 글자를 들고 있다.

[그림 9-20] 東京朝日新聞,
1908년 7월 31일

[그림 9-21] 東京朝日新聞,
1917년 12월 15일

[그림 9-22] 東京朝日新聞,
1912년 12월 2일

다섯째로, 선물 시즌을 다룬 광고도 특징적이어서 만년필이 고가의 선물이
었음을 나타내고 있다. 오추겐(お中元)([그림 9-20])과 세모(歲暮)도 "최문명적,
최진보적, 최실용적인 현대풍 선물은 마루젠에 있다"[30]고 권하고 있다. 또
"신인의 총애를 독점하는 오노토"[31] 등 신사회인에 대한 선물도 시야에 넣고
있다. 이미 크리스마스([그림 9-21])를 매년 화제로 삼고 있는 것이 재미있다.

여섯째로, 자주 동원되던 전쟁의 비유도 진보와 경쟁의 시대를 느끼게 한
다. 거기에 승리라는 상징도 얽힌다. 펜과 잉크병의 연합군을 만년필이 무찌
르고 있는 그림([그림 9-22])은 아직 제1차 세계대전의 전선이 열리기 전이지
만 "오리온을 잡고 돌진하라, 오노토를 휘둘러 추격하라"고 외치며 "비즈니
스계의 승리는 만년필의 백병전이다"[32]라고 적은 것은 전쟁 중이다. "세계
모두가 적이라고 해도 오노토는 무적이다"[33]라고 하면서 그 '대위력'([그림
9-23])을 강조하고 있다.

마루젠인으로서 로안은 만년의 건강이 좋지 않을 때에도 "출근해서 가게를
걸어서 돌아다니거나 사무실 책상에 앉아야 직성이 풀리는 것 같았다"[34]고

---

30 [東京朝日新聞, 1911년 12월 26일].
31 [讀賣新聞, 1928년 9월 22일].
32 [東京朝日新聞, 1914년 9월 13일].
33 [東京朝日新聞, 1916년 3월 1일].
34 『丸善百年史』[丸善 편, 1980: 825].

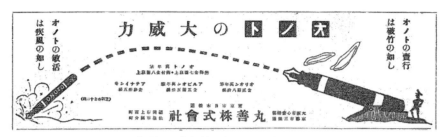

[그림 9-23] 東京朝日新聞, 1918년 9월 8일

한다. 그러나 그가 죽은 1929년 이후의 마루젠 광고는 어딘가 정형적이고 평범해지면서 만년필의 문명성을 전도하는 열정 같은 것을 잃어 가는 것처럼 느껴진다.

편지를 쓰는 '개인', 일기를 쓰는 '나'

만년필을 사용하여 '쓰다'라는 경험은 어떠한 국면에서 '전통적'이고, 어떠한 의미에서 '혁신적'이었을까.

서민의 필기 역사에서 서간·엽서를 포함하는 '편지'를 쓰는 경험이 한 역할은 컸다. 과거의 서민 생활에서 실용의 용어나 지식이나 예의범절을 배우는 일군의 서적이 '왕래물'이라고 불리었던 것은 우연이 아니다. 왕래는 서간을 주고받는다는 의미이며, 즉 원형은 응답의 예문집이다.

그 전제에는 증서 등과 같은 전통사회의 공식 서류가 '문서', 즉 수신인과 발신인을 명기한 편지 형식을 갖추고 있었던 적이 있다. 과거 사회에 있어서의 글씨 교육은 구체적으로 존재하는 상대에게 실례 없이 의사를 전하는 편지 쓰는 방법의 학습과 불가분이었던 것이다. 근대가 되면서 석반과 연필 등 새로운 필기구들이 서민들의 문자 교육에 들어왔지만 실용적인 목표는 붓으로 정식 문서를 쓸 수 있는 것에 있었다. 그래서 견본으로서 왕래물도 모필 문자 그대로 간행되는 것이 많다.

히구치 이치요(樋口一葉)가 1896년에 하쿠분칸(博文館) 『일용백과전서(日用百

日用百科全書 第十二編　　　　　　　　　　　　　通俗書

旅行屆

何府何町何番地
族籍職業
何　某

右私用ニ付明何日出發社復滯在凡何十日
ノ見込ミ以テ何何町迄罷越シ候處何々地方ヘ旅行致シ候
間此段御屆ケ申シ候也

右戶主
年　月　日　　　　何　某㊞

遺失品屆

私儀所用ニテ明治何年何月何日午後何時
頃自宅何町ヨリ何町迄罷越シ候處所持品
見失シ候右全ク途上ニ而收落シ候儀ト心
得候間別紙品書相添此段御屆ケ申シ候
也

何府何市何番地
年　月　日　　　　何　某㊞

何縣何郡何市長何某殿
何郡何村何番地
何々警察署　　　　何
御中　　　　　　　　某㊞

[그림 9-24] 히구치 카즈요의 서문　　　　[그림 9-25] 『通俗書簡文』의 상란

科全書)』중 한 편으로 편집한 『통속서간문(通俗書簡文)』은 문어체의 창작문예
집으로 꽃놀이나 복중 문안 계절 소식 외에 물건을 빌리고, 과실을 사과하고,
벗의 생활에 대한 충고 등을 목적으로 하는 수많은 문장이 들어 있다. 서문만
이치요 자신의 유려한 붓글씨([그림 9-24])이며 본문은 활자이다. 글씨를 본떠
배우기 위한 보기라기보다는 정보로서의 내용으로 중심이 이동하고 있다.
재미있는 것은 본문과는 별도로 만든 상란인데, 서간문 작법의 개설이나 유사
어 변환 외에, 실용 '증서'나 관청에 제출하는 '신고' 쓰는 법을 배울 수 있게
되어 있다([그림 9-25]). 근대의 문자 교육에서 편지 쓰는 방법에 추가된 것은,
탄생·결혼·사망 시 호적 신고 등 공식 서류 작성 방법으로, 그것은 근대를
살아가기 위해서 필요한 교양이었다.

　1871년의 우편제도 창설, 1873년의 관제엽서 도입 이후, 편지는 중요한
사회적 교신 수단이 되고, 원격지와의 통신도 보다 친숙해져 간다. 1900년에
는 사제엽서 제도가 만들어지고 그림엽서라는 상품 탄생의 기초가 마련되었
다. 러일전쟁 기념엽서의 열광적인 붐을 계기로 시중에 그림엽서가 격증했
다. 한편으로 "그림엽서의 문자는 보통의 붓으로 쓰는 것이 취미이다"[35]라는

35　『詩的新案　繪はがき使用法』[1905: 27].

의견이 있는가 하면, 다른 한편으로 "그림엽서의 경우는 아무래도 펜글씨가 조화를 이룬다"[36]고 하는 미학이 있다. 이 부분은 취미의 차이라고 해도 그림엽서라는 새로운 미디어는 20세기에 발흥하는 대중적인 관광문화와 결부되어 있었다. 그림엽서를 써서 누군가에게 보내는 것 자체가 카메라를 휴대하기 이전 시대에 여행지에서 여행이라는 시간을 실감하는 행위이기도 했음을 간과할 수는 없다. 우치타 로안은 1910년 전후에 도쿄에서 보내는 엽서는 "십중 칠팔까지는 펜쓰기"[37]가 되었다고 말한다. 타이쇼(1912~1926) 시대가 되면 여러 종류의 펜글씨 습자 교본이 간행되며,[38] 그 중에서 자세를 보여 주는 사진([그림 9-8])에 만년필로 생각되는 것이 찍혀 있는[39] 것이 재미있다.

편지는 또 근대가 되어 공적인 대외교섭과 함께 사적 통신으로서의 성격을 강화하고 친밀한 정감이 교류하는 사적 영역을 확장시켜 갔다. 마찬가지로 일기 또한 기록이나 비망록으로서의 역할 이상으로, 자신의 심정을 나타내는 사적 기록으로서의 이미지가 점차 강해져 간다. 그러나 이 과정에도 양지를 사용하여 인쇄·제본된 상품으로서의 형태를 가지는 일기가 서점이나 문방구점에서 간편하게 구입할 수 있게 된 것이 깊게 작용하고 있다.

최초의 일기장은 1879년에 대장성 인쇄국이 제작하여 관리들에게 배포한 『회중일기(懷中日記)』이다. 이와는 별도로 대형 『당용일기(當用日記)』도 나왔다고 한다. 그러나 본격적인 상품화와 보급은 1895년의 이른바 '하쿠분칸(博文館)일기'부터이다. 하니 모토코(羽仁もと子)가 고안한 『주부일기』(1907~) 등 특징적으로 고안된 것들을 포함하여 1910년대부터 1930년대에는 실로 다양한 출판사에서 다양한 일기장이 간행되었다.[40] 이러한 일기가 어떠한 필기구로 써졌는지에 대한

[그림 9-26] 펜 쥐는 법
[相澤春洋 편, 1923 권두그림].

36   『萬年筆の印象と圖解カタログ』[丸善 편, 1912: 32].
37   『萬年筆の印象と圖解カタログ』[丸善 편, 1912: 32].
38   『萬年筆新書翰』[尾上柴舟, 1913] 등.
39   『ペン習字 青年手紙之文』[相澤春洋 편, 1923], ペン習字
     實用日用文』[富田岳鳳, 1923],『ペン青年新はがき文』[室高岳堂, 1925] 등.
40   『日記をつづるということ』[西川祐子, 2009].

해명은 앞으로의 과제다.

　하나만 더 언급한다면, 쓰는 것과 관련되어 나타나는 '개인'이라고 하는
또 하나의 문학적·사회학적 과제를 제기해 두겠다.

　수첩도 일기도, 나아가 편지도 내면이라는 정신성을 가진 근대 개인을 고찰
하는 데 중요한 연구 소재인 동시에 그 탄생을 매개하는 미디어이기도 했다.
새로운 필기구로서의 만년필은 이 개인의 생성 과정에 어떻게 관여하게 되었
는가. 그것도 아직 명확하게 측량되지 않았다. 타이쇼 시대의 펜습자 교본은
"펜은 다른 사람에게는 가능한 한 사용하지 않게 하는 것이 좋다. 다른 사람이
쓰면 버릇이 나와서 쓰기 어렵게 된다"[41]고 했다. 특히 아이가 위험해서 그들
은 늘 연필 버릇으로 눌러서 쓰고 펜 허리를 부러뜨린다고 말하는 것을 보면,
이 충고 자체는 즉물적이고 실제적인 것이다. 그러나 여기서 암시되고 있는
글쓰기 주체의 '개성'과 결부된 만년필이라는 논점은 '손' 또는 필적이나 능력
의 고유성과 함께, 예를 들어 사유의 감각, 공공의 감각, 재물의 감각, 배타성
의 감각, 과시의 감각 등 의외로 흥미로운 깊이를 가지고 있다고 생각한다.

기록하기 / 필드노트

　조사연구자들은 어떤 식으로 이 필기구를 사용했을까. 이시이 켄도(石井硏
堂)가 『메이지사물기원(明治事物起原)』으로 이어지는 기원의 탐구를 발표하기
시작한 것은 1880년대 말부터였다.

　그 최초는 1891년에 자신이 편집한 동인지 『코시키부쿠로(こしき囊)』([그림
9-27])에 실린 「근세서물잡고 중 매빙수고(近世庶物雜考の內 賣氷水の考)」이다. 제
2호에서 「단발고(斷髮の考)」, 제3호~제5호에서 「신문지고(新聞紙の考)」, 제6호
에 「양식결혼식(洋風結婚式)」, 제7호에 「전신, 국립은행 기타(電信、國立銀行その
他)」를 다루고 있다. 그로부터 '사물기원'의 한 권이 되기까지 실로 십 수 년에

41　『ペン習字の意義及練習法教授法』[1924: 321].

걸쳐 광범위한 수집과 정성을 응집한 것은 경탄할
만하다. 게다가 쿄난도(橋南堂)의 제1판[1908]에는 만
족하지 못하고, 나아가 슌요도(春陽堂) 제2판[1926],
제3판[1944]으로 각각 18년을 들여서 두 번 개정되
어, 문자량으로 하면 당초의 약 9배나 될 정도로 증
보되었다. 이시이 켄도의 이 방대한 책은 폭넓은 완
성과 세부에 걸친 지식의 축적에서만 평가되는 경향
이 있다. 그렇지만 그 본질은 지칠 줄 모르는 고증가
의 두툼한 수첩이며, 조사하는 주체와 함께 성장하
는 '필드노트'였다고 파악하는 것이 옳다.[42]

[그림 9-27] 石井民司 편집·
발행 『こしき囊』 제1호 표지

　「만년필의 시작(萬年筆の始)」 항목은 메이지 시대의 제1판에는 없고, 타이쇼
시대의 제2판에 처음으로 나타난다. 마루젠의 월보가 참조되고 그것을 둘러
싼 우치다 로안을 면담했기 때문에 확실하지만, 그 이상으로 흥미로운 것이
거기에 기록된 켄도 자신의 만년필 체험이다.

　왈, "내가 처음으로 워터맨씨 만년필을 구입한 것은 1896년 8월 12일, 그
가격이 5엔 40전(당시 1등 백미 1말에 1엔 80전)인 것까지, 다행히 아내가 기록한
오래된 출납장에 보였다"[43]고 한다. 이래 "종일 몸에서 떼어놓지 않고" 집에서
는 물론 여행지에도 잊지 않고 함께 갖고 가서 "매년 몇십만 자를 썼는지
헤아릴 수 없다"고 하는 활약, 그 때문에 축의 색은 바래고, 장식의 선은 검지
가 닿는 부분만 닳고, "끝부분 백금조차 편마모가 되어" 굵은 글자밖에 쓸
수 없게 되었다. 그런데도 불구하고 애용은 멈추지 않고, 축에 남아있는 손자
국을 지긋이 보면서 생각을 정리하고, 원고지를 마주하기도 했다고 한다. 그런
데 1921년 대지진 때 우에노역에 가방을 맡겨두었기 때문에 다른 여행용구와
함께 모두 불게 타 버렸다. "지금 여기에 만년필 항목의 집필에 임하여, 저

42　石井研堂 『明治事物起原』의 필드노트적인 성격에 대해서는 『歷史社會學の作法』[佐藤健二,
　　2001]에서 논한 적이 있다.

43　『明治事物起原』 제2판[石井研堂, 1926: 767].

의젓한 그림자 더욱 눈에 선하여 그리워 마지않는다. 그래서 사적인 일이지만 작은 위안이라도 삼으려고, 여기에 기록하여 그 나이를 남긴다"라고, 생이별 한 만년필 생각을 하면서, 옆에서 연구를 지탱해 준 공로를 추도하고 있다.

만년필이 저술가나 신문기자들에게 특히 사랑받은 것은 취재나 조사 같은 일이 펜과 잉크병을 갖춘 사무실 공간에서는 마무리되지 않으며, 글쓰기가 바깥에 넘칠 수밖에 없었기 때문일 것이다. 그런 점에서 신문의 만년필 광고 가 '학자'[44]'나 '문필가'[45]에게 어울린다고 권하는 것은 이유 없는 것은 아니다.

그러나 원고의 정서 이상으로, 이러한 취재나 조사 과정을 말하는 것은 적다. 글 쓰는 주체에게 너무도 친근하고 사적인, 때로는 시행착오를 포함하 는 도상의 막후 영역일 뿐이기 때문일 것이다. 더욱이 거기서 사용된 필기구 가 무엇이었는지에 대해 자각적으로 빛을 비추는 경우는 드물다.

야외에서 쓴다고 하는 실천은 야타치 시대부터 어떻게 진화, 변용해 갔을까.

단편적인 관찰에 지나지 않지만, 근년에 야나기타 쿠니오가 대학생 무렵에 사용하고 있다고 생각되는 수첩이 세가와 키요코(瀨川清子)가 소장했던 자료 로부터 발견되었다.[46] 시마자키 토손(島崎藤村)의 「야자수 열매(椰子の實)」 시에 영감을 주었다는 이라고미사키(伊良湖岬) 체류에서의 견문이 기록되어 있으므 로 1898년 전후의 것이 아닌가 추정되는데, 그중 상당 부분이 실은 연필로 쓴 것이다. 색연필 글씨도 있다. 도중에 펜쓰기가 이어지지만 만년필로 쓴 것인지는 확정하기 어렵고, 그 정돈된 상태로 보면 책상에서 쓴 것이 아닌가 싶다. 적지만 모필도 섞여 있다. 아직 만년필의 동트기 전 시대였던 것이다.

민속학에서 오늘날 이른바 질문지 조사(Questionnaire Survey)에 가까운 조 직적인 데이터 수집이 시작된 것은 1934년 무렵부터이다. 휴대할 수 있는

44 [東京朝日新聞, 1908년 5월 16일].
45 [讀賣新聞, 1908년 12월 12일].
46 카즈노시립선인현창관(鹿角市立先人顯彰館)에 소장되어 있는 세가와 키요코 소장자료에서 발견되었으며, 오카다 테루코(岡田照子)에 의해 『柳田國男の手帖「明治三十年伊勢海ノ資料」』 [岡田照子·刀根卓代 편, 2016]으로 공간되어 있다.

『향토생활연구채집수첩(鄕土生活硏究採集手帖)』⁴⁷이 만들어져 '민간전승회(民間傳承の會)' 동인들이 채록을 위한 마을 방문을 활발하게 하고 있다. 이 기록은 아직 필기 관점에서 본격적으로 분석되지는 않았지만 만년필로 썼다고 생각되는 것도 분명히 많이 섞여 있다. 미야모토 츠네이치(宮本常一) 등 쇼와시대(1926~1989)에 마을을 돌아다닌 민속학자들도 만년필을 애용했다.

만년필이라는 필기구가 책상이나 펜이 비치되지 않은 장소, 즉 야외 현장에서 쓸 자유를 준 것은 분명하지만 만년필이 쫓겨나는 공간도 생겨났다. 흔들림 때문에 잉크가 뿌려지는 것이 문제였다.

1916년 10월 30일자 신문은 문부성미술전람회 개최장에서 일어난 어떤 사건을 보도하고 있다.⁴⁸ 27일 아침, 회장 담당의 여성이 일본화실의 병풍에 "검은 잉크 방울이 10점이나 부착"되어 있는 것을 발견했다. 현장 점검에서 "아마도 구경꾼 중 누군가가 목록에 표시하기 위해 잘 나오지 않는 만년필을 휘두른 것 같다"는 것을 알 수 있었다. 이후 각 실에 "만년필 사용을 금함"이라는 벽보가 붙었고 주최자는 "만년필 사용을 금지하지 않은 부주의"를 질책받았다. 오늘날에도 사료관이나 문서관이나 도서관에 남아있는 만년필 사용 금지도 이러한 휴대 가능한 필기구의 보급과 함께 명확화된 것이었다.

만년필을 민속학이 다루는 의의와 가능성

마지막으로 만년필을 소재로 그려지는 '역사'는 몇 가지 의미에서 민속학이 추구해 온 특질을 내장한 것일 수밖에 없을 것이라는 논점을 언급하고자 한다. 거기서 '현대과학'으로서의 민속학이 요청된다.

그렇다면 만년필은 어떠한 의미에서 민속학을 필요로 하

---

47 일본학술진흥회의 경비 지원을 받아 계획된 소위 '산촌조사'를 위해 작성된 100항목의 조사수첩으로, 질문항목 뒤에 기입할 수 있는 공간이 마련되어 있다.

48 「문부성미술전람회에 출품한 병풍이 오염되었다 / 요시오카, 무라카미 양씨의 작품에 잉크 오염 / 회장에 울타리를 치고 만년필 사용을 금지」[東京朝日新聞, 1966년 10월 30일].

는가.

하나는, 수입사(輸入史)로 환원할 수 없는 창조성을 가진다는 것이다. 그렇다, 그 기원의 하나는 외국에서 발명했다는 것이다. 그러나 잊혀지기 쉬운 또 하나의 기원을 간과해서는 안 된다. 그것은 일본에서 만들어진 문화로서의 고유성이며, 그 양상이 명확히 그려질 필요가 있다.

금세 떠오르는 것만으로도 몇 가지 논점이 있다.

예를 들어 일본의 복잡한 문자에 대한 대응이다. 알파벳의 유럽 글씨와는 달리 한자는 '삐침/파임/치침'을 쓰기 위해 어떠한 펜촉의 개량이 필요했던가. 또는 전통공예로 장식을 한 만년필의 공예적인 전개가 있다. 이 또한 새로운 융합이자 발명이었다.

물론 일부 만년필의 가격을 지나치게 올린, 히라마키에(平蒔繪, 옻칠에 금·은·백금 등을 입혀서 완성한 그림: 역주)나 상감기법으로 만든 만년필은 일본에서의 창조이다. 그러나 너무 고급스럽고 값비싼 장식공예이기 때문에 민속학에서 다룰 것은 아니라는 의견도 있을 수 있지만, 반대로 그 대상 설정의 평범한 평민성이나 비시장성에 대한 집착 자체가 바로 현대에 불필요한 한정을 만들지 않았는지 재검토되어야 한다. 여기에 감도는 위화감은 어쩌면 농민을 상민 개념의 중심으로 삼음으로써 대상을 향촌사회에 한정하고, 도시 등에서 본격적으로 활동한 제조업의 생태를 정면에서 다루지 않았던 종래의 방법에 대한 의식이 남긴 유제일지도 모른다.

오히려 만년필의 국산화라는 현상 자체를 정성을 들여 파헤쳐서 그것을 가능케 한 구조적 조건을 고찰할 필요가 있다.

그것은 자영의 소공장이나 영세기업이 새로운 제품생산으로 경쟁하고, 공생하면서도 전체를 확대해 온 시장에 뒷받침된 하나의 문화였다. 실제로 이 상품의 생산과정은 제조업자의 분업 시스템을 잘 조합하고 있다([그림 9-28]). 즉, 펜촉이나 축이나 캡 등의 부품 생산과 조립을 조직화하는 것으로 다수의 제조 기업을 탄생시켰다([그림 9-29]). 그런 의미에서는 이 생산이 조직한 관계 자체가 '마을'을 연상시킨다. 단지 녹로(轆轤) 기술이 공통이라는 것으로,

목재사의 대패와 연결되어 있는 것만은 아닌 것이다. 그렇다면 이 작은 상품의 조사연구는 마을의 필드워크이다.

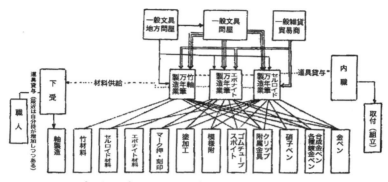

[그림 9-28] 만년필 생산체제[東京市商工課, 1932: 189]

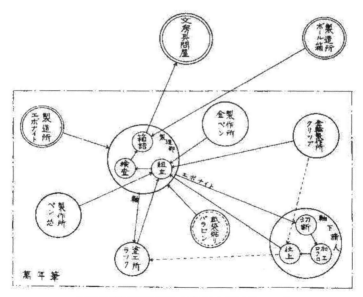

[그림 9-29] 만년필 제조 소기업[東京市社會局, 1937]

즉, 두 번째 논점이 되지만, 만년필의 수용에서 볼 수 있는 풍부한 지방성과 문화의 다양성에 주목하는 것도 민속학으로서의 사명이 아닐까.

짐작이지만, 국민국가 단위에서 균질한 '만년필의 일본사'를 묘사해도 별로 재미있지 않을 것 같은 예감이 든다. 보급이나 유통 국면에서 만들어진 다양한 문화를 포함시키지 않고 일반적이고 개괄적인 역사를 논한다면 오늘날의 대기업을 중심으로 한 회사사의 합성에 그치고 만다. 물론 유력하고 유명한 기업의 등장과 대량생산의 산업화는 새로운 단계를 연 것으로 무시해서는 안 된다. 그러나 일본에서의 전개가 소위 유통의 국면에서 지방의 거점이 될 수 있는 유력한 전문 문구점을 형성한 것도 특징적이며, 그것은 무수한 바깥으로 도는 영업자들에 의해 만들어진 대량생산을 받아들이는 구조이기도 했다. 또 한편으로 축제일의 노점에서도 팔리고 있었다. 그 고유의 존재 의의도 해명돼야 한다.

지방 전문점이 성립된 조건의 하나로서, 만년필이 독자적인 기구를 가지는 도구이며, 조정이나 수리를 포함하여 판매점과 고객과의 긴 교류가 필요했던 적이 있다. 바꿔 말하면 어떤 의미에서의 '미완성'성 때문에 가소성(可塑性)을 지적할 수 있는 것이다.

그렇기 때문에 개인의 개성과의 다양한 결합도 또 한편에 태어난다.

과거 어느 민속학자는 개인의 의식이 확립되어 있지 않다고 여겨지는 일본인의 생활에서 왜 젓가락이나 밥공기나 찻잔 등에 개인 전용의 '사(私)'성이 관찰되는지에 대한 문제 제기를 한 적이 있다.[49] 만년필에서 관찰할 수 있는 소유의 개인성은 아마 식기가 표상하는 이러한 메커니즘과는 상당히 다를 것이다. 그렇지만 신체성에 뿌리를 내리고 자기 나름의 글 쓰는 맛을 키워갈 수 있는 도구로서의 미완성성은, 만년필이 표상하는 개인성의 기초 조건의 하나이기도 할 것이다. 더욱이 비교적 고가 상품을 선물하는 성격이 이름을 새기는 등 기념 서비스를 탄생시킨 것[50]과도 관계없는 문화는 아니다.

---

49 『民俗のこころ』[高取正男, 1972].

세 번째로, 이러한 필기구는 삶의 실태에 입각하여 본다면 근대사회 한 시대의 '민구'라고도 할 수 있는 존재이다.

만년필은 학교와 군대, 관공서에서의 사용을 추진력으로 민중의 일상생활에 보급되었으며, 필기구가 갖춰져 있지 않은 곳에서 '글쓰기'를 가능하게 했다. 그것도 이 문화의 한 특질로서 민속학이 관찰하고 기록해야 할 세태이다. 사물 그 자체의 미디어적 특질 분석에 민속학은 반드시 자각적이지 않았지만, 지금까지 논해 온 '쌀'이나 '감자'[51]와 마찬가지로 일국의 경계를 넘은 확산에서 중층적 시스템의 작용을 예감하게 한다.

『독서공간의 근대(讀書空間の近代)』 혹은 『휴대전화화되는 일본어(ケータイ化する日本語)』의 저자로서는, 도구이며 상품인 이 물체가 말을 기록하는 기술(테크놀로지)이며 그 근대적인 혁신이었던 것이 무엇보다도 마음에 걸린다. 어떤 의미에서 가장 작고 가볍고, 몸에 지닐 수 있는 글자 '자동기계'의 시작이었기 때문이다. 야타테는 붓과 먹통을 콤팩트하게 수납하는 도구에 불과했지만 만년필은 잉크 내장구조와 유출제어의 기구를 갖춘 독립적인 기계이자 기관이라 할 수 있는 자립성을 가지고 몸에 장착된다. 미디어(매체)로서 필기구의 기술혁신에 뒷받침되어 필기구를 휴대하는 생활이 국민 규모로 창출되고, 이윽고 볼펜의 대중화 등 다음의 새로운 시대를 열어간다. 술 마시는 방법의 변천[52]처럼 문자를 쓰는 방법 또한 도구와 몸과 장소와 필요와 욕망 등이 복잡하게 얽히는 변용의 역사가 있다. 여기를 해독하기 위해서는 그야말로 생활의 필드에 있어서 만년필의 생태 분석이 필요한 것이다.

이것은 역사사회학의 과제인 동시에 민속학의 과제이기도 하다.

---

50   만년필에 이름을 넣는 방법과 글자체에 대해서 정리한 『ネーム彫刻法』[加藤浪夫, 1935] 등의 서적도 출판되어 있다.

51   『稻を選んだ日本人』[坪井洋文, 1982], 『イモと日本人』[坪井洋文, 1979] 등.

52   「酒の飲みようの變遷」 『木綿以前の事』[柳田國男, 1939].

제10장

필드워크로서의 소풍: 키타무라 오사와 악대

　문화인류학, 사회학 등과 마찬가지로 문화자원학에서도 필드워크와 관찰로부터 배우는 것이 많다. 직접 보고, 현지에 가서 보고 느끼고 생각하는 것들은 잘 되새기기만 하면 틀림없이 귀중한 소재가 된다.

　2000년 창설 이후 문화자원학연구실 교수들은 다양한 견학 여행을 쌓아왔다. 당일치기부터 2박 3일 정도의 일정으로 자유롭게 기획하고 가볍게 실시하고 있었다. 내가 참가하여 뜻하지 않게 여러 가지를 배운 기억이 있는 것만 해도 키노시타 나오유키(木下直之) 교수가 기획한 토야마(富山)동물원과 타이완(228기념관, 츠후(慈湖)기념공원), 군함도(軍艦島), 고바야시 마리(小林眞理) 교수의 시나노오마치(信濃大町), 나카무라 유스케(中村雄祐) 교수의 요코하마(橫濱) 수로 등 다양하다. 여기서 다루어 보고 싶은 것은 문화자원학에서 줄곧 함께 가르쳐 온 와타나베 히로시(渡邊裕) 교수가 2010년에 기획한[1] 미야기현(宮城縣) 이시노마키시(石卷市) 교외에 위치한 마을운동회 견학여행이다.

1　돌이켜보면, 이 소풍의 2010년 5월은 동일본 대지진 발생 거의 1년 전이었다. 물론 이시노마키시에는 아무런 예감도 없고, 히요리야마(日和山)에서 내려다보는 시가는, 가옥의 삼각형 지붕이 비늘처럼 밀집된 번화한 곳이었다. 300년 이상 전에 바쇼는 『奥の細道』에 "인가 땅을 다투며 부엌의 연기 끊임없이 피네(人家地をあらそひて竈の煙立ちつづけたり)"라는 하이쿠를 썼다. 강의 모래톱에 보이던 오카다(岡田) 극장에는 1년 후에 전면 개장할 예정이라는 알림이 있었다. 그러나 개장 완성 후 며칠 지나지 않아 쓰나미로 흔적도 없이 사라져 버렸다고 들었다.

운동회의 악대를 보러 가다

당시의 메일을 뒤져 보면, 이 수업 여행은 바로 직전에 기획되었음을 알수 있다. 10일 정도 전에 와타나베 히로시 교수가 그 해에 냈던 연습(「취주악단의 글로벌 히스토리」)에 관련되어 있는 대학원생의 요청이 있었는데, 5월 22일에 와타나베 교수가 담당하고 있는 수업과 관련지어, 미야기현 이시노마키시의 키타무라(北村)소학교의 운동회를 견학하러 가지 않겠느냐고 제안했다. 목표는 그 운동회에 등장하는 '키타무라오사와 악대(北村大澤樂隊)'라고 하는 노인들의 밴드[2]다. 학생이 쓴 권유 메일을 인용해 두겠다.

이 음악대는 '진타'라는 대중음악을 연주하는 노인들로 이루어진 밴드입니다. 진타는 메이지 시대에 서양에서 들어온 군악대의 음악이 민간 악단에 의해 대중화되어 간 것으로, 친동야* 음악의 원류이기도 합니다. (중략) 서양 기원의 브라스밴드가 각지의 문화와 혼합해 토속화해 간 예 등을 다루면서, 비서양권의 문화의 '서양화' '근대화' 문제를 생각하는 것이 이 세미나 수업의 취지입니다만, 일본에 있는 예를 실제로 가서 보자, 라고 하는 것이 이번 견학 여행의 취지입니다. 그리고 이번에는 럭키! 이 분야의 전문가로 재작년에 『국가와 음』으로 산토리 학예상을 수상하신 오쿠나카 야스토(娛中康人) 씨가 '안내인'을 맡아주신다고 합니다.

그래서 평소 수업에 나오는 분도 그렇지 않은 분도, 도중에 나오지 못하게된 분도 꽤 드문 기회이므로, 꼭 와타나베 선생님과 함께 미야기까지 여행하지 않겠습니까?

* 역주: 친동야(チンドン屋)라는 것은 친동북이라고 불리는 악기를 친친동동친동동 하는 식으로 울리고 돌아다니면서 사람의 눈길을 끌어서 지역의 점포나 상품을 선전하는 광고업의 한 종류를 말함.

---

2   이미 일본음악학회에서는 흥미로운 것으로 다루어지고 있으며, 2007년 5월에는 지부 횡단기획으로 「심포지엄. 마을의 브라스밴드 근대의 음악문화: 키타무라오사와 악대의 80년」을 실시하고 있다. 이 기획 대표자인 오쿠나카 야스토 씨는 이번 견학여행에서도 안내인을 맡아 주었다.

[그림 10-1] 키타무라오사와 악대

마침 이 일정에 겹치기 전날에 토호쿠대학에서 볼일이 있었고, 게다가 다음날부터는 조금 시간의 여유가 있었다. 이시노마키라면 간 김에 들러 보려고 참가하기로 했다. 계기는 늘 그렇듯이 우연한 인연인 경우도 많다. 물론 현실의 실태를 보는 경험은 다양한 시점과 발견을 준다. 필드워크라고 하기에는 약간 준비가 불충분하기는 했지만, 이 견학 여행도 그런 의미에서 재미있었다.

운동회를 위한 준비가 완료된 키타무라소학교 교정에 도착한 것은 이른 아침이다. 문화자원학의 학생들은 본부 텐트 주변에서 경기 모습을 견학하고, 악대의 사진 등을 찍고, 지도교수인 와타나베 교수의 해설을 듣고 있었다. 그러다가 학생들의 달리기 경주가 시작되어서 목표의 악대가 연주하기 시작했다.

학생들이 출발하여 트랙을 역주하는 내내 기타무라오사와 악대는 계속 생음악으로 연주하고 있다. 본부에서 도우미를 하고 있던 어머니들의 이야기를 들으니 "악대도 점점 컨디션이 좋아지네. 오늘 아침 처음에는 어떻게 될 줄 알았어. 왠지 숨이 찬 느낌이고 음도 좀 빗나가고, 올해가 마지막일까 걱정했다"고 하면서 웃으면서 대화를 나누고 있었다.

"오늘은 어떻게 오셨나요 이런 시골에" 하고 진귀한 듯이 질문을 받고, 악대를 보러 왔다고 했더니 "수고가 많네요. 저 음악대는 유명한가요? 그러고 보니 방송국에서 온 적도 있다고 들은 적이 있다"라고 한다. 몇 사람은 자신도 이 소학교를 나온 마을 OB[3]인 모양이다. "음악대는 우리 어릴 적에도 있었다. 별로 신경 쓰지 않았지만". 다른 어머니가 "나 때는 모두 녹음이었어"라고 말하기 시작했는데, 반론하는 기색도 없이 "도중부터 부활했잖아"라고 하는 어머니도 있어서, 이 음악대에 관해서 그다지 확실한 유래가 공유되고 있는 것은 아닌 것 같다.[4]

---

3 가만히 귀를 기울이다 보니 이곳에서 자란 어머니들의 이야기도 들려왔다. "녹색조 계주 첫 번째 사람, 위험해. 저건, ○○의 동급생이잖아". 이 "위험해"는 아무래도 "멋있다"라는 의미인 것 같다. 소학교 때는 어머니들도 아버지들도 운동회에 참가하지만 중학교가 되면 별 관계가 없어진다고 한다. "반에서도 키타무라의 아이는 2, 3명이 되어버렸어"라고 한다.

고장 할머니의 이야기를 듣다

잠깐 교정을 돌아서 반대편 잔디밭 쪽에서 살펴보기로 했다. 운동회를 보러 왔는지 잡담을 하는 할머니들이 있었다. 말을 걸었더니 "선생님인가? 그런가, 아닌가. 운동회 보러 오신 건가" 하고 여러 가지 대답하고 가르쳐 주었다. 단편적이고 잡다하지만 당시의 메모를 그대로 인용해 두겠다.[5]

- 텐트에 써 있는 이름, 저것은 부락마다의 것이다. 키타무라는 '아자'(字. 시정촌 지역을 다시 소구로 나눈 단위를 말함: 역주) 이름이다. 여덟 개의 부락이 있다. 다이반쇼(大番所), 오자키(小崎), 타와라니와(俵庭), 하코시미즈(箱清水), 아사히(朝日), 오사와(大澤) 등등. 지금은 8개의 지구를 2개씩 묶어 4개의 지부로 하고 있다. 인원이 적어져서.
- 작년부터 선생님은 정말로 열심이고, 뭐 건강이 좋다. 교장에 따라서 다르다. 자신의 소학교 때 교장은 사이토 소지로(齋藤莊次郎)라는 대단한 선생님이었다. 이 학교 맞은편에 살고 있었다. 이 사람은 여러 가지 일을 한 사람으로 오래 교장을 하고 있었다. 운동회 노래를 만든 사람으로, 그 밖에도 아사히야마 노래도 만들었다. 이것도 운동회에서 한다
- 음악대는 내가 어릴 때도 하고 있었다. 더 많았던 것 같은 느낌이다. 일곱 명 정도 있었다. 히로부치(廣淵) 쪽의 운동회에도 와 있었다. 다른 학교에서도 하고 있었다. 계속 하고 있다. 저 사람들은 벌써 80살일 것이다.

---

4   도중에 부활했다고 주장하던 어머니는 "그분들도 젊었을 때는 자기 직업도 있었을 테고. 은퇴 후 다시 시작했을지도 모른다"라는 인상에서 나온 추측이었다. 어쩌면 다른 소학교의 사례가 섞인 대화였을지도 모른다. "근처인 키타무라소학교 운동회에는 악단 창단 이래 80년 이상에 걸쳐 빠짐없이 출연했다"[渡邊裕, 2013: 145]는 증언도 있다. 매년의 활동이었지만, 과거의 어린이들에게는 의식되지 않고 주목되지 않은 채 계속되고 있었다고 생각하는 것이 맞을지도 모른다.

5   이야기를 해 준 2명의 할머니는 모두 80세 정도의 나이이다. 한 명은 키타무라 출신으로 이 소학교를 졸업한 사람이고, 또 한 명은 1933년 출생으로 히로부치에서 시집온 것이라고 했다. 대부분 키타무라 출신의 할머니가 들려준 이야기의 메모이다.

- 옛날부터 이 장소에 소학교가 있었다.[6] 소나무도 저것도 오래 되었다. 수영장은 없었다. 저것은 새로 만든 거다. 교정의 은행나무가 있는 곳에 봉안전(奉安殿. 과거 각 학교에 천황의 사진이나 교육칙어 등이 걸어둔 건물: 역주) 이 있어서 저쪽 '정문'으로 들어가 절을 하고 교실로 갔다. 이 교사는 새 건물이다. 저번 지진[7]으로 붕괴하여 다시 지었다. 현 지사와 의원들 이 시찰을 와서 전면 재건축을 약속했다. 전의 교사는 목조로, 모두 망 가져 버렸다. 1년 정도는 임시 조립식 교사였다. 이 교사가 된 것은 5년 전이다.

- 학생이 매우 적어졌다(전교생 79명). 금년 1학년생은 9명뿐이다. 내년에 도 ○○집과 누구네 집과, 8명 정도밖에 없다. 상급 학교에 간 뒤 좀처럼 여기로 돌아오지 않는다. 우리 집도 40살이 되는데 며느리가 안 온다. 농가의 젊은이는 모두 결혼을 할 수 없다. 이 근처는 농가가 많다.

- 드라이브인 쪽에는 몽골에서 온 남편이 있어서, 딸은 이 고장의 아이지 만 그 집 아이가 내년에는 소학교에 들어간다. 도르지라고 한다. 활발한 아이다. 아까 뛰었다. 홍팀과 백팀은 부락으로 나뉘어 있다. 딱 균형이 맞도록. 그래도 아이들은, 정말로 적어졌다.

- 내일이 시의회 선거다. 이번에는 다섯 명 떨어진다. 39명이 나왔는데 의 원이 될 수 있는 사람은 34명이다. 이시노마키도 넓어져서 타 부락 사람 들은 몰라. 지금 차는, 누군가. 평소라면 가서 손을 흔들어 주겠지만.

소학교 운동회는 지방에서 특히 그렇지만, 학교 행사라는 것 이상으로 마을의 일종의 축제이다. 부락대항 경기회의 색채도 있는 모양이다. 아이가 감소하고 있는 점, 농촌에서의 결혼이 어려운 점, 국제화가 진행되고 있는 점

---

6   이 정보는 사실 정확하지 않다. 1900년 무렵까지 키타무라의 카루이자와(輕井澤)라고 하는 장소에 있다가 그 후 오모테자와(表澤)의 현재 위치로 옮겼다. 물론 1930년대에 출생한 할머니 의 기억 속에서는 예부터 같은 장소라고 이해되고 있는 것도 이상한 일은 아니다.

7   2003년 미야기현 북부지진일 것이다.

등도 일본의 지역사회에 공통되는 현실이다. 때마침 지나가던 선거의 가두선전 차량으로 이야기가 옮았지만 이것도 마을 운동회의 구경 감각에 의한 것인지도 모른다.

향토 교육이라는 보조선

그런데, 할머니들 말에 나타난 과거 교장인 사이토 소지로라는 인물은 이 운동회에 살아남은 음악대와 소학교의 관계를 고찰할 때는 매우 흥미로운 포인트가 될 것 같은 예감이 들었다.

안내인 오쿠나카 야스토 씨가 교정에서 보여준 '키타무라 운동회 노래(北村運動會のうた)'라는 악보 사본[8]에 '사이토 소지로 작가(齋藤莊次郎作歌)'라고 적혀 있는 것도 하나의 단서였다. 전후의 페이지에는 「키타무라 명소순례(北村名所巡り)」「졸업식 노래(卒業式のうた)」「이토 시치주로(伊東七十郎)」[9]「아사히야마

8　오쿠나카 야스토 씨는 기타무라오사와악대의 연구를 2005년 가을 무렵부터 진행하여 현지를 자주 방문하면서 관련 문헌자료도 치밀하게 수집하여 파일로 정리하고 있었다. 이 악보의 원래 출처는 『信念に基づく郷土敎育施設』[齋藤莊次郎, 1930: 141]이다. 본격적인 필드워크에 조사대상 및 대상지역 예습이 필수적이지만 내 개인의 경험으로는 현지에서 관련 자료를 읽는 것도 의외로 시사적이기 때문에 점심을 먹으면서 읽어 보았다.

　　이 견학여행 후, 와타나베 씨와 오쿠나카 씨와 나는 메일로 간단한 '조사보고'를 서로 낼 기회가 있었으며, 그것도 조사 체험 이상으로 재미있었다. 오쿠나카 씨로부터는 "내가 몇 년이 걸려 조금씩, 간신히 이해할 수 있게 된 것을, 단 몇 시간에 조사해 버리는 사토 선생께 경탄했습니다. 지금까지 활자로만 알았던 사토 선생의 이미지가 바뀌었습니다(웃음)" 라고 했는데, 평가는 고맙지만 절반 정도는 잘 봐주려는 태도다. 내가 나름대로의 이해와 전망을 얻었다면, 그것은 탁월한 조사능력이 있기 때문이 아니라, 오히려 오쿠나카 씨와 같이 현지지식을 통해 경험을 쌓아 온 정보 제공자가 열쇠가 되는 중요한 정보를 집약하고 가르쳐 주고 있었기 때문이다.

[그림 10-2] 조사 풍경

9　이토 시치주로(重孝)는 칸분연간(寬文年間. 1661~1672)의 이른 바 '다테소동(伊達騷動)'이라는 센다이번 다테가의 다이묘가문 내분 사건에서, 주군 집안의 횡령을 획책한 후견역을 토벌하려다 실패하고 사형당한 인물이다. 그러나 번정 전횡이 바로잡히고 후견역 일파가 처분된 후에 충렬의 지사로서 복권되었다. 이토 시치주로는 키타무라 태생으로, 마을의 '바테렌켓쇼야시키(バテレン缺所屋

[그림 10-3] 伊東七十郎

(旭山)」「교가(校歌)」「청년단 단가(靑年團團歌)」 등 다양한 곡이 '향토창가(鄕土唱歌)'라는 묶음으로 기록되어 있으며 모두 사이토가 작사했다.

다시 1930년에 정리된 『신념에 기초한 향토교육시설(信念に基づく鄕土敎育施設)』(이하, 『향토교육시설』로 약칭함)이라는 사이토 소지로의 저서를 살펴보았다. 이 인물이 당시 고양되고 있던 '향토교육'[10]에 깊게 공명하고 있는 것도 인상 깊지만, 1914년에 자신이 키타무라심상고등소학교(北村尋常高等小學校)에 부임한 이래의 다양한 교육 활동과 사회 활동을 스스로의 신념에 기초한 향토교육의 실천으로서 강하게 의미부여하고 있는 것을 알 수 있다.[11] 할머니가 "여러 가지 일을 한 사람"이라고 말했던 내실이 이 책을 읽으면 조금 드러난다.

가령 같은 교정에서 스피커로 흘러나온 운동회의 내빈 소개에 '키타무라 보은회'의 임원 직함이 섞여 있고 '보은회'라는 특이한 울림의 조직명이 귀에 걸렸다.

이것은 1924년에 당시 황태자의 성혼을 기념하여 조직된 저금사업에서 유래한다. 교육기금 등 마을의 공공적인 재산을 마련하기 위해 "촌민의 장례식 등에 대해 기부를 신청하기로 하고 장학사업을 할 수 있을 때까지 원금에 손을 대지 않는 구조"[12]로서 사이토 교장이 솔선수범했다고 한다. 그밖에 전교 아동에게 매월 1전씩 기부하게 해서 4월 1일에 한꺼번에 우체국에 넣는 '봉사백년저금' 등도 후에 추가되었다고 한다. 현재의 조직과 활동이 어떤

敷)'라고 불린 황폐한 집터가 생가라고 하고 있었다. 사이토 소지로는 향토의 위인으로서 흥미를 가지고 연구하여 책 한 권[齋藤莊次郎, 1918]을 정리했다.

10 새삼 흥미롭게 생각되는 것은, 사이토의 향토 교육이나 향토 연구의 논의에는, 동시대의 야나기타 쿠니오 등의 시도가 전혀 언급되어 있지 않은 것이다. 「향토교육의 연혁」이라는 절에서 언급된 것은 루소, 페스탈로치, 크리스티안 잘츠만, 칼 리터, 폴 베르그만 등 교육학자들의 지리·역사교육의 주장으로 일본에서의 사조는 전혀 논의되지 않는다[齋藤莊次郎, 1930: 19-21]. 그런 의미에서 자신이 배우고 자신이 해 온 것 위에 향토교육이라는 사조의 수용이 있다. 이는 1930년대 향토교육의 유행이 획일적이지도 통합적이지도 않았음을 보여 준다.

11 기타무라소학교 뒤편 입구 근처에서 발견한 비석에는 사이토 소지로가 향토교육의 추진자로 현창되어 있었다. 아쉽게도 사진을 찍지 않아서 언제 건립된 비석인지 확인할 수 없고 제대로 된 메모도 없다. 이 부분은 필드워크로서는 정성이 부족했다고 반성한다.

12 『旭山物語』[菅原翠, 1962: 49].

것인지는 듣지 못했지만 과거에 교장이 창설한 은혜를 보은의 공공성 함양운동이 그대로 80년 이상 이름으로 남아 있다는 게 흥미롭다. 이 '보은'은 교장 혼자만의 이념이 아니라 이 마을의 마에야치(前谷地)에 토착화되어, 근대 이후 주조업이나 대부업·곡물 대부 등으로 재산을 만든 9대 사이토 젠에몬(齋藤善右衛門)[13]이 사재를 투입하여 육영·학술연구 조성사업을 실시하는 '사이토 보은회'를 설립한 움직임과도 공명하는 것이었을 것이다.

다시 『향토교육시설』로 돌아와 보면, '창가과'의 음악 교육에서 '창가 교수의 지방화'가 주창되고, '향토창가'란 농촌에서, "음악에 친숙하지 않은 아동으로 하여금 향토적 색채가 농후한 창가를 부르게 함으로써, 그들이 평상시 간과하고 있는 사물에 대해 따뜻함과 친숙함을 느끼면서 흥얼거리게" 하기 위한 것이며, "향토에 대한 깊은 애착심을 배양하고 향토인으로서의 자각을 촉진한다"[14]는 방편으로 위치시키고 있다.

지역 명소를 소개하는 지지(地誌)와 같은 창가도, 운동회나 입학·졸업식 때의 교가도, 청년단의 단가도, 향토 위인의 소행을 기리는 노래도 향토교육이라는 한 점으로 연결되어 있다. 작사라는 국면에서 창가교육이 추진된 것은 음악교육이라기보다는 수신·국어·국사 교육의 지방화라는 요소가 강하기 때문인지도 모른다.[15] 이것은 사이토가 잘 하는 영역, 혹은 자질과의 관계이기도 할 것이다.

---

13 마에야치에 있는 사이토 젠에몬의 저택은 사이토 씨 정원으로 공개되어 있으며, 이 견학여행에서도 들러서 저택 안에 있는 호가미네조몬기념관(寶ヶ峰繩文記念館) 등을 둘러봤다.

14 『我が鄕土教育施設』[齋藤莊次郎, 1930: 135-36].

15 덧붙여서 "키타무라소학교 교가는 1916년에 처음으로 선생이 작사한 것으로, 작곡은 일본 학교 창가의 은인 타무라 토라조(田村虎藏) 씨였다. 당시 학교에서 지도하는 창가는 모두 문부성의 검정을 받아야 했기 때문에 이 교가도 같은 해 12월 1일에야 인가되었다. 종전 후 가사의 일부가 개정되어 현재의 것이 되었으며, 소중학교의 교가가 되었다"[菅原翠, 1962: 29]. 교정에서 오쿠나카 씨가 보여준 『우리 향토교육시설(我が鄕土教育施設)』에 실려 있는 가사의 3절 "충과 효에 몸을 한결같이 / 의용봉공 오직 우리의 희망 / 깊게 성칙(聖勅)을 경외(敬外)하여 / 무비(無比)한 역사에 빛을 더하여"가, 제2차 세계대전 후에는 "넓은 세계에 도의를 보이며 / 나라의 문화 향기 드높고 / 평화의 깃발을 달고 나아가 / 우리 일본의 빛을 더하자"[菅原翠, 1962: 30]로 된다. 달라졌다고도 할 수 있고 그대로라고도 할 수 있는 점을 어떻게 평가할 것인가.

민요 아사히야마(旭山)에서 / 아사히야마 코우타 / 아사히야마 온도

또 하나, 할머니의 이야기에는 교장이 「아사히야마 코우타(小唄)」(코우타는 일본 전통 속요의 한 형태로 일반적으로는 에도코우타의 약칭: 역주)를 만들었다고 나온다. 한편으로 지금도 운동회에서 춤추고 있는 「아사히야마 온도(音頭)」[16](온도는 음악에서 선창을 하는 사람 혹은 아악에서 각 악기의 주가 되는 연주자를 가리킴: 역주)라는 것이 있는데, 이것과 어떻게 관련되어 있는가. 같은 지역의 같은 지명에서 코우타와 온도가 모두 있는 경우는 드물다는 지적도 있고, 또 『향토교육시설』에는 민요로서 「아사히야마에서(旭山から)」가 실려 있으나, 코우타에도 온도에도 언급이 없다.

수중의 몇 가지 자료를 검토해 보았다. 먼저 「아사히야마 코우타」로서 『아사히야마 이야기(旭山物語)』에 실려 있는 것이 있다.[17] "아이에게, 청년에게, 마을사람에게 어떻게 해서라도 마을을 사랑하게 하고 싶다. 아사히야마에 익숙하게 하고 싶다. 친숙하게 하고 싶다"고 생각한 사이토 소지로는 민요 연구에 돌입하여 생겨난 것이 「아사히야마 고우타」라고 하며, 1917년 작으로 다음의 4행을 들고 있다.

① 旭山から北上見れば山と川との夫婦連れ
   (아사히야마카라 호쿠조우미레바 야마토카와토노 후우후즈레)

   아사히야마에서 북상쪽을 보면은 산과 강이 만나는 부부의 동행

---

16 「민요 아사히야마(民謠旭山)」의 춤추는 법에 대해서 『영봉아사히야마(靈峰旭山)』[齋藤莊次郎, 1939]가 도시하고 있다.

   [그림 10-4a]   [그림 10-4b]   [그림 10-3a]

17 『旭山物語』[菅原姿, 1962: 28].

② 旭山から汽笛を聞けば君を松山鹿島臺

(아사히야마카라 키테키오키케바 키미오마츠야마 카시마다이)

아사히야마에서 기적소리 들으면 그대를 기다리는 카시마다이

③ 旭山から松島見れば霞む松島帆が走る

(아사히야마카라 마츠시마미레바 카스무마츠시마 호가하시루)

아사히야마에서 마츠시마를 보면 안개 낀 마츠시마 돛이 달린다

④ 旭山から龍岳見れば昔なつかし作祭り

(아사히야마카라 류유가쿠미레바 무카시나츠카시 사쿠마츠리)

아사히야마에서 류가쿠를 보면은 옛날옛적 그리운 사쿠마츠리

7·7·7·5의 속요 혹은 전통가요로 어딘가 신민요와도 겹칠 것이다.[18] 잘 보면 ①은 『향토교육시설』에 실린 민요 「아사히야마에서」의 6연째, ②는 7연째, ④는 9연째의 전반이다. 그 말은, 「아사히야마 코우타」는 후년이 되어 「아사히야마 온도」라고 불리는 것의 일부분이라고 이해할 수 있다. 노래 가사, 즉 '문구'의 증식법이라고 한다면 그다지 이상하지 않은 형식으로 이해해 두는 편이 좋을 것 같다.

재미있는 것은, 이 자유로움이 '코우타'인가 '온도'인가 이름 짓기에 머무르지 않고, 곡의 본연의 자세 그 자체에도 들어맞는다는 점이다.

『아사히야마 이야기』에 의하면, 「아사히야마 코우타」는 "처음에는 정해진 후시(節)가 없고, 야스키부시(安來節), 오케사부시(おけさ節)에서 (중략) 생각하는 대로 아무거나 후시에서 불렸다"[19]라고 설명되어 있어서, 자유롭게 바꿔

------

18 그와 같은 감각도 동원되고 있는 한편으로 1917~19년경에는 "학생과 청년에게 노래를 부르게 하는 사람으로서" 작사자 작곡자가 갖추어진 "깊은 계곡 고향의 평안이라도 가고" 하는 「아사히야마(旭山)」라는 창가[齋藤莊次郎, 1930: 139]를 만들고, 같은 무렵에 「키타무라소학교 교가」도 만들었다. 또 『赤い鳥』가 견인한 '동요' 붐과도 관련되어 있고, 1922년 3월 19일 일요일에 "아사히야마에서 동요회를 개최했다"[菅原翠, 1962: 31]고 되어 있고, 거기에 센다이에서 활약하고 있던 동요운동의 사람들을 불러서, 사이토 자신이 만든 것은 아닌 것 같지만, 「높은 산 아사히야마(高い山旭山)」[앞 책: 256]라는 동요도 생겨나고 있는 것은, 참으로 근대와 전근대의 신체 감각이 섞여 있어서 흥미진진하다.

19 『旭山物語』[菅原姿, 1962: 28].

부르는 '가사바꿈노래(替歌)'라고 할까, 선창(온도)의 어레인지에 가까운 형태로 불리고 있는 것 같다. 후에 고토 토스이(後藤桃水)의 작곡으로 「민요아사히야마(民謠旭山)」가 불리어지게 된 것 같다고 기록되어 있기 때문에 그 즈음에 곡의 체제를 정돈해 가는 것 같다. '코우타' 단계에서는 연마다 속요로서 문구가 추가되어, 후반의 반주음악은 온도의 형태를 정돈한 곳에서 붙여진 것일 것이다.

아사히야마의 관광 개발

「아사히야마 온도」의 악곡 이상으로 파고들어야 할 것은 '아사히야마'이다. 아사히야마는 키타무라에 있는 완만한 모양의 해발 174m의 낮은 산이지만 사이토 소지로에게는 '단순한 산'이 아니라 향토의 고마움을 상징하는 것이었다. 『아사히야마 이야기』는 다음과 같은 사이토의 말을 소개하고 있다.

> 아사히야마는 실로 우리 향토인이 나아가야 할 목표를 나타내고 있다. 아사히야마에 오르면 찬란한 희망이 솟아나고 불평불만은 사라진다. 아사히야마는 정말 우리의 정신생활상에도 고마운 산이다. 키타무라 사람들은 이 고귀한 보물을 잊어서는 안 된다.[20]

자신의 호를 '쿄쿠호(旭峯)'라고까지 하고 있는 사이토의 향토교육의 한 초점이 1930년 전후 이후에 본격화된 아사히야마의 개발에 있었던 것은 우연이 아니다.

1939년 1월의 서지사항이 있는 『영봉아사히야마(靈峰旭山)』[21]라는 60페이지 내외로 된 팸플릿의 서문에는 "아사히야마는 점점 세상에 알려지게 되어

---

20 『旭山物語』[菅原姿, 1962: 25-26].

21 이 소책자는 『旭山物語』에 따르면 1939년에 타카마츠노미야(高松宮)로부터 '아리스가와(有栖川) 후생자금상(은제화병)'을 하사받은 기념으로 『旭山寫眞帖』(보지 못함)이라는 기록과 함께 작성된 것인 모양이다[菅原翠, 1962: 156].

[그림 10-5] 아사히야마 원경

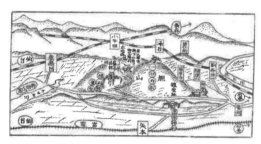
[그림 10-6] 아사히야마 안내도

[그림 10-7]
영봉 아사히야마

정신적 관광지로서 도보 여행지로서 남녀노소를 불문하고 아사히야마에 등
산하는 사람이 매우 많아졌다"라고 되어 있다.

관광이라는 논점에서 말하면, 『아사히야마 이야기』에서 기술하고 있는
1930년 7월에 카호쿠신보사(河北新報社)가 발표한 「동북10경 선출 투표계획
(東北十景選出の投票計劃)」은 관광지화라는 과정을 고찰할 때 무시할 수 없다.
이것은 시라하타 요자부로(白幡洋三郎)가 「일본 8경의 탄생」[22]이라고 논한, 철
도회사와 신문사의 공동개최에서 투표에 의한 명승의 결정이라고 하는 새로

---

22 白幡洋三郎 「日本八景の誕生」[白幡洋三郎, 1992].

운 타입의 선행 이벤트를 흉내 낸 것임에 틀림없다. 화제를 모으는 차원에서뿐만 아니라 향토 사람들의 동원이라는 점에서도 유효했다는 것은 말할 것도 없다. 향토의 엽서 투표 경쟁이 과열화된 결과 당초의 '십경'으로는 수습되지 않고, 결국 '동북 25승'이라고 하는 명승으로 선택되게 된다는, 이 진정되는 방식의 과정도 놀라울 정도로 닮았다. 『카호쿠신보(河北新報)』를 좀 꼼꼼하게 살펴보면 '풍경의 생산'의 사례연구가 가능할 것 같다.

아사히야마의 개발이 관광이라는 이른바 외부를 향한 시장가치의 추구뿐만 아니라 향토교육이라는 정신적인 측면을 가지고 있었던 것은 '위인' '노래' '관음당' '식수' 등을 연결하여 고찰하기에 중요할 것이다. 이를 '영봉'으로 파악하는 것 자체가 상징적이며 『영봉 아사히야마』라는 팸플릿에 「아사히야마 개발 약연표」라는 것이 실려 있다. 이 중 '807년(大同二年)'의 사카노우에노타무라마로(坂上田村麻呂)의 기사는 일반적인 신화로서 논해 보면 재미있을 것 같은 것은 이하이다.

> 1872년 3월 아사히야마 신사 봉사(→그러나 이것은 쇼와 시대의 신사 신축 낙성으로부터의 소급인가?)
> 1907년 충혼비 건립(→러일전쟁 후 지방개량운동과의 관련도)
> 1913년 4월 아사히야마에 벚꽃을 심고, 이후 매년 소학교 졸업 아동 기념 식수함(→심벌의 벚나무)

이 부근에서 아마 사이토 소지로 주도의 '개발'이 축적되어 가며 1929년 10월의 '향현사당(鄉賢祠堂. 향토의 선각자를 제사)' 건립, 1930년 8월의 '동북 25승' 추천, 1935년의 '센다이 철도국의 등산코스 지정'으로 이어진다. 그때부터 진행되어 1928년에 낙성된 '아사히야마 관음당'이 고유의 화제성을 가지고 연결되어 가는 것 같다. 1931년에 자동차가 올라갈 수 있는 참배도로의 개보수가 이루어지고, 1939년에 "아사히야마 관광도로 낙성(현에서 반액 보조) 아사히야마 등산 입구 면목 일신하다"라고 되어 있는 것처럼 인프라 정비도 결합되어 '관광지'화를 목표로 하여 1940년에 '제2호 현립공원'으로 지정된 것도 개발의 관점에서 간과할 수 없다.

현지에서 직관적으로 화제로 삼은 것은 '아사히야마'라는 장소의 의미도 이미 잘 보이지 않게 된 공공성의 모습과 결부시킬 수 있지 않을까 하는 상상이었다. 혹시 공유지라면 땔감을 확보하기 위한 공유지의 기억이 있는 장소인 것은 아닐까도 생각했다. 그 예상을 적극적으로 뒷받침할 자료는 아직 보이지 않는다.

그러나 『아사히야마 이야기』에서 '고장의 노인'은 "우리 젊었을 때는 진짜 풀베기 산이었어"[23]라고 하며, '추석 때 도라지·여랑화 따기' '아이들의 귀뚜라미 잡기, 어름 따기, 버섯 따기' '마츠리 구경'을 했다는 이야기에 공유지에 관한 내용에 약간 암시되어 있다고 할 수 있다. 또 '들놀이산'[24]이라는 표현도 나오므로 들놀이에 쓰이던 장소였던 것은 분명할지도 모르겠다. 그렇지만, 이미 근대 사람의 기억 속에서는 리얼리티를 가지고는 더듬어 갈 수 없는 영역일지도 모른다.

악대 연주와 나팔 소리

마지막으로 악대의 음악에 대해서도 깨달은 점을 메모해 둔다.

향토교육운동의 일환으로 각지에서 편찬된 '향토독본(鄕土讀本)'이라는 텍스트가 있다. 사이토 소지로도 「기타무라 향토독본」을 편찬했다고 하는데 아직 보지 못했다. 우연히 참조한 『이시노마키 향토독본(石卷鄕土誌本)』[25]에 이번 주제와 관련된 '악대'가 나오는 기사가 두 개 있다.

[그림 10-8] 『石卷鄕土誌本』

---

23   『旭山物語』[菅原翠, 1962: 4].

24   『旭山物語』[菅原翠, 1962: 26].

25   『石卷鄕土讀本』[石卷尋常高等小學校 편, 1939].

하나는 '히요리야마(日和山)'라는 이시노마키의 명소에 대한 구절로, "할아버지. 여기는 꽃놀이 무렵이 되면 꽃터널처럼 됩니다. 그 아래를 많은 구경꾼과 악대를 앞세운 가장행렬 따위가 지나가서 매우 활기찹니다"[26]라고 되어 있다. 과연 계절의 축제라 할 꽃놀이와 악대의 조합이 이유를 설명하기는 어렵지만 화려하게 어울린다.

또 하나는, 이것도 지역의 연중행사의 하나라고 하는 '카와비라키(川開き)' 기사이다. "세 척의 보트를 끄는 기선은 악대의 소리 요란하게 상류로 올라간다"라고 되어 있다. 보트를 경쟁의 시작점인 강 상류로 끌고 가는 모양이다. 악대의 소리 요란하게라는 부분에서 흥을 돋우자는 분위기가 감돈다. "거기에 화답하여 양쪽 기슭에서 일어나는 만세 소리. '홍팀 이겨라!' '백팀 이겨라!' '청팀 이겨라!' 하는 성원에 보트선수는 손을 흔들고 모자를 흔들며 호응하고 있다"[27]라고 하는 묘사도 떠들썩하다. 기사에 의하면, 이 카와비라키는 가장행렬이 나오고, 다시(山車. 여러 가지 장식을 하여 축제 때 끌고 다니는 수레: 역주)가 나오는 큰 이벤트로, 읍내와 거리에는 깃발을 걸고 '억새꽃'으로 장식하는 축제와 같은 것이었다고 한다. 소학교 학생들이 달리고 있을 때 악대가 연주하는 것을 뭔가 학교에 어울리지 않는다고 느끼는 경우도 있었지만, 지역 행사로서는 전제가 되는 떠들썩한 분위기가 있는지도 모른다.

그런데 같은 책 속에서 '나팔'에 대한 언급도 두 군데 있었다. 그것이 악대의 음악과 약간 다른 상황에서 연주되고 있는 것이 재미있다. 행사와 그 공간을 채우는 음악과의 관계를 암시하고 있기 때문이다.

하나는, 첫머리 '우리 학교'에서의 국기 게양 장면에서, 교사 앞의 국기 게양 탑에 걸리는 큰 국기와 관련된다. "이 큰 국기는 매일 조회 때 나팔이 연주하는 장엄한 국가와 함께 게양되는 것으로, 우리는 일제히 이를 우러러 보며 황국의 번영과 교운의 융창을 기원하는 것이다."[28]

---

26 『石卷鄕土訪本』[石卷尋常高等小學校 편, 1939: 8].
27 『石卷鄕土訪本』[石卷尋常高等小學校 편, 1939: 41].
28 『石卷鄕土訪本』[石卷尋常高等小學校 편, 1939: 1].

다른 한 곳은 토야신사(鳥屋神社)라고 하는, 시키나이샤(式內社. 927년에 완성된 엔키시키진묘초(延喜式神名帳)에 수록되어 있는 신사로 전국에 2,861개가 있었다: 역주)의 하나로 향토의 촌사(村社)이기도 하며, 학교와 상당히 깊게 관련되어 있는 것 같은 신사의 기사이다. "고등과의 아동이 입학 첫 수학의 방침을 정하고 선서를 하는 것도, 또한 농구 배구 등의 전달식을 하는 것도 모두 당사의 신전이다. 저 장중한 '쿠니노시즈메(國の鎭)' 나팔 소리에 모두 옷깃을 여미고 들었던 것은 언제까지나 잊지 못할 것이다".[29]

여기서만 논하는 것은 위험하지만, 1935년의 향토독본에서 나팔은 분명히 의식적으로 사용되고, 국기 게양이나 표창 전달의 정연한 대열 앞에서 울리고 있다. 그에 대해 악대는 축제적이고 경쟁적이며 난잡하고 소란스럽게 분위기를 고조시키고 있는 것으로 보인다. 나팔에 대해서는 청일전쟁 당시 키구치 코헤이(木口小平)의 신화를 포함해 여러 가지로 생각해 볼 논점이 있을 것이다. 거기와의 비교에서, 클라리넷이나 색소폰이나 드럼 등의 몇 가지 악기의 집합체인 악대의 위치도 또 어느 정도 지적할 수 있을 것이다. '가장행렬'에서 '가장'의 화려함은 꽃놀이 문화의 하나로서 그림엽서 등에 남아 있지만, 실은 '행렬'이라고 하는 사람들의 모임 방식도 무시할 수 없는 논점일지도 모른다.

물론 음악의 연주 형태만 따로 떼어놓고 논할 수는 없다.

진타의 정착과 잔존을 논하는 것이라면, 예를 들어 '친돈야'를 필요로 하는 상업지역이나 '바겐세일' 혹은 영화를 비롯한 오락산업 등의, 동북지역의 도시적 전개는 어떠했을까를 헤아릴 필요가 있을 것이다. 음악대 또는 악대의 활동의 장을 고찰할 때 '운동회' 등 지역 이벤트와의 관계만으로 한정하는 것은 약간 좁고, 인근 도시의 상업 지역의 발전 등과 결부시킨 '광고'라고 하는 문화 산업의 전개가 중요한 보조선이 될

[그림 10-9] 『大澤樂隊誌』

---

29 『石卷鄕土訪本』[石卷尋常高等小學校 편, 1939: 58].

것 같기는 하다.

어쨌든 이 노트는 미완성이자 어떤 견학여행의 반성 메모이다.

다소 거친 말투지만, 50년 정도 기간(즉 1세대에서 2세대 교체의 시간 정도)은 어떤 개성적인 만남에 의해 우연히 만들어진 활동이 그것을 지탱하는 시스템의 변용이나 쇠약이 있었다고 해도 현상으로 남을 수 있는 것은 드물지 않다. 이것이 100년을 넘어 계속 살아남기 위해서는 후진의 채용 등 담지자의 재생산을 포함하는 구조의 재조직화, 즉 시스템의 갱신이 필요하며 의미부여의 재규정이 요청되지 않을 수 없다. 그러므로 개성에 초점을 맞춰 연결고리를 발굴하고 의미와 기능을 생각해 보는 것과, 사례를 지탱하는 구조를 해독하는 것은 전혀 별개의 작업이 아니다.

키타무라오사와 악대에 관해서도, 또 사이토 소지로의 향토교육에 관해서도, 그 개성을 확실하고 치밀하게 파악하면서, 그 배후에 작용하고 있는 구조를 어떻게 다시 그려낼지 노력하는 것에서 논문이 시작될 것이다.

제11장

실업: 시부사와 에이이치와 시부사와 케이조

우선 일본 근대에 있어서의 '실업(實業)'이라고 하는 말이 어떠한 의미의 특질을 가진 말이었는가. 그 위상을 탐색하는 것부터 시작하자.

'이재(理財)' '경제(經濟)' '정치(政治)'도 마찬가지로 메이지시대에서 새로운 의미를 가지고 사용되게 된 이념이었다.[1] 그런 움직임과의 상관도 있어서 실은 복잡한 것이지만 확인해야 할 것은 막말유신기(幕末維新期. 에도막부 말기와 메이지유신 초기로 1850년대 중반부터 1870년대 중반 정도의 기간: 역주)부터 메이지타이쇼(明治大正. 메이지시대와 타이쇼시대로 1868년부터 1926년까지의 기간: 역주)의 담론공간 안에서의 '실업'의 위치이다. 이 개념은 어떠한 의미의 움직임을 가지는 것으로서 사람들에게 인식되었는가. 이 단어의 위상은 '직업'이나 '산업' 등 근대사회를 조감하는 기본적인 단어의 생성과도 깊이 관련되어 있다고 나는 생각한다.

지금 이 말이 젊어지고 있는 시대의 제약이나, 잃어버렸을 가능성을 생각하는 것에도, 그 단어의 연혁을 더듬어 볼 가치는 있을 것이다.

1 　도쿄대학 법문리(法文理) 3학부가 1881년에 간행한 『철학자휘(哲學字彙)』에서는 Political economy 및 Economics의 역어로 '이재학(理財學)', Politics의 역어로 '정치학(政治學)'을 들고 있다. 다만 범례에 해당하는 서언의 분야분류에서는 '이재학'은 그대로 사용되지만 정치학은 '정리학(政理學)', 오늘날의 법학이나 법률학 분야를 '법리학(法理學)'이라고 표시하고 있다. 사회학은 '세태학(世態學)'이다. economics의 번역어는 '이재(理財)'가 주류이며, 이것이 '경세제민(經世濟民)'의 축약이라고 생각되었던 '경제(經濟)'로 정착된 것은 메이지시대도 후기가 되고서였다.

'지츠교우(じつぎょう)'과 '지츠고우(じつごう)'

'실업'이라는 조어는 '실업계(實業界)' '실업가(實業家)' '실업교육' 등 복합명사의 핵심을 차지한다. 메이지 일본의 신조어로서 새로운 개화시대의 '산업화industrialization'를 상징하는 유행어였다. 메이지 근대에 있어서 산업화의 진전은 굳이 다른 의견을 내세울 필요도 없는 명백한 역사적 사실이다. 그래서이 말 자체도 역시 근대에 새롭게 발명된 것이라고 나 자신도 생각했다.

그런데 국어사전을 들춰보면 뜻밖의 사실을 알게 된다.

이 단어에는 잊혀진 의미가 있다. 현대 비종교인 누구도 이미 알지 못하는중세적 의미가 새겨져 있었다. '실업'이라는 한자어 두 글자 그대로 '지츠고우'라고 읽는다. 구 가나명에서는 '지츠가후'라고 되어 있으며, 과거 '지츠게후'라고 발음이 달려 있어서, 오늘날 우리가 '지츠교우'라고 발음하는 것에익숙한 단어와는 완전히 다른 사용 방법이었다.

『일본어대사전』에 따르면 '실업'은 불교용어다. "'몸(신체)'·'입(언어)'·'의(마음)'로 선악 등의 행위를 실제로 하는 것"을 의미하며, 또한 이루어진 '행위' 그 자체를 가리킨다고 설명하고 있다. 실제로 활동하고 실제로 행위한다는 실천성에 역점이 두어지고는 있지만 불교에서 말하는 범어의 karman, 즉'업'의 사고를 기초로 하고, 업인업과(業因業果), 응보(應報)의 세계관을 현실세계에 부연한 것으로 성립하고 있다.[2]

같은 사전에서 들고 있는 용례에 "실업정각의 아미타불, 천안천이의 통으로써, 내가 말하는 것을 잘 들어라"라는 카부키 대본의 대사가 있다. 여기서부터는 이 말이 19세기 초에는 신앙교리의 영역에 그치지 않고 더욱 세속적

---

2   용례로서 13세기 전반에 성립한 『正法眼藏』의 "실업의 범부, 어떻게 자재하는가"라고 하는
     문장이나, 14세기 중반의 『神道集』의 "신도(神道)의 실업으로써 신명(神明)의 이름을 얻다"
     라고 하는 용례를 들고 있다. 응적(應籍)도 응화(應化)도 당시 불교의 세계관과 관련된 말이며,
     부처나 보살 등이 중생을 구원하기 위하여 신이나 인간으로 변모하여 나타나는 현상을 가리킨
     다. 이른바 '본지수적(本地垂迹)', '신불습합(神佛習合)'에 의거한 종교사상이며, 거기서 사용
     되고 있는 실업은 이미 정해진 업의 교리를 현실의, 실제의 것이라고 강조하는 것일 뿐이라고
     생각된다.

이고 대중적인 수사 속으로 퍼져가고 있었다는 것을 시사한다. 즉, 근세 후기에는 민간의 일상으로 불교 유래의 인과 사상이 보급되고, '실업'이라는 한자배열도 '업(業)'의 가르침의 통속화 속에서 이해되고 있었던 것 같다. 오늘날 널리 일반에 참조되는 국어사전인 『코시엔(廣辭苑)』에는 "실제로 고락의 과를 초래하는 곳의 선악의 업"이라고 그 오랜 의미에서의 '실업'이 설명되어 있다. 불교에서 말하는 숙명적 인과응보, 즉 윤회와 선인선과(善因善果), 악인악과(惡因惡果)의 순환을 의미의 중핵에 놓고 있다.

한자 표기를 공유하면서도 메이지 시대의 신조어인 '실업'은 전혀 다른 세계관을 가지고 있다. 그 점에는 새삼 주목이 필요할 것이다. 새로운 실업의 범주는 이러한 불교적 통속지식으로 유지되고 있는 닫힌 인과연관과는 거의 무관하다고 할 정도로 단절되어 있다.

이국어로 만난 business의 번역어, 대체로서 형성되어 온 경위 때문일 것이다. 불교에서 '업'의 끝없는 윤회가 암시하는 폐쇄적이고 숙명적인 순환의 법리에서 벗어나, 어딘가 변화에 열려 있다. 이 사회적 능동성은 '직업'의 자유에 맡겨지고, 진화의 변용이나 이윤의 추구도 허용되고 있다. 불교적 세계인식의 단절 혹은 의미의 역전이라고까지 할 수 있는 새로운 지향성을 가지고 사용되고 있다는 것을 알 수 있다.

당시에 어디까지 명확히 비교되고 의식되고 있었는지는 불분명하지만, 지금 늘어놓고 생각해 보면 인과에 얽매여 분수에 맞는 위치에 갇힌 순환의 **종교적 수동성**과, 열린 경제활동을 향해 가는 **사회적 능동성**과의 차이가 두드러진다.

비즈니스 교육에 있어서의 학지와 경험

그렇다면 이 능동적이고 열린 의미는 어떻게 정착되어 갔을까.

『일본어대사전』이 용례로 든 새로운 의미에서의 '실업'이 처음 나오는 것은 1878년 12월에 간행된 쿠메 쿠니타케(久米邦武)의 『미구회람실기(美歐回覽

實記)』(그림 11-1)이다. 원전을 보면 제1편 제6권의 1871년 12월 31일 섣달그믐 항목에서 솔트레이크의 '모건상학교'를 방문하여 그 학교의 구조를 말한 기록에 이 '실업'이란 단어가 나온다.

> 이 학교는 여러 가지 거래, 장부의 영수증에 의해(즉 부기법), 화물운동의 이치를 가르치는 장소이다. 진학 후에는 학비 내에서 자본 100불

[그림 11-1] 『米歐回覽實記』

> 을 주어서, 이것을 실제로 경험하게 한다. 이것으로 생산에 대해 가산을 일으키는 자도 많다고 한다. 그러나 지식과 경험을 거친 후에 비로소 실업을 익힌 자는 왕왕 실지에 부임하고, 쓰러져서 자본을 잃는 자도 있다. 이렇게 해도 공재본(共財本)을 추징하지 않는다. 공자금은 거출금의 적금에서 낸다고 한다.[3] (강조는 인용자)

이 '모건상학교'는 비즈니스 교육에 강한 관심을 가지고 있던 유타주의 교육자 J·H. Morgan에 의해서 1867년에 설립된 Morgan Commercial College일 것이다. 이 학교의 존속은 7년으로 짧으며 1874년에는 폐쇄되었다.

서로 중첩시켜서 보면, 사절단은 그 활동이 왕성한 시기에 방문하여 '학교교육'과 '생업' 또는 '직업'을 연결하는 구조를 안 것이 된다. 여기에서의 '실업'이란 단어는 직접적으로는 거래가 있는 세계, 즉 시장에서의 매일의 생업, 생활을 지탱하는 가업직업의 모습을 가리키고 있다. 그러나 동시에 학교 교육을 통해서 얻은 이론적·이념적 지식이라고 해도 실제로 자금을 움직이는 직업 경험으로 응용되어 비로도 도움이 된다고 말하고 있다. 그러한 틀을 강조함으로써 이른바 직업을 가지고 생계를 유지한다는 실천적 영역을 가리키는 것으로 사용되고 있다.

3 　『米歐回覽實記』[久米邦武 편, 1878: 126].

일본에서의 이러한 새로운 사용 방식이 메이지시대 초년부터 순조롭게 확산되어 자연스럽게 보급되어 간 것인지 어떤지는 모른다. 신문 각사의 지면 기사 데이터베이스는 편리한 도구이지만 쓰임새에 조금 주의할 필요가 있다.

시험 삼아 『요미우리신문(讀賣新聞)』의 기사검색 데이터베이스 '요미다스 역사관(ヨミダス歷史館)'에 '실업'이라는 단어를 넣으면 가장 먼저 히트하는 것은 1880년 4월 21일의 기사이다. 그러나 실제 지면에서 보면 '실업'은 그대로의 단어로 쓰이지 않는다. 1875년에 개설된 코비키초(木挽町)의 '상법강습소'는 최근 5년간 206명의 학생이 입교했는데, "그 중 점차 학업도 진척되어 은행 및 기타 여러 회사 등에 취업하여 '실지의 업(實地の業)'에 종사하고 있는 자"(강조는 인용자)가 60여 명이나 있다고 들었다고 하는 기술이 되어 있을 뿐이다. 마찬가지로 『아사히신문』의 기사데이터베이스 '문장(聞藏)'에서 '실업'이라는 단어를 넣어 검색하자 이번에는 1879년 2월 20일 고다이 토모아쓰(伍代友厚)가 외국인 사업가를 향응했다는 내용의 오사카 기사가 가장 먼저 나온다. 그러나 이 역시 실제 기사로 거슬러 올라가 확인해 보면 본문에서는 '실업'이라는 문자가 사용되지 않고 내용 요약에서 붙여진 제목의 어구가 검색되었을 가능성이 높다. 실제 용례가 기사 속에서 발견된 것은 1882년 11월 23일의 문부성 관계 보도로 교육자문회에 "농공상 그 밖에 실업과 관련된 학교의 실황 및 이것의 설치를 촉진할 계획"(강조는 인용자) 등에 대하여 자문했다고 하는 내용이다.

물론 『요미우리신문』의 1880년에 '은행 기타 제회사(銀行其他諸會社)'의 '실지의 업' 용례가 오늘날 말하는 '실업'의 의미를 가리키지 않는 것은 아니다. 메이지 10년대(1877~1886)에 '회사'라는 결사의 존재'가 널

[그림 11-2]
『官版會社弁』

---

4   그런데 '회사'라는 말의 역사적인 위상 또한 다시 측정되지 않으면 안된다. 메이지 초년에 후쿠치 겐이치로(福地源一郎)의 번역으로 오쿠라쇼(大藏省)에서 나온 『官版會社弁』[1871]([그림 11-2])에서 '회사'는 은행(bank)의 번역어로 뒤의 의미 범위보다도 훨씬 좁다.
     같은 시기에 시부사와 에이이치(澁澤榮一)가 편술한 『官版立會略則』[1871]도 마찬가지이다. 본문에서 인용한 1875년의

리 인지됨에 따라, '지츠고우'와는 다른 '지츠교우'가 새로운 용어로서의 의미를 시작하고 있었을 것이다. 다시 용례를 따라가다 보면 '실업교육' 특히 '농업교육' '상업교육'이라는 정책적 틀 만들기라는 새로운 시도 속에서 적극적으로 사용되는 것도 이 말의 특색으로 간과할 수 없다는 것을 알 수 있다.

책상에서 사무를 보는 직업과 손발을 움직이는 직업

확실히 이 시기의 저작물에는 이미 신조어로서 실업이라는 단어를 해설하면서 사용하고 있는 용례가 있다. 1980년 3월에 발행된 모치즈키 마코토(望月誠) 『실지경험 가정묘론(實地經驗 家政妙論)』([그림 11-3])에는 다음과 같이 '실업'이 설명되어 있다.

우리나라 유신 이래의 형세를 보면, 사람들의 마음은 오직 정사가(政事家)를 자신이 직업으로 삼기를 바라는 쪽으로만 기울고, 이를 다른 실업(이에 소위 실업이란 농공업 등의 업으로 삼고 오로지 손발을 움직이는 직업을 가리킨다)을 취하기를 바라는 것과 비교하면, 언제나 형평을 이루지 않기에 이르렀다. 이것이 모두 시운의 그렇게 하기 때문이라고 하더라도, 하나는 사람의 직업에 상하의 차별이 있다고 하는 오인과, 관리 사회에 들어가 소위 말단으로 있으려면 특별히 숙련된 기술은 없어도 보통 산필(算筆)만 알아도 생계가 어려워질 걱정도 없으며, 또한 다른 직업에 비하면 시간 제한도 있고

'은행 기타 제회사'는 그것보다 이미 조금 확대되어 있다. 그러나 이것이 company나 corporation 혹은 association의 의미로까지 확대되어 사용되고 있는지 여부는 신중한 검토가 필요하다. 눈에 띈 일례에 지나지 않지만, 이시이 켄도(石井硏堂)는 실업가의 인터뷰에서 "지금으로부터 십 수년 전의 회사류는, 대부분 카이샤류(會社屋)라고 하는 일종의 일류 상인 혹은 관직에 있던 사람이 경영하는 것이 상례이며, 실업자(實業者), 특히 당업자(當業者)가 세운 회사는 없을 정도였다. 모든 초보자가 경영하여 성공을 바라는 것은 어렵다고 하지 않을 수 없다"[石井硏堂, 1908: 23]라고 기술하고 있는데, 액면 그대로 계산하면 1890년대의 일이다. 카이샤야란 표현이 있었다는 게 재미있다.

[그림 11-3] 『實地經驗 家政妙論 全』

정해진 휴일도 있어서 어느 정도 여유가 있다고, 한때의 안락함을 탐하는 망상에서 연유한다는 점에서 참으로 비탄할 만한 풍속이다.[5]

이 용례를 참조하면서, 『일본어대사전』은 "이미 존재하는 '농업' '공업' '상업' 등의 단어를 묶는 상위어로서 사용되게 되었다고 생각된다"라고 하는 판단을 첨가했다. 그 이상으로 이 계몽서의 저자인 모치즈키 마코토의 기술이 '관존' 경향에 대한 '비탄'을 통해 이 말에 담긴 당시의 뉘앙스를 그려내고 있는 점은 중요할 것이다.

즉 당시는 직업에 신분 관념이 얽혀 귀천상하라는 의미 부여의 차이가 있었다. 특히 손발을 움직이는 괴로움과 탁상 산필의 편안함 사이에 가치의 구별이 있는 듯한 '오인'이 일반화되어 있었다. 그 척도의 하에서, 많은 젊은 이들이 '정사가' 즉 통치에 종사하는, 산필의 직으로서의 '관리'를 목표로 한다. 그런 현실의 진로선택 풍조를 지탱하고 있는 가치의식과 첨예하게 대립해 맞서는 위치에 이 실업이 자리 잡고 있다. 이 격차에 대한 비판에 관해서는 나중에 다시 논하겠다.

인간을 가리키는 구상성으로부터의 이륙

그런데, 메이지 초기의 실업이라는 단어가 가지는 현상 비판에 대해서, 그 내용의 특성을 논하기 전에 그 전제가 되는 논점을 좀 더 보충해 두자.

'실업'이 어떻게 해서 농업과 공업과 상업을 묶는 '상위어'의 위치를 차지하게 되었는지, 그 변화의 메커니즘이다. '실업'이라는 말의 내용에 대해서 주시하는 반면에 간과되기 쉬워, 묶이는 대상인 '농공상' 그 자체의 변용에도 주의해야 할 것이다. 말하자면 산업 카테고리로의 완만한 이동을 각각의 직업의 영역에서 볼 수 있기 때문이다.

---

5   『實地經驗 家政妙論 全』[望月誠, 1880: 4].

사회가 바뀌어도 항상 말의 의미가 바뀐다고 할 수는 없다. 그러나 말의 의미가 크게 달라질 때 그 배경에는 반드시 사회문화 구조의 놓칠 수 없는 변화가 숨어 있다.

가령 '농업'이라는 말은 이미 나라시대(奈良時代, 710~794)의 고대 기록에 있다고 한다. 생활을 영위하는 일의 하나를 나타내는 것으로서 사용되고 있었던 것 같다. 역사를 편찬하는 관리의 눈길이 가계와 생업을 위에서부터 파악하고 유형화하는 범주를 필요로 했을 것이다. 그러나 중세·근세에서는 주로 '경작'을 의미하며, 구체적으로 농작물을 재배하는 사람들의 행위에 한정되는 경향이 강했다. 다소 추상화된 직업·산업으로서 분류의 의미가 다시 전면에 부상하는 것은 역시 메이지 시대의 근대관료 행정이다.

'공업'이라는 말은 『일포사전(日葡辭書)』(일본-포르투갈어 사전: 역주)에 실려 있다고 하니 17세기 초에는 이미 사용되고 있었을 것이다. 그러나 거기서는 손재주가 뛰어난 목수나 가구를 만드는 '쇼쿠닌'을 가리킨다고 해석되고 있어 오늘날과 같이 산업으로서의 분류나 특질을 나타내고 있지는 않다. 오히려 대규모화된 제조업이나 건설업과 같은 원료 가공 국면에서의 이른바 제2차 산업에 의미의 중심을 두도록 변화한 것도 아마 메이지 10년대(1877~1886)가 아닐까 한다. 그 무렵이 되어서야 비로소 자연의 원료에 인력을 들여서 제품을 만드는 전통적인 일과는 달리 조직적인 제조업을 중심으로 하는 독자적인 산업의 형태를 가리키는 것으로 변해간다.

'상업'이라는 용어도 장사하는 사람을 구체적으로 지칭하는 '아킨도(상인)'에 비해 별로 일상적으로 단어는 아니었던 것 같다.[6] 예를 들어, 사전에서 사용례로 드는 것은 1870년에서 76년 사이에 간행된 카나가키 로분(假名垣魯文)·후소 칸(總生寬)『서양도중슬율모(西洋道中膝栗毛)』의 "농업 등을 하는 것을 배워서 촌락을 이루고, 그중에는 물건을 제작하고 상업을 영위하는 자도 생

---

6 『日本國語大辭典』도 '상인'의 유사어에 대해서는 8세기의 『日本書紀』에서 고대와 중세를 통해 에도시대 후기까지 다양한 용례를 들고 있지만 '상업'의 용례는 적다. 15세기 중반의 '우에스기가(上杉家) 문서'와 같은 행정문서에서의 '상업' 용례 이외에는 19세기의 용례뿐이다.

겨나"라는 것으로 메이지시대 초기이다. 그 후의 예는, 1899년의 '상법' 조문까지 내려온다. 이 단어를 둘러싸고도 19세기 후반에 다시 한번 필요성이 주목되는 추상 수준의 변화가 있었던 것은 아닐까 하고 생각된다.

이상의 각 단어의 어지(語誌)를 고려하면, 대략 다음과 같은 프로세스를 상정할 수 있다. 즉 '농업' '공업' '상업' 각각의 용례가 메이지 시대가 되면 드디어 농부와 쇼쿠닌과 상인이라는 인간을 가리키는 구상성에서 이륙하여 직업이나 산업으로서의 유별을 어떤 일정한 추상성에서 가리키기 시작하게 되었다. 각각의 영역에서의 추상성을 가지는 개념으로서 일반화라는 변용 위에 그것들을 관통하는, 어떤 의미에서의 '상위'개념으로서 새로운 '실업'이 위치 지어져 갔다.

그렇다면, 거기에서 '실업'의 의미가 가지는 공통성은 특정의 직업을 가리키는 것에 머무르지 않는다. 간과할 수 없는 것은 '실', 즉 이념만의 헛소리가 아니고, 사실, 실제, 실천이라고 하는 현실성이다. 즉 구체적으로는 '수족' 즉 신체를 움직이는 현실의 '노동'이자 '직업'이라는 것을 의미했던 것이다.

1. 후쿠자와 유키치에 있어서 '실업'의 사상

그런데 오츠키 후미히코(大槻文彦)는 1891년 『겐카이(言海)』의 '실업' 해설에 "농, 공, 상 등 실지에서 행하는 사업"이라는 기본적인 어의에 추가해서 굳이 "학문이론의 업 등에 대함"이라고 주석을 달았다. 그 부가는 개인의 해석이라기보다는 '실'을 둘러싸고 세간에 공유된 뉘앙스였다고 봐야 할 것이다. 그러한 주석대로 메이지 20년대 전후에 대립하는 것으로 파악되었던 것은, '실행' '실지' '실제'가 되지 않는 것으로서의 '학문이론', 즉 정신노동이며 지식생산이다.

물론 여기서의 '생업'으로서 '손발을 움직이는 것'의 강조에는, 아직 1910년대가 되어서와 같은 노동이나 자본을 둘러싸고 나타나는 계급성[7]은 없다고 생각한다. 그러나 메이지 시대의 '실업'에는 다른 형태에서의 신분적인 대항이 담겨 있다. 즉 "수백 년 동안 땀을 흘려 먹고 사는 것의 대의를 망각한"[8] 과거 지배계급의 '사족'이나 그 '사류의 자손'이라 할 정부 관리에 대한 비판과 대항이다. 사농공상의 신분감각과 인접해 있던 시기인 만큼 그 대항축이 가지고 있던 리얼리티를 무시할 수는 없을 것이다.

1893년에 간행된 후쿠자와 유키치(福澤諭吉)의 『실업론(實業論)』([그림 11-4])을 다시 읽으면 몇 가지 명확한 논리의 대립축이 이 저작을 지탱하고 있는 것을 알 수 있다. 그것은 지금까지 검토해 온 것처럼 단어의 역사적 특질과도 호응하고 있다. 이하에 추출하는 논점은 후쿠자와 유키치가 실업 진흥 신문에서 한 주장에 근거하는 것이다. 후쿠자와는 '실업'에 이념으로 뒷받침된 '주의'로서의 힘을 부여주고 있다.

'정신'의 진보와 '실물' 경제

첫 번째 논점은 무형의 '정신'과 유형의 '실물'의 대비이다.

후쿠자와의 주장은, 메이지유신 이후의 개화라는 변동의 특질을 평가하는 것에서 시작된다. 즉, 정치·법률·군제·학문·교육의 '무형정신상의 진보'는 현저하며 세계적으로 칭송받는 것이었다. 그렇지만, 그것은 "정신상의 운동에 치우쳐 실물의 구역에 이를 수 없다"라는 약점을 가지고 있다. 즉 '유형 실물상의 상태' 즉 '실업사회의 상공(商工) 상태'는 구태의연하다.[9] 발달 진보가 없다고는 할 수 없어도 정신문명에서의 개혁의 성과에는 한참 못 미친다. 바로 거기에 "정신사회와 실물사회가 같은 수준으로 진보하지 않았기 때문에 생기는 불행"[10]이 있다는 것이다. 다른 말로 하면, 정치·학

---

7   타이쇼(大正. 1912~1926) 시기가 되면 '육체노동'이나 '무산계급'이라고 하는 말에 따라서 낮고, 계급성을 띠어 지식생산 노동과 어울리지 않는 것으로서 자리매김하게 된다.

8   『實業論』[福澤諭吉, 1892: 4].

9   『實業論』[福澤諭吉, 1893: 5].

[그림 11-4] 『實業論』

술의 혁명과 실업의 혁명에 큰 격차가 있고, 서로 협조하지 않기 때문에 생기는 문제야말로 오늘날 실업사회가 가지고 있는 문제들의 근원이라는 것이다.

여기서 후쿠자와는 분명히, 제도나 규범·이념을 핵심으로 한 정신문화와 대치하면서 후에 '경제'라고 불리게 될 행동의 영역[11]을 가리키고 있다. 즉, 다양한 실물 재화를 생산하고 분배한다고 하는 인간의 문화이다.

더욱이 법률이나 정치나 학문이라는 정신문화 영역에서는 넓은 의미에서의 '관리' '관원'이라는 주체가 그 진화를 추진할 유능한 인재로서 키워져서 자리 부족이나 취직난이 일어날 만큼 학생들을 끌어들이고 있다. 반면 유형의 실물문화인 실업사회는 과거의 속류 비천한 것으로 여겨지기 때문에 지혜와 뜻이 있는 인물을 영입하지 못하고 있다. 그러한 인재 부족 때문에 정신의 세계에서 일어난 진보의 혁명이 실물 세계에서는 뒤처지고 있다고 말한다.

후쿠자와는 실업사회에서 윤리적 결핍과 도리를 벗어난 부의 격차야말로 직면해야 할 사회문제라는 것이다. 왈, "무일푼의 상인이 허를 틈타 영업을 하여, 거만의 부를 쌓은 자가 적지 않으며", "그 자산이 크면 그 인품이 천하다는 실로 어울리지 않는" "부덕 무지한 무리"에게 "기이한 이득의 여지"를 남겨, "개국 이전의 구사상" 그대로 방치한 것이야말로 실업사회가 진보하지 못한 근본 원인이 있다[12]는 것이다.

불공정이 거기에 있고 불합리가 버젓이 통한다. 그래서 실업사회는 부당한 평가를 감수하고, 충분한 발달이 없다. 후쿠자와는 무형의 정신문화와 유형의 실물경제를 대비적으로 나누어 설명한 뒤 그 상호 무정형한 분열의 틈에서 생겨난 '규율 없음'과 '관리부실'[13]을 개혁해야 할 대상으로 파악한 것이다.

---

10 『實業論』[福澤諭吉, 1893: 9-10].

11 '경제'라고 하는 카테고리 그 자체의 변용에도 주의해 두어야 할 것이다. '경제'는 원래 유학적인 이념인 '경세제민' 또는 '경국제민', 즉 나라를 다스리고 백성을 구제하는 정치적 실천과 불가분이었다. 그러나 시장의 법리나 동태를 연구하는 '이재학(경제학)'의 필요나 응용과 함께 정치권력에 의한 통제가 미치지 못하는 문제영역으로서 그 질서의 고유성이 발견되게 된다.

12 『實業論』[福澤諭吉, 1893: 9-12].

13 『實業論』[福澤諭吉, 1893: 9-50].

새로운 공공윤리의 정립과 실업

그러므로 후쿠자와가 '실업혁명'[14]을 논함에 있어서 의거하고 있는 두 번째 논점은 새로운 공공성의 구축이었다. 즉 사회적인 도덕·윤리의 새로운 생성이며, 이미 무효화되고 질곡화된 낡은 도덕과의 대비로서 제2의 대립축이 설정되어 있다.

여기서 말하는 '낡은 도덕'에는 두 가지 낡음이 결합되어 있다. 하나는 과거 '학자 선비'의 도덕 그대로 '제멋대로의 공론'을 뱉어내는 새 시대 관료들의 '사인류(士人流)'[15]이며, 또 하나는 봉건시대 초닌(町人)들의 문화인 '점원' '도제'의 상거래이다. 그 쌍방을 응시하고 있는 곳에 후쿠자와의 경시할 수 없는 혜안이 있다.

약간 옆길로 새는 이야기지만 '경제'라고 하는 말이 유포되는 과정에서 만들어진 일종의 공과 사의 분열 또한 후쿠자와의 문제 설정이나 위기감과 무관하지 않을 것이다.

'경제'는 원래 나라를 다스리고 백성을 구하는 정치적 실천의 의미가 강하다. 그래서 "원래 남아의 사업을 하여 **천하를 경제한다**는 것은, 어찌 단지 정부에 입신하는 것에 그칠 수 있으랴. 글을 저술하여 일반 인민을 구제하면 그 공 역시 크지 않겠는가"[16](방점 인용자)라는 뜻을 담아 동사형으로도 사용되었다. 그러나 '검약' '절약' '생활' 등 신변의 실천이 지탱하는 사적 의미를 매개로 물질적 재화의 효과적인 생산·분배·소비와 관련된 전문지식이나 기술지식에 중점을 둔 용법이 중심이 되어 간다. 그에 따라 오늘날과 같은 금융과 시장교환의 영역만을 가리키는 의미가 강해진다.

원래의 경세제민의 공공성은 오히려 배경으로 물러난다. 그리고 행위를 포함하는 동사로서가 아니라 영역이나 상태를 나타내는 명사로서 약간 고정화되어

---

14 『實業論』[福澤諭吉, 1893: 2].

15 『實業論』[福澤諭吉, 1893: 48].

16 丹羽純一郎 역 『歐州奇事 花柳春話』 제4편[ロウド·リトン, 1879: 47].

간 것은 아닐까. 경제와 정치가 분열되면서 사와 공이 더 깊이 분리되어 간다.

후쿠자와가 새로운 사회적 도덕의 주장이나 윤리의 형성에서 돌파하려고
한 것은 바로 그러한 분단 현상이기도 했을 것이다.

'학사(學士)'와 '군대'

재미있는 것은 이 새로운 공공윤리의 형성에서 후쿠자와가 중요한 요인으
로서 '교육'과 '조직'을 들고 있다는 점이며, 이 계몽가의 본령을 나타내는
비유도 생겨난다. "실업은 속세의 일이며, 학계와 속계는 취지를 달리"[17]하는
것이 아닌가 하고, 학과 속의 두 관계를 격리와 대립으로 파악하려는 시각은
통속적이더라도 무시할 수 없는 힘을 지니고 있었다. 그에 대해 새로운 지식
과 논리를 학교에서 배우고 해외와도 교섭·대항할 수 있는 '서생' '학생'이야
말로 새로운 실업, 즉 상공의 세계에 필요하다고 후쿠자와는 말한다. 그것은
세상 청년들이 관리가 되려고만 하는 유신 후의 입신양명 현상을 비판하는
것이기도 했다.

이와 함께 상업·공업의 이른바 실업사회가 상인이나 쇼쿠닌의 개인적 재능
의 세계를 뛰어넘어 조직과 질서의 필요성을 의식하기 시작했다는 것을 의미
한다. 후쿠자와는 '검객'과 '군대'의 비유를 인상 깊게 사용하고 있다. 즉 실업
사회 발전에 필요한 '신상(新商)'을 비유해서 말하면 군대조직에 가깝다.

> 구상(舊商)은 검객과 같다. 한 명의 적에 맞서 싸우고 빈틈을 타서 쳐들어가는
> 세세한 수단은 솜씨가 좋다. 하지만 그 기량으로 규율 바른 군대의 사령관이
> 될 수는 없다. 아니, 병졸로도 쓸 수 없다. 정정당당하게 상공의 전장을 향하
> 여 지휘할 수 있고, 그 지위에 따라 움직이는 자는 오직 근래 교육을 거쳐서
> 학자(學者)뿐이다. 우리는 이에 의지하여 실업의 발달을 기하는 자이다.[18]

17　『實業論』[福澤諭吉, 1893: 21].
18　『實業論』[福澤諭吉, 1893: 18].

여기서 기대를 걸고 있는 '학자'는 개인으로서의 교육자가 아니라 조직적인 교육을 받고 교양을 갖춘 대학 졸업생, 즉 학사이다. 마찬가지로 실업에 종사하는 사람에게 후쿠자와가 요구한 '인품 고상' '염치'[19]의 근원 또한 분명 개인으로서의 도덕이나 신조가 아니다. 오히려 조직적이고 제도적인 공공질서였던 것이다.

문명의 실업법

그렇기 때문에 이『실업론』은 "문명의 교육을 거쳐 그 심신을 일신한 후진"[20]에 기대를 걸면서, '문명의 실업법'[21]을 제시하는 것으로 연결된다. 후쿠자와의 이 저작은 정부의 보호 개입 정책이나 규제 단속의 법률의 편리에 초점을 맞춘 관료 비판의 틀이 주목받기 쉽다. 관세 철폐의 자유무역에 있어서 자주독립 용기의 고무나, 일본식에 안착하는 사고를 폐하고 서양 여러 나라에 배우는 자세가 강조되어, '자유방임주의' '탈아입구'의 맥락으로 읽히는 경우도 많다. 그러나 그 실업론의 핵심은 오히려 실학이라고 할 수 있는 '권유'이며, '다른 별세계'[22]의 질서를 이해하려 하지 않는 무지를 근거로 하는 '정신상의 공론계(空論界)'[23]를 비판하는 것에 있다.

그래서 '문명의 실업법'은 특별히 이상한 가르침이 아니고 그 새로운 세상의 상식으로서 보편성을 강조한다.

즉, 첫째는 신문을 읽는 등 지식 견문을 넓혀서 시세의 기회를 낭비하지 말라는 것이고, 둘째는 법률상이라는 이상으로 도덕에서 약속을 중시하는 품위를 유지해야 하고, 그리고 셋째는 사물의 질서를 바로 인식하고 그것을 범하지 않고 행동하라고 설득해 간다.[24] 이 '사물의 질서'에 대하여 후쿠자와

---

19 『實業論』[福澤諭吉, 1893: 25].
20 『實業論』[福澤諭吉, 1893: 39].
21 『實業論』[福澤諭吉, 1893: 96].
22 『實業論』[福澤諭吉, 1893: 32].
23 『實業論』[福澤諭吉, 1893: 92].

는『실업론』의 다른 부분에서 "청결을 중시하는 한 가지"[25]에 근원을 둔다고
말한다.

> 청결 한 가지는 몸에도 가능하고 집에도 가능할 뿐 아니라, 그것을 실업에
> 미쳐서 자연히 그 일의 질서를 돕는 효력에 이르러서는 더욱 커질 것이다.
> 실업자가 주의해야 할 부분이다. 모든 청결의 취지를 달성하고자 하면 사
> 물의 깨끗함과 더러움을 구별하여 그것을 혼잡하게 하지 않아야 한다. 집
> 에서 말하자면, 음식·식기를 씻는 통에서 발을 씻는 것을 허용해서는 안
> 될 뿐 아니라, 발 씻는 통과 쌀 씻는 통은 서로 옆에 두어서는 안 된다.
> (중략) 구별하는 마음은 즉 질서에 의해 생기는 바의 본원으로 해서, 그 질
> 서는 여러 공장과 상점에서 유일무이한 소용이 된다. 예로부터 지금까지
> 쇼쿠닌의 일터 또는 주인의 상점을 지배하는 자가 끊임없이 청소를 하라고
> 잔소리를 하여 불결함을 허락하지 않으면, 본인은 관심이 없더라도 스스로
> 이 질서를 중시하는 의지가 생기게 되는 것이다.[26]

'정직'한 윤리뿐만 아니라 주위 사물의 기능·역할의 질서를 지켜 정연하게
행동하고 있는지 어떤지를 '청결'이라는 위생적인 카테고리에서 평가한다.
바로 근대 계몽주의자들의 '실업'론이다.

2. 시부사와 에이이치의 활동에 있어서 '실업'의 위치

그럼 시부사와 에이이치에게 '실업'은 어떠한 이념을 짊어진 카테고리였는
가. 에이이치는 후쿠자와 유키치의 다섯 살 연하이긴 하지만 메이지 전기의
산업화에 대한 변동을 공유하면서 산 동시대 사람이었다.

---

24 『實業論』[福澤諭吉, 1893: 94-95].
25 『實業論』[福澤諭吉, 1893: 51].
26 『實業論』[福澤諭吉, 1893: 52].

기본적인 이해의 중첩

그 기본적 이해는 후쿠자와의 『실업론』과 궤를 같이 하는 것이었다.

예를 들어, 첫 번째 정신과 실물(물질)의 진화의 차이에 대해서이다. 거기에서 문제가 생기고 있다는 것을 시부사와 또한 수많은 연설에서 마찬가지로 언급하고 있다.

> 오늘날의 실업계는 물질은 크게 진행되었지만, 정신이 같이 수반했는가 하면 의문이 있습니다. 과연 일방만 나아가고, 일방이 그에 수반하지 않는다면, 그 사이에 반드시 균열이 생길 수밖에 없습니다. 만당의 제군은 부디 미래의 물질계를 진행시킴과 동시에 정신계에도 주의를 기울여 양자가 함께 나아가는 데 부디 정진해 주시기를 간절히 바라마지 않습니다.[27] (「실업계를 은퇴하면서(實業界引退に際して)」 1917년)

> 나는 종종 예를 듭니다만, 물질의 문명을 진보시켜 상공업을 발달시키고, 각자의 부를 증가시킵니다. 그 부가 늘어남과 동시에 가능한 한 자신의 부를 늘리고 싶다고 생각하기 때문에, 자연히 도덕이나 인의라는 것이 소홀하게 되어, 지혜는 진보하지만 인격은 점점 저열해지고 있습니다.[28] (「일본 여성이 나아갈 길(日本女性の進むべき道)」 1918년)

'부(富)'와 '이(利)'를 논하는 영역이 넓어질수록 '도덕'이나 '인의'의 관념이 희미해지고 거의 돌이킬 수 없게 된다. 게다가 사회의 위기를 논하는 마찬가지 발언은 많다. 맹자의 "빼앗지 않으면 싫어하지 않고, 상하가 서로 이익을 취하면 나라라 위태롭다"[29]라고 하는 구절을 인용하여 실업세계에 있어서

---

27 『青淵洲先生演說撰集』[高橋毅一 편, 1937: 187].
28 『青淵洲先生演說撰集』[高橋毅一 편, 1937: 223].
29 『青淵洲先生演說撰集』[高橋毅一 편, 1937: 200]. 『맹자』의 〈양혜왕 장구〉 중 구절.

의 이기적인 생산식리(生産殖利)를 우려하는 것도 거기서 유래한다. 시부사와 에이이치가 주장하는 '논어와 주판'의 실업론, 즉 지행합일의 '도덕경제 합일설'은 후쿠자와의 주장과 그 문제의식의 근본에서 서로 겹친다.

따라서 새로운 공공성의 구축을 둘러싼 두 번째 논점도 그 기본적인 방향성에서 호응하고 있다. 시부사와는 언제나 '구래의 사족(士族)' 또는 '타족에서 사(士)가 된 자'[30]가 한정된 관리직으로 쇄도하는 대단히 불쾌하게 말하고, 새 세상이 와서도 '사인류(士人流)' 관리들이 경험도 지식도 없이 '제멋대로 공론'[31]을 내뱉으며, 때로는 그것을 실제 법률로까지 만들어 버리는 것을 애타게 비판한다. 마찬가지로 시부사와 에이이치 또한 메이지 초기 실업계의 정체를 다음과 같이 묘사하고 있다.

> 특히 관존민비의 기풍이 심하여 수재는 모두 관리가 되는 것을 평생의 목적으로 하고 서생들도 모두 관리에 뜻을 두며, 따라서 실업의 일 따위 입에 올리는 자도 없고 입만 열면 천하국가를 논하고 정치를 말하는 형편이었다. 그런 이유로 물론 실업교육 같은 것은 있을 리 만무하여, 사민평등의 세상인데도 상공업자는 여전히 시정잡배라고 멸시를 당하고, 관원님들에게는 절대로 고개를 들 수 없었던 것이다.[32]

이러한 '사(士)'에 대한 '농공상'의 종속, 이어서 '관'에 대한 '민'의 낮음이 그대로 '정치'에 대한 '경제·사회'의 열등한 위치로 비추어지고, 대립항으로 위치 지워져 버린 현 상황이 있었다.

게다가 시부사와가 말하는 바에 의하면 '에치고야(越後屋)'나 '다이마루(大丸)' 같은 대점포의 이른바 노포에서조차 다소 문자의 지식이 있는 사람을 '네모난 문자'[33]를 아는 자로서 왠지 모르게 위험시하는 듯한

---

30 『實業論』[福澤諭吉, 1893: 14].

31 『實業論』[福澤諭吉, 1893: 48].

32 『澁澤榮一自敍傳』[澁澤榮一, 1937: 378].

풍조가 있으며, 상공업에 종사하는 사람 중에 독서나 수양을 장려하는 기운은 전혀 없었다고 한다.[34] 그러나 자주독립을 위해서는 그 자립을 지탱하는 지식과 경험이 필요하다. 신분·계급의 차별 없이 "관리이든 민초이든 서로 인격을 존중해야 한다."[35] 시부사와 에이이치의 평등의 신념이 후쿠자와의 "사람 위에 사람을 만들지 않는다"는 사상과 서로 영향을 주고 있는 것은 말할 것도 없다.

실천의 중시와 '논의'

하지만 후쿠자와 유키치와 시부사와 에이이치 사이에는 어딘가 본질적인 부분에서 어긋나 보이는 특질도 있다. 그리고 양자의 실업에 대한 인상에 차이가 있다면, 그 차이는 아마도 주체로서의 위치와 관련된 것이라고 나는 생각한다.

후쿠자와의 실업에 대한 입론은 어딘가 담론에 경도되어 있다. 연설과 언론국면에서 그 정당성을 전개하는 '사군자(士君子)'의 풍모를 지닌다. 그에 비해 시부사와의 실업을 둘러싼 사상은 담론으로서의 윤리의 정통성보다도 실천하는 주체로서 경험과 지식의 통합을 중시하고 있다. 그것은 시부사와에게 또 하나의 수준에서의 '관'의 '정치' 비판이었던 것은 다음과 같은 술회로부터도 알 수 있다.

원래 나는 이 논의라는 것은 좋아하지 않습니다. 메이지유신 때에도 세상이 모두 논의로 흐르는 경향이 있어, 우선 첫째로 정치라는 것에 무턱대고 인간이 경도되었습니다. 욕을 하면 고양이도 주걱도 정치 운운합니다. 아니야 영국의 정치가 좋아, 아니야 미국의 정치가 좋아하는 식의 논의뿐이며, 그것

---

33 '네모난 문자'란 '한자'를 의미하며, 히라가나는 '둥근 문자'다. 논어의 한문을 포함해서 한자를 읽을 수 있는 정도의 교양을 경계하여 장사꾼이게도 쇼쿠닌에게도 필요 없다고 여겨졌다.

34 『澁澤榮一自敍傳』[澁澤榮一, 1937: 380].

35 『澁澤榮一自敍傳』[澁澤榮一, 1937: 378].

으로 천하를 다스린다는 말이니, 일본국 전체가 남김없이 이것이 되어버립니다. 그래서 정치 쪽에 나서는 사람뿐이니, 농업이라든가 상인이라든가 공업이라든가 하는 것은 이제 기개 없는 것이 되어, 막부가 쓰러지고 제번의 사족이 논의를 연습하여 정치에 영향을 미치기 때문에, 그 막부를 쓰러뜨린 제번 중에서 어떻게든 입신(立身)하여 영향을 미친 사람이 많이 있습니다. 즉 원훈(元勳) 이토(伊藤), 마츠카타(松方) 같은 사람은 그런 종류의 사람입니다. 이런 사람들이 갑자기 출세해서, 정치만큼 좋은 것은 없고, 모든 것이 다 정치라고 하게 되었습니다. (중략) 그러나 외람되게도 시부사와는 정치만으로는 나라가 바로 서지 않는다고 생각했습니다.[36] (「농촌과 지방자치의 본령(農村と地方自治の本領)」 1908년)

같은 강연에서 "탁상의 학문을 앞세우고 실력을 닦는 학문을 뒤에 두었으니 겉치레뿐인 것이 된다"[37]라고 말한 것도 경험과 실천을 통한 지의 중시를 말하는 것이다. 그것은 '관'의 정치로서 '학문' 비판이기도 했다. 시부사와 에이이치는 학문을 학교에서 배운 것이 아닌 자신에게 인의도덕을 논할 자격이 없다고 비난받을지 모르지만 사업가로 살아온 자신에게는 나름대로의 변명이 있다고 했다. 그것은 곧 자신이 실천하고 있다는 점에 있다고 주장한다.

자신은 실제로 행하고 있다고 생각합니다. 비록 작을지라도 행하고 있다고 생각합니다. 즉, 맛없는 요리라도 제군에게 제공하여 먹을 수 있을 만큼은 되어 있는 것이므로, 그림의 떡은 아니라는 것만은 여기서 말씀드릴 수 있습니다.[38] (「사람이란 무엇인가(人とは何ぞや)」 1917년)

인의도덕의 학문과 생산식리의 추구 두 가지를 상반되는 곳에 고정시켜

36 『青淵洲先生演說撰集』[高橋毅一 편, 1937: 71-72].
37 『青淵洲先生演說撰集』[高橋毅一 편, 1937: 73].
38 『青淵洲先生演說撰集』[高橋毅一 편, 1937: 201].

버린 것은 무사계급을 주된 수용자로 한 주자학의 죄가 아닐까 하고 시부사와는 말한다. 그리고 메이지 근대에도 읽고 쓰기와 주판의 최소한의 공교육은 어쨌든 수용되었지만, 그 이상의 학문지식 추구는 쓸데없고 사치스러울 것이라고 여기는 풍조는 뿌리 깊게 있었다. 그 배후에는 교양·수양의 고등교육에 대한 곡해, 즉 인간을 과거의 무사처럼 쓸데없이 이치만 따지는 무익한 것이라고 여기는 세간의 평가가 있었던 것이다.

실업학교 교육의 성패

실제로 1895년 4월에 설립된 '대일본실업학회(大日本實業學會)'의 설립취지서([그림 11-5])는 국가 부강의 근원기초는 농공상의 생산력 발달에 있으며, 실업의 개량진보는 실업교육의 성패에 있다고 소리 높여 선언한다. 그럼에도 불구하고 일본 실업사회의 현주소는 학문의 심원함에 당황하고, 줏대 없는 언론에 혼란스러워하며 활약할 곳을 찾지 못하고, 매진해야 할 과제를 잃어버린 것이 아닌가 하고 개탄한다.

> 봉건의 잔재는 일반인심으로 하여금 생산과 관계없는 고상한 학리를 가중시키고, 더구나 보통의 학문과 교육이 있는 자는 왕왕 실속 없이 화려한 언론을 좋아하고 착실한 생업을 싫어하고 치산(治産)의 업무를 뒤로하여 공상의 습벽에 찌들어서, 관청의 관리가 되거나, 또는 시정의 무뢰배가 되거나, 또는 정치 법률의 시비를 논하여 헛되어 일생을 보낸다. 그래서 마침내 천하의 부형들이 실업가의 자제에게 학문교육이 필요 없다고 탄식하기에 이른다. 분연히 참을 수 있겠는가.[39]

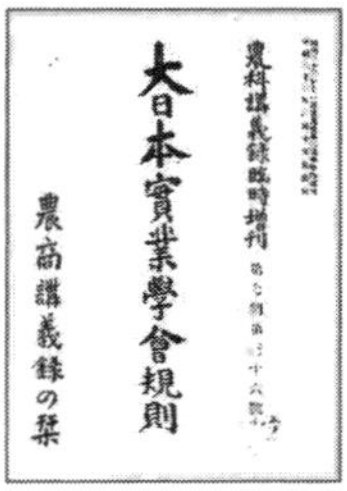

물론 실업가의 자제에게 교육을 주려는 관청의 노력도 일찍부터 있었다.[40] 메이지10년(1976)대부터 시작하고, 1880

[그림 11-5]
『大日本實業學會規則』

39　『大日本實業學會規則』[大日本實業學會, 1901: 21].

년 개정교육령으로 농학교·상업학교·직공학교가
규정되고, 통칙 등의 제정을 통해서 제도로서의 기
준이 제시되었다. 실제로 크게 움직이기 시작한 것
은 1893년 이노우에 코와시(井上毅) 문부상 취임 후
로, 실업보습학교·도제학교·간이농학교 등의 규정
을 정하여 공립 실업학교에 대한 보조 등을 실시하여
보다 초보적인 실업교육의 충실을 도모했다. 그리고
숫자가 늘어난 실업학교를 통일적으로 규제하는 실
업학교령이 제정된 것은 1899년이었다.

[그림 11-6] 『社會百面相』

　그러나 사태가 크게 개선되었다고는 할 수 없는 것은 이미 인용한 대일본실업
학회의 설립취지서에서도 알 수 있고, 1902년 발행된 우치다 로안의 『사회백면
상(社會百面相)』([그림 11-6])에서 '청년실업가'를 묘사한 것에서도 알 수 있다.
　우치다는 이 비평적 저작의 등장인물에게, 지금의 실업계에서 선배 얼굴을
하고 뽐내고 있는 무리를 보면, '예로부터의 시정잡배' '졸부 투기군' '돈 빼
돌리는 어용상인' '관리의 낙하산'뿐이며, 조금도 도덕을 중시하지 않고, 공
공사상이 부족해서 장사에서도 남을 쓰러뜨리거나 속임수로 앞지르는 것밖
에 생각하지 않고 장사 전체를 발전시키려고 하는 생각이 없다고 말하게 한
다. 그러한 노인들은 어쩔 수 없다고 해도, 젊은이는 어떤가 하면 이것 역시
소용없다고 다음과 같은 의견을 말하게 하고 있다.

　　예를 들면 상업학교, 그것이 조금도 도움이 되지 않아요. 원래 비즈니스는
　　실지에서 경험을 쌓아야 기억되는 것이지 학교 교장에서 교사의 강의를
　　듣는다고 아는 게 아니다. 은행의 거래실무라든지 어음교환 실습이라든지
　　하는 것이라면 옛날 상법강습소 정도를 두면 충분하다. 경제학이나 법률학
　　이라면 대학에서 가르치고 있고 사립의 전문학교도 있다. 실제 또 상업학

40　'실업'이라는 말의 침투도 실은 '실업교육' 행정의 전개를 통해서일 것이라고 가정할 수도 있다.

교에서 배울 정도의 단편을 소화해도 아무런 쓸모가 없다. 이렇게 돈이 부족한 상황에서 특히 경비가 적은 문부성이 이런 쓸데없는 학교에 돈을 버리는 것은 바보 같은 짓이다. 무엇보다 곤란한 것은 이런 쓸데없는 상업학교 졸업생이 학교를 나오면 버젓이 상업가를 자처한다.[41]

상법강습소의 개설에도 깊이 관여한 시부사와 에이이치 자신[42]은 실업교육에 있어서 우치다만큼은 학교라는 장치의 힘을 부정하지는 않았을 것이다. 그렇지만 단순한 이론 교육이 아니라 경험을 통한 숙련을 존중했다. 혹은 당사자가 "사실 위에서 연구하여 실행해야 한다"[43]라는 실천을 중시했던 것은 틀림없다. 그런 점에서는 우치다의 빈정거림과 대립했던 것은 아니다.

당사자로서의 농민

약간 난폭한 도식화이기는 하지만, 후쿠자와 유키치의 실업 개념은 어딘지 모르게 유한(有閑) '사족'의 성격을 띠고 있었다. 이에 비해 시부사와 에이이치의 실업관의 기초에 있는 것은 소위 재지 '농민'으로서의 자립이며, 마을을 공공이익의 기반으로 한 자치였다고 생각된다.

구미사회의 공공성 구축에 있어서 기독교라는 종교가 수행한 큰 역할을 느끼면서 시부사와는 그 역할을 일본 종교에서는 구하지 않았다. 전통 불교는 피안에서의 구제를 구하며 업의 인과 아래 현상을 합리화하며, 나를 버리고 무와 공을 설하여 속세를 마다한다. 이미 주자학에 치우치기는 했지만 지식층에 보급되고 종교의 피안에서가 아니라 이쪽의 일상에 머물면서 '괴력난신'을 말하지 않는 『논어』의 윤리를 선택한 것도 시부사와가 서는 위치를 잘 나타내고 있다.

---

41 『社會百面相』[内田魯庵, 1902: 229].

42 『青淵先去十年史』[龍門社 편, 1900: 773-816].

43 『青淵洲先生演說撰集』[高橋毅一 편, 1937: 72].

시부사와 에이이치는 훗날 자신의 신상에 일어난 변화를 회상하며 '누에의
네 잠'과 비슷했다고 말했다. 즉 첫째는 농민에서 낭인이 되고, 둘째는 낭인
에서 히토츠바시(一橋) 가문의 관리가 되고, 셋째는 거기에서 정부의 관리가
되고, 넷째는 "마지막은 원래로 돌아갔다"[44]라고 말하고 있다. 넷째 시기는
하야한 후 은행 경영을 비롯한 실업가로서의 활동을 의미하는데 원래로 돌아
갔다는 표현은 시사적이다. 그것이 토지라는 노동의 장을 가진 농민으로의
회귀와 동일한 것, 즉 '농민의 아들'[45]로서의 재생을 함의하고 있기 때문이다.
이 변용을 단지 관/민을 대립시키고, 사/농의 단선적이고 이항대립하는
입신출세의 척도로 파악해서는 안 된다. 오히려 「농촌과 지방자치의 본령(農
村と地方自治の本領)」[46](1907년 치아라이지마(血洗島)소학교 강연)에서의 촌락자치론
을 거쳐서, 「평생에 감명할 만한 일들(生涯に感銘し足る事ども)」[47](1920년 류몬샤
(龍門社) 연설)에서 아버지의 '비의의 의(非義の義)' '비례의 예(非禮の禮)'[48]를 행
하지 말라는 경계와 연관지어, 이러한 마을의 리더층과 그것을 지탱하는 모
임의 정신으로 회귀하는 것이라고 위치시켜야 할 것이다. 그 도리의 가르침
은 후쿠자와가 중시한 공공성의 질서와도 호응하여 실제적인 행동 속에 나타
나는 윤리다.

'마을' 속의 자기

시부사와 에이이치가 '마을(村)'이라고 하는 조직·조합의 형태를 어떻게
파악하고 있었는지는, 재차 전면적으로 논해도 좋겠지만, 여기에서는 '실업

44 『靑淵洲先生演說撰集』[高橋毅一 편, 1937: 187].
45 『靑淵洲先生演說撰集』[高橋毅一 편, 1937: 273].
46 『靑淵洲先生演說撰集』[高橋毅一 편, 1937: 56-79].
47 『靑淵洲先生演說撰集』[高橋毅一 편, 1937: 265-287].
48 뉘앙스에 대한 자세한 내용은 원문을 참조하기 바란다(『靑淵洲先生演說撰集』[高橋毅一 편,
1937: 270-275]). 간단히 말하면 도리를 어기지 말라고 하는 의미로, 예를 들면 부모를 간호하
려고 타인의 것을 빼앗거나, 혹은 사람을 구하려고 다른 사람에게 심한 피해를 주는 것은 이치에
맞게 보인다고 하더라도, 즉 비의의 의이며 비례의 예라고 경계했다.

사회'와의 관련이라는 한 가지만을 지적해 두겠다.

에이이치가 하야해서 먼저 착수한 것이 은행업이라는 사실은 잘 알려져 있다. '실업계' 진흥의 에너지를 순환시키는 '대동맥'은 '금융기관'이며, 그 것을 정비하지 않고는 "다른 일반 상공업의 발달"을 기할 수 없다[49]고 생각했기 때문이다. 그러나 세상은 그렇게 보지 않았다고 한다. "그 무렵 양복을 입고 시계를 늘어뜨리고 있는 사람의 사업은, 머지않아 파산할 것 같은 느낌을 가지고 있었던 것입니다"[50]라고 에이이치 자신이 말하는 세간의 기업가에 대한 불신이 흥미롭다. 그러니 은행 대출의 편리성에 대한 설명은 오히려 위험하고 섣불리 접근해서는 안 된다고까지 생각했다. 예금이나 수표나 환율 등등 오늘날에는 당연한 편의에 대해서, '차용증서'는 원래 부모형제에게조차 보여주지 않는 것인데, 그것을 세상에 유포시키는 경우 없는 일을 해도 되느냐고 분개하는 사람도 적지 않았다고 한다. 그러한 '수치'의 감각 속에, 원래 자금을 공공화하는 구조인 금융에 대한 무지 이상으로, 오히려 봉건시대에 배어든 '사'의 이익 보전으로 폐색된 윤리의 간극을 시부사와는 보고 있었다고 생각한다. 마을 노동의 융통인 품앗이나 치수나 연중행사의 공공성과 공유의 이익을 지탱해 온 일상의 윤리를, 왜 금융이라고 하는 새로운 구조와 결부시키지 못하는가.

도쿄고등상업학교의 실천윤리강좌 강의에서 에이이치는 '사람'에 대하여, 인간은 자기 혼자만 생존하는 것이 아니며, 또 자기만 만족을 얻으면 그것으로 본분을 다했다고는 도저히 말할 수 없지만, 그러나 그것은 자기를 조금도 성찰하지 않고 일하라는 '멸사(滅私)'가 아니라고 다음과 같이 말한다.

세상일은 만인이 모두 한결같이 행할 수 있는 것은 아니다. 사람에 따라 자기 이외의 일에 대해서 노력하는 경우가 많은 사람도 있고, 적은 사람도 있다. 그것은 누구는 할 수 있고 누구는 할 수 없다는 것이 아니다. 그 사람

---

49 『澁澤榮一自敍傳』[澁澤榮一, 1937: 38].
50 『靑淵洲先生演說撰集』[高橋毅一 편, 1937: 183].

의 지위나 처지에 따라 지식도 크게 발달하고 또한 그 작용도 커지는 것이다. 그러므로 근본은 자기를 만족시키는 것에 두고, 그 다음은 자신을 만족시키면서 동시에 주위에 만족을 주는 일은 누구라도 할 수 있다고 생각한다. 그리고 그 결과는 사회의 진보가 된다. 즉 자기의 발전과 함께 사회도 역시 발전하는 것이다. 만약 자기 자기 하면서 자기만을 생각한다면, 극단적으로 말하면 자기도 존립할 수 없게 된다. 사람들이 서로 교류하고 서로 나아감으로써 비로소 나라의 부도 늘어나고 사회 모두가 진보한다는 것은, 이것은 실로 이견이 있을 수 없는 진리라고 생각된다.[51] (「사람이란 무엇인가 (人とは何ぞや)」1917년)

그렇게 시부사와는 자신과 사회를 연결하는 수양의 윤리[52]를 촌민·농민 즉 '치아라이지마의 시부사와 이치로에몬(澁澤市郎右衛門)의 아들'로서 끊임없이 실천해 왔다. 그리고 이러한 한 개인으로서의 자각에 시부사와 에이이치의 '실업'의 특질이 있다고 생각된다.

---

51 『青淵洲先生演說撰集』[高橋毅一 편, 1937: 205-206].
52 이러한 자신과 사회에 대한 사고방식은 시부사와 케이조에게도 깊게 계승되고 있다고 생각된다. 케이조는 "일본인의 싫은 면은?"이라는 질문에 "진정한 의미의 좋은 욕구가 없는 것 같다. 즉 진정한 의미의 손해를 모른다고나 할까, 모두가 눈앞의 직접적인 개인의 손해에는 아주 기민해서, 즉 내가 어느 편에 붙어 있으면 득이라든가 손해라든가, 가지고 있는 것이 값이 떨어졌다든가 올랐다든가, 화재를 당했다든가, 돈을 소매치기 당했다든가, 도둑맞은 것에는 매우 민감하다. 그것이 약간 집단의 것이 되면 손해가 둔감해지고, 모두의 손해가 되면 태평해진다. 국가의 손실, 국민의 손실에는 의외로 신경 쓰지 않는다. 예를 들어 자기 집 앞 도로는 청소해도 쓰레기는 옆집 쪽으로 치워둔다. 자기만 좋으면 그만이지 타인의 입장에서 생각하는 수련이 부족하다. 그러니까 집단적으로 큰 손해가 되면 둔감해지는 것이 결함이다"[澁澤敬三傳記編纂刊行會, 1981: 150]라고 대답하고 있다. 자신만 좋으면 된다는 관념이 앞서서, 세계 전체에 대한 관념이 매우 희박하다고 비판하면서 지구의를 자주 들여다보라는 제언이 흥미롭다. "왜 한 장의 지도가 아니라 지구의를 권하는가 하면 지도에서는 둥근 것을 넓히는 관계로 남북 양 끝이 매우 커지지만, 지구의라면 지구 그대로를 보기 때문에 시베리아도 작아지고 합중국도 브라질보다 작다는 것을 금방 알 수 있습니다. 그러니까 나는 한 장의 지도를 봐서는 안 된다고까지 생각할 정도로, 꼭 지구본을 보기 바랍니다. 그리고 우리는 먼저 시야를 세계로 넓혀 올바른 세계관을 가지는 것이 첫째로 필요하다고 생각합니다"[앞 책: 124].

3. 시부사와 케이조가 계승한 연구조성의 사상과 실천

마지막으로, 시부사와 에이이치의 실업을 둘러싼 이상이, 실은 손자이자 민속학자인 시부사와 케이조에게도 정신으로서 계승되고 있다는 주제를 간단하게 다루고 본장을 마무리하겠다.

시부사와 케이조는 야마자키 타네지(山崎種二)와의 대담에서, 조부 에이이치의 사업을 추모하면서 다음과 같이 말했다.

> 남이 알아채지 못하는 비정부(non-government), 행정이 하지 못하는 일을 열심히 했다는 사람입니다. 관에서 하는 사람은 아무래도 좋다. 그렇지 않다면 할 수 없는 것을 내가 해 주겠다는 식이었습니다.[53]

그러니까 도쿄시의 양육원에는 계속 관계를 이어가고, 죽을 때까지 에이이치는 물러서지 않았던 것이라고 한다. 케이조는 그러한 에이이치의 비정부 영역에 대한 열정을 흉내 낸 것은 아니지만, 민속학에 대한 원조와 연구에 대해서 "세상으로부터 별로 사랑받지 못하는 학문을 열심히 지원하고 있어요"[54]라고 대답한다. 시부사와 케이조의 연구와 원조 정신에 대해서는 이전에 논한 적이 있으므로[55] 그것을 참조하기로 하고, 여기에서는 '시부사와 세이엔옹 기념 실업박물관(澁澤靑淵翁記念實業博物館)' 혹은 '일본실업사박물관(日本實業史博物館)'의 미완성 구상의 일부에 나타나 있는 에이이치와 케이조의 '실업' 사상의 접점을 다루어 보겠다.

그것은 이 박물관 건립의 첫 지침인 「하나의 제안(一つの提案)」에 보이는 '근세경제사박물관(近世經濟史博物館)'의 제3실[56] '초상실(肖像室)'의 존재이다.

53　『澁澤敬三 下』[澁澤敬三傳記編纂刊行會, 1981: 94].

54　『澁澤敬三 下』[澁澤敬三傳記編纂刊行會, 1981: 97].

55　「澁澤敬三とアチック・ミューゼアム」[佐藤健二, 1987: 124-148], 「圖を考える/圖で考える」[佐藤健二, 2011: 394-416].

56　제1실이 시부사와 에이이치 기념실이며, 그 유품·사진·회화·도표 등을 이용하여 개인의 생애를 전체적으로 현창하는 곳, 제2실이 19세기 초기부터 1910년 무렵까지 다양한 실업 분야에

그 내용은 다음과 같다.

> 무릇 공적의 대소를 불문하고, 또 빈부귀천을 불문하고, 이 시대에 활약하
> 는 지극히 폭넓은 경제인, 즉 기업인, 산업가, 학자, 발명가, 독농가 등의
> 초상을 가능한 한 수집해서 이 박물관에 진열하고 싶습니다. 이것은 필경
> 자손이 선조에 대한 감사와 존경을 표하는 것도 되고, 어떤 의미에서는 경
> 제 초혼실(招魂室)이라고 할 수도 있습니다.[57]

이러한 개인의 현창을 포함하는 경제사·실업사의 구상은 앞 절에서 언급
한 에이이치의 '자기' 존중과 호응할 것이다.

'초혼'이라고 하면 바로 야스쿠니 신사로 연결되는 무훈의 국가적인 현창
과 위령의 의식성을 연상할지도 모른다. 그러나 케이조가 생각한 것은 국가
신도와 같은 종교적 현창이 아니라 개인이 만들어낸 실학의 개인에 의한 계
승으로서의 위령이다. 즉, 묻혀있는 무명의 사람들의 업적과 약전(略傳)을 전
시하여 '사회교육자료'로 제공하는 것이었다.

이는 어딘가에서 에이이치가 마을자치의 본령을 논하며 "하나의 연구소와
같은, 예를 들어 클럽이나 무언가가 있어야 한다"[58]고 제언한 것과 대응하고
있다. 그 지방에 사는 향토 사람들이 눈앞의 사실을 바탕으로 연구를 해 나가
야 한다. 그러기 위해서는 학교와는 별도로 '학문을 연구하는 장소'가 그 지

있어서 국민의 '근세경제사'의 변천 및 발달 과정을 일람하는 곳, 제3실이 인물에 초점을 맞춘
전시로, 모두 세 가지 영역을 가지는 박물관 구상이었다. 이 전체를 당초에는 '근세경제사박물
관'이라고 칭했지만, 제1실의 발상은 아마도 환갑에 정리된 『青淵先生六十年史』[龍門社 편,
1900]에 의거하고, 제2실은, 그 1권이 전58권 별권10권의 『澁澤榮一傳記資料』[龍門社,
1944-1971]의 거대한 집성을 전개하는 것을 암시하는 것이 아니었을까. 그런 의미에서는
『青淵先生六十年史』가 「일명, 근세실업발달사」라는 부제를 가진 것도 우연이 아니다. 그 '근
세'는 역사적 시대구분으로서의 것이 아니라, '근대'나 '최근' 혹은 '현대'에 가까워, 구체적으
로 시부사와 에이이치가 태어난 전후부터 메이지 말기에 이르는 근대 일본 사회의 변용을
가리킨다. 그리고 제3실은 상민이 만들어내는 기초문화에 대한 관심이 깊었던 시부사와 케이조
의 독창성에 속할 것이다.

57 『文化資源の高度活用』[青木睦編, 2008: 38-39].
58 『青淵洲先生演說撰集』[高橋毅一 편, 1937: 76].

역에 필요하다고 에이치는 말하고, 다음과 같이 자신이 견문하고 영국의 예를 들고 있다.

> 모든 읍면에 있는 것은 아니지만, 독지가가 좀 있는 마을이나 부유한 마을에는 학교 혹은 학교 근처에 도서관이 설치되어 있습니다. 뜻있는 지방일수록 거기에는 방법을 정하여 여러 가지 책을 모아 두고, 농사도 공업도 모두 학문적인 이치를 연구한다는 것입니다. (중략) 꼭 마을 도서관을 설치하도록 하고, 또 하나의 클럽을 만들어 주시기를 희망하는 바입니다.[59]

아마 케이조가 생각하고 있던 '경제초혼실'은 또 다른 형태의 '도서관'이며, 연구 '클럽'의 기능을 가진 것이었다.

예를 들면 스스로 서문에서 '인명에서 물러날 수 없는 인명사전' '상민인명사전'[60]이라 성격을 부여한 『일본어민사적략(日本漁民事績略)』과 같은 개인 인생 노력의 축적을 공간화한 것이며,[61] 혹은 잡지 『실업의 일본(實業之日本)』에 연재한 「선학자를 재야에서 줍다(先學者を野に拾う)」[62]의 독농(篤農)이나 기술자의 사적(事績)을 발굴하여 시각화하고 전시한 것은 아니었을까.

아마도 아직 실현되지 않은 도서관이나 박물관이 만들어내는 것은 자신의 교양을 이기적 배타적으로 추구할 뿐인 외로운 이용자가 아니다. 개인으로서의 자기가 지식을 얻고, 스스로 도움을 얻을 뿐 아니라 사회의 발전으로 연결

---

59 『青淵洲先生演說撰集』[高橋毅一 편, 1937: 77-78].

60 『犬步當棒錄』[澁澤敬三, 1961: 102].

61 어떤 형태로 전시될 것까지는 보여줄 수 없지만 히로시마현의 미츠(三津)에서 어부로 살고, 토지(杜氏, 일본주 제조공정의 책임자: 역주)로서도 활약한 신도 마츠지(進藤松司)의 『아키미츠 어민 수기(安藝三津漁民手記)』[進藤松司, 1937] 등, "자기의 고난 체험과 지식으로부터 짜낸" "진실한 의미의 어민 생활지"[澁澤敬三, 1961: 30]로서 이 초상실의 일각을 차지하는 재료가 되었을 것임에 틀림없다. 시부사와가 쓴 것처럼 신도가 사실은 소년일 때 '실업인'이 되고 싶다는 생각으로 『실업강습록(實業講習錄)』이라는 통신교육 텍스트를 구해서 1년 정도 계속하면서도 과격한 노동과 양립할 수가 없어서 좌절한 인물이기도 한 것은 인상적이다. 탁상의 서책을 통한 학문이 아닌 솜씨와 몸으로 익힌 지식을 케이조도 또한 실업사에 등록하고 싶었던 것이다.

62 『澁澤敬三著作集 第5卷 未刊行論文·隨想/年譜·總索引』[澁澤敬三, 1993: 278-359].

되는 자기의 발견 또한 있어야 할 효용으로서 기대된다. 각각의 발견이 공공성을 가진 교류가 되고 '클럽'의 이름에 어울리는 공간으로 태어나는 것을 에이이치도 케이지도 바라고 있었다. 그런 점에서 에이이치의 실업계에 대한 희망과 케이조의 학계에 대한 응원은 깊이 호응하는 것이었다.

제3부

특별 강의

제12장

관동대지진과 유언비어

「생사를 둘러싼 사회학(死生をめぐる社會學)」(21세기 COE프로젝트 「생명의 문화 가치를 둘러싼 생사학의 구축(生命の文化·價値をめぐる死生學の構築)」 2006년 10월 14일 개최) 심포지엄에 참가하여 코멘트한 내용을 상기하는 것에서 시작하겠다.

그 심포지엄에서는 코디네이터 타케카와 쇼고(武川正吳, 도쿄대학)의, 사회학으로부터 생사학의 가능성을 생각해 보고 싶다고 하는 문제 제기를 받아, 나카스지 유키코(中筋由紀子, 아이치교육대학)가 현대 일본의 죽음의 문화를 친밀권 안에서 죽음이 수용되는 방식의 차이에 초점을 맞추어 비교사회학의 입장에서 논한 뒤, 소에다 요시야(副田義也, 츠쿠바대학 명예교수)는 「공산주의와 대량사」라는 자극적인 제목으로 소련시대의 학살을 다루어, '기록된 마르크스주의'의 이상과 전혀 다른 '실행된 마르크스주의'의 어두운 면을 폭로했다. 오오카 요리미츠(大岡賴光, 주쿄대학)는 스웨덴의 익명묘지라는 잘 알려지지 않은 소재를 제시하고 그 존재를 지탱하고 있는 명복관(冥福觀)과 추억의 상태를 분석하면서 해당 사회에서 노인 간호의 에토스에 접근하고자 했다.

세 가지 보고는 언뜻 보면 주제로서 정리되기 어려운 것처럼 보였다. 그러나 각각이 제출한 논점은 시사적이며 어디선가 호응하는 것을 포함하고 있었다.

나도 자극을 받아 이하에 기술하는 세 가지 논점을 제출했다. 즉석에서 대응한 것이기 때문에 오히려 나 자신의 사회학적 기본틀에 뿌리를 둔 것이라고 생각

한다. 생사학에 대한 당시 나의 관점보다도 여기서 다루려는 소재와 관계가 깊기 때문에 간단하게 되짚어 보겠다.

의식과 행위의 구별: 죽음의 물질성을 놓고

코멘트의 첫 번째 논점은 의식의 형태와 행위의 형태를 구별하는 것이다. 즉, 생사의 여러 문제를 논함에 있어서 〈생각〉의 영역과 〈행동〉의 영역을 구별하면서 고찰해야 한다는 논점이다.

이 두 영역은 자주 어긋나거나 뒤틀린다. 그 쌍방을 서로 관련지으면서 열심히 공략해 갈 필요가 있다. 그러한 의도를 담아 이에 대한 대비를 제출했다. 한편의 '생각'은 마음이나 기분의 상태이다. 예를 들어 '죽음'의 의미부여를 둘러싸고 대상자의 신념이나 신앙, 혹은 대상 집단을 떠받들고 있는 정신의 해독이 초점이 된다. 이에 대해 '행동'은 예를 들어 "익명묘지에 간다"라든가 "불단을 참배한다"라든가 하는 대상자의 행동이자 실천이다. 그러한 몸짓이나 행동은 때로 관습으로서 무의식적으로 행해지기도 한다. 그러므로 왜 그렇게 하는가 하는 의미가 반드시 당사자에 의해서 말해지고 자각된다고 할 수는 없다.[1]

죽음은 '사건'으로서 철학적·윤리학적·종교학적 관념과 관련됨과 동시에, 사실은 신체의 물질성에 뿌리를 둔 움직일 수 없는 사실이다. 즉 '사물'로서 그 사회적 존재 형태가 파악되고, 그 의미가 무엇인지를 묻는 측면을 가진다. 그러니까, 이 〈생각〉과 〈행동〉이라고 하는 논점은 '죽음의 물질성'이라고 하는, 약간 불거진 다른 논점과도 밀접하게 관련되어 있다.

그것은 죽음이 그 기본에 있어서 신체의 물질성을 기반으로 하는 것에 유래한다. 더구나 죽음은 시간을 수반하는 경험으로도 모습이 드러나서 존재한다.

1　그러므로 '생각'과 항상 서로 겹치는 것이 아닌 다른 대상으로 읽어야 한다. 바꾸어 말하면, 이미 잊혀진 의미의 존재와 잠재적 기능으로서의 작용을 해독할 준비가 필요하다. 이 양면작전은 사회학에 있어서는 뒤르켐의 사회적 사실에 대한 접근 방법 이래 상식이 된 할 기본적인 방법이며, 지금도 여전히 중요한 논점이라고 생각한다.

죽음은 그 본질만을 떼어내면 결정적이고 불가역적인 '일순'의 사건인 것처럼 보인다. 그러나 실제 사회생활에서는 일순으로는 환원할 수 없는 시간의 무게가 함께 한다. 투병이든 간병이든 고유한 어려움으로 넘치는 일정한 시간이 계속되고, 마침내는 비탄과 추억에 이르는 수많은 사람들의 복잡한 생각과 다양한 행동을 끌어들일 것이다. 이 결코 짧지 않은 시간 자체가 사람들의 무시하기 어렵고 움직이기 곤란한 경험·기억을 가진다. 둘도 없이 소중한 것이라고 할 수도 있다. 그렇기 때문에 우리 문화에서 죽음의 형태와 현상은 바로 '사물처럼' 존재하는 사태로 분석되고 그 작용이 고찰되어야 한다.

남겨진 신체, 즉 '시체'를 다루는 것은 가장 직접적인 의미에서 우리에게 죽음의 무시할 수 없는 물질성을 각인시킨다. 그 신체는 '의례'의 형태를 통해 사회적으로 통제해야 할 정도로 깊고 통절한 감정을 불러일으킨다. 일으키지 않을 수 없기에 다양한 기술지(技術知)의 공유나 남겨진 사람들의 역할 분업 등이 요청된다. 조문도 매장도 묘비[2]도 불단도 그러한 기술지의 하나이며, 고유의 〈생각〉과 〈행동〉과 함께 거기에 존재하고 있다.

묘지와 묘비만 하더라도 오늘날에는 가족의 모습에만 단락적으로 결부시켜 논하기 쉽다. 제사를 지내고 묘지를 계속 지키거나 혹은 대가 끊어지는 현대 가족의 큰 과제이기 때문이다. 하지만 사실 그런 담론은 우리 사회가 친밀권과 공공권의 경계선을 지나치게 단순화하고 분할선으로 고정시킨 결과일지도 모른다. 그러므로 관점의 협착이요, 과제의 획일화이다. 만약 협착되기 이전을 하나의 선택지로 다시 설정하고 '무덤'의 의미를 묻는다면 논의 방식은 확장되면서 달라질 것이다. 사건으로서의 죽음은, 〈사(私)〉에게 닫힌 친밀권의 논리를 안쪽에서 부수지 않을 수 없기 때문이다.

즉 〈공(共)〉과 〈공(公)〉의 관계 구축이 이루어지기 전의 상태를 언급하지

---

2   과거 '구인류'로 분류되던 네안데르탈인의 화석이 대량의 꽃가루와 함께 발굴된 적이 있다. 고고학과 인류학 영역에서는 이를 통해 매장을 할 때 꽃을 바치는 행위의 존재를 가정하여 장례의식의 탄생으로 파악하였다. 그것을 인간과 동물의 구분선이라고 보는 논의도 있다고 한다. 죽음의례의 형성은 어떤 의미에서 인간의 발생 자체에도 깊이 관련된 주제이다.

않을 수 없다.

근대에 있어 〈사(私)〉의 문제 영역에 갇혀 가는 경향이 강해진 〈생각〉의 논점을 〈행동〉이 만들어 내는 장으로 나타났다 숨었다 하는 〈공(共)〉과 〈공(公)〉의 시점을 매개로 열어 가는 것도 하나의 가능성이다. 뜬금없다고 여겨질지도 모르지만 본 장이 근대 일본에서 '학살'의 비극을 야기한 유언비어 현상을 택하고, 그것이 발생한 근대 도시의 장(場)의 형태에 다가가려 한 것은 그 때문이다. 거기에 나타나는 〈공(公)〉〈공(共)〉〈사(私)〉의 복잡한 작용과 마주할 필요를 느꼈기 때문이다.

'비정상적 죽음'의 특질: 구조로서의 강제력

두 번째 코멘트로 한 것은, 〈비정상〉의 죽음, 즉 '정상이 아닌 죽음'이라고 하는 논점이다. 이것도 본 장이 지금부터 논하려고 하는 유언비어 속에서 생겨난 비극적인 죽음과 어떤 의미에서 깊이 호응하는 카테고리이다.

〈비정상〉의 죽음은 문자 그대로 〈일상〉의 죽음이라고 할 수 있는 통상의 보통의 죽음과 정반대에 위치하는 정상이 아닌 다양한 죽음을 폭넓게 가리킨다. '비업의 죽음(非業の死)'이라는 표현과도 일부분이 겹치지만 불교적 색채가 짙은 이 말은 이미 너무 강하게 표현되어 있다. '업인업과(業因業果)'의 관념을 깔고 있기 때문에, 용례에서도 뜻밖의 재난에서 죽음의 무의미함이나 과 본의가 아닌 것이 강조되며, 바람직하지 않은 상태에서의 죽음과의 윤리적 의미가 전면에 내세워진다. 그러나 내가 코멘트에서 논하고 싶었던 '비정상'은 그러한 '비업(非業)'의 강한 의미부여 이전의 확산이며, '정상'과 대칭성을 가지면서도 한정적이고 일원적이 아닌 '비'의 확산에 얽매인 특질이다. 굳이 미리 말한다면, 〈일상〉과 〈비일상〉이라는 특질의 대비 속에서, 첫 번째 코멘트의 배후에 숨기고 있던 〈공(公)〉〈공(共)〉〈사(私)〉의 중층적인 존재 형태를 문제로 하고 싶다고 생각했다.

좀 단순화한 표현이지만 '일상의 죽음'은 항상 흩어진 모습으로 나타난다.

언제이지는 특정할 수 없지만 사건은 반드시 친밀권 안쪽에서 일어난다. 가족생활에서 일어나는 심각한 사건이지만 전체로서 보면 매우 우연적이고 산발적이다. 철저히 개별적이고 그래서 사회적으로는 흩어져 있고 산발적인 일로밖에 보이지 않는다. 물론 친밀한 타인의 죽음은 통절한 체험이고 당사자에게는 실로 일상적이지 않은 슬픔일 것이다. 그러나 그것을 얼마나 숙명으로 납득하고 수용할지도 다시 개별적이다. 주로 가족이나 친족, 이웃이나 직장의 네트워크에서 이루어지는 의례 등으로 보조를 받으면서, 친밀권을 중심으로 하는 내부에서 대처해 간다.

이에 비해 '비정상적 죽음'은 거기에 그치지 않는다. 그러한 개별적이고 의례적인 대처에서는 벗어나는 '불명확함'이나, '납득하기 어려움'을 하나의 특징으로 하고 있기 때문이다. 그 참을 수 없는 무의미함은 알 수 없는 우연이나 무자비한 확률에서 유래하는 것은 아니다. 오히려 전쟁이나 숙청이나 재해나 기근으로 인한 '대량사(大量死)'로 상징되듯이 제도나 구조에 의해 규정되고 강제되었다고 해도 될 강력력을 내포하고 있기 때문이다.[3]

강제력을 가지는 구조·제도의 대표적인 것이 '전쟁'이다.

근대사회에서 국민의 것이 된 전쟁은 죽음을 둘러싼 메커니즘으로 본다면 죽음을 그 구성원에게 강제적으로 배분하고 수용시키는 제도이다.

'일상의 죽음'에서는 친밀한 타인의 죽음을 '수용'하는 것이 하나의 과제였지만 '비정상적 죽음'의 대표인 전쟁에서는 그 이전에 주어진다는 논점이 있다.

친밀성인지 아닌지는 전혀 문제가 되지 않는 일반성에서, 먼저 적인 타인의 죽음에 대한 '용인'과 그 '정당화'가 과제가 된다. 즉 미리 어떤 특정 타인의 죽음이 용인되고 어딘가에서 정당화되지 않으면 전쟁이라는 실천은 제도로서 성립되지 않는다. 그렇기 때문에 반대로 자신의 죽음 또한 위험으로서든 대의

---

3   거기에 '비정상적 죽음'이 가지는 생사학 연구대상으로서의 특질이 있다. 그 전략성이 있다고 해도 된다.

로서든 피할 수 없는 것이 된다. 타인의 죽음이라는 귀결을 용인한 것과 마찬가지로 자신의 죽음도 어쩔 수 없는 것으로 스스로 수용시키는 강제력이 작용한다. 20세기 전쟁에서 두드러진 대량사는 일면으로는 병기 기술 등의 파괴력이 발전한 결과이기도 하지만, 더 깊이 파고들어서 고찰하면 무력의 확대에 의해서만 규정되는 것이 아니다. 타인의 죽음에 대한 강제·용인·정당화를 낳게까지 진행된 근대적 개인으로서 자아의 자기중심주의(egoism) 혹은 자문화중심주의(ethnocentrism)의 문제이기도 하다.

'전쟁'은 죽음을 둘러싼 강제력과 그 무의미함이 가장 잘 보이는 전형적인 정황 중 하나이지만 경계해야 할 유일한 형태는 아니다.[4] '비정상적 죽음'에 내재된 구조성을 지닌 강제의 메커니즘은 재해나 기근이나 숙청이나 혁명 등에도 공통되기 때문이다. 표면적으로는 심하게 개별적이고 개인적인 죽음의 극치처럼 보이는 고독사도 전쟁 속의 대량사와 반대쪽에 있다고만은 할 수 없다. 현대사회에서 그것이 사람들이 모르게 많이 일어난다면 복지제도의 결여로 인해 강요된 죽음이고 납득하기 어려운 죽음이라는 점에서 '비정상적 죽음'이라고 생각할 수 있기 때문이다.

그렇게 문제 제기해야 할 것은 무엇인가. 한편에 강제된 무의미로 은폐되고, 다른 한편에 가짜의 강한 의미 부여로 채워진 '비정상적 죽음'이 있다. 그러한 이해를 만들어 내는 구조를 어떻게 묘사하고, 어떠한 방법으로 그 강제력을 해제하고, 그 재생산을 변혁할 수 있을까. 대상의 실태에 맞추어 대응의 가능성을 그려내는 것에서 시작할 수밖에 없다. 본 장에서는 유언비어의 하에서 초래된 관동대지진의 〈비정상〉의 죽음을 소재로 하려고 하는데, 거기에 작용하고 있는 〈공(公)〉〈공(共)〉〈사(私)〉의 구조도 지금까지 논해온 이상으로 다층적이고 복합적일 것이다.

----

4 예를 들어 '인민의 적'으로서, '악마'나 '이단'으로서, '위험분자'로서, '파시스트'로서, '이상자'로서 그 존재가 부정된다. 타자가 그러한 레토릭에 있어서 배제된다. 헤이트스피치를 실천하는 배후에도 타자의 존재의 부인(즉 본질에서 죽음의 용인)과 정당화가 잠재한다.

타인의 죽음에서 배운다: 〈사후 세계〉에 대한 상상력

세 번째 논점으로서 제출한 것이 〈사후 세계〉에 대한 상상력이다.

그러나 이것은 이 표현으로 통상 그렇게 생각할 만한 종교적인 타계 관념의 문제는 아니다. 오히려 철저하게 현세적이고 미래적인 것이다. 살아있는 신체의 당사자로서의 나, 즉 〈사(私)〉가 사라진 뒤의 사회에 대한 상상력이라는 의미이기 때문이다. 실로 그 의미에 우리 사회는 〈사후 세계〉에 대한 투철한 상상력을 잃어 가고 있는 것은 아닐까.

예를 들어 죽음의 화제를 언급하며 '남겨진 가족'이라고 하는 표현은 자주 듣는다. "어린아이를 남겨서 필시 아쉬웠겠지"라는 동정도 별로 위화감이 없는 보통의 표현일 것이다. 그러나 개인으로서 '사'의 사후에 사회와의 관계를 '가족'이나 '혈족'이라는 특정 인간관계에 한해서 이미지화하는 것은 무의식의 제약이 아닐까.[5] 상상력의 양상으로서 확대가 불충분하고 불자유하다고 다시 논하는 입장이 있을 수 있다는 것을 간과해서는 안 된다.

여기에 묻고 싶은 '사후 사회(세계)'에도 '집'과 '자손'의 관념은 포함될 것이다. 그 점은 부정하지 않지만, 거기에만 국한되지 않는 것은 이 논점이 나라고 하는 일인칭의 존재를 빠뜨리면서도 지속되는 사회의 미래에 대한 하나의 상상력이기 때문이다. 그것은 동시에 나를 초월한 관계의 확장을 어떻게 구상하거나 실감하고, 거기에 자신의 행위나 존재를 위치시키는가 하는 문제이다. 그런 점에서 사회의 원기(原基)와 관련된 문제이며, 거기에는 공공성의 근원이라고도 할 수 있는 것이 있다.[6]

5 　이것도 〈공〉〈공〉〈사〉의 문제와 깊게 관련되어 있다. 거기서 지적한 현대사회의 친밀권과 공공권의 분할선을 단순화하는 것과도 무관하지 않다.

6 　이 문제는 여기서 깊이 다룰 수는 없지만 죽음의 인칭이라는 논점과도 깊게 관련되어 있다. 우리는 어떤 인칭으로 죽음을 논하고 있을까. 심포지엄에서는 '1인칭 죽음'과 '3인칭 죽음'에 대해 발언했지만, 너무 단편적이고 더구나 물론 친밀권에서의 문제들을 떠안은 '2인칭 죽음'을 잊고 있었던 것은 아니다. 그러나 그것을 전면적으로 전개할 준비는 유감스럽게도 지금도 아직 충분하지 않다. 우선 여기서 말하는 '인칭'이란, 화자나 상대의 위치관계를 나타내는 문법상의 카테고리라기보다, 대상을 말하고 생각할 때의 주체의 위치 지정, 혹은 그 문제를 맡는 장의 형태와 관련되는 카테고리라는 것만 지적해 둔다.

'기억의 장'이라는 매력적인 카테고리 하에서 기념이나 추도나 현창 속에 숨어있는 정치가 역사학에서도 정치학에서도 활발히 논의되고 있다. 그러나 사회학자가 질문해야 할 것은 의식 차원에 국한된 기억이 아니라 무의식으로까지 확대되는 신체의 실천이다. 그리고 우리가 사는 근대가 타자의 죽음으로부터 배운 경험이 서로 교차하기 어렵고, 그야말로 기억을 동반하는 장으로서 누적되어 가지 않는 사회가 되었다는 사실이다.[7] 그래서 우리가 사는 근대의 일상을 하나의 가능태로 재검토하는 것에서부터 시작해야 할 것이다.

이것 또한 갑작스럽게 연결시키는 것이지만 본 장은 관동대지진 때의 유언비어를 이상시기의 기묘한 인간 행동의 기록으로서가 아니고, 오히려 일상의 장에 잠복해 있는 여러 요소의 단계적 확대로서 새롭게 논한다. 그 단계적 확대를 지탱하는 구조를 명확하게 함으로써 역사적 비극을 단지 비판과 단죄와 계몽으로 성급하게 끝내지 않는 작품으로서의 구성을 모색하고 있는 것은 그래서다.

이하의 논술은 내각부 방재(防災)가 주최하는 재해의 교훈을 고찰하는 연구회의 보고서에 싣기 위하여 2008년 2월에 제출한 논고를 전체에 걸쳐 가필하여 재구성한 것이다.[8] 이하에서도 다시 논하겠지만 사실을 확보하는 것 자체에 좀처럼 극복하기 어려운 어려움이 따르는 주제이지만, 가능한 한 당시의 현장에 밀착해서, 애처로움을 금할 수 없는 '비정성적 죽음'의 전제를 구성하게 된 유언비어의 메커니즘에 대해 생각해 보기로 한다.

---

7 기념비나 건조물이 많이 건설되는 반면, 내실으로서의 기억은 없어지기 쉽고, 기록 또한 파묻혀서 되풀이하여 읽고 배우는 일이 없다. 그것은 교육 및 계몽 시스템 구축의 정책적인 문제라는 것 이상으로, 개개인이 안다는 실천 속에 깃든 상상력의 문제이다.

8 원래 내각부의 연구회에서는 재해 유언비어 연구의 일인자였던 히로이 오사무(廣井脩, 도쿄대학 학제정보학부 교수)가 관동대지진의 유언비어를 담당할 예정이었다고 들었다. 유감스럽게도 진행 도중에 돌아가셨기 때문에, 인계를 받은 일본근대사의 스즈키 준(鈴木淳, 도쿄대학 인문사회계연구과 교수)으로부터 해당 부분을 도와달라는 요청을 받았다. 이전에 『流言蜚語』[佐藤健二, 1995]라는 저서에서 관동대지진 하에서의 유언비어에 대해서도 개괄적으로 논했던 적이 있었으므로 어느 정도의 준비가 있다고 생각하여 부담 없이 맡았지만 착각이었다. 가설적인 해석을 역사적 사실에 비추어 논하려면 새롭게 당시의 기록과 자료로 바꾸어 다시 가공해 볼 필요가 있으며 쉽게 생각한 것을 후회했다.

1. '유언비어'를 대상화하는 것의 어려움

관동대지진 하의 유언비어는 언제 어디서 발생했고 누구를 통해서 어떻게 전해졌는가.

얼핏 보면 사실의 기본을 질문하는 것이지만 사실은 정확하게 알기는 어렵다. 전달 프로세스에 관여한 주체를 치밀하게 검토하고, 시점과 장소 등을 확정하는 소급적인 조사와 광범위한 검증이 필요하기 때문이다. 그리고 관동대지진이라는 재해의 정보공간을 채우고 있던 수많은 유언비어에 대해 그 전달과정을 철저히 규명한 연구는 내가 아는 한 현재 부분적이며 사례적인 것은 전혀 존재하지 않는다.

아마도 전달 경로의 규명은 이미 불가능할 것이다. 단일한 특정 유언비어에서도 발생전달 프로세스에 접근한 연구는 '오르레앙의 여성 유괴'와 '풍천신용금고 뱅크런 소동' 등 외에는[9] 거의 없는 실정이다. 하물며 관동대지진 때와 같은 대규모이고 다양한 변화를 포함한 광범위한 유언비어 현상의 경우, 그 조사 연구의 곤란은 전달 경로의 애매함이 서로에게 걸쳐진 누승적인 것이 되지 않을 수 없다. 더욱이 당시를 기억하고 있는 사람은 거의 생존해 있지 않아 새로운 조사는 바랄 수도 없다.

기본적인 곤란 중 하나는 우선 '유언비어'라는 현상 그 자체가 파악하기 어렵고 기록되기 어렵다는 것에 있다. 왜 유언비어는 대상화하기 어려운 것일까.

유언비어는 알아채기 힘들다

첫째, 유언비어는 자각하기 어렵고 은폐되기 쉽다.

---

9   1969년 5월에 프랑스 지방도시에서 일어난 여성유괴·행방불명의 유언비어는 에드가 모랭 『오를레앙의 소문(オルレアンのうわさ)』[Morin 1969=1980]이 분석하고 있다. 1973년 12월 토요카와 신용금고 도산이라는 유언비어에 근거하는 뱅크런 소동에 대해서는, 伊藤陽一·小川浩·博文[1974a, b]가 그 확대 프로세스를 논하고 있다. 후자는 신용훼손에 의한 업무방해라는 범죄라고 의심한 경찰의 수사로 전파 경로를 상세하게 따라가다가 여고생의 잡담에서 자연스럽게 발생한 것으로 드러났다.

자각하기 어려움은 유언비어로서의 발견이 사후적이라는 것과 연결되어 있다. 즉, 어떤 정보가 유언비어라는 것은 일이 끝난 후에 비로소 명확해지는 경우가 많다. 은폐의 용이성 또한 이런 사후성과 무관하지 않다. 전달 프로세스에 휘말린 당사자는 나중에 그것이 유언비어임을 알았다 하더라도 전달했다는 사실을 그다지 언급하지 않으려고 않는다. 그러한 경향이 있는 것과 깊게 관련되어 있다.

원래 현장의 많은 사람들은 '유언비어'를 '유언비어'로 명확하게는 의식하지 않는다. 그렇기 때문에 의식적인 '저지'의 관념은 물론이고 '전달'이라는 자각조차 가지기 어렵다. 특히 대지진은 자연재해로 묶어서 분류하는 중에서 태풍이나 홍수 등의 기상현상과 달리 언제 일어날지 예측이 불가능하고 준비 태세를 취하기 어렵다. 일단 큰 재해로 일어나면 피해는 넓은 범위에 이르고 지역 전체가 비상시의 비정상적인 긴장으로 이어진다. 그러한 환경에서는 현장에서 '유언비어'와 '정보'를 구분하는 것 자체가 곤란해진다.

당시 도쿄 교외에서의 일례로 센다가야(千駄ヶ谷)에 살고 있던 와츠지 테츠로(和辻哲郎)를 나중에 사례로 생각해 보고 싶은데, 당시 교토에 살고 있던 츠치다 쿄손(土田杏村)도 『유언(流言)』([그림 12-1])에서 동시기의 정보환경을 다음과 같이 회상하고 있다.

이것이 그 유언비어인가 하고 생각되는 소문은 지진 후 매우 많이 들었다. 들리는 바에 의하면 만주 근처에서는 터무니없이 큰 유언비어가 전해지고 있었다고 한다. "칸토 지방은 해일 때문에 전멸하고, 우스이고개(碓氷峠)에 올라서 보면 발밑으로 한없이 펼쳐진 바닷물을 바라볼 수 있다"는 의미의 신문호외 조차 발행되었다고 들었는데, 그것은 참인가 거짓인가, 혹시 유언비어의 제곱일지도 모르겠다. 그러나 우리 사이에도 마루빌딩이 무너져 수천 명의 인간이 압사했다는 소문은 정말인 것처럼 전해지고 있었다. 도

[그림 12-1] 土田杏村
『流言』[1924] 표지

쿄 현지를 보고 오지 않은 사람 중에는 아직도 그것을 진짜라고 생각하는 사람이 있을 정도니까, 일본이라고 해서 먼 만주의 일을 큰소리로 웃을 일도 아니다.[10]

그렇다. 최종적으로는 사실과 다른 정보(즉 '오보' '허보')인 것이 유언비어의 중요한 하나의 표식이 되는 것처럼 생각된다. 그러나 그렇다고 해도 사실이 아닌 정보나 오류를 포함하는 것만으로 유언비어를 정의할 수 있는 것은 아니다. 유언비어는 거짓말이나 오류만으로 성립되지 않는다. 사실과 합치하는 올바른 정보의 단편을 실제로는 풍부하게 포함하고 있는 것이다.

그 허실의 복합성·융합성 때문에 정보의 어디가 잘못인가를 바로 알기 어렵다. 어느 부분에 오류가 있는지 확증되는 것은 많은 사실이 수집되고 정리되고 조회된 뒤가 될 수밖에 없다. 언뜻 간단해 보이는 '유언비어'의 변별은 정보가 유통되는 현장에 시간적·공간적으로 접근하면 할수록 어렵다. 거기에 유언비어라고 하는 현상의 간과할 수 없는 특질이 있다.

보통이라면 매우 믿기 어려운 것이라도 그것만으로는 버리지 않는다. 그 자리에서 부정하고 설득할 정도의 증거가 제시되지 않으면 불확정 정보로서 초래된 집단에 그대로 머무른다. 즉 미확인 정보이다. 그것은 다음에 그대로 전달되거나 어딘가 다른 장소로 흘러갈 가능성을 유지하는 것을 의미한다. 그 현장에서는 이미 명확하게 부정되고 거기에 있던 모두로부터 기각되었을 정보조차 사회적으로는 소멸되지 않는다. 내용만이 전해진 다른 장소에서 평가되지 않은 새로운 정보로서 받아들여지기도 한다. 원래 같은 현장에서조차 때와 상황이 바뀌면서 부정되었을 정보가 부활해서 다시 속닥거리고, 이번에는 "이전에 들은 적이 있다"라고 신빙성을 더하여 수용되는 현상도 드물지 않다.

커뮤니케이션 프로세스에서 비정상적일 정도의 증식·전파는 유언비어의

---

10   『流言』[王田杏村, 1924: 5].

성격을 말하는 또 하나의 중요한 표식이지만, 이 현상 그 자체가 실제로는 인식되기 어렵다. 의외라고 여길 수 있지만 증식이나 변형의 사실도 유포가 광범위하게 이뤄진 것도 나중에야 비로소 파악되고 사후적으로 인식되는 경우가 많다. 오히려 이야기되고 있는 현장에서는 "모두가 그렇게 말하고 있다"라든가 "다른 곳에서도 들은 적이 있다"라고 하는 상황 자체가 그 시점에서는 오히려 소문을 신뢰해도 좋은 증거인 것처럼 받아들여진다. 비정상일 정도의 증식이라고 하는 현상이 그러한 방향으로 기능하는 것도 잊어서는 안 된다.

나중에 사실과 다르다는 것을 알고, 유언비어였다는 것이 밝혀지는 일도 많다. 그러나 나중에 밝혀진다 해도 "당황스러웠다"라거나 "혼란스러웠다"라고 하는 일반적인 '일화'로 그치기 십상이다. 왜 혼란과 오류가 생겨났는지, 그러한 경위 분석으로는 발전하지 못하고 끝나는 것도 유감스럽지만 자연스러운 경향이다. 많은 경우 '비정상'이었다는 인식에 갇혀 굳이 파고들지도 않고 경원되어 버린다.

실제로 지진 직후 유언비어가 난무하던 위기 상황은 급속히 잦아들고 정보 환경은 완전히 바뀌었다. 그것에 대해 앞에서 본 츠치다 쿄손은, 지진 후 2개월밖에 지나지 않았을 무렵인데도 "5년이나 10년의 세월이 경과한 정도의 느낌"[11]이라고 기록했다. 그 당일은 심각하게 걱정하고, 피부로 공포까지 느꼈던 그것이 너무나 멀고 믿을 수 없는 세계처럼 느껴졌던 기이함을 되돌아보고 있다. 또 잡지 삽화 화가 타나카 히사라(田中比左良)는 그 와중에 주민들의 "정신은 긴장의 도를 넘어 흥분 지경에 이르고" 있었지만 "우리 모두 엉뚱한 탈선이었기 때문에 생각이 날 때마다 쓴웃음을 금할 수 없다"[12]라고 중얼거리며, 흥분이 가라앉아 전혀 다른 사람이 되어 스스로도 웃을 수밖에 없는 상태에 이르렀던 것을 기록하고 있다.

---

11 『流言』[王田杏村, 1924: 4].
12 「竹槍さわぎ」[田中比左良, 1923: 218].

그러니까 사실이 밝혀지기 어려운 것은 단순한 책임 회피 때문만은 아니다. 체험자 자신의 체험임에도 불구하고 그 정보에 휘둘린 것이 믿을 수 없다고 느껴지는, 그만큼 리얼리티의 거리감이 생겨나기 때문이다. 그러므로 그 정보환경 자체의 현실은 밝혀지는 일이 없이 지나간 일로 봉인되어 버리는 경향이 생기기 쉽다.

통제하기 어려운 유언비어

둘째, 유언비어는 통제하기가 어렵다.

유언비어는 권력으로 단속하는 쪽에도 파악과 대처에 있어 큰 곤란으로 닥친다. 원래 단지 듣거나 전한 정보를 "들었다" 또는 "전했다"라는 사실 그 자체로 단속하는 것은 법의 기술적 운용으로서도 어렵다. 확실히 대지진 당시의 단속을 시행하는 법적인 틀로서 오늘날의 경범죄에 해당하는 비교적 경미한 범죄를 단속하는 경찰범처벌령 제2조 제16항[13]이 이미 있고, 재차 9월 7일에 내려진 치안유지를 위한 긴급칙령[14]이 '유언부설단속령(流言浮說取締令)'으로서 추가되었다. 그러나 뒤늦게 서둘러 만든 칙령이 효과가 있었는지는 의심스럽다.

결과적으로 보아 이 칙령은 대지진 직후 유언비어의 증식이나 과격화 그 자체를 유효하게 단속하는 실천을 낳지 않았다. 법조문에 있는 '목적으로서'라고 하는 말은 소요 행위나 모략의 의도성을 심판하기 위한 중요한 한정의 문장이지만 그 의사의 존재 증명을 요한다. 즉 다른 쪽에서 "유언비어 전파 사실에만" 주목하여 단속하려면 "당시 수도의 주민 몇 명이나 이를 하지 않았겠는가"[15]라고 하는 상황과 마주하지 않을 수 없다. 이 법은 그런 압도적인

---

13   "사람을 현혹시키는 유언부설 또는 허보를 한 자"는 30일 미만의 구류 또는 20엔 미만의 과료.
14   "인심을 혼란시킬 목적으로 유언부설을 한 자"는 10년 이하의 징역 또는 금고 또는 3천 엔 이하의 벌금.
15   『大正大震火災誌』[警視廳 편, 1925: 580-581].

양적 사실에 대처하고 혼란의 사태에 날카롭게 파고들 수 있는 것은 아니었다.

실제로 이 긴급칙령의 발포는 당시의 정보환경에서는 경찰에 의한 단속의 안심보다 말려들지 모른다는 우려를 불러일으켰다. 즉, 어떤 정보를 나름대로 전하려는 사람들에게 "걱정의 씨앗을 심어주는 모양이 되었다"[16]라고 하는 당시의 증언도 있다. "지진의 범위와 정도는 아직 전혀 불명"인 상황이며, "육친·지기·붕우의 안위가 모두 확인되지 않은" 상황에서 "한마디 통신"이라도 서로에게 알리는 것에서 불안을 달래고 있었는데, "만약 그 알린 이야기가 완전히 잘못된 것이라면, 어떤 상호관련에서 유언부설령을 적용할 수 없는 것도 아니다"[17]라고 하는 염려가 생겨났기 때문이다.

현실에서 단속하는 일단을 츠치다는 다음과 같이 말한다.

> 다음날인 8일자 신문은 그 유언령을 적용받은 불행한 사람들의 이름을 공표하였다. 거지 3명, 상점의 꼬마 점원 5명, 짐마차꾼 2명, 노파 2명. 다다음날인 9일자 신문이 증오해야 할 유언부설의 무리로 검거된 인명을 기록하는 바는 다음과 같다. 갑모, 상점의 꼬마 점원. 을모, 차부. 을모 여, 보모, 정모, 세탁부. 그 다음날 10일의 발표는 다음과 같다. 차부 갑모, 을모. 인쇄직공 병모. 짐마차꾼 정모 즉시 구류. 다만 구류되어 주인이 없는 짐마차와 말이 그 자리에서 어떻게 처치되었는지는 신문에 기록되어 있지 않다.[18]

신문은 츠치다의 관찰에 의하면 10명 정도의 적용 사례밖에 보도하지 않았다. 신문 미디어의 표면에 나타난 것만으로 즉단하는 것은 위험하지만, 관동 대지진 때의 유언비어 현상의 크기에 비해 극히 부분적이며 사소한 것이었던 것 같다는 것을 알 수 있다. 그리고 지진 2개월 후의 시점에, 그래도 그때 불행히도 법령으로 검거된 "모갑, 모을, 모병"은 어떻게 되었을까를 묻고 "세

---

16 『流言』[王田杏村, 1924: 1].
17 『流言』[王田杏村, 1924: 1-2].
18 『流言』[王田杏村, 1924: 2].

간에는 지금 아무런 풍문도 없는 것이다"[19]라고 적는다.

관동대지진의 유언비어 또한 의도적인 모략을 심판하는 '치안유지' 법의 틀에서 벗어난, 의도하지 않은 효과와 상호 오해와 오독이 서로 겹친 곳에서 급격하게 성장해 갔다.[20] 동기·목적이라는 개인의 의사에 기반한 사악함이나 범죄를 통제하고 재판하는, 근대법을 전제로 한 행정 권력이, 억제의 어려움과 통제의 어려움을 떠안고 가지 않을 수 없는 것도 거기서 유래한다.

출처를 찾기 어려운 유언비어

셋째, 유언비어는 찾아가기 어렵고 포착하기 어렵다.

관동대지진의 유언비어는 도쿄라는 가장 도시화된 지역을 중심으로 고조되고 격화되었다. 즉, 가장 인구가 밀집되고 인구구성의 이질성이 높은 지역에서 크고 심각한 문제가 되었다. 후에 분석하는 것처럼, 단시간 동안에 광범위하게 그 유포가 관찰되고 보기에 따라서는 불안과 차별에 둘러싸인 민중의 식에 기반한 '동시다발'적이라고도 할 만한 전개를 보였다.

다만, 안이하게 '동시다발'이라고 하는 해석에 빠져서 블랙박스 안에서 자연 발생한 것 같은 이미지를 설정하는 것은 고찰로서도 대책으로서도 어중간하다. 신문 같은 매스미디어가 기능부전에 빠져 있었다고 해도 눈과 귀와 입을 가진 피난민들이 현실에서는 중요한 정보의 전달자가 되었다. 게다가 구원자나 경찰, 군대 같은 사람의 이동 또한 그 자체가 이러한 정보공간에서의 전달매체(미디어)였다고 해도 좋을 것이다. 그렇기 때문에 정보는 매우 다

---

19 『流言』[王田杏村, 1924: 4].

20 군이 근대법 틀의 한계를 앞질러 논하는 것이 되는데, 유언비어는 정치적 기도를 가지고 의도적으로 유포되는 데마(데마고기를 줄여서 만든 일본어. 사실에 반하는 선동적인 선전)와 다르다. 유언비어의 메커니즘을 정치적인 소요나 사익 유도를 위해 유포되는 '데마'의 기능과 완전히 겹쳐서 파악하는 것은 불충분하다. 오히려 일상적으로도 자주 반복되는 오해와 오독의, 이른바 집합적인 단계적 확대이다. 그렇다면 그 정치성을 비판하기 위해서는 유포자·전달자의 단순한 의도 찾기나, 배후에 있는 음모로 단락 짓는 것이 아니라, 일상 속에 깊이 숨어있는 것을 주시하는 작업이 필요하다.

중적으로, 혼란스럽게 다방면으로 전해지고 있었을 가능성이 높다.

그러나 도시화된 공간에서는 곧바로 '성명불상'의 누군가로부터 들었다는 식으로 전달 과정을 추적하는 것이 불가능한 채로 멈춘다. 이러한 요소 또한 대지진 하의 유언비어 현상의 전달 프로세스를 찾는 조사 연구를 방해한다. 그리고 듣고 믿는 측에게 있어서, 그러한 형태에서의 출처 불명은 큰 장애가 되지 않는다. 즉 실제 도시의 일상적인 경험과 인접해 있기 때문에 정보를 의심스러운 것으로 취급하는 결정적인 조건이 되지 않는다.

더욱이 경위의 해명이나 원인의 규명을 목표로 하는 조사보다, 유언비어의 단속에 중점이 두어지기 쉬웠다. 그러한 당시의 현장 대응을 일방적으로 비난할 수도 없다. 경시청의 보고서는 "유언비어의 출처 및 그 발전의 경로 및 사실의 내용에 대해 엄밀한 조사를 완수하려고"[21] 노력했다고도 쓰지만, 곧바로 "유언비어 유포자에 대한 단속은 유언비어의 조사보다 더욱 급무"라고 하는 판단으로 경도되어 간다. 상해행위나 살인 등과 결부된 경우에는 검찰이 고발해야 할 사건이 되며 경찰의 수사 대상이 된다. 수사에 의해 누가 어떻게 관련되었는지에 대한 과정이 밝혀질 수도 있지만 이런 자료가 조서 수준의 구체적인 서술로 공개되어 이용할 수 있는 케이스는 적다.[22]

또한 이것들이 유언비어와 깊이 관련되었을 경우에는 종종 불특정 다수가 관련된 집합적인 사건이 되고 범죄수사로서 범인을 확정할 수 없는 경우가 생기는 등 근대법에 기초한 시비의 판단이 간단하지 않은 특질을 안고 있다. 『타이쇼 대지진 화재지(大正大震火災誌)』[23]의 여러 경찰서의 기재에도, 누가 누구에게 전했는가 하는 사건의 불명확한 다양한 유언비어에 대한 언급이 있다. 범죄로서 재판해야 할 수준의 사건이라도 거기에 관련되어 있었을 주체

21   『大正大震火災誌』[警視廳 편, 1925: 478].

22   최근의 새로운 연구로『都市と暴動の民衆史: 東京 1905-1923年』[藤野裕子, 2015]과 『九月、東京の路上で: 1923年關東大震災ジェノサイドの殘響』[加藤直樹, 2014] 등이 있다.

23   『大正大震火災誌』[警視廳 편, 1925].

를 조사할 수 없고, 사실의 수집을 충분히 조직할 수 없었다. 그러한 곤란한 상황에 대한 증언으로서 이 기록을 읽는 것도 가능할 것이다.

관측 기록 장치로서의 관료제

관동대지진 하의 유언비어 연구가 위에 서술한 것과 같은 기본적인 곤란을 안고 있는 것은 부정하기 어렵다. 그렇다고는 해도, 이미 언급한 대로 체험자에 대한 새로운 조사는 이미 불가능하며, 남겨진 자료에서 유언비어의 실태에 접근하는 것 이외의 방법은 없다. 그때 관료조직으로서 경찰이 남긴 기록은 확산 사실에 대한 단서로서 유효성을 가진다. 각 지역에 배치된 경찰서라는 기구가 그 연락과 보고 네트워크를 통해 혼란스러운 가운데 가장 광범위한 정보를 조직적으로 집약하고 기록할 수 있었기 때문이다.

이하의 고찰에서 주로 1925년 7월에 간행된 경시청 편 『타이쇼 대지진 화재지』를 사용하여, 그 전체를 하나의 사회적인 기록으로 분리하여 이용하고자 하는 것은 바로 그러한 판단에 근거한다.

말할 것도 없이 이 선택은 이 자료의 정보가 가장 신뢰할 수 있다는 것을 자동적으로 함의하지 않는다. 또한 그 기재가 올바르다는 것을 이 조직이 가진 권위나 권력 때문에 일반화하여 전제로 두고자 하는 것도 아니다. 예를 들어 개개의 관측점인 경찰서 각각이 유언비어나 학살에 대한 태도라는 점에서 무시할 수 없는 차이를 가지고 있었던 것은 상정할 수 있는 사실이다. 그러한 개별성이 작용하고 있을지도 모르는 가능성은 방법론적·자료론적인 특질의 하나로서 염두에 두고, 필요하다면 구체적인 편향으로서 고려되어야 한다.

다른 한편으로 그러한 불균질한 개별성이 섞여 있을 수 있기 때문에 과학적 분석을 감당할 수 없다고 막연하게 단정하는 것은 잘못이다. 혹은 원래 경찰이라는 장치의 본질이 국가 장치이기 때문에 자료를 신뢰할 수 없다고 일방적으로 배제하는 것도 편협하다. 오히려 보고 양식 등의 점에서는 의무로 묶인 경찰에 손에 의한 기록이야말로 관료조직으로서의 일정한 포맷의 공통성을 가지고 있었다. 기록에 작용하고 있는 조직성의 그런 가정은 그다지 불합리한 것은 아니다. 그렇다면 제각각인 개인의 견문을 중첩시키는 것과는 다른, 사회의 확장이 있는 기록으로서 일정한 단서가 될 수 있다. 그점에서는 경시청 편 『타이쇼 대지진 화재지』는 잘 읽고 적극적으로 이용할 가치가 있는 자료라고 생각한다.

2. 경찰에 집약된 기록에서 보는 유언비어의 실태

자료는 단지 해당 부분을 인용하는 것에 그치는 것이 아니라 가공하여 재구성할 필요가 있다. 필요하다면 순서를 바꾸어 표형식으로 정리하거나, 보이는 방식을 컨트롤하거나 하여 전체를 직관적으로 알기 쉽고, 상호 관계를 바라보기 쉽게 하는 것이 바람직하다. 그러한 보이는 방식의 가공은 그 자체가 분석이며 창조적인 연구 과정이다.

관동대지진 하의 유언비어의 실태를 개관하기 위하여 몇 개의 표를 작성해 보았다.

[표 12-1]은 『타이쇼 대지진 화재지』의 「개설」이 언급한 「유언의 개요」를 표로 리스트화한 것이다. 원자료가 발생 혹은 인지 '시각(時刻)'을 언급하고 있는 것을 활용한 정리다. 이 개요의 시각은 사안 발생 시각을 아는 한에서이기는 하지만 명시하는 양식의 경찰서 보고서류를 전제로 하여 처음으로 파악할 수 있던 것일 것이다. 지금까지도 많은 연구[24]가 이 기록을 바탕으로 유언비어의 확대를 개관하고 있다.

그러나 안타깝게도 이 자료에는 그 발생이 관찰된 '지역' 정보 혹은 정보의 '출처'가 빠져 있다. 그 결과 도쿄 전체가

---

24 「戒嚴令ニ關スル硏究」[內務省警保局企劃室, 1941]와 『大震災對策資料』 [警視廳警備部·陸上自衛隊東部方面總監部 편, 1962] 등.

마치 하나의 균질한 정보공간이었던 것 같은 이해를 만들어내어 버렸다. 현실로는 유언비어는 비교적 좁은 범위에서의 지역사회나, 그 생활의 장에 작용하고 있는 구체적이고 개별적인 맥락과 깊게 결부되어 나타난다. 그렇기 때문에 위치정보에 거의 신경을 쓰지 않는 정리 방법이 마음에 걸린다. 즉, 원래 '개설'의 정리 방식은 유언비어 연구의 소재를 공유하는 방식으로서는 불충분한 것이었다고 하지 않을 수 없다.

거기서, 같은 책에 실려 있는 경찰서 단위에서의 활동 보고인 '유언비어 단속'의 기재로 돌아가, 그것들을 정리하고, 재차 [표 12-2a]를 작성해 보았다. 즉 [표 12-2a]는 [표 12-1]의 구성과 같은 방법에 따랐던 것이지만, 자료가 실려 있는 관할 경찰서의 지역 단위 정보를 추가하여 발생 인지 시계열로 다시 나열한 것이다. 성격을 분명히 하기 위해 시각이 명시되어 있는 것에 한해 날짜밖에 모르는 것이나 '저녁'이나 '새벽' 또는 '오후'라고 되어 있는 것은 별도의 [표 2-2b]에 정리했다. 단, 개별서의 기재에서 시각이 누락되어 있어도 표 [12-1]에 기재되어 있는 내용과 대응시킴으로써 발생 시각을 추정할 수 있는 유언비어에 대해서는 그 정보를 보충해서 해당 시각에 배치하였다.

또 하나『타이쇼 대지진 화재지』가 정리한「재해시하 살상사범 조사표(災害時下殺傷事犯調査票)」의 재배열([표 12-3b]) 또한 단계적 확대의 실태를 보여주는 중요한 자료가 될 수 있다. 이 기록도 경찰서로부터의 보고를 그 관할 묶음 그대로 나열했을 뿐인 원기재를 다시 발생 인지 시점의 시계열표로 다시 만든 것이다. 원래 관할서별 배열은 경찰이라는 관료제 안에서의 기재 관습에 따른 조직문서 그대로이며, 여기서 시작한 분석 목적에 대해 적절하다고 하기는 어렵다. 우리가 조감해서 그려내려고 하는 것은 유언비어를 포함하는 정보공간 전체의 움직임이다. 그렇기 때문에 시간축을 명확하게 한 재편성과 정리는 대상화의 방법으로서도 중요하다.

이 세 종류의 표 데이터를 바탕으로 관동대지진 화재에서 유언비어의 실태를 개관해 보자.

	[표 12-1] 警視廳 편『大正大震火災誌』가 기재하는 유언비어의 사례 (어구 전부를 그대로 인용한 것이 아니라 내용을 해치지 않을 정도로 요약하였음)	

1일	**13시경** ·후지산에 대폭발, 지금도 분화 중·도쿄만에 맹렬한 해일이 내습하다. ·더욱 대지진이 내습하다. **15시경** ·사회주의자와 조선인의 방화 많다.
2일	**10시경** ·'불령선인'의 내습 있을 것임. ·어젯밤의 화재는 '불령선인'의 방화 또는 폭탄 투척. ·조선인 중 폭도가 모 신사에 잠복. ·대본교(大本敎) 교도 밀모를 꾀하여 수천 명이 상경 도중. **14시경** ·이치가야(市ヶ谷) 형무소의 해방 죄수가 군지역에 잠복, 밤에 방화 기도. ·조선인 약 200명 카나가와(神奈川)에서 살상, 약탈, 방화. 도쿄 방면으로 내습하다. ·조선인 약 3000명 타마가와(多摩川) 강을 건너 내습, 주민과 투쟁 중. ·요코하마(横浜) 대화재는 조선인의 방화. 약탈, 부녀 폭행, 방화. 청년단 및 재향군인단이 경찰과 협조하여 방지. ·요코하마 방면에서 조선인 수십 명 내지 수백 명 상경 도중. ·요코하마 방면에서 모집해온 조선인 2000여 명, 총포도검을 휴대하고 이미 로쿠고(六郷) 철교를 건너다. ·군대는 로쿠고 밑에 기관총을 비치해 조선인의 상경을 차단하고자 하며, 재향군인과 청년단이 응원. ·로쿠고 밑에서 군대에 저지당한 조선인들은, 돌아서 야구치(矢口) 방면으로 향했다. **15시경** ·조시가야(雑司ヶ谷)의 ○○○○은 무카이하라(向原) ○○○○쪽으로 방화하려고 하여, 현장에서 민중에 의해 체포되었다. **16시경** ·오츠카(大塚) 화약고 습격 목적의 조선인, 바로 그 부근에 밀집하려고 한다. ·조선인 하라마치다(原町田)에 내습해 청년단과 투쟁 중. ·하라마치다를 습격한 조선인 200명은 아이하라가타쿠라무라(相原片倉村)를 침범하여 농가를 약탈하고 부녀 살해. ·조선인 200~300명 요코하마 방면에서 미조노구치(溝の口)로 들어가 방화, 타마가와 후타코(二子)의 다리를 넘어 타마가와라(多摩河原)로 진격 중. ·조선인 메구로(目黒) 화약고를 습격하다. ·조선인 츠루미(鶴見) 방면에서 부녀자를 살해. **17시경** 조선인 110여 명 테라지마서(寺島署) 관내 요츠키바시(四ツ木橋) 부근에 모여, 해일이 온다고 연호하면서 흉기로 폭행, 혹은 방화하는 자 있음. ·토츠카(戸塚) 방면에서 다수 민중에게 추적당한 조선인 모는 오츠카(大塚) 전차 종점 부근의 우물에 독약을 투입.

	18시경 · 조선인 이전부터 폭동의 계획이 있었지만, 지진 화재의 돌발로 예정을 변경, 준비된 폭탄 및 극약물을 유용하여 제도전멸을 기함. 우물물을 마시고, 과자를 먹는 것은 위험. · 우에노(上野) 세이요켄(精養軒) 앞의 우물물의 변색은 독약 때문. 우에노공원 아래의 우물물에도 이상. 박물관의 연못물도 변색해 금붕어 전멸. · 우에노 히로코지(廣小路) 마츠자카야(松坂屋)에 폭탄 2개를 던진 조선인 2명을 체포했는데 그 소지한 2장의 지폐는 사회주의자에게 얻은 것이었다. · 우에노 역의 소실은 조선인 2명이 맥주병에 든 석유를 부어 방화한 결과. · 조선인 약 200명, 시나가와(品川) 경찰서 관내 센다이자카(仙台坂)에 내습해, 칼을 차고 약탈을 하여, 자경단과 투쟁 중. · 조선인 약 200명, 나카노(中野) 경찰서 관내 조시키(雜色) 방면에서 요요하타(代々幡)로 진격 중. · 요요기우에하라(代々木上原) 방면에서 조선인 60명 폭동. **19시경** · 조선인 수백 명, 카메이도(龜戶) 경찰서 관내에 침입해 폭행 중. · 조선인 40명, 하치오지(八王子) 관내 나나오무라(七生村)로부터 오와다(大和田) 다리에 내습, 청년단과 투쟁 중. 총성 자주 들림.
3일	**01시경** · 조선인 약 200명, 혼쇼무카이지마(本所向島) 방면에서 대일본방적주식회사 및 스미다(墨田) 역을 습격. **04시경** · 조선인 수백 명, 혼고유시마(本鄕湯島) 방면에서 우에노 공원에 내습하니, 야나카(谷中) 방면으로 피난하라. 짐 등은 가져갈 필요 없으며 훗날 부호가 분배한다. **10시경** · 병사 약 30명, 조선인 폭동진압을 위하여 츠키시마(月島)로 갔다.
4일	**15시경** · 조선인, 경찰서로부터 해방되었다면 신속히 이를 사로잡아 살육하라. **18시경** · 조선인, 시내 우물에 독약 투입. **21시경** · 청년단원들이 붙잡아 경찰서에 동행한 조선인은 즉시 석방되었다. · 우에노 공원 및 화재를 면한 지역 내에는 경찰관으로 변장한 조선인이 있으므로 주의해야 한다.

[표 12-2a] 警視廳 편 『大正大震火災誌』의 각 경찰서에서의 유언비어 보고
(시각 기재가 있는 것만)

1일	**14시경** "해일이 곧 오려고 한다."(日本橋, 久松) **16시경** "관내에 접근할 수 있는 시바구(芝區) 미타(三田) 산코초(三光町) 위생재료창의 화재는 이웃한 육군화약고로 번지려고 하며, 만약 화약고가 폭발하면 그 지역은 참화를 입을 것이므로 신속하게 대피해야 한다."(澁谷) "조선인 방화 유언비어 관내에서 일어남."(王子)

	18시경 "선인습래 유언비어 처음 관내에 전해짐."(芝, 愛宕) "토츠가초(戸塚町) 카미토즈카(上戸塚)에 방화한 자가 있음."(淀橋戸塚) **20시경** "조선인 폭행 유언비어 관내에 전해짐."(小松川)
2일	**05시경** "강진의 재습이 있을 것."(小石川, 富坂) **10시경** "사관학교 앞에 '오후 1시 강진이 있고, 불령선인 습격이 있을 것'이라는 벽보."(牛込, 神樂坂/四谷) "불령선인 등의 방화, 독물 살포 또는 폭탄을 소지함."(牛込, 早稻田) "남성 한 명이 본서에 와서 '어제 상가 방면의 화재 대부분은 불령선인의 방화가 원인이라면, 빨리 재향군인으로 하여금 그 경계에 임하도록 하라'라고 압박함."(牛込, 早稻田) "이번 화재는 조선인과 주의자의 방화에 기인하는 것임."(淀橋) "조선인 등은 시내 도처에서 방화를 할 뿐 아니라 이제는 군 지역까지 출몰함."(中野) **11시경** "와세다에서 조선인 4명이 방화하는 것을 발견했는데 그중 2명은 토야마가하라(戸山ヶ原)에서 오쿠보(大久保) 방면으로 피함."(淀橋) **12시경** "해일 내습함."(本所, 相生) "불령선인 등 폭행을 하고, 병기창을 습격하려는 계획이 있음."(小石川·大塚) **14시경** "조선인 폭거 유언비어 전해짐."(本鄕·本富士) "이번 대화재는 대개 불령선인의 방화가 원인이며, 아카사카(赤坂), 아오야마(靑山), 후카가와(深川) 방면에서는 그 현행범을 제압한 자가 많음."(本鄕·駒込) "조선인은 독약을 우물에 투입함."(本鄕·駒込) "이치가야(市ヶ谷)형무소의 해방 죄수는 야마노테(山の手) 및 군 지역에 숨어서 밤을 기다려서 방화를 기도함."(品川大崎) "도쿄, 요코하마 방면의 화재는 주로 불령선인의 방화가 원인임."(府中) "요코하마의 대화재는 불령선인의 방화가 원인인 것이 많으며, 그런데 그들은 단결하여 도처에 약탈을 자행하고, 부녀를 간음하고, 남아있는 건물을 모두 불태우려고 하는 것처럼 포악이 심해서 시의 청년단, 재향군인 등은 현경찰부와 협력해서 방어중임. 그들 집단은 수십 명 내지 수백 명으로 점차 상경하는 중인 것 같으며, 카나가와(神奈川), 카와사키(川崎), 츠루미(鶴見) 등 각 정촌의 주민이 일어나 경계에 따름."(品川) "조선인 약 200-300명, 총을 들거나 칼을 들고 요코하마 방면에서 도쿄로 향함."(品川) "조선인 약 2000명은 이미 로쿠고(六鄕) 철교를 건넘."(品川) "군대는 조선인의 입경을 막기 위하여 로쿠고 강가에 기관총을 비치하고, 재향군인, 청년단원 다수가 출동하여 이것을 응원함."(品川) "군대 때문에 로쿠고가와(六鄕川)에서 저지당한 조선인은 야구치(矢口), 타마가와(玉川) 방면으로 향함."(品川) "도쿄, 요코하마의 화재는 대체로 조선인과 사회주의자가 공모하여 폭탄을 던진 결과임."(品川) "우유, 신문 배달원, 분뇨수거원 등이 기억을 하기 위해 담벼락에 남긴 부호를 조선인이 방화, 살인, 독약 살포를 실행하기 위한 목표라고 믿고 점점 동요함."(品川)

14시 30분경

"조선인 방화 단체는 아오야마 방면으로 내습할 것임."(赤坂·靑山)

"다시 강진이 있을 것임."(赤坂·靑山)

"조선인 폭행 유언비어가 새롭게 생김."(日本橋·久松)

"약 300명의 불령선인 미나미센주(南千住) 방면에서 폭행을 하고, 이제는 아사쿠사(淺草) 관음당과 니이야마치(新谷町)의 화재를 면한 곳에 방화하려고 함."(淺草·象潟)

"조선인 수백 명이 요코하마 방면에서 도쿄로 향하던 도중 카나가와현 츠루미 방면에서 폭행을 하고 우물에 독약을 살포함."(大森)

"조선인 약 2000여 명 세타가야(世田谷) 관내에서 폭행을 하고 관내로 들어오려고 함."(澁谷)

"다수의 조선인 하라마치다(原町田) 방면으로 내습하고 동지의 청년단 및 재향군인 등과 투쟁 중임."(八王子)

"原町田 방면에서 오는 조선인 약 250명은 아이하라마치(相原町)를 침입한 후 나아가 카타구라무라(片倉村)에 들어가 부녀를 살해함."(八王子)

"조선인 200여 명 하라마치다 방면에서 유기무라(由木村) 방면으로 진격하려고 함."(八王子)

"조선인 약 40명 나나오무라(七生村)에서 오와다바시(大和田橋) 부근으로 와서 청년단과 투쟁을 하여 총성류가 들림."(八王子)

16시 30분경

"불령선인 등이 대거 大崎 방면에서 내습하려고 함."(芝·高輪)

"伝馬町一丁目의 모는 조선인이라는 오해를 받아 동 2丁目에서 저격을 당하여 중상을 입음."(四つ谷)

"불령선인 약 200-300명 神奈川縣 溝の口 방면을 불태우고 이미 玉川村 二子를 넘음."(世田谷)

17시경

"불령선인이 폭거를 기도한다는 유언비어."(麻布·六本木)

"불령선인 등이 요츠기바시(四ツ木橋) 부근에 집합하여 폭행을 하려고 함."(寺島)

"도쿄에서 폭행하는 조선인 수백 명은 군 지역을 불태울 목적으로 각지에 방화하고, 이제 관내로 들어오려고 함."(府中)

"강진이 다시 올 것이다."(青梅)

"코바야시라는 사람은 조선인으로 오해를 받아 시로가네다이(白金台)에서 군중에게 위해를 당하려는 것을 알고 그는 조선인이 아니라고 타일러서 구해 냄."(芝·高輪)

"자동차 운전수의 호소에 따르면 조선인 약 200여 명이 카나가와현 테라오야마(寺尾山) 방면에서 살인, 약탈, 방화 등 폭행을 하고 점차 도쿄 방면으로 향하는 것 같음."(品川大崎)

"조선인 약 3000여 명이 이미 타마가와(多摩川)를 건너 센조쿠무라(洗足村) 및 나카노부(中延) 부근에 내습하고 이제 폭행을 계속함."(品川大崎)

"다수 조선인은 사회주의자와 제휴해서 하치오지시(八王子市)를 습격하고 더욱이 대거 관내로 침입하려고 함."(青梅伍日市)

18시경

"본서원이 히비야 공원으로 출동하니 조선인 폭동의 유언비어가 끊임이 없음."(神田·錦町)

"미리부터 밀모를 한 조선인 등은 이번 지진을 틈타서 도쿄시 전역에 방화나 폭탄으로 화재를 일으키고, 또 독약을 음료수, 과자 등에 혼입시켜 시민의 몰살을 기도함."(下谷·上野)

"우에노 세이요켄(精養軒) 앞 우물이 변색한 것은 독물을 투입했기 때문."(下谷·上野)

"박물관 연못물이 변색하여 어류가 몰사함."(下谷·上野)

"우에노 히로코지(廣小路) 마츠자카야 의류점에 폭탄을 던진 조선인 2명을 현장에서 체포했는데, 100엔 지폐 2매를 소지하고 있음. 아마 사회주의자의 급여와 관계있을 것임."(下谷·上野)

"마츠자카야는 조선인 폭탄에 의해 소실되었음. 우에노역에서도 또 2명의 조선인이 맥주병에 석유를 넣어 방화하려는 것을 역원이 발견하여 복살함."(下谷·上野)

"나카노서 관내 조시키(雑色) 방면에서 요요하타마치(代々幡町) 방면을 향하여 불령선인 약 200명 습격 중임."(淀橋)

"요요기우에하라(代々木上原) 방면에서 조선인 약 60여 명 폭동을 일으킴."(淀橋)

"조선인 수십 명 하이지마무라(拜島村)에 내습함."(青梅)

"조선인 단체는 하치오지(八王子) 방면에서 훗사무라(福生村) 방면으로 향함."(青梅)

"조선인 등 폭탄을 던져 각소를 불태움."(青梅)

18시 30분경

"시나가와(品川) 역장의 경고라고 하면서 '사회주의자와 불령선인이 서로 공무하여 우물에 독약을 투입한다'라고 하는 자가 있음."(芝·高輪)

19시경

"조선인 폭거 유언비어가 돌아다님."(神田·西神田)

"불령선인 등 대서 관내에 내습하려고 함."(赤坂·表町)

"조선인 수백 명 관내에 침입하여 강도, 강간, 살육 등 폭행이 미치지 않는 곳이 없음."(龜戸)

"조선인 내습 유언비어 전해짐."(府中田無分署)

"조선인 300명 우마야바시(厩橋) 방면에서 밀려 듦."(本所·相生)

"조선인 300명은 타카이도(高井戸), 이즈미무라(和泉村) 각 방면에 내습해서 폭동을 일으킴."(中野)

"불령선인 약 300여 명, 이미 미나미센주(南千住)를 습격하여 세력을 키워서 관내를 침입하려고 함."(千住)

20시경

"조선인 수십 명 몬젠나카초(門前仲町) 방면에 내습함."(深川·西平野)

"조선인이 폭탄으로 화재를 일으키고, 재물을 약탈하고, 부녀를 능욕하고, 독약을 살포하는 등 폭거가 미치지 않는 곳 없음."(深川·西平野)

"키요즈미(清澄) 유원지의 어류가 많이 폐사한 것은 조선인의 독약 때문."(深川·西平野)

22시경

"지금 조선인 50명 내습하여 경계함."(本所·相生)

3일

00시경

"음료수 안에 독을 살포함."(本所·向島)

"우케치마치(請地町)의 기름 도매상 분시키의 창고에 방화 계획 있음."(本所·向島)

01시경

"조선인 약 200명은 본소 혼쇼무카이지마(本所向島) 방면에서 대일본방적회사 및 스미다가와(隅田川)역을 습격함."(南千住)

03시경

"피난자 수용소인 오카와(大川) 저택을 습격함."(本所·向島)

"이미 寺島 경찰서 관내 오하타(大畑) 방면을 약탈하여 점차 아즈마우케치(吳妻請地) 방면에서 본소의 관내로 내습하는 중에 있음."(本所·向島)

04시경

"화재는 쉽게 진화되지 않을 뿐 아니라 다수의 조선인 등 혼고유시마(本郷湯島) 방면에서 이 지역에 내습하려고 함. 속히 야나카(谷中) 방면으로 피난하라. 가재 등은 휴대할 필요 없음. 부호가 분배할 것임. 대중이 이것을 수상하게 여기는 중에 모습을 감추었는데, 금방 다시 료운바시(凌雲

橋) 방면에 나타나 같은 의미의 선전을 하고 마침내 경관에게 체포되었음. 그는 사회주의자로 지폐 60엔과 궐련 3개를 소지함."(下谷·上野)

07-08시경

"조선인 방화설 점차 관내에 선전되고 오츠카(大塚) 화약고 습격 계획을 하는 자가 있다고까지 하기에 이름."(小石川·富坂)

10시 30분경

"조선인 등 폭탄을 휴대하고 방화, 파괴, 살해, 약탈 등을 하고, 또 독약을 우물에 던지는 자 있음."(京橋·月島)

"군대 약 30명, 조선인 체포를 위해 무장하고 관내에 들어옴."(京橋·月島)

12시경

"해일이 올 것임."(本所·向島)

13시경

"지진의 원인은 후지산 폭발 때문임." "도쿄만 연안에 대해일이 일어나 피해가 큼."(小石川·富坂)

"'대본교(大本敎)는 이번 지진을 예지하고 이미 그 교서 중에 기록해 두었을 뿐 아니라 신자들은 정부의 압박을 넘어 수천 명이 상경 도중에 있음' 등의 유언비어가 생겨남."(小石川·富坂)

"'방화인이 있으니 주의할 것' '지진은 종식되지 않았으며, 언제 언제 몇 회 발생. 기상대 경보' 등이라고 기록한 벽보를 전주 같은 곳에 붙이는 자 있음."(小石川·富坂)

15시경

"불령선인 등 독약을 수원지에 살포하기 때문에 할 수 없이 단수를 하게 되었는데, 이제 우물에 투입하거나 음식물에 섞고 있으니 주의 경계가 필요함."(小石川·富坂)

18시경

"불령의 무리 각소에서 화재를 면한 금고를 파괴하고 약탈을 함."(日本橋·掘留)

18시 30분경

"대본교 신자는 폭탄을 휴대하고 자동차 여러 대에 분승하여 특히 제도를 습격하려고 함."(赤坂·青山)

4일	**01시경** "일본은행 본서 청원순사로부터 '폭도들이 은행을 습격해서 그 금고를 파괴하려고 한다는 소문이 있음'이라고 보고."(日本橋·掘留) **21시경** "우에노공원 내 및 화재를 면한 지역인 시치켄초(七軒町), 카야마치(茅町) 방면에는 조선인이 경찰관으로 변장하고 피난민을 괴롭히고 있어서 경찰관이라고 해서 유단할 수 없음."(下谷·上野) **22시 30분경** "아오야마미나미(青山南) 고초메(5丁目) 뒷길 방면 여러 군데서 경적소리가 남과 동시에 총성도 계속 들려서 조선인의 내습이라고 오인하여 일시 소통이 일어남."(赤坂·青山)
5일	**09시경** "외국 구축함 도쿄만에 입항함." "불심한 범선 다수가 1, 2호지 연안에 계류하고 있음." "외국인 1명 발동기선에 타고 1호지 연안에 들어와서 그 행동을 감시해야 함."(京橋·月島)
6일	**22시경** "아카사카(赤坂)의 모처에 조선인 3명 침입함."(四谷)

[표 12-2b] 『大正大震火災誌』의 각 경찰서에서의 유언비어 보고 (시각이 불명인 것)	
1일	"동일 황혼녘, 스스로 본서에 와서 보호를 요청, 서원에 의해 검속된 자들을 합해서 지나인 11명, 조선인 4명, 일본인 5명을 수용함." 저녁때(神田・外神田) "유언비어 처음으로 관내에 전파됨."(神田・外神田) "조선인은 도쿄시 전역을 기해서 폭탄을 던질 뿐 아니라 나아가 독약을 사용해서 살해를 기도함." (巢鴨)
2일	"조선인 방화 유언비어 처음으로 일어남." 미명(淀橋・戶塚) "9월 2일 오전, 사관학교 담장에 '오전 1시 강진' '불령선인 내습할 것' 이라는 벽보를 붙이는 자 있음." 오전(四谷) "조선인 등은 도쿄시 전역을 초토화하려고, 특히 오늘밤을 기해서 화재를 면한 山の手 방면의 민가에 방화하려고 함." 오전(牛込、早稻田) "조선인 폭행 유언비어 가장 성함." 오후(板橋) "불령선인 등 요코하마 방면에서 내습하고, 폭탄을 가지고 방화하고, 독약을 우물에 던져서 살해를 기도함." 오후(四谷) "조선인 폭행 유언비어 처음으로 관내에 전해짐." 저녁때(麴町・日比谷) "동일 (2일) 저녁때, 도쿄대 교수 모 이학박사를 조선인으로 오인하여 메이지신궁(明治神宮) 오모테산도(表參道) 입구 부근에서 위해를 가하려고 하는 것을 경찰서원의 구호로 다행히 피해를 면함." 저녁때(赤坂・青山) "키타마치(北町)의 어떤 집 벽장 안에 방화하는 조선인이 있다는 신고에 따라 그것을 조사했는데, 나사 양복지가 그을려 있는 것을 발견함. 아마 동인이 화재 때 외출하면서 화기를 방비하려고 습득하여 가지고 왔는데 그 냄새를 맡은 부근의 민중은, 그것을 불이 났다고 속단하고 결국 조선인이 방화했다고 오해했다." 저녁때(赤坂・青山) "조선인 등은 폭탄을 가지고 화재를 일으키고 독약을 우물에 던져 살해를 계획할 뿐 아니라 재물을 약탈하고, 부녀를 간음하는 등 폭행 매우 심함." 저녁때(淺草・南元町) "조선인 내습." 저녁때(本所・相生) "조선인이 지진을 틈타 방화, 약탈, 강간 등의 폭행을 많이 함." 저녁때(本所・向島) "어떤 밤[2일 밤] 시나가와(品川) 방면에서 관내로 들어오는 모 조선인이라고 오해를 받아 소위 자경단원에 포위를 당하여 위급에 빠진 것을 경찰서원이 보호하려고 했는데, 오히려 단원의 격노를 사서 중상을 입게 되어, 결국 무기를 사용하여 구호를 하는 것 같은 일이 발생함." 밤(芝・愛宕) "'밤이 되어 시타야(下谷), 이케노하타(池ノ端), 시치켄초(七軒町)는 이미 맹렬한 불에 휩싸이고, 이제는 네즈야에가키초(根津八重垣町)에서 위세를 발휘하여 관내는 도저히 전소를 면할 수 없을 것'이라는 유언비어." 밤(本郷・駒込) "조선인 등은 왼쪽 소매에 빨간 천을 묶거나 빨간 선을 그림. 경찰관이나 군인으로 변장함. 조선인의 부인은 임부를 가장하여 복부에 폭탄을 은닉함." 밤(本郷・駒込) "유언비어 점점 왕성해져서 방화, 폭탄, 독약 등의 설이 분분하게 일어남."(芝・愛宕) "사회주의자가 제도의 혼란에 편승하여 전차의 차고를 불태우려는 계획이 있음."(巢鴨) "조선인 폭행 유언비어가 전함."(南千住)
3일	"조신인이 방화, 약탈 혹은 독약을 살포함." 낮(下谷・坂本) "9월 3일 저녁, 조선인에 대한 유언비어가 처음으로 선전됨. 즉 '오모리(大森), 시나가와(品川), 요코하마(橫浜) 방면에서 습격하는 자 2000명에 달함' '300명 내지 500명의 조선인 관내에 내습하려고 이제 그 도상에 있음' '관내 각소는 이미 조선인 등 잠입해서 강도, 살인 혹은 독약을

	우물에 투입하는 등 폭행 중임' 등."저녁때(麻布·鳥居坂) "조선인이 폭행을 위한 부호로 각종 암호를 표시하는 종잇조각을 제출하고, 혹은 원 히로오(廣尾) 부근에 그 부호를 표기하는 것을 보았다는 사실을 입증하는 자 있음."밤(澁谷) "관내 자위 경계 중인 한 청년은 불령선인이라고 오인해서 통행하는 동포를 살해."(麴町·麴町) "3일이 되어 유언비어가 전하는 사실 점차 선명."(麴町·日比谷) "조선인이 우물에 독물을 살포한다는 의심 있음."(神田·錦町) "3일이 되어서는 유언비어 점점 심해지고 더욱이 '강진 다시 내습할 것'이라는 설을 퍼뜨리는 자까지 있음."(赤坂·表町) "변소의 청소 인부가 잊지 않기 위해 각 담벽 등에 그린 기호를 그 형상에 따라서 폭탄 장치, 독약 살포, 방화, 살인 등에 관한 부호라고 선전."(四谷) "3일이 되어서는 자경단의 행동 점차 과격해지고 흉기를 소지하고 지역을 횡행하기에 이름."(牛込·神樂坂) "2일 오전 10시 반경, 30세 전후의 부인은 우에노공원 청수당에 들어가 손을 쉬는 중 양장을 한 비만의 남자에게 단팥빵을 얻어먹었는데 갑자기 토혈해서 괴로워함."(下谷·上野) "조선인 등 독약을 우물에 던짐.""시부야의 어떤 우물에 독약을 던짐."(澁谷) "조신인 일군이 키치조지(吉祥寺) 순사주재소를 습격함.""하치오지(八王子) 방면에서 300명의 조선인 단체가 관내로 내습하려고 함."(府中田無 분서) "조선인 등 사이타마(埼玉) 방면에서 하코네가사키무라(箱根ヶ崎村)에 내습함.""도쿄, 요코하마, 사이타마 방면에서 조선인의 폭행 매우 심함."(青梅)
4일	"살수용 우물물을 마신 카네코 에이지로(金子榮次郎) 등 5명은 이 때문에 토사를 하여, 대학병원에 보내서 구호함과 함께 우물물을 검사했는데 이상이 없음."(神田·錦町) "히토츠바시(一ツ橋) 부근을 배회하는 조선인 신형종(申衡鐘)이라는 자의 거동불심이 인정되어서 취조하여 '결의서문(結義序文)'이라고 기재한 것을 휴대하게 하여, 우선 그것을 경시청으로 송치함."(神田·錦町) "조선인 등 신주쿠(新宿) 방면 순사파출소를 습격해서 관복을 약탈하여 착용하고 폭행을 함."(牛込·神樂坂) "오이마치(大井町) 방면에서는 조선인이 이미 관내에 들어왔다고 경종을 난타하는 자 있음."(品川) "시나가와바시(品川橋) 남쪽에서 조선인을 살해한다는 보고에 접하고 즉시 경찰서원을 급행시켰는데, 사실은 료시마치(漁師町)의 한 청년을 조선인으로 오해하여 빈사의 중상을 입힘."(品川) "조선인을 사주하는 자는 사회주의자라면 그 질환을 제거하기에는 그것을 응징하는 것이 상책."(品川) "조선인이 산겐자야(三軒茶屋)에 방화한다는 보고를 접하고 즉시 이것을 조사하니 범인은 조선인이 아니라 하인이 주인집 창고에 방화한 것임."(世田谷) "조선인 부녀 등 독약을 휴대해서 각지의 우물에 이것을 살포함."(千住)
5일	"히가와(氷川) 신사 방면에는 조선인 등 폭행이 많으며, 더구나 산겐자야 부근에서는 조선인과의 투쟁이 이미 개시됨."(赤坂·青山) "아오야마(青山) 묘지에는 야간에 은밀히 조선인 등이 잠복해서 음모를 꾸미는 자 있음."(赤坂·青山) "모 백미점 고용인 등이 불량청년과 몰래 연락하여 각종 유언비어를 전파하는 것을 발견하여 이를 검거함."(中野)

6일	"조선인 수십 명이 타치카와무라(立川村)를 침입하여 자경단과 투쟁을 개시함." "나가누마(長沼), 타마(多摩) 양 마을에서도 폭행을 많이 함." (府中)
8일	"수용된 조선인은 의식 기타를 보급하여 두텁게 보호하고, 9월 8일이 되어 나라시노(習志野) 수용소로 인도함." (神田·西神田) "조선인 등 시모히로오(下廣尾) 하시모토(橋本) 자작 저택에 방화함." (澁谷) "나카시부야(中澁谷)의 모 여종이 능욕당함." (澁谷)
11일	"시모시부야(下澁谷) 히라노 모의 고용인 타카하시 모가 조선인 때문에 살해됨." (澁谷)

[표 12-3a] 災害時下殺傷事犯調査票 (원표)

署名	麹町	同三田	三田	同	同	同	鳥居坂	四谷	駒込	坂本
犯罪日時	正九月四日	正九月四日	午後九月九日三時頃	午後九月三日九時頃	午後九月三日九時頃	午後九月十三日	午前九月一日一時頃	午前九月三日九時頃	午後九月四日九時頃	午後九月十一日一時頃
場所	麹町區中六番本部四六大本教附近路上	東京市河港課出張所倉庫内	七先區目ノ出町	庫内	同	町芝區三田小山橋河中	町芝區三田小山橋河中	四谷區慶町三七先	本鄕區駒込上富士前町	下谷區三輪町一一五先路上
罪名	傷害及暴行	殺人	殺人	殺人	殺人	殺人及橫領强	殺人	傷害	殺人未遂	殺人
事實概要	傷害及暴行ヲ加フ	同	鮮人ヲ日本刀ニテ殺害ス	被害者ヲ遊伏シ日本刀ニテ殺害	同	鮮人トシテ殺害シ金等ヲ强取ス	自來水ニテ河中ニ投込ミ溺死セシメ殺害	鮮人ト誤信シ日本刀ヲ以テ傷害ス	鮮人ト誤信シ日本刀ヲ加ヘテ重傷	鮮人ト誤信シ日本刀ヲ以テ殺害スルモ人違ナリ
檢擧人員	一	一	一	二	二	六	六	一	三	六
被害人員	一	四	一	一	一	一	一	一	四	一
處理顛末	遞十月十六日數	令九月十日執行	令九月十一日執行	令九月二十日執行	遞十月二十日數	遞十月二十日數	令十月二十五日執行	令十月二十三日執行	令九月十七日執行	遞十一月四日數

[표 12-3b] 2일 이후 5일까지의 「災害時下殺傷事犯調査票」의 재배열 일람

관할서	일자	시각	장소	죄명	사실 개요	검거자수	피해자수	처리전말	원순번	시간순
王子	9.2.	09시	西新井村本木河出川金次郎方外十戸及上尾久	살인강도 절도사기	금품갈취 및 살해, 무전취식 및 절도를 함	7	19	10.05. 송치	034	001
千住	9.2.	12시	南足立郡花畑村字一近橋 부근	살인미수	일본도 및 곤봉으로 전치 2개월을 요하는 중상을 가함	2	1	9.7. 송치	043	002
寺島	9.2.	17시	吳嬬町	상해	통행중인 피해자에게 수하하여 일본도로 상해함	1	1	10.13. 영장집행	054	003
大崎	9.2.	17시경	大崎町桐谷星製藥會社 부근	살인미수	불령선인이라고 오인하여 곤봉, 망치, 갈고리 등으로 구타 상해함	5	4	10.12. 영장집행	020	004
大崎	9.2.	17시경	府下平塚村下蛇窪六九一 앞 노상	상해	불령선인이라고 오인하여 곤봉 등으로 구타 상해함	5	1	10.16 영장	2	005
大森	9.2.	17시경	府下池上村 노상	상해	불령선인이라고 오인하여 곤봉으로 상해함	5	3	송치		006
世田谷	9.2.	17시경	世田谷町太子堂 전차궤도 내	살인	엽총으로 사살함	1	1	10.19. 영장집행	025	007
品川	9.2.	17시30분	品川町南品川三 앞 노상	상해치사	선인으로 오인하여 상해사에 이름	21	1	10.9. 영장집행	015	008
大崎	9.2.	17시30분	平塚村下蛇軍三三六 앞 노상	상해	불령선인이라고 오인하여 목검, 곤봉 등으로 구타 상해함	6	2	10.16. 영장집행	019	009
品川	9.2.	18시	被害者 주인집 뒷길	살인미수	불령선인이라고 오인하여 곤봉 등으로 난타 상해함	4	1	10.14. 영장집행	017	010
大崎	9.2.	18시	府下平塚村二八八 앞 노상	살인미수	불령선인으로 오인하여 갈고리, 도끼 등으로 중상을 입힘	6	1	10.16. 영장집행	018	011
大崎	9.2.	18시경	府下平塚村戸越八五二 앞 노상	상해	불령선인이라고 오인하여 총검 등으로 상해함	2	1	10.22. 영장집행	021	012
大森	9.2.	18시경	府下池上村 노상	상해	불령선인이라고 오인하여 곤봉으로써 상해함	1	8	송치	023	013
府中	9.2.	19시	千歳村烏山	살인 및 상해	갈고리, 일본도, 죽창, 곤봉으로 구타하여 한 명을 살해함	15	17	10.7. ~10.25. 영장집행	075	014
寺島	9.2.	20시	荒川放水路四木橋 옆	살인	철봉으로 때려 죽임	1	1	10.10. 영장집행	057	015
龜戸	9.2.	20시	府下吳妻町龜戸鐵道 가드 옆	상해	몽둥이로 엉덩이를 상해함	1	1	10.5. 불기소	065	016
龜戸	9.2.	20시	吳嬬町小村井一, 一伍七 앞	살인	죽창으로 구타하여 죽음에 이르게 함	4	2	10.28. 영장집행	073	017

品川	9.2. 20시30분	大井町一, 二八伍 앞 노상	살인	불령선인 이라고 오인하고 일본도로 살해함	1	1	10.13. 영장집행	016	018
水上	9.2. 21시	府下小松川町下平井平井橋 위 강줄기	살인	피해자가 분뇨선 으로 피난해 오는 것을 조선인으로 오인하고 돛대 등으로 때려 죽임	5	1	11.5.송치	013	019
龜戸	9.2. 22시	吳嬬町葛西川六一七 앞	살인	불령선인이라고 오인하여 철봉으로 구타, 즉사함	1	1	10.7. 영장집행	067	020
龜戸	9.2. 22시	吳嬬町龜戸二七六 앞	살인	살해함	4	1	10.5. 영장집행	069	021
龜戸	9.2. 23시	府下龜戸三, 二一伍 앞	살인미수	물에 빠진 피해자 에게 엽총을 발사했는데 명중인지 불명	1	1	10.7. 불기소	072	022
中野	9.2. 23시경	府下高井戸村下高井戸 노상	상해	통행하는 사람을 상해함	11	1	10.8.송치	026	023
品川	9.2. -	府下大井町一, 七三六 노상	살인	조선인으로 오인하여 일본도로 살해함	1	1	9.15.송치	014	025
寺島	9.3. 00시	南葛飾郡大畑荒川 방수로 하천제방 아래	살인	참살, 격살 등	7	4	10.10. 영장집행	046	026
千住	9.3. 01시20분	千住町大橋北詰에서	상해	조선인으로 오인하고 주먹으로 머리 기타를 구타하여 전치 10일을 요하는 상해를 입힘	1	1	10.6. 불기소	045	027
寺島	9.3. 03시	吳嬬町木下放水路 측 땅	살인	숨어 있는 것을 일본도로 참살함	1	1	10.28. 영장집행	058	028
寺島	9.3. 03시	荒川停留場 앞	살인	삽으로 참살함	1	1	10.28. 영장집행	059	029
寺島	9.3. 03시	吳嬬町木下放水路 측 땅	살인	일본도로 참살함	1	1	10.28. 영장집행	060	030
寺島	9.3. 미명	吳嬬町木下放水路 제방	살인	비수를 들고 도망처 오는 것을 일본도로 참살함	1	1	10.17. 영장집행	055	031
龜戸	9.3. 05시	吳嬬町龜戸二三九 앞	상해	도끼로 머리에 절창을 입힘	1	1	10.5. 불기소	066	032
寺島	9.3. 06시	吳嬬町上大畑 연안	살인	발을 권총으로 저격하자 다른 다수가 죽음에 이르게 함	1	1	10.29. 영장집행	061	033
寺島	9.3. 07-12시	府下吳嬬町木下曳舟通	살인	군중에게 맞아 쓰러진 것을 일본도로 참살함	1	2	10.19. 영장집행	050	034
龜戸	9.3. 07시	吳嬬町小村井一·一伍七 앞	살인	각목, 죽창, 기와로 구타하여 죽음에 이르게 함	6	3	10.29. 영장집행	074	035
寺島	9.3. 08시	荒川放水路 제방아래	살인	때려 죽임	1	1	불기소	053	036
寺島	9.3. 09시	寺島町玉ノ井	살인	참살 또는 때려 죽임	4	6	10.10. 영장집행	052	037

寺島	9.3. 10시	白鬚橋 위	살인	구타하고 다른 군중이 참가하여 칼로 벤 후 강에 던져 죽음에 이르 게 함	1	1	불기소	048	038
寺島	9.3. 11시경	寺島町玉ノ井	살인 및 상해	망치로 구타하여 부상을 입히고 또 죽음에 이르게 함	1	2	10.19. 영장집행	051	039
澁谷	9.3. 12시	府下澁谷一七八二 앞 도로	살인미수	살의를 가지고 상해를 입힘	2	2	11.9.송치	027	040
寺島	9.3. 12시	寺島町玉ノ井	살인	군중에 난타당해 쓰러져 숨이 끊 어 지려고 하는데 목과 배를 찔러 죽음에 이르게 함	1	1	10.19. 영장집행	049	041
寺島	9.3. 12시	府下寺島町玉ノ井	살인	통나무로 때려 죽임	1	1	10.29. 영장집행	062	042
寺島	9.3. 13시	府下寺島町玉ノ井	살인	창으로 찔러 죽인 것을 피고는 이 를 부인함	1	1	불기소	047	043
麴町	9.3. 14시30분	麴町區永田町二ノ二六 앞 노 상	살인	불령선인 이라고 오인하여 일본도로 살해함	1	1	9.5. 영장집행	002	044
龜戶	9.3. 15시	龜戶町 遊園地	살인 및 살인미수	돌, 곤봉, 일본도로 살상함	6	3	10.14. 영장집행	064	045
龜戶	9.3. 15시	龜戶町境橋 부근	살인 및 상해	순사가 동행 중인 세 명을 살해하 고 순사에게 상해를 입힘	1	4	송치	071	046
千住	9.3. 17시	千住町二ノ八八一 앞 도로	살인미수	피해자가 조선인을 경찰서에 동행 중 이를 살해하려고 해서 도끼로 전 치 2개월 이상을 요하는 중상을 입힘	3	2	10.10. 영장집행	036	047
寺島	9.3. 18시	府下隅田町大倉牛乳点 측	상해	일본도로 상해함	1	1	10.10. 영장집행	056	048
日本堤	9.3. 19시	淺草區今戶町三伍 앞	상해	일본도 및 곤봉으로 중상을 입힘	1	1	12.14. 영장집행	012	049
龜戶	9.3. 19시	吳嬬町大畑伍一〇 앞	살인	곤봉으로 구타 살해함	1	1	10.5. 영장집행	071	050
三田	9.3. 21시	芝區日ノ出町七 앞	살인	조선인을 은닉 한다고 분노하여 일본도로 살해함	1	1	9.12. 영장집행	003	051
四谷	9.3. 21시	四谷區鹽町三七 앞	상해	조선인으로 오인하고 일본도로 상해을 입힘	1	1	10.23. 영장집행	008	052
象潟	9.3. 21시	淺草區新谷町一四案天地飛行 館 앞	살인	조선인으로 오인하여 살해	2	1	10.27. 영장집행	011	053
三田	9.3. 21시경	東京市河港課芝浦出張所 창고 내	살인	숨어 있는 것을 일본도로 살해함	2	1	10.20. 송치	005	054
巢鴨	9.3. 21시경	巢鴨町巢鴨橋 옆	훼손상해	지휘도, 목검, 죽창, 곤봉 등으로 상해를 가하고 자동차를 파괴함	21	2	10.14. 영장집행	028	055
千住	9.3. 21시20분	南足立郡西新井村奧野に伍二 앞 도로	살인	곤봉, 엽총으로 살해함	2	1	9.7. 영장집행	041	056

三田	9.3. 22시	東京市河港課芝浦出張所 창고 내	살인 및 횡령강도	피해자가 잠들어 있는 창고 안에 조선인 한 사람이 잠복하여 있다고, 조선인을 은닉 시킨다고 하여, 南浜橋의 난간에 묶고, 단도, 곤봉 등으로 살해하고, 수중에서 돈 삼십오 엔을 탈취함	6	1	10.20. 영장집행	006	057
千住	9.3. 22시	千住町二丁目 도로에서	살인미수	일본도 및 곤봉으로 전치 2개월을 요하는 중상을 입힘	4	1	9.7. 영장집행	042	058
千住	9.3. 22시경	府下南綾瀬村柳原一六一 앞 도로	살인	일본도, 곤봉으로 살해함	11	7	9.12.~18. 영장집행	037	059
龜戸	9.3. 24시	吳妻町請地 철도선로 부근	살인	도끼와 지팡이로 때려 죽임	6	2	10.31. 영장집행	063	060
鳥居坂	9.4. 01시	芝區三田小山町小山橋 강물	살인	피해자가 발작적으로 정신에 이상이 생겨 강 속에 투신자살을 기도하였으나 죽지 못 하고 하류로 헤엄 치고 있는 것을 조선인으로 오인하여 강 속에 뛰어 들어 일본도로 살해함	1	1	10.25. 영장집행	007	061
巢鴨	9.4. 01시경	피해자 집	살인	불령선인이 잠복 해 있다고 부근 사람이 소란을 피우자 피해자 불령선인으로 오인하여 사살함	1	1	9.7. 영장집행	029	062
千住	9.4. 02시	南足立郡江北村鹿浜九三〇 앞	살인	조선인으로 오인하여 곤봉으로 살해	7	1	10.8. 영장집행	044	063
千住	9.4. 08시경	府下南綾瀬村柳原一四七 논	살인	일본도, 곤봉으로 살해함	2	1	10.12. 영장집행	038	064
千住	9.4. 09시30분	南足立郡綾瀬村	살인	일본도, 곤봉으로 살해함	2	1	-	039	065
王子	9.4. 11시	南千住字通新町 순사파출소 부근	살인	순사가 보호 중인 피해자를 일본도로 살해함	18	1	10.21. 송치	035	066
麴町	9.4. 12시	麴町區中六番町四六 大本教 본부 부근 노상	상해 및 폭행	상해 및 폭행을 가함	3	1	10.16. 송치	001	067
三田	9.4. 12시	芝區日ノ出町七 앞	살인	조선인을 숨긴 다고 분노하여 일본도로 살해함	1	4	9.12. 영장집행	004	068
千住	9.4. 13시30분	南足立郡花畑村字一近橋	살인	일본도, 곤봉으로 살해함	10	5	10.10., 11. 영장집행	040	069
巢鴨	9.4. 15시경	巢鴨中學校 앞 부근	상해	피해자를 조선인이라 하며 일본도로 상체를 벰	2	1	10.10. 영장집행	030	070
駒込	9.4. 21시	本鄕區駒込肴町 노상	살인미수	조선인으로 오인하여 살해하려 하여 중상을 입힘	13	4	9.17. 영장집행	009	071
坂本	9.4. 23시	下谷區三輪町一一伍 앞 노상	살인	조선인으로 오인하여 일본도 및 곤봉 등으로 살해함	6	1	11.4.송치	010	072

巣鴨	9.4. 24시경	西巢鴨町字向原三四二六 앞	상해	피해자를 가짜 군인이거나 사회주의자라 하고, 순사가 가짜군인이 아님을 입증 하고자 함. 갈고리 기타로 군인 및 순사에게 중경상을 입힘	4	2	헌병대에 이첩영장 집행	031	073
王子	9.5. 08-12시	피해자 집	강도 및 공갈	곤봉으로 협박 하여 쌀 기타 가격 66엔의 물품을 강탈함	1	3	10.24. 송치	033	074
巣鴨	9.6. 19시경	西巢鴨町池袋一 앞 도로	상해	취기에 경계 중인 피해자를 구타 부상시킴	2	2	9.21.송치	032	075

출전: 원자료는 『大正大震火災誌』(警視廳 편, 1925)의 「災害時下殺傷事犯調査票」 pp.591-602.

[표 12-4] 각 경찰서 관내에서의 유언비어 발생의 인지				
1일	14시	日本橋·久松 경찰서	1	6
	16시	涉谷 경찰서, 王子 경찰서	2	
	18시	芝·愛宕 경찰서	1	
	18시40분경	淀橋 경찰서 戸塚分署	1	
	20시	小松川 경찰서	1	
	기타	神田·外神田 경찰서, 巢鴨 경찰서	2	
2일	05시	小石川·富坂 경찰서	1	7
	10시	牛込·神樂坂 경찰서, 牛込·早稻田 경찰서, 淀橋 경찰서, 中野 경찰서	3	
	12시	小石川·大塚 경찰서, 本所·相生 경찰서	2	
	오전	四谷 경찰서	1	
	오후	板橋 경찰서	1	28
	14시	本鄕·本富士 경찰서, 本鄕·駒込 경찰서, 品川 경찰서 大崎분서, 府中 경찰서	4	
	14시25분	品川 경찰서	1	
	16시	赤坂·靑山 경찰서, 淺草·象潟 경찰서, 大森 경찰서, 八王子 경찰서	4	
	16시30분경	芝·高輪 경찰서, 世田谷 경찰서	2	
	저녁때	淺草·南元町 경찰서, 本所·向島 경찰서, 麴町·日比谷 경찰서	3	
	17시	芝·三田 경찰서, 麻布·六本木 경찰서, 寺島 경찰서, 靑梅 경찰서, 靑梅 경찰서 伍日市 분서	5	
	18시	神田·錦町 경찰서	1	
	19시	神田·西神田 경찰서, 赤坂·表町 경찰서, 龜戸 경찰서, 府中 경찰서 田無분서, 千住 경찰서	5	
	20시	深川·西平野 경찰서, 南千住 경찰서 日暮里 분서	2	
	기타	下谷·上野 경찰서, 南千住 경찰서	2	
3일	10시30분경	京橋·月島 경찰서	1	5
	저녁 때	麻布·鳥居坂 경찰서	1	
	18시	日本橋·掘留 경찰서	1	
	기타	麴町·麴町 경찰서, 下谷·坂本 경찰서	2	
	유언비어 기재 없음	日本橋·新場橋 경찰서, 京橋·築地 경찰서, 京橋·北紺屋 경찰서, 下谷·谷中 경찰서, 淺草·日本堤 경찰서, 淺草·七軒町 경찰서, 本所·太平 경찰서, 本所·原庭 경찰서, 深川·扇橋 경찰서, 深川·洲崎 경찰서, 東京水上 경찰서, 八王子 경찰서 町田 분서	12	
계			62	

유언비어의 발생은 언제인가

우선 유언비어의 발생으로부터 종식에 관해 생각해 보겠다.

유언비어는 언제 발생했는가.

지금까지의 많은 연구가 9월 1일 오후 1시경에 이미 유언비어가 일어났다고 하고 있다. 이는 「개설」의 "유언비어가 처음으로 관내에 유포된 것은 9월 1일 오후 1시경인 것 같다"[25]라는 기술을 토대로 했을 것이다. 단지 개별 경찰서의 보고에서 보면 이 [표 12-1]의 오후 1시의 케이스에 대응하는 것이 어느 것이었는지는 분명하지 않고, 어느 지역에서 최초의 발생이 인지되었는지 알 수 없다. 개별 경찰서의 보고에서는 니혼바시구(日本橋區)의 히사마츠(久松) 경찰서의 오후 2시경에 관내에서 일어났다는 보고가 가장 빠르기 때문이다. 그런 점에서 『타이쇼대지진 화재지』의 기재 중에는 약간의 부정합이 존재한다고 하지 않을 수 없다. 어쨌든 '오전 11시 58분' 최초의 직격 후, 1시간에서 2시간도 안 되는 사이에 유언비어가 발생하고 있는 것은 분명하다.

그러나 1일 오후 단계는 상황이 그리 절박하지는 않았던 것으로 생각된다. 왜냐하면, 1일 오후 4시의 사례에 관해서, 시부야(澁谷) 경찰서는 "경찰서원으로 하여금 정찰하게 하고 전혀 우려가 없음을 확인하여 민중에게 타일러서 점차 그 뜻을 안정시킬 있었다"[26]라고 쓰고 있다. 또 오후 6시의 아타고(愛宕) 경찰서의 경우도 경시청의 명도 있어서 "제복 사복 경계대원을 내세워 시바조노바시(芝園橋)·시바(芝)공원 기타 주요 지역을 경계"하였는데, "결국 아무 일도 없어서 같은 날 7시 이를 해제함"[27]이라고 마무리하고 있기 때문이다. 즉 1일 일몰 전의 단계에서는 경찰은 유언비어의 발생을 인지하고 있었지만 특별히 경비를 요하는 위험으로 파악하지 않는다. 그래서 경비체제를 해제하기도 했던 것이다.

---

25 『大正大震火災誌』[警視廳 편, 1925: 445].

26 『大正大震火災誌』[警視廳 편, 1925: 1284].

27 『大正大震火災誌』[警視廳 편, 1925: 1000].

그 근처의 변화 상황을 보충하기 위해서, 각 경찰서가 몇 시에, 그 관내에서 유언비어의 발생을 인지했는가 하는 기술을 새로 일람표로 만든 것이 [표 12-4]이다. 여기서는 1일 당일 안에 8개 경찰서 관내에서 유언비어의 발생이 인지되고 있음을 알 수 있다. 2일 오전 중에 7개 경찰서가 가세하고 오후가 되자 28개 경찰서 관내로 확대되었다. 다만, 유언비어의 발생이나 단속에 대해 개별 경찰서의 기술에서는 언급하지 않은 케이스, 그러므로 인지하고 있지 않았다고 해도 좋은 12개 경찰서 관내에서도 [표 12-3b]와 비교해 보면 아사쿠사구(淺草區)의 니혼즈츠미(日本堤) 경찰서나 도쿄 수상경찰서와 같이 살상 사범이 검거되어, 그 '사실개요'에서는 유언비어의 존재가 상정되는 것도 있다.[28]

유언비어의 종식은 언제인가

다음으로, 유언비어는 언제 '종식'된 것일까.

보고서는 "차츰 평정을 되찾게 되었다" "며칠 만에 안정되는 공을 세우다" "인심 차츰 안정되었다" "그 소리를 잠재우기에 이르렀다" "그 흔적을 끊었다" "머지않아 진정되다" 등의 말로 각 경찰서가 유언비어를 통제할 수 있었던 것을 말하고 있다. 이 표현 레토릭의 미묘한 일치도 경찰이라는 조직을 관통하고 있는 인식틀의 성격에 따른 것일 것이다.

많은 경우 시기에 대해 명확하게 표기하고 있지는 않지만 5일 전후부터 한동안 평온해졌다고 쓴 것이 눈에 띈다(大森, 神田錦町, 中野, 日暮里, 八王子, 愛宕, 三田, 月島, 赤坂青山, 府中, 巢鴨 등). 한편, '9월 중순'(向島, 戶塚, 澁谷), '10월'(世田谷), '10월 초순'(麴町) 등으로 기록하고 있는 케이스도 있으며, 일부에서는 길고, 사라졌다가 생겨났을 가능성은 높다.

---

28 예를 들어 야나카(谷中) 경찰서로부터의 보고도 없지만, 『關東大震災の治安回顧』에는, 치안유지령 위반자 1명의 유언비어에 대한 야나카 경찰서장에 의한 보고가 실려 있다. 즉 여기에서 기재가 없었던 12개의 경찰서 관내에서는 유언비어가 없었다고도, 인지되지 않았다고도 일률적으로는 말하기 어려운 자료 간의 모순, 혹은 기재의 누락이 있다는 점도 지적해 둔다.

뒤집어서 [표 12-1]을 보면, 기재 자체가 4일 단계에서 끝났고, 또 3일과 4일의 사례로 언급되고 있는 것은 확실히 소수이다. 그러나 이것도 직접적으로 사태의 종식을 의미하는가 하면 근거로는 미묘하다. 같은 화제가 반복되어 왔을 경우에는 재차로는 기재하지 않는 등의, 말하자면 감도의 변화가 있었을지도 모른다. 이 표만을 보면 5일 이후에는 유언비어는 통제되었을 것이라는 인상을 가질 수 있다.

그러나 [표 12-2]의 개별 경찰서의 기술을 보는 것만으로도 3일과 4일에 되어도 상당히 많은 유언비어가 인지되고, 또 5일 이후에도 11일까지는 몇 개의 경찰서가 유언비어에 대응하고 있었다는 것을 알 수 있다. 더욱이 『관동대지진의 치안회고(關東大震災の治安回顧)』 같은 자료에는 9월 15일이 되고 나서 유언비어를 이유로 하는 치안유지령 위반으로 야나카 경찰서에 검거된 사람의 보고요지가 실려 있다. 또 지방신문의 기사 등을 합쳐 봐도 9월 5일 단계에서 유언비어의 일반적인 '종식'이 논의되지 않는 것은 분명하다.

경시청의 개설적인 기술이 4일로 기재를 마치고 종식을 암시하는 것은 대응책의 나름대로의 축적을 담당자로서 의식한 것으로 보인다. 예를 들면 "3일 이후, 자경단의 단속을 실행하고"(早稻田, 月島, 大塚)와 같은 기재에 대응하는 경시청의 개별 경찰서에 대한 명령이 2일 단계에서 내려지고, 또 내각 훈시가 5일에 발령되고, 더욱이 유언비어 단속의 법령 즉 긴급칙령이 7일에 내려졌다. 큰 상황으로서는 광범위한 유포와 급격한 증식이 분명히 자취를 감춘 것처럼 느껴졌을 것이다. 그러나 현실적으로는 여진과 같은 유언비어가 산발했을 가능성이 높다. 일부 경찰서 보고가 언급했듯이 10월경이 되어서 겨우 에드가 모랭이 『오를레앙의 소문(La Rumeur d'Orléans)』에서 말하는 '잠복기'와 같은 불활성 상태에 들어간 것이 아닌가.

유언비어는 어떻게 흘러왔는가

유언비어 증식의 피크는 언제였는가.

기록 전체에서는 2일 오후부터 밤을 걸쳐 3일의 새벽까지였던 것이 떠오른다. [표 12-1]과 [표 12-2] 모두, 그 사이에 장소와 인원수, 습격 방법 등의 항목을 바꾼 다른 듯하지만 대체로 같은 유언비어가 난무하고, 매우 넓은 범위에서 혼란이 확산되고 있던 양상을 알 수 있다. 이 점은 지진 후 잡지 등에 실린 다양한 체험담 기술 등과도 부합되는 부분이 있다.

유언비어 전파 경로에 대해서는 어떤 시각이 나와 있을까.

경시청의 『타이쇼 대지진 화재지』는 전파 경로를 별로 명확하게 논하지 않는다. 논할 만한 분석이 이뤄지지 않았다는 인상도 지우기 어렵다.

조금 심도 있게 들어간 것은 「계엄사령부 상보 제3권(戒嚴司令部詳報第三卷)」〔田崎公司·坂本昇, 1998〕에 수록된 「부록(재해 초기에 발생한 유언비어에 대하여)」라는 문헌이다. 여기에서는 지진 하의 유언비어에 대해,

가. 코토(江東) 방면에 속하는 것

나. 도쿄 서부에 속하는 것

다. 시내 일반에 속하는 것

이상 3종으로 분류하여, 그 '출처 원인'에 대하여 고찰함과 동시에 "요컨대 코토 방면 및 요코하마 방면의 것은 완전히 독립된 유언비어로 간주할 수 있고, 도쿄 서부의 것은 요코하마 방면에서 유포되었다고 해석할 수 있다. 그리고 시내 일반에 속하는 것은 양자의 침입과 일부 경찰관의 독단적인 호의적 선전에 원인이 있다고 인정된다"[29]라고 논하고 있다. 두 가지 독립된 흐름이 있다고 지적한 후, 시내 일반에서 전파의 혼합을 암시하고 있다. 재미있는 것은 일부 경찰관이 '독단적'이고 '호의적'인 선전자, 즉 매체 경로로 작용했다는 지적이다.

요시카와 미츠사다(吉河光定)는 훨씬 후에 정리된 것이지만, 『관동대지진의 치안회고』에서 이러한 선행 자료의 고찰을 토대로 도쿄 시내의 유언비어 전파 경로를,

---

29   『陸軍關係資料』〔田崎公司·坂本昇 편, 1997: 159〕.

(1) 코토 방면에 속하는 것

(2) 코이시카와(小石川), 우시고메(牛込) 방면에 속하는 것

(3) 시내 서부에 속하는 것

(4) 시내 일반에 속하는 것

이상 네 가지 계통으로 나눌 수 있다고 하였다. 게다가 "지진 발발의 당일 밤 요코하마 시내의 일각에서 발생한 유언비어가 주류가 되어 전파되고, 갑자기 도쿄 시내에 파급하여 시내 각지에 있어서 유언비어의 지류를 통합하고, 노도와 같은 격류가 되어 치바(千葉), 사이타마(埼玉), 군마(群馬), 토치기(栃木), 이바라키(茨城) 각 현으로 확대되기에 이르렀던 것이다. 이러한 의미에서 요코하마 시내는 유언비어 발생의 근원지라고 할 수 있다"[30]라고 단정하고 있다. 다시 "코이시카와, 우시고메 방면에 속하는 것"을 독립적으로 세운 이유는 요코하마에서 유언비어의 씨앗이 된 입헌노동당(山口正憲(야마구치 마사노리))의 본부가 여기에 있고, 거기에 전달자가 가져온 정보를 중시했기 때문이라고 생각된다. 그 점에서도, 정치적인 치안유지의 입장에 서서, 요코하마로부터의 전파를 특히 중시한 해석을 제출하고 있다.

떠오르는 두 개의 중심

뒤에서 서술하겠지만, 나는 원래 단순한 전파론적인 파악만으로 이 유언비어 현상을 이해하는 것은 불충분하다고 생각한다. 그러나 당시 계엄사령부가 인식하고 있었던 것처럼 분명히 '북동' 즉 '코토 방면'과 '남서' 즉 '도쿄 서부' '시내 서부'에서 유언비어가 확대되고 있었던 사실은 자료의 재정리에서도 관찰할 수 있으며, 어느 정도 뒷받침할 수 있다고 생각한다.

[표 12-3b]에 들고 있는 살상사범 일람이 그 사실의 일단을 보여준다. 「재해시하 살상사범 조사표」에는 살인이나 상해 사건으로까지 격화된

---

30 『關東大震災の治安回顧』[吉川光貞, 1949: 25].

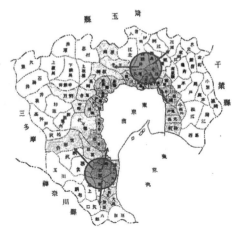

[그림 12-2] 유언비어가 증폭된 2개의 중심

기소 사안이 나열되어 있다. [표 12-1]과 [표 12-2]가 보여주는 유언비어 공간 중에서도 가장 참혹한 결과로 이어진 사례의 집성이라고 생각할 수 있다. 한편 이 기록이 장소와 시간에 대해 다른 것보다 상세한 정보를 가지고 있는 것은 기초가 된 '조서'의 성격에서 비롯되었을 것이다. 그렇기 때문에 전파와 증식에 관한 좀 더 깊이 있는 해석을 가능하게 한다.

그것을 기초로 위치와 시각의 전후 관계를 검토하면, 유언비어의 증식과 그 단계적 확대(격화)가 도쿄시의 중심부로 확대되는 재해 소실지로부터 보아서, [그림 12-2]에 나타내듯이 '북동'과 '남서'의 방향에서 일어나고 있던 사실이 떠오른다.

북동이란 센주(千住)에서 테라지마마치(寺島町), 아즈마마치(吾嬬町) 근처를 가리킨다. [표 12-3b]에 최초로 나오는 9월 2일 오전 9시의 '살인강도절도사기'는 오지(王子) 경찰서의 보고 사건과 대응하는 것일 것이다. 이에 따르면 "오구마치(尾久町) 방면의 토공 오야붕(親分) 20명 정도가 2일 이후 미나미아다치군(南足立郡) 코호쿠무라(江北村), 니시아라이무라(西新井村)의 농가 14호에서 식료품을 강탈하기 시작하고, 약탈·절도하고, 물자배급소를 습격하고, 살인을 하는 등 순전한 폭도 행위를 하여 다음날인 3일 즉시 이를 검거"[31]라고 되어 있다. 조선이나 중국과 같은 민족적 요소가 관련된 것인지에 대한 기재는 전혀 없지만, '토공 오야붕'이라는 기술에는 계급성이, 또 20명의 집합행위에는 폭동의 색채가 보인다. 이 비교적 이른 단계에 실제로 일어난 범죄

31　『大正大震火災誌』[警視廳 편, 1925: 100].

행동의 풍문과 단편적인 지식이, 도쿄 북동부에서 2일 저녁부터 밤에 걸쳐 수많이 일어난 '불령선인 습격'이라는 유언비어의 리얼리티를 만드는 밑바탕의 하나로서 작용했을 가능성은 생각할 수 있다.

남서쪽은 오사키마치(大崎町)나 히라츠카무라(平塚村) 등에서의 폭행 사건과 대응한다. 이케가미무라(池上村)와 미나미시나가와(南品川), 오이마치(大井町) '노상'에서의 상해나 살인사건도 같은 유언비어 공간에 속해있다고 생각해도 좋을 것이다. [표 12-3b]에서 보면 9월 2일 오후 5시경부터 여러 개의 보고가 나타난다.

이는 북동부와는 달리 피해가 컸던 요코하마로부터의 피난민 등 현실적인 매체의 존재를 생각할 수 있을 것이다. [표 12-2]를 합쳐서 이미 오후 2시에서 2시 30분경에는 시나가와경찰서 관내에서 요코하마의 '방화'와 도쿄로 향하는 '습격'의 다양한 버전이 언급되어 있는 것도 시야에 넣어야 할지도 모른다. 이런 정보들이 떠도는 가운데 날이 저물어 밤이 되면서 주변지역의 불안감이 더욱 커졌다는 해석도 가능할 것이다.

유언비어의 시간

밤이라는 시간의 의미를 자료를 통해 확인할 수도 있다. [표 12-3b]의 살상사건에까지 이른 케이스의 기록을 약간 가공하여 낮(조작적으로 5시부터 17시 전까지로 했다)과 야간(17시부터 5시 전까지)으로 나누어 발생 수를 집계해 본 것이 [표 12-5]이다.

[표 12-5] 살상사범의 범행 시각

일시	2일		3일			4일			5일			계
	05-	17-	00-	05-	17-	00-	05-	17-	00-	05-	17-	
발생 건수	2	22	6	15	14	3	7	3	0	1		
	24		35			13			2			74
야간		28			17			3			1	49
주간	2			15			7			1		25

주: 건수 총계가 [표 12-3b]와 다른 것은 범행 시각의 기재가 없는 1건을 제외했기 때문이다.

그러면 역시 야간 살상사건의 발생이 낮시간의 거의 두 배가 되고 있음을 알 수 있다. 자택이 무사한 사람에게나, 대피 생활을 하고 있는 사람들에게나 밤은 불안이 증폭되는 시간이었다고 생각된다.

먼저 [표 12-3b]에 따라 9월 2일 저녁 근처에 오사키경찰서 관내에서 몇 가지 사건이 인지되고 있음을 언급했다. 장소로는 히라츠카무라(平塚村) 노상에서의 상해 살인미수 사건이 4건 정도 거론되고 있다. 이미 소개한 타나카 히사라는 이 히라츠카무라의 거주자이며, 『주부의 친구(主婦のとも)』에 기고한 「죽창 소동(竹槍さわぎ)」은 짧은 문장이지만, 그 부근을 채우고 있던 분위기의 증언으로 읽을 수 있다. 약간 소개해 두겠다.

"그것은 9월 2일 해가 저물기 전에 생긴 사건"이었다고 하니 바로 같은 시각이다. 타나카는 그날 읍으로 나가 쌀, 보리, 된장, 간장, 통조림, 기타 군량을 사들여 툇마루에 내려놓고 한 숨 돌렸다. 거기서 갑자기 "경종이 난타"되기 시작했다. 모두 허겁지겁 노지로 뛰어 들어오고, 저마다 폭도들이 저기까지 와있다, 모두 도망가라, 하고 외친다.

금방이라도 노지의 모퉁이에 혈검을 든 폭도들이 나타날 것 같다. 하지만 아직도 반신반의하는 마음인데 이번에는 탕탕 총성이 들리기 시작했다. 경종을 엄청나게 울리기 시작했다. 이젠 의심의 여지가 없어졌다.[32]

이상한 소리나 긴장된 목소리가 주위를 휘감아, 비상시의 분위기를 만들어 내고 있는 모습이 보인다.

그래서 타나카는 여자들에게 이제 막 사온 식량을 들려서 시나가와 쪽으로 도망을 보냈다고 한다. 그렇게 해 두고 자신은 일단 머물러 있는데, 남자는 도망가지 말라고 여기저기서 연호하고 있다. 내심 도망치고 싶었지만 적에게 등을 보이는 것도 "창피하다"는 '남자의 허영심'도 섞여 타나카는 마음을 먹고 머물러 부근의 초원에 집합했다.

[그림 12-3] 「죽창 소문」
[田中非左良, 1923: 218]

먼저 복장을 단단히 했다. 수건으로 머리띠를 했다. 2.5미터 정도의 죽창을 급조하였다. 잠시 동안에 농민 봉기군이 완성되었다. 농민 봉기라면 몰라도 어느 모로 보나 백면에 허약한 봉기라서 아주 미덥지가 않다. 그러나 지휘자만은 본직이어서, 부근에 사는 휴직 육군 소령 늙은이지만 옛날에 익힌 솜씨로 의젓하게 서두르지 않는 태도로 사람들의 정신무장을 시키는 데는 다소 감복했다. 그러나 모두 30명이 채 안 된다. 부근의 호수에 비해 이럴 리는 없을 것 같아서 자세히 살펴보니, 독신자이거나 아니면 줏대가 없는 사람이 많았다. 어쨌든 우리 일대는 이 부락의 최전선에 해당하기 때문에 솔직히 몸속이 살짝 추웠다.[33]

결국 척후역의 각종 보고에 긴장하거나 안심하거나 경관의 자동차나 군대의 출동에 힘을 내어 말수가 늘기도 했다. 타나카는 그 풍경을 직접 만화로 그리고 있다([그림 12-3]).

흥미로운 것은 해질녘의 폭도 습격에 관한 소문으로 시작된 2일 밤의 섬뜩

32 「竹槍のうわさ」[田中非左良, 1923: 218].
33 「竹槍のうわさ」[田中非左良, 1923: 218-219].

한 심상 풍경[34]이다. 도쿄의 화재가 아직 계속되어 그 불꽃이 멀리서 보였다. 그런 식으로 평소와 다른 불안한 밤이었다는 점을 고려해 넣어도 된다. 같은 날 밤에 대해서, 더 도심에 가깝지만 실제로 당시에는 교외였던 센다가야에 살고 있던 와츠지 테츠로는 새벽 4시까지 안심할 수 없었다[35]고 쓴다.

가족에게 시나가와로 도망가라고 지시한 타나카가, 그 가족을 데리러 간 날짜는 명기되어 있지 않으나 기재 내용을 추적해 보면 그날 밤은 아니었을 것이다. 어쩌면 7일 치안유지령이 내려진 뒤였을지도 모른다. 밤이 되어 타나카는 형수들을 데리러 시나가와로 향하였는데, "도중 여기저기 죽창당에게 검문을 당하여 겨우 목숨을 건져 돌아왔다. 시나가와는 또 히라츠카무라 이상의 소동"이었다고 썼다.

후에 언급하겠지만 이 어둠속에서의 '수하(誰何)'[36]라는 실천이 서로의 오해를 증폭시켜 갔다. 검문하는 쪽, 검문당하는 쪽을 불문하고 불안을 증대시키고 의심을 폭주시키는 계기가 되었다. 사람들은 바로 그런 실천과 경험이 겹치면서 상호 불신 하에서 의사소통의 어려움과 직면해 가게 되었다.

3. 유언비어의 증식과 진행의 메커니즘

유언비어가 증식하고 전파되는 메커니즘에 대해서, 표로 정리한 것을 포함

---

34 "해는 졌다. 전등 없이 완전히 캄캄하다. 다만 동쪽 하늘만이 여전히 불타오르고 있어서 그 붉은 빛이 사람들의 볼과 죽창을 비추고, 시간이 흐름에 따라 공기는 음습함을 더해 간다"[田中非左良, 1923: 219].

35 "동쪽의 화염은 점차 진정되기 시작하여 12시경에는 하늘의 붉은빛이 상당히 가라앉았다. 겨우 그 무렵에 연소의 위험은 이제 없을 것이라고 생각했던 것이다. 그러나 연기는 여전히 피어오른다. 완전히 안심한 것은, 불빛이 어디에도 보이지 않게 된 새벽 4시경이다"[和辻哲朗, 1923: 201-202].

36 불러 세워서 이름을 묻고 신원을 확인하는 것을 말한다. 이 단어는 사전에서 설명하는 바에 의하면 무로마치 시대(室町時代. 1336~1573)의 고전에도 보인다고 한다. 그러나 서민들의 일상언어 속으로 들어오는 것은 메이지 시대 군대의 보초나 파수병이 문에서 사람을 불러세워 이름을 묻는 실천에서부터일 것이다.

하고 사례에 입각해 다시 검토해 보겠다.

이미 서술한 것처럼 유언비어 현상 전체의 특징은 특정 주체가 발한 하나의 정보가 특정할 수 있는 전달 경로를 통해서 물결처럼 전파되고 확대되어 간 것이 아니다. 그보다는 복수 혹은 다수의 주체가 서로 얽히고, 정보가 난반사하면서 확대되고, 일부에서는 통제할 수 없을 정도로 과격화되었다고 파악하는 것이 정확하다.

자료가 된 경시청의 보고서 『타이쇼 대지진 화재지』 자체는 이 메커니즘의 대상화에 실패했다. 20세기 초에 일본에 수입된 군중론의 패러다임을 바탕으로 유언비어를 포착했기 때문이다. 즉, 비합리적이고 비정상적인 사태에서 이른바 '군중심리'의 '충동성' '피유성(被誘性)' '경신성(輕信性)' 등의 관점에서 유언비어의 본질을 논하고 있다. 그렇지만 오늘날 유언비어 연구로부터 생각하면 이 설명은 이해의 방향이 단선적이며 수준도 불충분하다. 그 후 연구의 전개는 정보의 특질로서 '애매함'이 담당하는 역할을 파고들어서 '단순화' '평균화' '강조' 등등의 연쇄적 변형에서의 규칙을 발견해 내고,[37] '집합적 문제해결'의 주체적인 노력에서 생겨난 의미부여의 폭주라고 할 수 있는 메커니즘에서 유언비어의 생성과 전개의 프로세스를 파악하고 있기 때문이다.[38]

정보라는 단어는 오늘날에는 모든 것에 대한 지식과 내용을 포괄하는, 실로 폭넓은 일반적 명사가 되어버렸다. 그렇지만 원래 의미는 판단을 내리거나 행동을 개시하거나 할 때 그 결정을 좌우하는 것 같은, 상황에 관한 중요한 지식을 가리킨다.[39] 지진에서는 재해 상황하에서 피난이라는 절실한 문제 상황에 놓인 주체에게 생존, 생활의 유지에 중요한 편의와 상황에 관한 지식이, 후자의 의미에서의 의사결정을 좌우하는 '정보'로 요구되었던 것이다. 유언비어 현상을 단순한 오보와 오류의 충동적이고 수동적인 만연으로 보는 것은 결정적으로 불충분하다. 그것이 아니라, 일변에서 다가오는 상황에 적극적으

---

37   『デマの心理學』[Allport & Postman, 1947=1952] 등.
38   『流言と社會』[Shibutani, 1966=1985] 등.
39   본서 제3장을 참조.

로 임하고 눈앞의 문제를 해결하려고 하는 적극적인 주체성의 발현이었던 것이다.

정보의 '공백'

유언비어 증식의 메커니즘을 생각할 경우, 첫 번째로 파악해야 할 것은 사람들의 일상에서 정보의 부족 혹은 결핍이라고 느껴지는 사태가 발생한 것이다.

잘 알려진 것처럼 일간 메이저 신문사 17사 중 무너지지 않은 것은 도쿄일일신문(東京日日新聞)·호치신문(報知新聞)·미야코신문(都新聞) 3사뿐이고, 남은 신문사도 다음 날 등사판 등으로 형식적인 호외를 얼마간 냈을 뿐이다. 즉 4일 반포가 불완전하게나마 재개되기까지 거의 3일간은 신문의 완전한 공백 상태였다. 전화 또한 업무를 중심으로 한 것이기는 하지만 보급되어 있던 것이 갑자기 통하지 않게 된다. 정보의 결핍이 불안으로 이어지면서 일상적 정보향유를 뒷받침하던 구조가 갑자기 파괴된 것이 한 역할이 크다. 그런 틀 자체의 힘이 반드시 의식되고 있었던 것은 아니었다. 즉 매일 습관이 되어 가던 신문을 읽을 수 없게 되고, 전화가 통하지 않게 된다. 그 사태 자체가 '이상'을 느끼게 하고 '비상시'라는 의식을 부각시키는 메시지였다.

그 점에서는, 예를 들어 메가폰이나 벽보든, 대체할 다른 수단으로 올바른 정보를 전해 주기만 하면 충분하다고 단순하게 결론지을 수 없다. 유언비어의 기저에 있는 불안은 일상적 틀 자체가 흔들리고 없어졌다는 것 자체가 만들어낸 것이기 때문이다. 틀 자체가 없어졌다는 것이 갖게 되는 강한 의미 부여를 무시할 수는 없다.

나아가 도시가 가지고 있는 고유의 희박한 인간관계가 독자적인 의미를 낳는다.

거대한 도시에서 구 도시 내의 교류나 정보 공유를 유지하는 지역도 없는 것은 아니었지만, 수도 도쿄는 일반적으로 유입자가 많고 다양한 장소로 통근 계급의 소위 '주택지'를 확대하고 있었다. 대도시의 많은 장소에서 이웃의 교제가 희박하게 되어 있던 경향은 부정할 수 없다. 그것은 근린 네트워크를 통한 정보 전달이 그다지 중요하지 않고 의지할 수 없는 일상을 의미한다. 지진 재해로 정보가 단절된 상태에서 이 쇠약한 전달 회로가 다시 활성화되었다. 그러나 이미 이러한 성격은 도시 사회의 근본에서 변화하고 있었다고 할 수밖에 없다.

우시고메구 미나미마치에 살고 있던 호즈미 시게토(穗積重遠)는 지진 재해 전의 주택지 지역에서 인간관계가 얼마나 희박해졌는지를 다음과 같이 말하고 있다.

> 85호 정도의 작은 지역인데, 주민은 비교적 변동이 적고 꽤 오래전부터 계속 살아온 사람이 많지만, 그런데 지역 내의 교제라고 할 만한 것은 거의 없었다. 상가가 많은 지역에서는 이렇지 않을 거라고 생각하지만, 어쨌든 우리 지역에는 상가라고 하면 쌀가게와 세탁소가 한 집씩 있을 뿐이고, 다른 곳에서 근무하는 사람이 많아서 각 집의 주인은 일찍 출근하고 늦게 귀가한다. 집은 말하자면 각자의 침실에 지나지 않는 형편이었다. 그러므로 이웃들과의 교섭이 없는 것은 물론, 어떤 경우는 이웃 사람의 이름조차 모른다. 아침저녁에 거리에서 만나도 인사 한 번 하지 않고, 무엇보다 지역 사람인지 아닌지 분간하지도 못했던 것이다.[40]

유언비어와 함께 치안 문제화된 '자경단'이 단순한 집단주의의 출현이나 공동체적 결합의 분출 등이 아니고, 호즈미가 지적하는 것처럼 서로 모르는 사람들의 찰나적인 집합이라고 하는 군중론적인 구조를 그 기저에 가지고 있는 것 또한 간과해서는 안 된다.

앞서 언급한 중심 피해지역인 '북동'(센주, 고토 방면)과 '남

---

40   「町會と自治會」[穗積重遠, 1924:4].

서'(시나가와, 오사키 방면)에 나타난 두 개의 유언비어 공간만 하더라도 도시의 무질서한 확대로 인해 이질성을 안고 있는 지역이라는 점에서 공통적이다. '북동'에 관해서는 중국인, 조선인 노동자의 증가를 받아들인 지역이며, '남서'의 오사키마치나 히라츠카마치는 제1차 세계대전 중에 공장이 많이 설립되어 인구가 급증한 지역이기도 했다. 즉, 이른바 '군중'화하기 쉬운 구조적 요소를 지니고 있었던 것이다.

정보의 분단 또는 단편화

거기에도 관련되지만 둘째로, 앞에서 말한 정보의 '부족' '결핍' '공백'이라고 묘사되는 상태에 고유의 특질이 있다.

그것은 어떤 지식도 적혀 있지 않은 백지상태가 아니었다. 모순된 지식으로 점철된 정보공간에서 편견과 선입견, 고정관념까지도 이미 곳곳에 녹아 있다. 백지와는 거리가 멀고, 게다가 왕성하게 중첩되어 간다. 오히려 무질서에 추가된다고 해도 좋은 특징을 갖는다. 유언비어는 과연 기록된 정보의 무질서함을 소재로 일어선다.

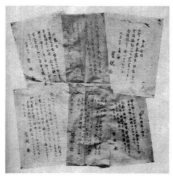

[그림 12-4a] 「각종 전단지 1」
[警視廳 편, 1925: 권두그림 19]

[그림 12-4b] 「각종 전단지 2」
[警視廳 편, 1925: 권두그림 19]

[그림 12-4a] 및 [그림 12-4b]에서 든 것처럼 경시청과 계엄사령부로부터 여러 번 나온 전단지 또한 이 단편적이고 통합되지 않은 정보공간의 무질서한 활성화에 힘을 빌려주었다. 유언비어의 통제와 관련된 지시나, 게시되어 살포된 경시청 및 기타로부터의 메시지를 정리한 것이 [표 12-6]이다. 뒤에 보겠지만 이것들도 또 내용적으로 보면 유언비어의 통제에 어떤 일정한 힘을 발휘했다고도 할 수 있는 반면, 그 유포 자체가 유언비어를 낳는 이른바 '불씨'가 되었다. 좀 더 나중의 단계이지만, 앞에서 본 츠치다 쿄손(土田杏村)이 회상한 것처럼 외지를 포함한 각지에서 발행된 여러 신문의 호외도 또 마찬가지로 유언비어를 낳는 소재가 되었던 것이다.

[표 12-6] 유언비어 방지 및 민심 안정을 위한 선전

	선전문의 내용	발신자	비고
9월 1일	중앙기상대의 보고에 의하면 향후 대지진은 없으며, 화재는 점차 진정되고 있음. 중앙기상대의 보고에 의하면 도쿄만 내에서 해일의 우려는 없을 전망.	경시청	등사판 전단지 각 5000장, 17시 30분
	신문기사에 대해서는 민심의 불안을 증대시키는 것 같은 낭설은 애써 피하고, 이를 안정시켜야 할 각종 사정은 애써 속보를 기하여, 철저하게 배려해 주기를 바람.	내무성 경보국 간담서	
9월 2일	불령자 단속에 관한 건 재해를 틈타서 방화 기타 광폭한 행동에 나서는 자 없다는 보장이 없음. 실제 요도바시, 오츠카 등에서 검거함. 이때 이들 불령자에 대한 단속을 엄히 하여 경계상 계산 착오가 없도록 해야 함.	경시청 각서에 명령	17시경
	만약 불온한 무리가 있다면 서원을 연도에 배치하여 격멸해야 함…… 서원을 흩어지게 하지 말고, 요소에 집중해서 이에 대비해야 함……	경시청 개별서에 명령	18시 지나서
9월 3일	긴급고지 불령선인의 망동에 대한 소문이 무성하나, 이는 대부분 사실과 다른 와전에 불과하고, 조선인의 대부분은 순량한 것을 함부로 이를 박해하고 폭행을 가하는 등이 없도록 주의할 것.	경시청 선전대	선전문 2, 등사판 전단지, 06시경
	긴급고지 어제부터 일부 불령선인이 있다고 해도 지금은 엄중한 경계에 의해 그 자취를 감추고, 조선인의 대부분은 순량하고 하등 흉행을 저지르는 자 없으므로 함부로 박해하고 폭행을 가하는 등이 없도록 주의할 것. 또 불온한 점이 있다고 인정되는 경우는 속히 군대 경찰관에게 통고할 것.	경시청	선전 전단지 30000장

9월 4일	이번 재해로 인해 가장 필요한 물자에 관해서는 계획이 원만히 진행되어 이미 시민 각위에 대한 배급을 착착 실행하고 있으며, 이때 가장 중대한 것은 민심의 평정을 얻음으로써 불령선인의 폭동, 강진의 재래 등의 풍설에 현혹되지 말고, 군대 경찰에게 일의 진부를 묻고, 평정리에 행동할 것을 바람	경시청 선전대	선전문 7
9월 5일	9월 5일 밤부터 좀도둑의 잠입을 막기 위해, 경찰과 군대와 협력하여 시내외의 각처에 검문소를 설치하여, 일일이 행인을 검문하고, 삼엄한 경계를 가함으로써, 일반 민중은 가능한 한 야간에는 옥외에 나가지 말 것	경시청 선전대	선전문 15
	관동계엄사령관령 제2호 군대의 증가에 따라 경비를 완비하기에 이름. 따라서 다음을 명령함. 1. 자경을 위하여 단체 또는 개인마다 필요한 경계방법을 가지고 있는 자는 미리 가까운 경비대 헌병 또는 경찰관에게 신고하여 지시를 받을 것 2. 계엄지역 내에서 통행인에 대한 수하, 검문은 군대 헌병 및 경찰관에 한하여 실시할 것 3. 군대 헌병 또는 경찰관헌으로부터 허가받지 아니하면 지방자경단 및 일반인민은 무기 또는 흉기의 휴대를 허가하지 않음	경시청 선전대	선전문 16
	이번 지진을 틈타 일부 불령선인의 망동이 있다고 조선인에 대한 불쾌감을 가지는 사람이 있다고 한다. 조선인의 소행이 만약 불온하다고 하면 속히 단속하는 군대 또는 경찰관에게 통고하여 그 처치를 기다려야지 민중 스스로 함부로 조선인에게 박해를 가하는 것은 원래 일선동화의 근본 정신을 위배할 뿐만 아니라 외국에 보도되어 결코 바람직하지 않음	내각 고유	제2호
9월 6일	문설주, 담 등에 기록된 부호에 대하여 12a 2ⓟ 1B ⓚ 1m ◯ W3 ヶ r u ◎ ⤵ m ⓟ 전날부터 각처의 문설주, 담 등에 위와 같은 부호 기록이 있는 것을 조선인의 부정행위의 암호라고, 일반인이 매우 불안을 안고 있는 바, 당 청에서 조사한 결과 이것은 중앙청결회사의 인부 등이 거래처의 특징과 변소 소재지의 방향, 개수 등의 부합로 이용하는 것으로 판명됨	경시청 선전대	선전문 17
	청년단 제군 미증유의 대재해에 각위가 매일 밤낮으로 경비의 임무에 복무하여 분투 노력한 것은 감사하기 그지없다. 다행히 군대의 출동과 경찰력의 충실에 따라 점차 질서 회복이 이루어질 수 있었다. 더욱이 조선인의 내습 또는 대지진의 재래 등 갖가지 풍문이 있어도 조사 결과 대부분은 전혀 근거 없는 유언비어라는 것이 판명됨으로써 각위는 모름지기 마음을 편안히 하고 냉정하게 질서 유지에 조력하기를 절실히 바라마지 않는다.	경시총 감 고유	30000장
	이 확장은 별로 새로운 가공할 일이 일어났기 때문은 아니다. 이재민이 점차 이 지방으로 들어옴에 따라, 여러 가지 허보 유언이 이루어져 민심을 불안하게 하는 일을 단속하는 것과, …… 지방민은 결코 유언비어에 현혹되지 않고, 피난민은 지방민에 대해 불편한 행동을 취하지 말고, 모두 지방관공리, 경찰관을 믿고 평상시와 같이 침착하게 군대에 방해가 되는 일을 해서는 안 된다.	관동계 엄사령 관 고유	비행기 살포

	2. 계엄령이 내려도 직접적인 단속은 경찰관이 이에 임하는 것임을 잊어 서는 안 된다.		
	있지도 않은 일을 퍼뜨리면 처벌을 받습니다. 조선인이 흉폭하다든지, 대지진이 재래한다, 죄수가 탈옥했다는 등 말을 퍼뜨려서 처벌된 자는 다수 있습니다. 때가 때인 만큼 여러분 주의해 주십시오.	경시청 선전문	선전문 18
9월 7일	오늘 7일 다음 긴급칙령이 나왔습니다. 출판, 통신 기타 무슨 방법이든 불문하고 폭행, 소요 기타 생명, 재산, 신체에 위해를 끼치는 범죄를 선동하고, 안녕질서를 문란하게 할 목적으 로 치안을 해치는 사항을 유포하거나 민심을 현혹할 목적으로 유언부설 을 하는 것은 10년 이하의 징역 혹은 금고 또는 삼천엔 이하의 벌금에 처한다. 부칙 본령은 공포일로부터 이를 시행한다.	경시청 선전문	선전문 19
	◎ 야간교통금지는 허보	관동계 엄사령부 정보부	계엄사령부 정보 제1호
출전	『大正大震火災誌』警視庁, 1923, pp.465-476 『関東大震災の治安回顧』法務府特別審査局, 1949 『関東大震災政府陸海軍関係史料 1巻 政府・戒厳令関係史料』日本経済評論社, 1997		

3일이 되고 나서 도쿄에 친척이나 친구의 안부를 확인하러 갔던 와츠지 테츠로의 「지이인상기(地異印象記)」에,

네거리마다 벽보를 붙여 군함 40척이 오사카에서 50만 석의 쌀을 싣고 급 항한다는 식의 소식을 읽자 온몸으로 기쁨의 떨림이 달렸다. 그러나 이런 기분 사이에도 자신의 가슴을 가장 격하게, 또 집요하게 끓어오르게 한 것 은 동포의 불행을 목표로 하는 방화범의 소문이었다.[41]

이 '벽보'는 약간 내용의 차이는 있지만 경시청 선전대가 배포한 것과 확실 히 대응하고 있다. 그런 의미에서 여기저기 전해진 것은 정보만이 아니라 전신을 움직이는 떨림이기도 했다.

---

41 「地異印象記」[和辻哲朗, 1923: 202-203].

게다가 이 '기쁨의 떨림'과 뒷단계의 소문에 대한 격렬하게 되살아난 생각과는 서로 공명하고 있다. 그것이 와츠지라는 사상가 혼자에 한정된 동거가 아니었을 가능성도 읽고 지나쳐서는 안 된다. 다른 많은 피해 주민도 인접해 있었다. 불법행위나 무법한 행동에 대한 의분 또한 격렬한 떨림과 같은 신체성을 띤 것이었다고 생각하면, 그 격렬함 또한 불안을 바탕으로 하고 그것과 호응하는 것으로 볼 수 있다. 그러므로 [표 12-6]의 9월 2일의 경시청이 각 경찰서로 보낸 명령의 "실제 요도바시(淀橋), 오츠카 등에서 검거함"이라는 언명과 9월 3일의 민중에게 배포된 선전문의 "대부분은 사실이 서로 다름"이라는 애매한 부정의 구절 등이 어떻게 받아들여졌는지에 대해서는 주의가 필요하다. 전부정은 아니기 때문에 그러한 사실도 확실히 있었다고 읽는 불안과 융합해 간 것도 이해할 수 있다.

즉 정보의 단절이란 정보가 아무것도 없는 백지의 공간을 탄생시킨 것이 아니었다.

미디어로서의 적란운

이 정보공간에는 단편적이고 일시적이며 무질서한 지식이 끊임없이 기록되었다. 그 일례로서 또 하나, 같은 와츠지의 에세이에서 지진 재해시에 나타난 '구름'을 둘러싼 해석의 변화를 들어 두겠다.

사진, 그림엽서, 삽화([그림 12-5a~e])에도 남아 있는 거대하게 발달한 적란운은 분명 사람들의 눈길을 끄는 이상한 것이었던 것 같다. 그 해석이 낯선 타자로부터 전해지고, 일시적으로 믿음이 생기고, 나아가 다음의 해석이 다른 낯선 사람으로부터 전해져서 요동친다. 그 모습이 와츠지의 에세이에 상세하게 기록되어 있는 것이 흥미롭다.

간단하게 더듬어 보자.

와츠지는 최초의 큰 진동 후, 아무튼 가족과 뜰로 나와 피난하고, 노숙을 각오하기 시작한 세 번째 정도의 여진 후 '문양 옷을 입은 쇼쿠닌 풍의 남자'

[그림 12-5a] 「반초(番町) 미츠이(三井) 쪽에서 본 불길」(그림엽서)

[그림 12-5b] 「진재운(가제)」(그림엽서)

[그림 12-5d] 「낮에 본 연기」삽화[田中比佐良, 1923: 192]

[그림 12-5c] 「야마노테(山の手)에서 본 악마의 연기」(그림엽서)

[그림 12-5e] 「밤에 본 연기」삽화[田中比佐良, 1923: 192]

에게서 '오시마(大島) 폭발 소문'을 듣는다.

> 그 남자에게 주의를 받아서 보니 남쪽에 새하얀 적란운이 유달리 높이 뭉
> 게뭉게 솟아오르고 그것이 북동쪽으로 흘러 이제 동쪽까지 마치 산맥처럼
> 이어져 있다. 새파란 하늘과 대조되어 이 하얗게 빛나는 구름 봉우리는 자
> 못 아름다웠다.[42]

와츠지 자신은 최초 진동으로부터 15분도 지나지 않았다고 생각하고 있었
기 때문에 이 짧은 시간에 오시마의 화산폭발 연기가 도쿄까지 오는 것은
이상하다고도 생각했지만, "그때는 달리 이 구름에 대한 설명 방법이 생각나
지 않았다"라고 하는데, 좀 전에 들었던 폭발음도 오시마의 분화였구나 하고
생각하고 일단 납득을 한다.

그런데 "아마 2시가 지나서였나" 하고 생각될 무렵 센다가야에서 동북쪽에
해당하는 곳에 더욱 큰 적란운이 나타났다.

> 우리는 그것을 폭연이라고 생각할 수는 없기 때문에, 아마 그것은 보통의
> 소나기구름일 것이라고 서로 소문을 냈다. 이윽고 그 구름 속에서 천둥소
> 리인가 싶은 꿍음이 들려온다.[43]

지진이 무서워서 집에 들어갈 수 없는데, 소나기를 맞으면 견딜 수 없다고
생각하면서 보고 있자니 전혀 움직이지 않는다. 소리도 천둥치고는 울림이
작고, 오시마의 분연이라고 한 것과 마찬가지로도 보인다. 오시마의 분연과
폭발음이었다는 설명이 이번에는 소나기구름과 천둥으로 덮어씌워지고, 아
직 여러 가지 의문이 함께 하면서도 나름대로 납득을 하고 있었다.

---

42 「地異印象記」[和辻哲朗, 1923: 191].
43 「地異印象記」[和辻哲朗, 1923: 197].

거기에 한층 새로운 해석이 나온다.

> 나는 또 상황을 살피러 길 쪽으로 나갔다. 거기서 누구에게 들었는지는 잊
> 어버렸지만 남쪽은 메구로(目黑)의 화약고 폭발 연기이고 동북쪽은 포병
> 창고의 폭발 연기라는 설명을 들었다. 훗날이 되어서 두 폭발은 모두 거짓
> 으로 판명됐지만 이때는 메구로 화약고의 폭발을 갑자기 믿었다. 그것은
> 오시마의 폭발보다 훨씬 합리적으로 생각되었다.[44]

그러나 구름을 알아챈 후에 폭음을 들은 것 같기도 해서 다소 납득이 가지
않는 것도 있었지만 "한 시간 정도는 이 설명에 만족하고 있었다"고 한다.
3시나 4시 반 무렵이 되어, 와츠지는 철도 건널목에 나가 도쿄 쪽에서 줄줄
돌아오는 사람에게 시내의 상태를 물어보려고 했다. 거기서 건널목 담당 노
인에게서 칸다(神田)와 히비야(日比谷)의 대화재, 니혼바시(日本橋), 아사쿠사
(淺草), 혼고(本郷), 코지마치(麴町)가 불타고 있다고 듣는다. 그리고 "저 구름은
화재의 연기이다"라고 생각하고, 그것이 쉽게 볼 수 없는 대화재인 것에 처음
으로 아연해진다. 그러나 그때는 아직 이 화재가 해자도 뛰어넘고 불연성
건물도 다 태워 버리는 맹렬한 화재라는 것까지는 상상하지 못했다고 쓴다.

> 해질녘에는 남쪽의 큰 적란운이 어느새 사라지고 북동쪽의 높은 적란운이
> 약간 동쪽으로 옮겨가면서 점점 커졌다. 그렇게 해가 기울면서 구름 뿌리
> 가 붉어지기 시작했다.[45]

밤까지 하늘에 우뚝 솟아 어디에서나 보였던 구름은 와츠지 개인의 내면에
서도 시시각각 해석이 바뀌었다. 같은 구름을 올려다보고 있던 도쿄 각지의
많은 사람들도 '분화' '폭발' '방화' 등의 설명을 근거 있는 사실로서 계속

---

44 「地異印象記」[和辻哲朗, 1923: 197-198].
45 「地異印象記」[和辻哲朗, 1923: 199].

언급했을 것이다. 와츠지 자신은 "남쪽에 높게 나타난 적란운이 무엇이었는지는 그 후 여러 가지로 물어봤지만 아직 분명히 알 수 없다. 그것은 요코하마의 연기였다고 말하는 사람이 있는데, 혹 그럴지도 모른다"라고 확실한 해명에는 도달하지 못한 채 동시대의 에세이를 끝내고 있다.

그러나 여기서 중요한 것은 적란운 발생의 진짜 원인이 무엇이었는가에 대한 해설이 아니다. 그때그때에 있어서, 일시적이라도 믿을 수 있는 설명이 공급되었다는 사실이다. 지진 재해 때의 정보환경에서 계속해서 눈앞의 의심에 대한 해설이 공급되고, 또는 누군가가 발명하고, 집단에게 받아들여졌다.

그것은 하나의 '문제해결'이었던 것이다.

호즈미 시게토의 표현을 빌리면, 관동 대지진은 '침실거리'에 살고 있던 주민을 "가두로 내몰아서" 이웃과 건너편의 사람들과 얼굴을 맞대고 "큰일이네요, 부상은 없습니까"로 시작하는 커뮤니케이션의 회로를 열었다. 긴장이 넘치는 불안감을 바탕으로 평소에는 친분이 없는 낯선 사람들과 커뮤니케이션이 시작된다. 제2차 세계대전의 공습 하의 일기 등에서도, 공습경보가 울리면 낯선 사람끼리 아무에게나 이야기를 시작한다고 하는 기술이 보이는데,[46] 그것은 와츠지가 바깥 길로 나오거나 건널목 쪽으로 간 행동에서도 볼 수 있다. 정보를 구한다는 것 이상으로, 실은 스스로 이야기하는 것으로 불안을 달래고 있었다고도 해석할 수 있다.

그렇기 때문에 그러한 커뮤니케이션은 매우 단편화되고 서로 모순되는 정보를 생산한다. 그것에 의해서 또 유언비어가 활성화되는 소재를 공급하는 것이다.

---

46 야마다 후타로(山田風太郎)의 『戰中派不戰日記』였는지, 도쿠가와 무세이(德川夢聲)의 『無聲戰爭日記』였는지, 잇시키 지로(一色次郎)의 『日本空襲記』에서 보았을까 하고 찾아봤지만 찾을 수가 없었다. 혹은 군중화라는 메커니즘 속의, 집단으로서의 벽이 희미해진다는 심리학 설명의 예시였는지도 모른다. 재확인할 수 없지만 기억 그대로 들어 둔다.

해석의 생산자들

셋째, 생활거점을 잃은 피난자들이 많이 생겨나면서 이들이 정보의 전달자가 되고 매체가 되었다. 그러한 사람들의 불안에 뒷받침된 이해와 지식, 정보의 부족에 근거한 해석이 유언비어 전달의 프로세스로 환류되었다. 그 정보의 난반사도 재해 하의 유언비어를 생각할 경우 무시할 수 없는 논점이다. 앞에서 본 와츠지의 케이스에서는 그 정도로 과격화된 것에 접속하지는 않았던 것처럼 보이기도 하지만, 조건에 따라서는 집합적이고 광포한 것이 될 수도 있다.

가옥의 붕괴에 의해, 혹은 화재로 인해 거리로 내몰린 사람들의 불안이 유언비어의 수용에서 한 역할은 크다. 스즈키 준(鈴木淳)『관동대지진(關東對震災)』은 당시 44세 은행원이었던 소메카와 란센(染川藍泉)의 『지재일지(震災日誌)』로부터, 같은 인간이 평상시와 비상시에 내리는 판단의 차이에 대해 언급하고 있다. 즉, 나름대로의 지식과 교양을 가지는 샐러리맨이라도, 은행원으로서 일상의 책상 앞에 있었을 때의 냉정한 판단과 철로 옆 노천으로 피난하여 가두 생활을 거쳐서 감정의 혼란을 겪은 판단에는 분명한 차이가 있던 것을 지적하고 있다.[47]

지진 자체가 예기치 못한 믿기 힘든 일이었지만 화재에 대해서도 사람들이 적절한 지식을 가지고 있었다고는 할 수 없다. 유언비어의 주제 중 하나가 된 '방화'와 '폭탄'에 대해서는 민족적 편견과 대립 이전에 작용하고 있는 요소도 있다. 즉, 대규모 화재에 관한 지식이 없는 것이다. 앞서 언급한 와츠지 테츠로가 지금까지 알고 있던 화재는 겨우 2시간 정도면 진화될 수 있는 것이었으며 늦게까지 끌 수 없는 화재가 있을 것이라는 점은 상상조차 할 수 없었다고 기록하고 있다.[48]

또 와츠지의 에세이에 적혀 있는 후카가와(深川) 모리시타마치(森下町) 여성

---

47   『關東大震災』[鈴木淳, 2004: 191-192].
48   「地異印象記」[和辻哲朗, 1923: 191].

의 이야기도 아마 여기저기에 있었던 평범한 경험일 것이다. 이 여성은 1일 최초 지진에서는 별다른 화재를 내지 않아 그나마 다행이라고 생각했고, 거래하던 쇼쿠닌이 달려왔을 때는 "내일이라도 지붕 수리를 부르면 좋겠다"라고 한가하게 이야기를 했을 정도였다. 그런데 "그 사이에 전차 선로 맞은편에서 불이 났다. 불길이 빨리 번져서 무엇 하나 꺼낼 틈도 없이" 도망치게 되었다고 한다.

한 번 진화를 하거나 화재를 면해서 안심하고 있을 때, 또 다른 곳에서 불이 번져서 이번에는 화재를 당한다. 이렇게 외부에서 불이 옮겨 붙는 상황에 대해서 누군가가 '방화'했기 때문이라고 설명이 되고, 그것이 '원인'으로서 상황 이해에 빠져들 위험성은 충분히 일어날 수 있다고 이해할 수 있다. 거기에 끼워 넣는 실천으로서의 '방화'도, 주체로서의 '누군가'도, 새롭게 일어난 사태를 설명하는 것으로서 리얼리티를 가지기 시작한다.

'폭탄'이라고 하는 화재의 발생과 유포도 아마 '방화'라고 하는 설명과 마찬가지로 대화재에 대한 지식이 없는 것을 배경으로 하고 있다([그림 12-6]).

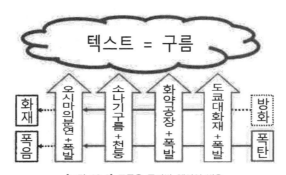

[그림 12-6] 구름을 둘러싼 해석의 변용

불길이 번지면서 수많은 폭발음이 나는 등, 대부분의 사람들이 전혀 경험해 보지 못한 사건이었다. 앞서 든 와츠지 테츠로는 "대포 같은 큰 폭음이 세 번쯤 처음 남쪽에서 들렸을" 때, 나중에 '타카나와 어전(高輪御殿)'의 약품인가 뭔가의 폭발인 것 같다고 설명하는 그것을, 그때는 그런 이유 따위는 전혀 상상하지 못했을 뿐만 아니라 오히려 "내게는 그것이 어떤 신호인 것처럼 생각되었다"[49]라고까지 기록했다. 그러한 생각을 만약 누군가가 말하고, 들은 사람들이 그럴지도 모른다고 공명하면, 도대체 누구의 신호인가 하는 범인 찾기를 둘러싸고 마치 거대한 음모의 일부인 것처럼 설명 작용을 하는 유언비어가 일어선다.

그러나 상상을 초월하는 대화재는 건물 내부뿐만 아니라 지하에 묻혀 있는 가스관을 폭발시켜 버릴 정도로 무시무시한 것이었다. 공학박사인 오시마 요시키요(大島義清)는 전문가로서 "필자가 목격한 것으로 그 근방 사람들은 폭탄이라고 떠들었지만, 실은 지하 가스관의 폭발이었던 것이 많이 있다"[50]라고 증언하고 있다.

해석의 폭주와 증식

넷째로, 즉 듣는 사람의 상상력의 과격화, 독자의 해석의 폭주라고도 할 수 있는 프로세스가 유언비어에는 따라다닌다. 그 부분이 문제가 나타나는 방식을 복잡하게 한다.

이것은 두 번째로 언급한 논점, 즉 이 정보공간이 단편들을 긁어모은 것이라는 점, 때로 모순되는 것도 포함되어 있다는 것과 밀접하게 관련되어 있다. 즉, 부족한 부분이나 누락된 정보를 보충하는 것처럼, 혹은 '인지적 불협화'를 경감하고 도리에 맞는 해석을 만들기 위하여 새로운 화제가 그 '공백'을 매워 가는 것이다.

그 점에서는, 자주 민주주의적 비판의 논리가 암묵리에 적으로 규정해 버리는 권력, 예를 들어 경찰이나 군 등의 통제 주체만이 유언비어의 근원이 되는 정보의 생산자는 아니다. 오히려 비상사태 속의 생활자나, 피난을 피할 수 없게 된 민중도 또 유언비어의 핵이 되는 지식을 생산해 나간다.

---

49 「地異印象記」[和辻哲朗, 1923: 191].
50 『大正震災志』[內務省社會局 편, 1926: 324].

관동대지진의 몇몇 기록이 기묘한 사건이라며 증언하고 있는 '불온기호(不穩記號)' 유언비어는 좋은 예이다. 즉 시내 골목길의 담장이나 집의 문기둥 등에 백묵 등으로 써 있는 기호가 습격을 위한 암호라고 경찰에 신고되었다. 그러나 실제로는 우유나 신문 배달원 또는 분뇨수거업자가 기억하기 위한 기호로 지진 전부터 있었던 것이었다. 이미 존재하고 있던 거리의 낙서 비슷한 표시가 특별한 의미를 갖는 암호가 되는 데는 주민들의 해설이 깊이 관여하고 있다. 그래서 불안을 안고 이변에 떨고 있는 사람들이 보통의 일상에서는 전혀 신경 쓰지 않았던 사물에 새삼 주목해 새로운 해석을 만들어내었다.

이 화제에 대해 언급하고 있는 경찰서의 기록은 많다. 예를 들면 시나가와 경찰서의 "불안에 사로잡힌 민중은 스스로 의심 귀신을 만들어서 우유 신문의 배달원, 분뇨수거원 등이 기억하기 위해 경로에 적어둔 부호도, 조선인이 방화·살인 또는 독약의 살포를 실행하기 위한 목표라고 믿고"[51] 동요했다는 보고가 있다. 또 시부야경찰서의 "동일(3일) 밤에 이르러서는 '조선인이 폭행을 위한 표시임'이라고 여러 가지 암호를 기록한 종이쪽지를 제출하고, 혹은 히로오(廣尾) 부근에 그 표시를 적는 것을 보았다고 사실을 입증하는 자도 있으며" 이것도 3일 것이지만 요츠야(四谷) 경찰서의 "변소의 청소인부가 잊어버리지 않기 위해 각 경로 안에 그린 기호도 그 형상에 따라서 폭탄의 장치, 독약의 살포, 방화, 살인 등에 관한 부호라고 선전"하는 것은 접했다는 보고에, 같은 주제가 나타나고 있다. 그 밖에 해군법무국이 기록하고 있는 「조선인 관련 정보」[52]와 아카바네(赤羽) 화약창 폭약부에서 해군성 부관에게 보고한 것으로 아마 초나이카이(町內會)의 통보를 바탕으로 한 것,[53] 우치다 료헤이(內田良平)의 견문[54] 등에 이른바 불온한 기호가 언급되어 있으므로 여기저기

51 『大正大震火災誌』[警視廳 편, 1925: 1233].
52 『海軍関係史料』[國中正敬·逢坂英明 편, 1997: 103-104].
53 『北區史』[北區史編纂調査會 편, 1995: 650], 『海軍關係史料』[田中正敬·逢坂英明 편, 1997: 110].
54 『關東大震災と朝鮮人』[姜德相·琴秉洞 편, 1963].

에서 속닥거리며 생겨난 것일 것이다. 9월 6일에 경시청 선전대가 「문기둥, 담벼락 등에 기록한 부호에 대하여」라는 선전문을 배포한 것은 이러한 유형의 유언비어에 대처하기 위함이다.

그러나 우리는 이 말을 현대사회에서는 있을 수 없다고 무시할 수 있는가. 아마 터무니없는 일화로 일축하기는 어렵다. 그도 그럴 것이 [그림 12-7]에 나타낸 맨션 자치회의 배포물에 복사된 수상한 정보처럼 실제로 현대에서도 동종의 화제가 조용한 일상 깊은 곳에서 반복되고 있기 때문이다.

◆シールによるマーキング例と推測される意味◆	
黒	男性　話を聞いてくれない　居留守　防犯対策をしている？など
白	女性　対応がよい　在宅　購入の可能性あり　無防備？など
赤	子供がいる　土日は休み　女性一人暮らしなど
黄	もうひと押しで買う　他社製品を使用　家族で住んでいるなど
金	熟年夫婦　資産あり　留守がちなど
銀	若夫婦　資金的にあまり余裕なし　専業主婦がいるなど
その他	枚数によって訪問回数を示したり、花やキャラクターを張ることもある

◆記号 文字 数字によるマーキング例と推測される意味◆			
○	脈あり　購入済みなど	SS	子供がいない夫婦　土日休など
△	もうひと押し　情報不足？など	C	夫婦（Dの場合もあり）何かのランク？
×	脈なし　近づかない方がよいなど	B	赤ちゃんがいる　何かのランク？
V	訪問済み　断られたなど	918	9時から18時まで留守
SM	一人暮らしの男性	20	20代　20日に訪問？
SW	一人暮らしの女性	ヤ	暴力団関係者？こわい人がいるなど

※使用者によって意味が違うため統一した意味ではなく、違った解釈の場合もある

[그림 12-7] 2003년경에 맨션에 배포된 자료

역사를 되살리다

다섯 번째 논점으로서 유언비어는 사람들의 잠재의식이나 무의식의 층에 억눌려 있는 것을 부상시켜 평소에는 별로 의식하지 않았던 역사를 되살린다. 어떤 의미에서 '정신분석'적이며, 어떤 의미에서는 '신화'론적이기도 한 이런 확산도 단순한 오보로서의 유언비어 이해로부터 간과되기 쉬운 논점이다.

예를 들어 '우물'에 독약을 투입한다는 화제는 물론 생명선으로서의 물 확보라는 절실한 실제 문제와 관련이 있다. 하지만 그리 멀지 않은 과거에 존재했던 '콜레라'를 둘러싼 기억과 전승이 동원되어 리얼리티를 더하고 있다는 점도 생각해 볼 수 있다. 실제로 우물물 소독을 위해 석회를 투입하는 방법이 있었는데, 메이지 10년대(1877~1886)에는 "콜레라 유행은 의사와 경찰이 우물에 독약을 넣고 또 환자의 생간을 투입했기 때문이다"라는 유언비어로 치바현 카모가와(鴨川)에서는 의사가 살해되는 사건이 일어났다. 수도가 널리 보급되고 있는 도시공간에서 우물이 어떤 위치에 있었는가에 대해서는 새삼 검증을 요하는 논점이지만, 우물의 중요성이 갑자기 주목된 것은 틀림없다.

우물과 독약이라는 화제의 결합은 어쩌면 소독이 필요하다는 지식의 반증이었을지도 모른다. 또한 표 [12-2a]의 2일 18시경에 들어서 알게 된 "우물의 변색", "박물관 연못물의 변색", "어류의 죽음" 등 관찰된 구체적인 이변을 설명하기 위해 호출되었을 가능성도 있다. 재해시의 피난소 등에서 위생 소독의 필요성은 실제로 경비당국에서도 의식하고 있었는데, 크롤 석회에 의한 소독을 계획하면서 "우물물 소독은 때가 때인 만큼 조선인 문제와 관련하여 민중이 오해할 것을 고려하여 선전 삐라를 응용하여 자치회 청년단 등의 응원으로 가능한 한 이해하도록 노력한다"[55]라고 기록되어 있다.

[표 12-1] 및 [표 12-2a]의 사례 속에 나타나는 '대본교'의 유언비어도 어떤 의미에서는 과거의 지식을 되살리는 것이다.

와츠지 테츠로가 "대본교는 23년 전 대지진을 예언하여 어느 정도 우리를 불안에 빠뜨렸지만"[56]이라고 앞에서 나온 에세이에서 쓰고 있듯이, 아마 이 연상은 당시의 사람들에게 자연스러운 상기이기도 했다. 교조의 계시를 해석하여 1921년에 해당하는 해의 '재건축' 즉 일종의 파국과 구제를 예언한 데구치 오니사부로(出口王仁三郞)의 화제는 보도 등을 통해서 사회로 확대되어 있었다. 아무 일 없이 그해 그날이 지나면 이런 종류의 예언은 잊혀지고 만다.

---

55 [自警會, 1923: 60].
56 「地異印象記」[和辻哲朗, 1923: 183].

그러나 공통의 지식으로서는 남으며 대지진 후의 대화 속에서 다시 언급되며
유언비어에 내용으로 흘러 들어갈 수도 있을 것이다.

　더욱이 가장 근접한 과거 지식의 인용인데, 나는 지진이 일어나기 직전인
9월 1일 아침의 『아사히 신문』 조간[57] 등도 마음에 걸린다. 증명하기 어렵지
만, 이 유언비어 공간의 확대에서 어쩌면 소재가 되는 것을 제공했던 것은
아닐까 생각한다. [그림 12-8]에 그 현물을 인용했는데, 여기에는 '괴선인(怪
鮮人)' '음모단' '수평사원(水平社員)' '소동' '순사부장' '여자를 습격하다'라는
문구가 있다. 특히 주목할 만한 것은 "괴선인 3명 체포 음모단의 일당인가"라
고 한 후에 폭주하게 된 유언비어와의 관련성을 의심케 하는 듯한 내용이며,
"전 순사부장 여자를 습격하다 피해자 10여 명"의 기사 속의 "가짜 형사가
자주 나타나"라는 기술이다. 가짜 형사의 화제가 다음에 언급하는 경찰관으
로 변장했다는 논점과 구도로서 겹쳐져 있어 마음에 걸린다.

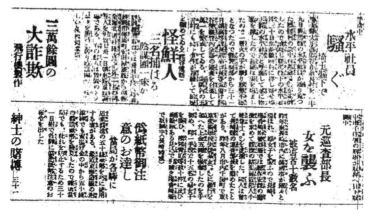

[그림 12-8] 『東京朝日新聞』 1923년 9월 1일 조간

　물론 식민지 체제와 지배에 뿌리를 둔 역사적 구조도 끌어들인다. 1970년
대 프랑스의 지방도시 오를레앙에서 벌어진 여성 유괴 이야기 속에 동원된

57　이 기사의 존재에 대해서는 이미 『流言蜚語』[佐藤健二, 1995]에서도 지적하고 있다.

반유대인주의 테마[58]와 마찬가지로 '불령선인' '조선인 내습'이라는 화제가 민족차별과 대립으로 이어지고 있는 것을 무시할 수는 없다. 그러나 오를레앙의 여자 유괴 소문 또한 잡지 기사가 어떤 신화적 원형을 제시하는 것으로 활성화되고, 프로세스로는 여고생의 수다에서 증식하고 발전해 갔다. 그러한 것을 생각해 보면 당시 신문의 삼면기사적인 보도로 어떤 이미지가 구축되어 있었는지도 앞으로 조사연구의 과제이다. 또 지진 재해가 일어나기 전의 마지막에 본, 이러한 '괴선인'의 문자가 불특정 다수의 독자에게 '계기'를 제공해 버린 것도 검토되어도 좋다.

도시의 불안

여섯 번째로, 유언비어 증식의 메커니즘 속에서, 도시에 있어서의 상호 이질성이 폭주라고 해도 좋은 반응을 만들어낸 국면에 다시 주목해 두자. 그것은 '변장'이라고 하는 테마를 유언비어로 도입하는 것에 상징적으로 나타나고 있다.

[표 12-1]에 따르면 4일에 이르러 경찰관으로 변장했다는 화제가 유언비어로 나타난다. [표 12-2a]와 대응시켜 보면 21시경에 시모타니우에노(下谷上野) 경찰서로 넘어온 것으로 "우에노공원 내 및 화재를 면한 시치켄초(七軒町)·카야초(茅町) 방면에는 조선인이 경찰관으로 변장하고 피난자를 괴롭히고 있기 때문에 경찰관으로서 방심해서는 안 된다"[59]라는 유언비어였다. 시각 불명이기는 하지만, 사실은 이미 2일 단계에서 혼고코마고메(本郷駒込) 경찰서에서 "조선인 등은 왼쪽 소매 안쪽에 붉은 천을 감거나 붉은 선을 그린다. 경찰관과 군인으로 변장한다"[60]라는 유언비어를 인지하고 있다. '붉은 천' '붉은 선'이라는 표상에는 사회주의의 이미지도 담겨 있다고 생각한다.

---

58 『オルレアンのうわさ』[Morin 1969=1980].

59 『大正大震火災誌』[警視廳 편, 1925: 1113].

60 『大正大震火災誌』[警視廳 편, 1925: 1099].

물론 이것은 표면적으로는 조선인의 모략과 음모라는 주제를 강조하는 것이지만 기능으로서의 작용은 그것만으로 그치지 않는다. 다른 면에서 주민과 피난민들과 경찰 및 군대와의 격차라고 할까, 어떤 종류의 불신 관계를 암시한다. 어딘가에서 주민이나 피난민들이 안고 있는 문제를 경찰과 군대라는 당국이 대응해 주지 않는다는 불만이 이 유언비어에는 그늘을 드리우고 있다. 경찰과 군대에 대한 반감의 간접적인 표출로 보면, 제2차 세계대전 중의 유언비어 등에도 같은 유형을 발견할 수 있다.

　　실제로 경찰관 자신이 자경단으로부터 '수하'를 받고 신체검사를 받은 사례도 있었다. 우시고메(牛込)의 가구라자카(神樂坂) 경찰서의 보고에는 "그날(4일) 더욱 '조선인 등 신주쿠 방면 순사파출소를 습격해서 관복을 약탈 착용하고 폭행을 했다'라고 하는 유언비어가 돌아다니고, 더욱이 경찰관에 대해서도 의구심을 품고 제복 순사를 길에서 기다려서 몸의 검색을 하는 자가 있다"[61]라고 기록되어 있다. "사람을 길에서 기다려서"라고 하는 말은 실로 자경단의 검문을 의미한다.

　　그러나 '변장'이라는 화제의 도입은 표면상의 내용 이상으로 더욱 비극적인 방향으로 사태를 전개시켜 간다. 즉, 이것이 낯선 타자에 대해서 한없이 회의적으로 될 수 있는 회로를 열어 버렸기 때문이다. 대상은 군인과 경찰관만으로 한정되지 않는다. 피난민을 가장했다거나 일본인 행세를 했다거나 하는 변형은 더욱 용이하다. 결국 도시 공간 곳곳에 군생한 자경단의 '검문소'에서 사람들은 한없는, 더욱이 근원적인 시기와 의심을 낳았다. 이동하는 사람들은 자신이 얼마나 수상한 사람이 아니며, 해를 끼치는 존재가 아닌지를 쉽게는 증명할 수 없는 곤란에 직면하게 되었다.

　　예를 들어 작가 우부카타 토시로(生方敏郎)는 4일 아침에 자택의 상태를 보기 위해 피난처인 교외로부터 시내로 돌아올 때 여기저기에서 자경단의 검문에 잡혔다.

61　『大正大震火災誌』[警視廳 편, 1925: 1066].

지름길로 가려고 좁은 길에 들어서자 곧 길을 막고 밧줄을 쳐서 대여섯 명이 목검과 창, 일본도 등을 거창하게 들고 자경하는 것에 걸렸습니다. 나는 묻는 그대로 자신의 주소 성명을 밝혀서 그곳은 무난히 통과했지만 또 그 앞쪽에 관문이 있는 것입니다. 겨우 내 집에 도착해서 이웃 사람들과 이야기하고, 볼일을 보고 다시 교외로 돌아가려고 하자 곧 자경에게 붙잡혔습니다. 이제 내 집에서 막 나온 참입니다. "당신은 어디에 갑니까" "당신은 누굽니까" 여러 사람이 한꺼번에 말하는 바람에 저도 좀 당황했습니다. 내가 쩔쩔매다가 겨우 대답하고 이마의 땀을 닦으며 자세히 보니 모두 동네의 아는 사람들이어서, "야아, 너희들이었구나. 무서운 얼굴로 묻는 바람에 완전히 당황했다"라고 말했더니, 그중 한 사람, 잡화점 주인이 진지한 얼굴로 "아무리 아는 사이라도 오늘은 다릅니다".[62]

아 케이스는 '아는 사람'인데도 하는 일종의 해학의 지적으로 끝났지만 경찰서의 기록에서 짐작할 수 있듯이 엇갈림과 갈등이 심각한 적대로 진전되는 경우도 있었다. 말을 잘 못하거나 방언이 강한 사람들이 심문당하고 폭행당한 사례도 적지 않았다.

흉포화되고 무법화한 자경단과 그러한 단계로 가지 않았던 자경단과의 조건 차이는, 지금까지의 연구에서 밝혀지지는 않았지만 사실은 중요한 과제이다. 그 중에서 도시가 가진 이질적인 인구집단이라는 특질이 어떻게 해서 극복되었는지 혹은 이루어지지 않았는지 질문할 필요가 있을 것이다.

이재민의 주체성

마지막에 심각한 피해나 범죄 문제로 연결되지 않았기 때문에 경시청 등등 치안 부국의 보고서에는 나타나지 않은 소문을 다루어 보겠다. 지진 재해의 사진을 찍고 있던 신문사의 카메라맨 등이 군중에게 뭇매를 맞았다는 소문이

---

62 『日本の百年5 震災にゆらぐ』[鶴見俊輔 외 편, 1962: 71].

다. 매스미디어의 보도가 발달한 오늘날에서야 논의해도 좋을 논점을 담고
있다.

사진가인 미야케 콧키(三宅克己)는 지진 재해의 직후에 사진 잡지『CAMERA』
([그림 6-10])에 실은「천재발발(天災勃發)」[63]이라고 하는 에세이에서, "마루노
우치에서 피난자의 사진을 찍던 사람이 무리에게 뭇매를 맞는 것을 보고 왔
다"라고 하는 친구로부터의 소문에 접하고 있다. 또 타나카 준이치로(田中純一
郎)는『일본교육영화발달사(日本敎育映畵發達史)』에서, 닛카츠(日活)의「관동대
지진 실황(關東大震災實況)」이라고 하는 동영상 촬영 때 "살기를 띤 이재민 중에
는 사람의 어려움을 구경거리로 삼을 작정이냐고 덤벼드는 사람도 있다"[64]라
고 하는 태도를 보였던 사실을 인용하고 있다. 미야케 콧키 자신도 각 지방으
로부터 "구호라는 이름을 빌려서 그 실제의 사변을 구경하러 온 듯한 마음가
짐의" 청년들이 펄 카메라 등을 휴대하고 만원의 승합자동차에 끼어들며 "차
창에서 고개를 내밀고 시내를 바라보며 '아~ 멋지다 멋져' '유쾌하다 유쾌해
이건 의외다'라든가, 들어줄 수도 없는 무도한 사투리를 지껄이는" 광경에
분노하고, 이런 무리야말로 "폭리상인이나 불난 데서 도둑질보다 더한 불한당
으로, 크게 징계해야 할 자"라고 단정하고 있다.[65] 와츠지 테츠로 또한 마찬가
지 감정이어서 물통과 사진기를 어깨에 걸고 구경하는 기분을 내는 신사에
"무심코 후려갈기고 싶은 충동을 느꼈다"[66]라고 썼다.

여기에는 피재 당사자로서 주체적이고 적극적인 생활 감각에서 나오는 '구
경꾼' 비판이 있다. 단지 사진만 찍는 카메라 소유자와 구경만 하는 방관자에
대한 분노다. 오늘날의 텔레비전이나 다양한 매스미디어의 보도 자세 비판과
도 통하는 논점이 포함되어 있는 것으로 보인다.

63 「天災勃發」[三宅克己, 1923].
64 『日本敎育映畵發達史』[田中純一郎, 1979: 51].
65 「天災勃發」[三宅克己, 1923: 514-515].
66 「地異印象記」[和辻哲朗, 1923: 202].

4. 소결

관동대지진에서 유언비어는 '조선인'이라고 하는 타자의 대량사를 만든 비극적이고 잘못된 결과를 만들었다. 여기서 논할 수 있었던 것은 대도시화한 도쿄 주변에서 작용한 메커니즘을 중심으로 해서이다. 피난민이 철로나 가도를 따라 이동하면서 사이타마현이나 치바현 등의 주변부로 정보가 확대되어 일어난 학살사건 등에 대해서는, 어쩌면 추가로 논해야 할 다른 맥락이 있을지도 모른다. 어쨌든 이 사건의 비극적인 결과가 1930년대부터 1940년대에 걸쳐 군부와 경찰에 유언비어 관리의 중요성이라는 과제를 자각시킨 것은 사실일 것이다. 사회학자 시미즈 이쿠타로(清水幾太郎)는 1993년에 『유언비어』([그림 12-9])라는 저작을 펴내는데, 그 기초에도 아마 시미즈의 지진재해 체험이 놓여 있을 것이다.

[그림 12-9a] 清水幾太郎
『流言蜚語』 속표지[1937]

[그림 12-9b] 清水幾太郎
『流言蜚語』 판권장[1937]

그러나 나는, 최초로 논한 곤란으로 다시 돌아가지만, 유언비어라고 하는 현상 자체 속에 〈사〉의 영역을 벗어나는 〈공(共)〉의 수준에서 문제해결의 〈실행〉이 포함되어 있는 것을 간과해서는 안 된다고 생각한다. 지진 재해 후 새삼 주목받은 오늘날 NGO와 같은 성격을 가진 초나이카이도 마찬가지이지만, 거주 지역에서 상호부조 구조의 구축과 경험 속에 개인화되어 닫혀 있던 도시의 지역사회에서 근린 공간으로 그 개인 공간을 열어 가는 공공성 구축의 힘이 잉태되어 있었다. 오늘날 질문해야 할 것은, 왜 그 가능성이 〈공(共)〉이 가지는 확장 그대로 발전해 나갈 수 없었는가이다.

여기서 명확한 회답이 준비되어 있는 것은 아니지만, 이러한 〈공(共)〉의 곤란은 유언비어 문제에 대한 대응으로서도 서둘러졌고 지진 재해 후에 실용화되어, 결국 매스미디어의 한 시대를 열어 가는 라디오에서도 마찬가지로 나타난다.

지진 재해 전년도인 1922년에 우에노 공원에서 개최된 평화기념 도쿄박람회에서는 대회장의 수신장치에 쿄바시(京橋)의 아사히 신문 사옥 위에서 레코드 음악을 송신하는 실험을 하여 그것이 화제가 되었다.[67] 타케야마 아키코(竹山昭子)에 따르면 관동대지진은 바로 라디오라는 뉴미디어에 대한 관심이 한창이던 1923년 9월에 일어났다. 그래서 "사람들에게 '라디오만 있었다면 유언비어로 인한 인심의 동요를 막을 수 있었을 것이다'라고 하는 생각을 일으키게 해 방송사업 개시의 요망이 급속히 높아져 간다."[68] 또 도쿄 방송국 개시 당초에 상무이사가 되는 니이나 나오카즈(新名直和)가 회상하고 있듯이,[69] 대지진의 피해 상황이 무선으로 오사카에 전해져 또 미국에 전해진 결과, 구호물자가 일찍 도착한 것으로도 무선의 유효성은 인상지어졌다. 당시는 '무선전화'로 자리 매김되고 있던 '라디오'의 사업 개시 요망이 높아짐에 따라, 방송사업 민영의 가능성 즉 〈사〉기업에 의한 경영을 공식적으로 확인하는 「방송용시설 무선전화 규칙」이 12월 21일에 체신성으로부터 공포되었다고 한다.

그러나 1925년에 일본에서 라디오 방송이 시작되었을 때에는 방송국 운영

----

67 라디오라는 무선 미디어는 1920년 미국에서 방송을 시작한 것을 시초로 영국, 독일, 소련, 프랑스 등 15개국에서 이미 현실화되어 있었다. "신문기업은 라디오가 갖는 속보성·동시성이라는 저널리즘으로서의 뛰어난 기능에 주목하며" 주요 신문사들은 일제히 "정부가 라디오 방송에 대해 구체적인 검토를 시작한 1923년경부터 일제히 일반시민에 대한 라디오 정보 소개와 보급에 나선다"(『ラジオの時代』[竹山昭子, 2002: 13])라는 상황이었던 것 같다.
68 『ラジオの時代』[竹山昭子, 2002: 15].
69 『ラジオの時代』[竹山昭子, 2002: 29].

의 주도권은 공익사단법인의 주무관청인 체신성이 쥐고 "방송내용은 모두 감독관청인 체신성의 통제하에 있었으며, 경영도 조직도 수뇌 인사도 체신성의 양해 없이는 운영할 수 없었다. (중략) 일본의 라디오는 발족과 동시에 틀에 박혀 프로그램은 신문사의 실험방송이 가지고 있던 생기를 잃고 경직화되었다"라고 평가받듯이 〈공(公)〉 주도의 전개를 보이는 것이다.

라디오의 사회사적 연구[70]가 밝히고 있듯이, 초기의 라디오는 수신 장치일 뿐만 아니라, 발신 기능 또한 기술개발과 보급 기획 안에 넣고 있었다. 그런 의미에서 '무선전화'라는 번역은 결코 빗나간 오역은 아니었던 것이다. 그러나 동시대의 평론가였던 무로후시 코신(室伏高信)은 이제 막 시작된 라디오 방송이 만들어내는 문화에 대해 유선전화 통신과 비교해서 그 '명령적'이고 '독재'의 요소를 내포한 '집단주의'를 날카롭게 비판하고 있다.

> 원하든 원하지 않든 거기에 목소리가 있다. 그 소리는 일방적이다. 모든 명령자의 그것처럼 일방적이다. 라디오 앞에서 모든 사람이 청자이다. 대중은 듣는 사람이다. 개개인으로서의 청자가 아니다. 연설회장의 청자처럼 한 무리로서의 청자이다. 더구나 그 청자는 언제든지 탈퇴할 수 있는 임의적 청자가 아니다.[71]

일방향적이고 독점적이지만 게다가 동시에 광범위하게 정보를 유포시킬 수 있다. 그 힘은 지진으로 끊어진 신문을 넘어선 큰 가능성이었다. 제멋대로 퍼지며 좀처럼 통제할 수 없었던 유언비어에 대해서 정확한 정보를 동시에 배포할 수 있는 무선 방송에 대한 기대는 컸다. 그렇지만 미디어로서의 라디오는 문자에 의한 전달이 가지는 〈사〉적 성격 유지할 수 있는 냉정한 거리에서가 아니라 소리에 의한 전달에 지나지 않았다. 그 소리의 문화로서의 특질은 공명·공진의 정서적인 공동성을 기초로, 그때까지 존재하지 않았던 거대한

---

70 『メディアの生成』[水越伸, 1993] 등.
71 室伏高信「ラジオ文明の原理」『改造』, 1925년 7월호[鶴見俊輔 외 편, 1962: 211].

동일성을 〈공(公)〉의 주도대로 만들어 낼 위험성도 있었다. '대본영 발표'의
구조적 문제는 매스미디어로서 라디오의 형태 속에 이미 잉태되어 있었던
것이다. 거기에서도 우리는 다시 한번 시작해야 할 〈공(共)〉의 곤란을 볼 수
있다.

　인간사회의 구조를 생각하는 데 〈공(共)〉의 영역을 어떻게 유지하고 창출
해 나갈지는 큰 과제이다. '사회'는 사실은 많은 사회학자가 논해 온 것처럼
항상적이고 영속적인 것이 아니라, 실은 깨지기 쉽고 정밀한 상호성의 시스
템이다. 본격적인 전개는 따로 논문을 써야 하겠지만 틀로서 사용해 온 〈공
(公)〉 〈공(共)〉 〈사(私)〉를 다른 각도에서 정리하면, [그림 12-10]과 같은 형
태로 그려낼 수 있을 것이다.

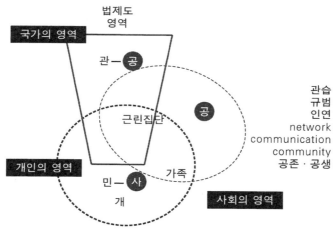

[그림 12-10] 〈공(公)〉 〈공(共)〉 〈사(私)〉의 관계

　한편으로 제도화하고 규범화해 나가는 〈공(公)〉으로서 국가장치의 영역이
있으며, 다른 한편으로는 〈사〉로 국소화·개실화하고 분열해 나가는 개인 영
역이 있다. 개인의 영역에 대한 불개입 권리의 획득이 어떤 의미에서는 민주
주의의 근거이며, 그것이 국가라는 제도시스템의 형성과 긴장을 품으면서
의존적으로 전개되어 온 것이 근대국민국가였다. 그러나 과거 '시민사회'

론(개인의 가치를 너무 보편적이고 고정적으로 설정하는 경향이 있었다)과는 달리 공/사의 분할이나 규범 자체가 항상 바뀌어 가고 있다는 입장에서 역동적으로 '사회'를 재검토하는 시각이 등장하고 있다. 그것은 〈공(共)〉의 영역을 어떻게 구상할까 하는 질문이며 어떠한 형태로 실현되고 있는지를 둘러싼 탐구이기도 할 것이다.

본 장에서는 유언비어에 초점을 맞추어 자주 '오보'나 '편견'이나 '군중'의 비일상성으로서 개괄되기 십상이었지만, 그 장으로 다가가서 다시 관찰하면 〈사〉를 벗어나지 않을 수 없는 문제해결의 주체성이 있으며 〈공(共)〉의 어려움이 있다는 것을 논해 왔다. 굳이 단순화시키면, 유언비어는 믿을 수 없는 어리석은 이상 심리의 산물도, 편견 차별을 병인으로 하는 질환도 아니며, 일상적인 커뮤니케이션에도 잠복하고 있는 메커니즘이 재해 등등의 위기 상황에서 갑자기 활성화되고 증식되어 나타난, 소위 '증후군(syndrome)'이다.

그렇기에 다방면에 걸쳐 있을지도 모르는 병인을 사회의 일상구조 속으로 파고드는 노력이 필요하다. 본 장은 하나의 역사적 사례연구이다.

맺음말

새롭게 문화자원학연구 전공이라는 새로운 전문분야가 도쿄대학에 설치된 것은 본문에서도 서술한 바와 같이 2000년 4월이었다. 그 연구실의 발족에 즈음하여 나는 몇 명의 동료와 함께 겸임 멤버로 참가했다. 당초에는 3년에서 5년 동안 도와주는 약속이었지만, 그 후에도 소집 해제의 명령은 내리지 않아서 계속 연구실 운영에 종사한 지 벌써 18년이 지나서 이 책을 집필했다.

그동안 이 새로운 명칭을 달고 시작한 학문의 위상이나 윤곽을 계속 생각해 온 것은 아니다. 그러나 새롭게 열린 교류의 문에서 밖으로 나가 보니 그동안 축적된 이론적, 실증적 논고가 어느새 여러 개 쌓였다. 그것을 중심으로 가필 수정을 해 엮은 것이 이 책이다.

모처럼의 기회이니 문화자원학의 시작과 나와의 관계를 조금 되돌아보자.

문화자원학연구 전공의 조직과 인원의 준비는 당연히 2000년 출발 시점보다 훨씬 전으로 거슬러 올라간다.

1998년 7월에 본문에서 소개하고 있는 『문화자원학의 구상』이 발행되었다. 이것은 최초의 창설 선언 팸플릿으로 판형이 특수하고 공들인 풀컬러 36쪽으로 되어 있다. 이때에는 이미 명칭도 정식으로 굳어져 문서학·문헌학·형태자료학·문화경영학 등 전공 출범시 기본조직이 된 4개 전문분야의 구성도 명시되어 있다.

이윽고 문화자원학연구실을 담당한 키노시타 나오유키(木下直之) 교수가 도쿄대학의 종합연구박물관에 부임한 것은 전년도 1997년으로, 일찍부터 이 팸플릿 제작 움직임에 끼어든 된 것은 중심에 아오야기 마사노리(青柳正規)

교수가 있었기 때문일 것이다. 아오야기 교수는 키노시타 교수를 종합 연구 박물관에 초대한 장본인이기도 했다. 종합도서관에 소장된『조습첩(措拾帖)』의 도판 선택이나 불탄 자국에 대한 주목 등에, 기고의 명백한 서명은 없지만 키노시타 교수의 개성을 엿볼 수 있다.

내가 몇 가지 우연으로 도쿄대학 문학부 사회학연구실로 돌아온 것은 1994년 10월이었다.

신문연구소가 소장하고 있던 오노 히데오(小野秀雄) 컬렉션의 재정리와 연구라는, 당시는 아직 사회정보연구소에 소속되어 있던 요시미 슌야(吉見俊哉) 교수의 프로젝트에 들어간 것이 1994년도이다. 1999년 11월에 간행된 카와라반(かわら版) 및 신문그림(新聞錦繪) 연구 프로젝트『뉴스의 탄생』을 준비하면서 도록 제작과 기획전시 전람회에 임했다. 종합연구박물관에 소속해 있던 키노시타 교수가 또 하나의 중심이 되어, 재해사의 키타하라 이토코(北原絲子) 교수 등과 협력해 갔다. 이런 연구 프로젝트를 위해 그림, 텍스트와 그것의 번각을 조합한 데이터베이스 작성을 대학원생 등의 협력으로 추진하면서 밤 늦게까지 작업을 계속했던 것이 그리운 느낌으로 생각난다.

그것은 문학부의 문화자원학에 대한 움직임과는 전혀 관계가 없고 신문연구소 창립 60주년 사업으로, 지금 생각하면 아직 연구실 창설 이전의 일이었다.

내부 이야기지만『문화자원학의 구상』팸플릿의 '구성·집필' 협력자 리스트에는 내 이름이 없다.

이유는 단순하다. 1997년 4월부터 나는 옥스퍼드로 해외연수를 나가 이 팸플릿 작성 시기에 도쿄대학에 없었다. 마찬가지로 주의 깊게 살펴보면 창단 시 최초의 연구실 멤버인 츠키무라 다쓰오(月村辰雄) 교수와 오니시 카츠야(大西克也) 교수도 이름이 없다. 나중에 들어보니 이 시기 직전에 연구년으로 부재했다는 공통성이 있다. 괜한 추측이지만, 당시는(혹은 지금 있을지도 모르는) 연구년을 특권이라고 생각하는 경향도 강해서 취득자의 문화자원학연구실에 초기 멤버가 된 것이 혜택을 받았기 때문에 그 '댓가'라고 의미부여를 한 면이 없는 것은 아니다. 그러나 결과적으로는 적절한 인선이고 유익했다고 생각한다.

팸플릿 간행시의 카바야마 코이치(樺山紘一) 문학 부장·인문사회계 연구과장은 머리말에서 인문사회계의 학문에서 '자료'가 가지는 의미의 중요성을 강조하고 있다. 그리고 문화자원학이라는 단어에 대해서 "익숙하지 않은 단어라는 것에서 그 취지와 의도를 호소해야 하기 때문에 이 책자를 만들었습니다. 가능하면 이 문화자원학을 연구하고 교육하는 기관과 시설을 설립하고 싶습니다"라고 제안했다.

그런데, 이 팸플릿에는 '제작지휘'자로서 '사토 야스히로(佐藤康宏)/타카야마 히로시(高山博)'라고 하는 두 사람의 이름이 있다. 그 중 한 명인 미술사의 사토 야스히로 교수가 도쿄대학출판회의 『UP』(2017년 3월호)에서 문화자원학의 명칭으로 수렴하기 전에 '문화공학'의 구상이 있었다는 것을 언급하고 있다.

사토 야스히로 교수의 기억으로는 1996년 무렵이라고 하니, 아직 기노시타 교수가 부임하기 전이다.

당시의 학부장·연구과장이었던 아오야기 마사노리 교수로부터, 분명히 이 말은 나도 몇 번인가 들었다. 실제 기록을 조금 조사해 보면 1996년 10월 1일 날짜를 가진 「문화공학전공(대학원 인문사회계연구과 독립전공)의 신설」이라는 제목의 문서 초록도 있고, 이미 석사 40명, 박사 16명에 교수 10명, 조교수 6명, 조교 4명의 대강좌 조직의 구상이 기록되어 있다. 다만 그 '공학'은 반드시 엔지니어링의 기술적이고 응용적인 이성을 강조하는 것은 아니었다. 오히려 디자인이라고도 할 수 있는 여러 요소의 조정과 데이터베이스와 아카이브로도 연결되는 편집과 편찬이라는 실천의 주체성을 명시하기 위해 굳이 문화와 연결해 나열한 것처럼 느껴졌다. 그런 의미에서는 '경영'이라는 말의 함의 또한 기업에서 영리 목표의 효율적 달성이라는 끈적하고 세속적인 맥락에서 분리할 필요가 있을 것 같다.

실제의 조직 창설을 위한 '개산요구'(概算要求. 국가 예산편성 전에 각 성청이 매년 8월까지 이듬해 예산의 견적에 관한 자료를 제출하는 것: 역주)는 1997년 4월의 카바야마 학부장 시대가 되고 나서였다고 들었다. 타무라 타케시(田村毅)・사토 신이치(佐藤慎一) 두 평의원 하에서 문부과학성과의 교섭이 진행되었는데, 그 최초의 신청서류는 '문화공학'의 명칭으로 작성되었다. 석사 33명, 박사 15명을 교수 8명, 조교수 4명, 조교 4명으로 교육하는 체제로 구상되어, 문화자원연구・문화융합연구・문화경영연구의 3개 코스에 문화자원학・상관문화학・문화미디어개발학・문화경영학의 4개 전문분야가 위치해 있다.

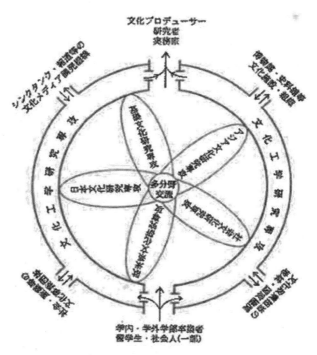

기존 5전공과 문화공학연구 전공 및 사회적 요구와의 관계

　거기에 실린 「기존 5전공과 문화공학연구 전공 및 사회적 요구와의 관계」라는 도해가 흥미롭다. 문화공학도 문화자원학도 인문사회계연구과의 총력을 기울여 그 전 영역의 뒷받침 아래 세우고자 했음을 알 수 있다.
　그러나 1997년의 개산요구는 인정되지 않아 다음 연도에 걸친 재검토에서 문화자원학의 이름을 전면에 내세워 앞에서 본『문화자원학의 구상』이라는 팸플릿이 만들어지게 된다. 최종적으로 신설이 정식으로 인정된 것은 1999년 12월이었다.

그런데 더 거슬러 올라가지만 이 제작 지휘자명에서 생각난 것이, 거의 완전히 판형과 디자인의 기조를 같이 하는 32쪽짜리 또 하나의 팸플릿이다.

마찬가지로 사토 야스히로 교수의 '제작 지휘'로『사람을 알다, 세계를 알다: 문학부란 무엇인가』라고 제목을 달고 있다. 1997년 3월 31일 간행으로, 편집발행 주체는 '국립대학 문학부장회의'였다. 나 자신도 영문을 모른 채 집필의 일부분을 도운 기억이 있다. 정확하게 어떤 공헌을 했는지는 전혀 기억나지 않지만,「텍스트의 지층학」이라는 부분에는 내가 관여한 것에 틀림없는 약간의 글이 있고,「연애 이야기의 여러 모습」의 페이지에는 아마 츠키무라 타츠오(月村辰雄) 교수와 나가시마 히로아키(長島弘明) 교수가 지혜를 낸 흔적이 있다.

지금 생각하면 문화자원학의 구상과 내실화의 전초전이라고 위치지우는 과정이었을지 모른다. 이 책자 전체는 문학부라는 존재의 학술적, 사회적 의의를 선양하는 것이었다. 깊은 '자기인식의 구축'과 '자기중심주의(배타주의)의 극복'이라는 두 가지 측면에서 국립대학 문학부의 연구교육을 의미 부여하고, "현재는 별로 말하지 않는 품격과 식견"을 육성하여 "다가올 미래의 인류사회에 공헌한다"는 목적을 들고 있다.

다시 조사해 보면, 이 문학부 선전 팸플릿의 정리와 발행비용의 기초에 있는 것 같은데, 1994-96년도의 3년간에 걸쳐 실시된 과학연구비 프로젝트이다. 도쿄대학을 중심으로 국립 8개 대학의 문학부장을 멤버로 하는 대학의 틀을 넘은 과학연구비의 연구는「인문과학 진흥을 위한 문학부에 있어서의 연구·교육의 양상에 관한 조사·연구」(기반 A)라는 제목이었다. 연구 대표자는 아오야기 교수 전의 문학부장이었던 후지모토 츠요시(藤本強) 교수인데 연구 분담자로 문학부 문화교류 연구시설에 소속되어 있던 아오야기 마사노리 교수의 이름이 보인다.

이 연구는 문학부의 장래를 대학횡단적으로 탐구하는 것이었다. 그리고 "분야를 다수 안고 각각이 소규모인 인문과학"의 현 상황에서 교육과 연구 양면에서의 기관 상호 협력이 불가결하다고 논하고, 새로운 "연구 교육의 핵을 창출하고, 그것을 중심으로 한 연구 교육기관의 협력체제를 시스템으로서 정비하는 것이 필요하다"라고 하는 보고를 제출하고 있다.

아마도 여기서 말하는 '연구 교육의 핵'으로 도쿄대학이 새롭게 주장한 것이 문화자원학이었다고 할 수 있다. 가장 원류라고 하는 것은 표면에 드러나지 않는 복류수를 포함하며, 하나가 아니다. 더 나아간 탐색은 학사를 쓰는 차세대 연구자에게 양보하자.

옛이야기에 미혹되어 별로 재미없는 길로 멀리 돌아왔다.

마지막으로 이 책은 누구에게 바치는 것이 가장 합당한가.

역시 전공의 창성기부터의 동료이며, 그 원년을 거슬러 올라간 연구 협동의 인연이 있는 "키노시타 나오유키 교수에게 바친다"라고 쓰는 것이 이 책의 체재와도 어울린다.

기노시타 교수는 내년 3월에 『사운드와 미디어의 문화자원학(サウンドとメディアの文化資源學)』의 저자인 와타나베 유타카(渡邊裕) 씨와 함께 도쿄대학 문학부를 떠날 예정이다. 그 앞에 내용상으로는 '사가판(私家版)'이라고 주석을 달아야 하겠지만, 『문화자원학』을 책으로 완성하여 이 학문의 구축에 힘써 온 사람들에게 증정할 수 있게 된 것을 기쁘게 생각한다.

2018년 5월 21일 초여름 이른 아침에
사토 켄지

相沢春洋 編, 『ペン習字 青年手紙之文』辰文館, 1923.

青木睦 編, 『文化資源の高度活用「日本実業史博物館」資料の高度活用 2007年度−中間報告−
　　資料編』, 人間文化研究機構, 2008.

秋元律郎・澤井敦, 『マンハイム研究』, 早稲田大学出版部, 1992.

朝倉亀三, 『本邦新聞史』, 雅俗文庫, 1911.

荒畑寒村, 『ひとすじの道』, 慶友社, 1954.

生松敬三, 「「文化」の概念の哲学史」鶴見俊輔・生松敬三 編, 『岩波講座 哲学XIII 文化』, 岩波書
　　店, 1971, pp.73-101.

石井研堂, 「八九一「近世庶物雑考の内 (第三) 新聞紙の考」, 『こじき嚢』第三号, 1891, pp.2-5.

石井研堂, 「新聞紙の始」, 『明治事物起原』, 橋南堂, 1908, pp.97-116.

石井研堂, 「一万円の報酬を得たる小僧: 日比谷平左衛門氏の奉公時代」, 『実業少年』第一巻第一
　　号, 博文館, 1908, p.17・p.24.

石井研堂, 『天保改革鬼譚』, 春陽堂, 1926.

石井研堂, 『増訂改版 錦絵の改印の考証: 一名錦絵の発行年代推定法』, 伊勢辰商店, 1921.

石巻尋常高等小学校 編, 『石巻郷土読本』, 石巻尋常高等小学校後援会, 1939.

伊藤陽一・小川浩一・榊博文, 「デマの研究: 愛知県豊川信用金庫 "取り付け"騒ぎの現地調
　　査」, 『総合ジャーナリズム研究』第69号, 東京社, 1947a, pp.70-80.

伊藤陽一・小川浩一・榊博文, 「デマの研究: 愛知県豊川信用金庫 "取り付け"騒ぎの現地調査」,
　　『総合ジャーナリズム研究』第70号, 東京社, 1947b, pp.100-111.

稲垣進一 編, 『江戸の遊び絵』, 東京書籍, 1988.

INAX 編, 『立版古: 江戸・浪花透視立体紙景色』INAX, 1993.

井上和雄 編, 『新旧時代』第1年 第1冊, 明治文化研究会, 1925.(明治文化研究会 編, 『雑誌明治
　　文化研究』第1巻, 広文庫, 1972).

井上萬寿蔵, 『観光読本』無可有書房, 1940.

今村仁司, 『アルチュセール』, 清水書院, 1980.

岩崎均史, 『江戸の判じ絵: これを判じてごろうじろ』, 小学館, 2004.

岩手県農民文化懇談会 編, 『戦没農民兵士の手紙』, 岩波新書, 1961.

上野晴朗・前川久太郎, 『江戸明治「おもちゃ絵」』, アドファイブ東京文庫, 1976.

鵜澤四丁, 「新しいジャンル」, 『CAMERA』10月号(大震災写真号), アルス, 1923, p.518・p.520.

内田魯庵, 『社会百面相』, 博文館, 1902.

内田魯庵, 「明治群書類従の大成」, 『明治文化全集(内容見本・予約募集)』, 日本評論社, 1927.

梅棹忠夫, 「情報産業論」, 放送朝日, 1月号, 1963, pp.4-17.

生方敏郎, 『明治大正見聞史』, 春秋社, 1926(中公文庫, 1989).

大熊信行, 『文学のための経済学』, 春秋社, 1933.

大熊信行, 『文芸の日本的形態』, 三省堂, 1937.

大河内一男, 『戦時社会政策論』, 時潮社, 1940.

大阪府立貿易館, 『本邦万年筆の生産輸出現況及将来』, 1933.

岡田謙 外, 「特集社会調査: 座談会」, 『季刊民族学研究』 第17巻 第1号, 日本民族学協会, 1953, pp.1-98.

岡田照子・刀根卓代 編, 『柳田国男の手帖「明治三十年伊勢海ノ資料」』, 伊勢民俗学会, 2016.

沖浦和光, 『幻の漂泊民・サンカ』, 文春文庫, 2004.

小野秀雄, 『日本新聞発達史』, 大阪毎日新聞社/東京日日新聞社, 1922.

尾上柴舟, 『万年筆新書翰』, 辰文館, 1913.

科学技術庁資源調査会, 『日本の資源』, ダイヤモンド社, 1962.

柏木博, 『肖像のなかの権力』, 平凡社, 1987.

加藤直樹, 『九月, 東京の路上で: 1923年関東大震災ジェノサイドの残響』, ころから, 2014.

加藤浪夫, 『ネーム彫刻法』, ネーム彫刻法刊行会, 1935.

加藤秀俊, 『文化とコミュニケーション』, 思索社, 1971.

川添登・山岡義典 編, 『日本の企業家と社会文化事業』, 東洋経済新報社, 1987.

姜徳相・琴秉洞 編, 『関東大震災と朝鮮人』, 現代史資料6, みすず書房, 1936.

神崎清, 「解題」, 『明治記録文学集』, 明治文学全集第96巻, 筑摩書房, 1962, pp.391-411.

紀田順一郎, 『内容見本にみる出版昭和史』, 本の雑誌社, 1992.

喜多壮一郎 監修, 『モダン用語辞典』, 実業之日本社, 1930.

北区史編纂調査会 編, 『北区史 資料編 現代1』, 北区企画部広報課, 1995.

北原糸子 編, 『関東大震災: 写真集』, 吉川弘文館, 2010.

木下直之, 「資源が口にされるとき」, 『文化資源学』 第1号, 文化資源学会, 2003, pp.1-6.

木下直之・北原糸子 編, 『幕末明治ニュース事始め』, 中日新聞社, 2001.

木下直之・吉見俊哉 編, 『ニュースの誕生: かわら版と新聞錦絵の情報世界』, 東京大学総合研究博物館, 1999.

木村松夫・石井敏夫 編, 『絵はがきが語る関東大震災』, 柘植書房, 1990.

久米邦武 編, 『特命全権大使米欧回覧実記』, 博聞社, 1878.

黒柳勲, 『ペン習字の意義及練習法教授法』, 大阪屋号書店, 1924.

桑木厳翼, 『文化主義と社会問題』, 至善堂書店, 1920.

桑原武夫, 『「宮本武蔵」と日本人』, 講談社現代新書, 1964.

桑原武夫, 「大正五十年」, 『桑原武夫集』 6, 岩波書店, 1980.

経済審議会情報研究委員会 編, 『日本の情報化社会: そのビジョンと課題』, ダイヤモンド社, 1969.

警視庁 編, 『大正大震火災誌』, 警視庁, 1925.

警視庁警備部・陸上自衛隊東部方面総監部 編, 『大震災対策資料』, 警視庁警備部, 1962.

見坊豪紀, 『ことばのくずかご』, 筑摩書房, 1969.

見坊豪紀・稲垣吉彦・山崎誠, 『新ことばのくずかご』, 筑摩書房, 1987.

紅野謙介, 『書物の近代: メディアの文学史』, 筑摩書房, 1992.

小森孝之, 『絵葉書明治・大正・昭和』, 国書刊行会, 1987.

斎藤荘次郎，『伊東七十郎』，斎藤荘次郎，1917.

斎藤荘次郎，『信念に基づく我が郷土教育施設』，研文社，1930.

斎藤荘次郎，『霊峰旭山』，旭山保勝会，1939.

佐藤健二，「渋沢敬三とアチック・ミューゼアム」，川添登・山岡義典 編，『日本の企業家と社会文化事業』，東洋経済新報社，1987 pp.126-143.

佐藤健二，『読書空間の近代：方法としての柳田国男』，弘文堂，1987.

佐藤健二，『風景の生産・風景の解放：メディアのアルケオロジー』，講談社，1994.

佐藤健二，『流言蜚語：うわさ話を読みとく作法』，有信堂高文社，1995.

佐藤健二，「話すということをめぐって：日本近代におけるメディアの地層学」，水越伸編，『二〇世紀のメディア 1：メディアの近代』ジャストシステム，1996，pp.27-44.

佐藤健二，『歴史社会学の作法：戦後社会科学批判』，岩波書店，2001.

佐藤健二，「図を考える/図で考える」，『文化資源学』第1号，文化資源学会，2003，pp.7-16.

佐藤健二，「近代日本の風景意識」，松原隆一郎 外，『〈景観〉を再考する』，青弓社，2004，pp.121-158.

佐藤健二，『社会調査史のリテラシー：方法を読む社会学的想像力』，新曜社，2011.

佐藤健二，『ケータイ化する日本語：モバイル時代の"感じる""伝える""考える"』大修館書店，2012.

佐藤健二，『論文の書きかた』，弘文堂，2014.

佐藤健二・吉見俊哉，「文化とは何か」，『文化の社会学』，有斐閣，2007，pp.1-54.

サルトル・鈴木道彦 外 編訳，『植民地の問題』，人文書院，2003.

参謀本部 編，『帝国国防資源』，陸軍参謀本部，1917.

自警会，『自警』，第5巻 第51号，自警会，1923.

時事新報経済部 編，「万年筆」，『新興商品/知識 製造から販売まで』，指導社，1936，pp.200-225.

思想の科学研究会 編，『夢とおもかげ：大衆娯楽の研究』，中央公論社，1950.

渋沢栄一(述)，『官版 立会略則』，大蔵省，1937.

渋沢栄一(述)，『渋沢栄一自叙伝』，渋沢翁頌徳会，1937.

渋沢敬三，『犬歩当棒録』，角川書店，1960.

渋沢敬三，『渋沢敬三著作集第5巻未刊行論文・随想/年譜・総索引』，平凡社，1993.

渋沢敬三伝記編纂刊行会，『渋沢敬三下』，渋沢敬三伝記編纂刊行会，1981.

社会学研究会 編，『文化社会学』，同文館，1932.

社会学研究会 編，『知識社会学』，同文館，1932.

ジャパン・ツーリスト・ビューロー，『ビューロー読本』，日本旅行協会，1931.

白幡洋三郎，「日本八景の誕生」古川彰・大西行雄 編『環境イメージ論』，弘文堂，1992，pp.277-307.

進藤松司，『安芸三津漁民手記』(アチックミューゼアム彙報第一三)，アチックミューゼアム，1937.

巣鴨遺書編纂会 編，『世紀の遺書』，巣鴨遺書編纂会，1953.

菅原翠(敬介)，『旭山物語』，石巻日日新聞社，1962.

杉浦明平，『記録文学の歴史とその現状』，岩波講座日本文学史(第一二巻分冊)，岩波書店，1958.

鈴木淳，『関東大震災』，ちくま新書，2004.

大日本実業学会，『大日本実業学会規則』(農科講義録第三号付録)，大日本実業学会，1901.

高取正男，『民俗のこころ』，朝日新聞社，1972.

高橋明彦，「近世出版機構における藩版の問題: 江戸時代の情報化」，『日本文学』第50巻 第4号，2001, pp.16-27.

高橋毅一 編，『青淵先生演説撰集』(龍門雑誌第五九〇号付録)，龍門社，1937.

高見順，『敗戦日記』，文春文庫，1981.

竹山昭子，『ラジオの時代: ラジオは茶の間の主役だった』，世界思想社，2002.

田崎公司・坂本昇編，『関東大震災政府陸海軍関係史料 II巻 陸軍関係史料』，日本経済新聞社，1997.

田中寛一，『日本の人的資源』，蛍雪書院，1941.

田中純一郎，『日本教育映画発達史』，蝸牛社，1979.

田中比左良，「雲か煙か」，『主婦之友』第七巻 第一〇号，主婦之友社，1923, pp.192-193.

田中比左良，「竹槍さわぎ」，『主婦之友』第七巻 第一〇号，主婦之友社，1923, pp.218-219.

田中正敬・逢坂英明 編，『関東大震災政府陸海軍関係史料 III巻 海軍関係史料』，日本経済新聞社，1997.

田山花袋，『東京の三十年』，博文館，1917(岩波文庫，1981).

朝鮮商工会議所，『満州国資源調査概要』，朝鮮商工会議所，1934.

土田杏村，『流言』，小西書店，1924.

土屋礼子，『大阪の錦絵新聞』，三元社，1995.

坪井洋文，『イモと日本人』，未來社，1979.

坪井洋文，『稲を選んだ日本人』，未来社，1982.

鶴見俊輔，『限界芸術論』，勁草書房，1967.

鶴見俊輔 外 編，『日本の百年5 震災にゆらぐ』，筑摩書房，1962.

暉峻義等，『人的資源研究』，改造社，1938.

東京工業大学工業調査部，『外蒙・中央亜細亜に於ける資源調査』，東京工業大学，1937.

東京市社会局，『東京市 問屋制小工業調査(1937년 10월)』，東京市社会局，1937.

東京市商工課，「万年筆の生産調査」，『問屋制工業調査(第一輯)』，東京市役所，1932, pp.183-200.

富田岳鳳，『ペン習字実用日用文』，岡本増進堂，1923.

鳥居龍蔵，『人種誌』，嵩山房，1902.

鳥居龍蔵，『ある老学徒の手記: 考古学とともに六十年』，朝日新聞社，1953.

内閣官報局，『明治九年 法令全書』，長尾景弼(販売所・博聞社)，1890.

内務省社会局編，『大正震災志』上，内務省社会局，1926.

内務省警保局企画室，「戒厳令ニ関スル研究」，1941.

仲摩照久 編，『世界風俗写真大観』，世界知識別冊，新光社，1933.

中村淳，「文化の名において」，岩本通弥 編，『ふるさと資源化と民俗学』，吉川弘文館，2007, pp.2-36.

中山由五郎 編，『モダン語漫画辞典』，祥光堂書房，1931.

南洋庁内務部企画課,『蘭領印度の資源調査』, 南洋庁, 1941.

西川長夫,『国民国家論の射程』, 柏書房, 1998.

西川長夫,『増補 国境の越え方』, 平凡社, 2001.

西川祐子,『日記をつづるということ: 国民教育装置とその逸脱』, 吉川弘文館, 2009.

日本葉書会,『絵葉書趣味』, 日本葉書会, 1906.

日本評論社編,『明治文化全集(内容見本)』, 日本評論社, 1927.

農商務省工務局,『主要工業概覧 第四部雑工業』, 農商務省工務局, 1923.

野口茂樹,『通俗文具発達史』, 紙工界社, 1934.

野口茂樹,『本邦文房具/紙製品業界の展望 (大阪版)』, 紙工界社, 1936.

野瀬泰伸,『眼で食べる日本人: 食品サンプルはこうして生まれた』, 旭屋出版, 2002.

ハーン(平井呈一 譯),『心: 日本の内面生活の暗示と影響』, 岩波文庫, 1977.

長谷川如是閑,『新聞文学』, 岩波講座日本文学(第四巻分冊), 岩波書店, 1933.

林雄二郎,『情報化社会』, 講談社現代新書, 1969.

樋畑雪湖,『日本絵葉書史潮』, 日本郵券倶楽部, 1935.

平林初之輔,『文学理論の諸問題』, 千倉書房, 1929.

福沢諭吉(立案),『実業論』, 博文館, 1893.

福地源一郎 譯,『官版 会社弁』, 大蔵省, 1871.

藤野裕子,『都市と暴動の民衆史: 東京・1905-1923 年』, 有志舎, 2015.

ブルデュー(福井憲彦 譯), 「文化資本の三つの姿」,『actes』第一号, 日本エディタース クール出版部, 1986, pp.18-28.

ベンヤミン(佐々木基一 譯),『複製技術時代の芸術』, 著作集二, 晶文社, 1970.

防衛庁防衛研修所戦史室編,『陸軍軍需動員1 計画編』, 朝雲出版社, 1967.

貿易局第一部市場第一課,『泰国の資源調査並に其概況』, 商工省貿易局, 1941.

穂積重遠, 「町会と自治制」,『町会規約要領』, 東京市役所, 1924.

北海道庁長官官房統計課,『資源調査関係法規』, 北海道庁, 1916.

前川千帆, 「万年筆排斥の事」,『漫画風流』, 磯部甲陽堂, 1919, pp.10-11.

真木悠介,『気流の鳴る音: 交響するコミューン』, 筑摩書房, 1977(ちくま文庫, 1986).

増田信之,『光村利藻伝』, 光村利之, 1964.

増田米二,『情報社会入門: コンピュータは人間社会を変える』, ぺりかん社, 1968.

松本潤一郎,『文化社会学原理』, 弘文堂書房, 1938.

マリノフスキー(谷口佳子 譯),『マリノフスキー日記』, 平凡社, 1987.

マルクス(城塚登・田中吉六 譯),『経済学・哲学草稿』, 岩波文庫, 1964.

丸善 編,『丸善百年史: 日本近代化の歩みと共に』, 上巻, 丸善, 1980.

丸善 編,『万年筆の印象と図解カタログ』, 丸善株式会社, 1912.

三木清, 「読書遍歴」,『三木清全集』第一巻, 岩波書店, 1966.

三木清, 「文化社会学」,『三木清全集』第七巻, 岩波書店, 1967.

水越伸,『メディアの生成: アメリカ・ラジオの動態史』, 同文館出版, 1993.

見田宗介,『現代日本の精神構造』, 弘文堂, 1965.

見田宗介 編,『社会意識論』, 社会学講座 12, 東京大学出版会, 1976.

見田宗介・山本泰・佐藤健二 編,『文化と社会意識』, リーディングス日本の社会学 12, 東京大学出版会, 1985.

南博 編,『大正文化』, 勁草書房, 1965.

三宅克己,「天災勃発」,『CAMERA』10月号(大震災写真号), アルス, 1923, pp.506-516.

宮本常一,『民俗学の旅』, 文藝春秋, 1978.

宮本常一,『旅にまなぶ』, 宮本常一著作集 31, 未來社, 1986.

室高岳堂,『ペン青年新はがき文』, 東京宝文館, 1925.

望月誠,『実地経験 家政妙論 全』, 思誠堂, 1880.

明治文化研究会,『明治文化全集(内容見本・予約募集)』, 日本評論社, 1927.

明治文化研究会,『明治文化全集・書目解題』, 日本評論社, 1927.

八木佐吉,「明治の文豪たちが万年筆を愛用しはじめた底には、実用便利だけでない 心のときめきがあったにちがいない」,『文房具の世界』別冊 暮らしの設計 第10号, 中央公論社, 1983, pp.22-25.

柳田国男,『明治大正史4 世相篇』朝日新聞社, 1931(『柳田国男全集』第5巻, 筑摩書房, 1998).

柳田国男,『民間伝承論』共立社, 1934(『柳田国男全集』第8巻, 筑摩書房, 1998).

柳田国男,『木綿以前の事』創元社, 1939(『柳田国男全集』第9巻, 筑摩書房, 1998).

柳田国男,『民謡覚書』創元社, 1940(『柳田国男全集』第1巻, 筑摩書房, 1998).

柳父章,『文化』, 三省堂, 1995.

山口利昭,「国家総動員研究序説 第一次世界大戦から資源局の成立まで」,『国家学会雑誌』第92巻 第3・4号, 国家学会, 1979, pp.266-285.

山口昌男・前田愛 編,『文化記号論 A-Z』, 別冊国文学, 学燈社, 1984.

山下晋司,『資源化する文化』, 資源人類学 2, 弘文堂, 2007.

山下恒夫,『石井研堂: 庶民派エンサイクロペディストの小伝』, リブロポート, 1986.

山田風太郎,『戦中派不戦日記』, 番町書房, 1971(講談社文庫, 1973).

山本三生,『新聞文学集』, 現代日本文学全集 第51篇, 改造社, 1931.

柚木卯馬,『少年少女面白い理科物語』, 文化書房, 1931.

横山源之助(立花雄一 編),『下層社会探訪集』, 社会思想社, 1990.

与謝野寛,「南洋館」,『反響』10月号, 反響社, 1914(青空文庫(http://www.aozora.gr.jp/cards/000320/files/2565_8609.html, 2003).

吉河光貞,『関東大震災の治安回顧』, 法務府特別審査局, 1949.

吉田司雄,「「暗号」文学論」,『日本文学』第50巻 第4号, 2001, pp.30-44.

吉野作造,「明治文化の研究に志せし動機」, 新旧時代, 四月号, 1926(『閑談の閑談』書物展望社, 1933).

吉野作造 外,『明治文化全集 第17巻 新聞篇』, 日本評論社, 1928.

吉見俊哉,『都市のドラマトゥルギー』, 弘文堂, 1987.

吉見俊哉,『博覧会の政治学』, 中央公論社, 1992.

吉見俊哉,『カルチュラル・スタディーズ』, 岩波書店, 2002.

吉見俊哉, 『カルチュラル・ターン、文化の政治学へ』, 人文書院, 2003.

吉見俊哉, 『メディア文化論』, 有斐閣, 2004.

米田庄太郎, 『現代文化人の心理』, 改造社, 1921.

読み書き能力調査委員会 編, 『日本人の読み書き能力』, 東京大学出版部, 1951.

龍門社 編, 『青淵先生六十年史 一名近世実業発達史』全2巻, 龍門社, 1900.

ロウド・リトン(丹羽純一郎 譯), 『欧州奇事 花柳春話』第4編, 坂上半七, 1879.

渡辺裕, 『サウンドメディアの文化資源学: 境界線上の音楽』, 春秋社, 2013.

和辻哲郎, 「地異印象記」, 『思想』第25号, 岩波書店, 1923.

Allport, G. A. & Postman, L. J., The psychology of rumor, Henry Holt=1952, 南博 譯, 『デマの心理学』, 岩波書店, 1947.

Anderson, B., Imagined communities: Reflections on the origin and spread of nationalism, Second edition, Verso=1997, 白石さや・白石隆 譯, 『想像の共同体: ナショナリズムの起源と流行』増補版, NTT出版, 1991.

Appadurai, A., The social life of things: Commodities in cultural perspective, Cambridge University Press, 1986.

Baudrillard, J., La societe de consommation: Ses mythes, ses structures, Gallimard=1979, 今村仁司・塚原史 譯, 『消費社会の神話と構造』紀伊國屋書店, 1970.

Bell, D., The coming of post-industrial society: A venture in social forecasting, Basic Books=1975, 内山忠夫 外 譯, 『脱工業社会の渡来: 社会予測の一つの試み』, ダイヤモンド社, 1973.

Bourdieu, P. & Chamboredon, J.-C., Passeron , J.-C., La métier de sociologue: Préalables épistémologiques, Mouton=1994, 田原音和・水島和則 譯, 『社会学者のメチエ』, 藤原書店, 1973.

Certeau, M. de., L'invention du quotidian, 1, Arts de faire, U.G.E=1978, 山田上世子 譯, 『日常的実践のポイエティーク』, 国文社, 1980.

Clifford, J. & Marcus, G.E., ed. Writing culture: The poetics and politics of ethnography, University of California Press=1996, 春日直樹 外 譯, 『文化を書く』, 紀伊國屋書店, 1986.

Durkheim, E., Les regles de la methode sociologique, Alcan=1978, 宮島喬 譯, 『社会学的方法の規準』, 岩波文庫, 1895.

Eagleton, T., The idea of culture, Blackwell=2008, 大橋洋一 譯, 『文化とは何か』, 松柏社, 2000.

Eisenstein, E. L., The printing revolution in early modern Europe, Cambridge University Press=1987, 別宮貞徳 김譯, 『印刷革命』, みすず書房, 1983.

Foucault, M., Les mots et les choses, Gallimard=1974, 渡辺一民・佐々木明 譯, 『言葉と物: 人文科学の考古学』, 新潮社, 1966.

Goody, J., The domestication of the savage mind, Cambridge University Press=1986, 吉田禎台 譯, 『未開と文明』, 岩波書店, 1977.

Hoggart, R., Use of literacy, Chatto and Windus=1974, 香内三郎 譯, 『読み書き能力の効用』,

晶文社, 1957(新装版, 1986).

Horkheimer, M. & Adorno, T. W., *Dialektik der aufklärung: Philosophische fragmente*, Querido Verlag=1990, 徳永恂 譯, 『啓蒙の弁証法』岩波書店, 1947.

Innis, H. A., *The bias of communication*, Toronto: University of Toronto Press=1987, 久保秀幹 譯, 『メディアの文明史: コミュニケーションの傾向性とその循環』, 新曜社, 1951.

Ivins, W. M., *Prints and visual communication*, Routledge & K. Paul=1984, 白石和也 譯, 『ヴィジュアル・コミュニケーションの歴史』, 晶文社, 1953.

Jaubert, A., *Le commissariat aux archives: Les photos qui falsifient l'histoire*, Barrault =1989, 村上光彦 譯, 『歴史写真のトリック: 政治権力と情報操作』, 朝日新聞社, 1986.

Katz, E. & Lazarsfeld, P. F., *Personal influence: The part played by people in the flow of mass communications*, Free Press=1965, 竹内郁朗 譯, 『パーソナル・インフルエンス: オピニオン・リーダーと人々の意思決定』, 培風館, 1955.

Kornhauser, W., *The politics of mass society*, Glencoe, Free Press=1961, 辻村明 譯, 『大衆社会の政治』, 東京創元社, 1959.

Kroeber, A.L. & Kluckhohn, C., *Culture: A critical review of concepts and definitions*, Peabody Museum, 1952.

Lazarsfeld, P.F., *The people's choice from Washington to harding : A study in democracy*, Houghton Mifflin=1987, 有吉広介 譯『ピープルズ・チョイス: アメリカ人と大統領選挙』, 芦書房, 1933.

Leavis, F.R., *For continuity*, Minority Press, 1933.

Lippmann, W., *Public opinion*, Macmillan=1987, 掛川トミ子 譯, 『世論』上・下, 岩波文庫, 1922.

Malinowski, B. K., *A diary in the strict sense of the term*, Harcourt, Brace= 1987, 谷口佳子 譯, 『マリノフスキー日記』, 平凡社, 1967.

Mannheim, K., *Ideologie und utopie*=1979, 高橋徹・徳永恂 譯, 「イデオロギーとユートピア」, 高橋徹 編, 『マンハイム オルテガ』世界の名著六八, 中央公論社, 1929.

Marcus, G.E. & Fischer, M.M.J., *Anthropology as cultural critique: An experimental moment in the human sciences*, University of Chicago Press=1989, 長渕康之 譯, 『文化批判としての人類学: 人間科学における実験的試み』, 紀伊國屋書店, 1986.

McLuhan, M., *The Gutenberg galaxy: The making of typographic man*, Routledge & Kegan Paul=1986, 森常治 譯, 『グーテンベルクの銀河系: 活字人間の形成』, みすず書房, 1962.

McLuhan, M., *Understanding media: the extensions of man*, McGraw-Hill= 1987, 栗原裕・河本仲聖 譯, 『メディア論: 人間拡張の諸相』, みすず書房, 1964.

Miller, D., *Material cultures: Why somethings matter*, University of Chicago Press, 1998.

Morin, E., *La rumeur d'Orléans*, Édition du Seuil=1980, 杉山光信 譯, 『オルレアンのうわさ第2版』, みすず書房, 1969.

Negus, K., *Popular music in theory: An introduction*, Polity Press=2004, 安田昌弘 譯, 『ポピュラー音楽理論入門』, 水声社, 1996.

Ong, W. J., *Orality and literacy: The technologizing of the word*, Methuen= 1991, 桜井直文 譯, 『声の文化と文字の文化』, 藤原書店, 1982.

Ortega, *La rebelion de las masas*=1967, 神吉敬三 譯, 『大衆の反逆』, 角川文庫, 1930.

Redfield, R. & Linton, R., Herskovits, M. J., "Memorandum for the study of acculturation", *American Anthropologist*, 38, 1936, pp.149-152.

Riesman, D., *The lonely crowd: A study of the changing American character*, Yale University Press; 1961 2nd edition=1964, 加藤秀俊 譯, 『孤独な群衆』, みすず書房, 1950.

Said, E. W., *Orientalism*, Georges Borchaedt=1993, 板垣雄三・杉田英明 監修, 今沢紀子 譯, 『オリエンタリズム』上・下, 平凡社, 1978.

SATO, Kenji, "Postcards in Japan: A Historical Sociology of a Forgotten Culture", *International Journal of Japanese Sociology*, Number 11, 2002, pp.35-55.

Sibutani, T., *Improvised news: A sociological study of rumor*, Bobbs-Merrill= 1985, 廣井脩 譯, 『流言と社会』, 東京創元社, 1966.

Snow, C. P., *The two cultures and the scientific revolution*, Cambridge University Press=1965, 松井巻之助 譯, 『二つの文化と科学革命』, みすず書房, 1959.

Thompson, D., *Voice of civilisation: An enquiry into advertising*, Frederick Muller, 1943.

Touraine, A., *La société postindustrielle*, Denoel=1970, 寿里茂・西川潤 譯, 『脱工業化の社会』, 河出書房新社, 1969.

Wiener, N., *Cybernetics: Or control and communication in the animal and the machine*, John Wiley; second ed, 1961, M.I.T. Press=2011, 池原止戈夫・彌永昌吉・室賀三郎・戸田巌 譯, 『サイバネティックス: 動物と機械における制御と通信』, 岩波文庫, 1948.

Williams, R., *Culture and society: 1780-1950*, Penguin Books=1968, 若松繁信・長谷川光昭 譯, 『文化と社会』, ミネルヴァ書房, 1966.

저자

사토 켄지(佐藤健二)

1957년생. 일본 도쿄대학 인문사회계연구과(사회문화연구 전공, 문화자원학연구 전공) 교수.
사회학 전공. 도쿄대학 사회학과 졸업. 도쿄대학 사회학 석사. 도쿄대학 사회학 박사.
역사사회학의 사상과 방법, 미디어문화의 지층분석, 사회조사의 사회사 등이 주요 연구 주제이다.
주요 저서로,
『마키 유스케의 탄생: 인간해방의 비교, 역사사회학』(2020), 『휴대폰화하는 일본어』(2012), 『사회조사사의 리터러시』(2011), 『역사사회학의 작법』(2001), 『유언비어』(1995), 『풍경의 생산, 풍경의 해방』(1994. 정인선 역으로 2020년 한국어로 번역 출판), 『독서 공간의 근대』(1987) 등이 있다.

역자

박동성(朴東誠)

순천향대학교 국제문화학과·글로벌문화산업학과 교수. 역사문화학회 회장. 아산학연구소 소장.
문화인류학 전공. 서울대학교 인류학과 졸업. 서울대학교 인류학 석사. 도쿄대학 문화인류학 박사.
일본 및 한국 지역연구, 다문화사회와 문화다양성, 문화와 자원 등이 주요 연구 주제이다.
주요 업적으로,
「일본의 근대학교 보급과 지역사회의 문화변동」(논문, 2020), 『사회복지와 문화다양성』(공저, 2020), 『아산을 기록하다』(공저, 2020), 『WIU수업법』(공저, 2016), 『한일관계사: 1965-2015 사회문화』(공저, 2015) 등이 있다.

순천향인문진흥총서 6

문화자원학

2021년 2월 26일 초판 1쇄 펴냄

저　자 사토 켄지
역　자 박동성
발행인 김흥국
발행처 보고사

책임편집 이순민
표지디자인 손정자

등록 1990년 12월 13일 제6-0429호
주소 경기도 파주시 회동길 337-15 보고사
전화 031-955-9797(대표), 02-922-5120~1(편집), 02-922-2246(영업)
팩스 02-922-6990
메일 kanapub3@naver.com / bogosabooks@naver.com
http://www.bogosabooks.co.kr

ISBN 979-11-6587-150-5　94300
　　　　979-11-5516-755-7　94080 (세트)
ⓒ박동성, 2021